Descubra Juegos Gratis Online

Disponibles aquí:

BestActivityBooks.com/FREEGAMES

5 TIPS PARA EMPEZAR !

1) CÓMO RESOLVER LAS SOPAS DE LETRAS

Los rompecabezas tienen un formato clásico:

- Las palabras se ocultan sin espacios, guiones, ...
- Orientación: Las palabras pueden escribirse hacia delante, atrás, arriba, hacia abajo o en diagonal (en ambas direcciones).
- Las palabras pueden solaparse o cruzarse entre sí.

2) ¡DALE MÁS SABOR AL JUEGO!

Al lado de cada palabra hay un espacio para anotar nuevos términos, traducciones o notas.
Esta edición ofrece un **CUADERNO DE NOTAS** muy práctico al final del libro para ayudarle a organizar sus anotaciones u observaciones con máxima claridad.

3) DESTACAR PALABRAS

Puedes inventar tu propio sistema de marcado. ¿Quizás ya usas uno? Si no, puedes, por ejemplo, marcar las palabras difíciles de encontrar con una cruz, las que te gustan con una estrella, las palabras nuevas con un triángulo, y las poco comunes con un diamante, etc...

4) ¡FÁCIL DE CORTAR!

Los rompecabezas están impresos con un margen extra ancho para poder recortar fácilmente la página del libro. Para algunas personas puede resultar más cómodo resolverlas de esta manera.

5) TERMINASTE EL LIBRO?

En las últimas páginas de este libro, en la sección **DESAFÍO FINAL**, encontrarás un juego gratis!

¿Quieres **más diversión** y actividades para **relajarte**?
¡Es rápido y sencillo! ¡Toda una colección de libros de juegos **a un solo clic de distancia!**

Encuentra tu próximo reto en:

BestActivityBooks.com/MiProximoLibro

En sus marcas, listos, ¡Ya!

¿Sabía que hay unas 7.000 idiomas diferentes en el mundo?
Las palabras son preciosas.

Queremos a los idiomas y hemos trabajado duro para crear
libros de la más alta calidad. ¿Nuestros ingredientes?

Una selección única de caracteres fáciles de leer, tres
grandes porciones de entretenimiento, añadimos una cu-
charada de palabras difíciles y una pizca de palabras poco
frecuentes. Los servimos con cariño y máxima diversión para
que puedas resolver las mejores sopas de letras.

Tu opinión es esencial. Puedes participar activamente en el
éxito de este libro dejándonos un comentario. Nos gustaría
saber qué te ha gustado lo mejor en esta edición.

Aquí hay un enlace rápido a tu página de reseñas de pedidos
de Amazon

BestBooksActivity.com/Notas50

¡Gracias por tu fidelidad y Disfruta del Juego!

Todo el Equipo

Puzzle 1

파 추 행 섯 레 자 에 요 측 떨 레 그 스 적 쌀 시 도
성 장 한 다 인 적 극 진 행 을 어 문 림 쌀 굽 러 다
굴 한 받 컴 기 공 찍 이 고 향 절 져 추 자 로 거 찍
도 제 노 느 쌀 솔 낌 쌀 로 낌 문 물 감 주 바 짓 동
들 전 결 추 노 달 풍 말 을 맞 고 춤 문 이 람 컴 고
말 절 도 을 굽 도 표 낌 공 운 은 한 트 필 대 동 낌 공
돌 측 트 북 주 적 느 공 젊 질 은 체 행 올 결 달 람
러 드 요 문 요 레 젊 은 느 휘 을 한 굴 이 이 람 은
불 라 상 러 솔 측 법 장 물 발 루 젊 트 를 를 을 문
에 이 단 의 은 문 은 감 젊 로 견 답 법 쌀 제 트 문
한 버 을 분 날 용 북 용 동 바 너 변 바 을 필 체 말
한 에 견 부 필 부 감 범 을 바 맞 표 쌀 문 질 적 측
고 도 제 대 블 로 달 로 셀 이 느 바 동 날 용 바 활
측 운 로 표 루 대 순 행 감 표 문 노 적 부 다 달 동
문 측 바 돌 질 절 간 은 터 날 발 전 문 문 발 자 춤

진행을
상단
극적인
드라이버
순간
시도
그림자
답변
다섯
발견
대표
발휘
떨어져
활동
불에
성장한다
블루
고향
대부분의
인기

Puzzle 2

를 부 의 낌 를 을 크 전 풍 트 자 동 람 한 달 날 느
집 은 맞 발 행 범 라 로 부 동 경 드 레 이 크 동 다
올 느 루 퓨 순 비 운 올 노 느 계 바 카 거 북 이 한
동 느 풍 바 록 서 너 트 늘 한 에 바 구 니 다 큼 한
솔 을 셀 굴 군 낌 떠 발 달 콤 한 셀 받 날 용 만 문
동 북 자 추 거 사 나 이 동 동 굽 짓 의 쌀 측 난 들
로 끔 솔 너 필 루 달 범 절 결 체 거 카 달 을 청 셀
트 다 짓 러 말 다 결 은 용 거 맞 을 한 트 루 엄 의
굽 끔 로 리 견 을 자 쌀 발 문 동 노 동 올 추 트 주
대 결 주 전 필 장 도 제 파 괴 주 권 거 어 크 운 용
초 터 진 리 맞 발 굽 범 문 이 솔 투 부 문 문 스 트
로 원 에 노 어 감 트 끔 동 카 도 문 말 을 다 주 춤
도 장 결 자 레 카 행 솔 필 절 어 쩌 면 여 행 카 요
스 윙 보 였 다 크 발 도 용 람 체 문 트 트 릭 범 러
파 퓨 결 맞 춤 적 동 필 바 동 행 질 자 의 들 북 감

거북이
진리
순록
파괴
트릭
스윙
어쩌면
크라운
엄청난만큼이
경계
달콤한
초원
떠나
바구니
군사
비서
여행
드레이크
권투
보였다

Puzzle 3

노	발	로	한	맞	발	제	굴	바	을	젊	동	운	집	한	날	루
래	이	문	장	터	전	트	동	도	위	트	자	카	들	요	위	표
를	대	다	크	감	트	레	찍	요	트	을	고	풍	즘	거	짓	전
자	솔	러	측	전	을	바	로	고	적	끔	루	자	레	느	날	문
감	완	주	도	운	받	바	낌	발	화	파	어	레	동	감	날	낌
모	벽	점	리	필	레	용	낌	부	소	을	레	달	운	적	운	들
문	방	수	션	요	거	스	거	질	북	리	너	팽	분	바	퓨	부
체	스	강	탈	로	사	어	위	춤	도	체	의	이	리	고	리	스
도	퓨	끔	컴	컴	대	용	돌	한	굽	다	주	집	행	대	늘	풀
젊	카	을	위	을	문	가	결	자	을	을	자	연	에	늘	을	을
질	공	을	동	올	은	을	굴	은	노	대	짓	를	위	용	대	적
풍	동	찍	바	약	굽	바	대	어	위	레	발	쌀	제	을	적	람
쌀	루	부	의	달	한	치	료	법	용	용	을	자	위	찍	추	한
낌	문	거	부	러	받	파	컴	부	제	법	션	체	거	트	쌀	부
퓨	측	딱	정	벌	레	부	정	적	인	거	법	문	끔	이	풍	부

달팽이
노래를
부정적인
딱정벌레
소화
모방
필요로
풀을
가을
강탈
분리
치료
완벽
약한
소리의
정부의
요즘
자연에
자체
점수

Puzzle 4

아무것도
키스
용어보다
헬리콥터
썰매
끔찍한
정신적
처벌
복도
병원
출생
예술
침입
얽힌
유명한까지
인터뷰
접근
입자
교실을
조류

용	어	보	다	정	부	동	아	도	집	터	용	루	필	문	문	날	카	너
유	명	한	까	지	신	쌀	무	헬	행	카	측	발	한	처	벌	카	스	러
발	로	굽	발	맞	표	적	것	리	을	레	용	션	결	병	스	너	필	낌
션	레	전	끔	찍	한	범	도	콥	리	늘	을	입	자	원	필	러	위	카
체	문	로	바	한	사	컴	복	터	용	를	침	제	고	끔	위	낌	너	고
질	트	솔	노	이	느	동	의	행	날	운	을	크	절	춤	너	카	위	감
문	바	한	자	동	늘	행	어	북	용	올	젊	집	트	컴	위	고	받	점
터	필	썰	매	감	문	크	춤	짓	발	쌀	은	운	절	받	감	스	셀	셀
낌	바	문	찍	느	문	컴	트	키	행	부	끔	운	을	주	스	셀	컴	감
발	견	자	달	용	대	맞	용	필	스	레	한	한	이	교	셀	컴	예	술
은	운	퓨	인	얽	힌	노	전	한	은	한	자	은	다	실	컴	예	술	말
제	거	한	터	위	바	다	견	용	자	질	부	늘	필	을	예	술	말	의
용	집	질	뷰	절	제	어	를	람	를	올	위	공	어	트	술	말	의	거
터	쌀	솔	필	자	한	어	람	출	접	이	용	자	솔	날	말	의	느	퓨
끔	말	동	짓	발	루	을	솔	생	동	근	조	류	발	느	퓨			

Puzzle 5

가	절	대	신	짓	부	다	결	자	장	사	북	도	문	맞	느	젊
지	감	굴	호	크	적	컴	한	질	전	표	용	클	들	법	북	트
고	굴	돌	레	크	절	한	발	노	정	의	금	고	럽	희	끔	솔
가	한	제	다	부	한	동	다	절	느	쌀	주	융	은	망	루	자
는	낌	필	느	껐	다	필	카	공	춤	추	리	더	주	한	행	절
짓	비	싼	낌	동	법	쌀	장	법	용	션	절	바	추	을	용	트
동	전	체	동	을	로	주	로	절	이	어	느	들	자	한	카	사
트	부	주	어	절	연	범	들	도	름	표	트	너	용	느	의	위
동	주	바	사	요	구	자	춤	발	부	용	말	한	운	람	체	거
행	솔	짓	문	로	발	루	동	굽	쌀	상	로	결	문	바	무	법
한	한	끔	바	주	의	어	바	말	위	처	컴	원	자	늘	리	동
로	컴	은	행	적	어	용	용	스	결	한	적	주	사	은	장	오
쌀	크	자	추	동	느	늘	을	테	판	절	자	결	자	발	짓	히
스	람	의	쌀	도	이	을	너	이	측	매	받	노	굽	한	바	려
측	바	한	굽	셀	루	굴	공	젊	동	느	도	올	올	문	자	동

정의
전체
상처
리더
느꼈다
판매
무리
신호
부적절한
오히려
연구
스테이
비싼
희망
가지고가는
금융
원자
이름
클럽
은행

Puzzle 6

절차
텔레비전
트리
평균
모의
이벤트
동결
시나리오
표시
까마귀
고무
결정
땅의
블록
관찰
스타킹
오후
길을
재능
라인

바	올	맞	동	집	표	행	말	받	다	느	다	어	돌	부	솔	날
날	범	쌀	굴	거	도	끔	스	블	크	도	주	절	요	이	러	이
공	솔	동	범	로	다	리	스	고	록	감	적	이	한	북	법	동
요	노	노	루	다	도	범	타	문	낌	은	요	받	위	에	대	트
바	동	달	이	벤	트	크	킹	말	노	쌀	솔	용	문	에	이	찍
에	주	바	견	로	를	달	도	공	자	행	이	노	은	제	짓	을
측	짓	솔	터	대	표	은	퓨	를	션	러	바	동	텔	짓	에	바
북	솔	의	쌀	바	다	리	스	퓨	풍	문	굴	정	레	에	문	집
운	모	의	컴	주	날	추	고	파	재	절	동	결	비	관	찰	느
루	주	발	자	라	인	크	쌀	부	능	차	람	동	전	의	러	의
문	견	찍	후	을	쌀	집	발	다	쌀	점	달	찍	동	문	거	자
시	나	리	오	위	을	짓	퓨	발	집	평	범	말	트	문	돌	질
땅	표	트	은	말	달	까	마	귀	말	균	맞	발	문	굴	무	들
의	에	받	퓨	솔	느	파	한	솔	동	러	짓	적	범	션	질	은
문	받	퓨	을	바	크	길	을	부	전	받	동	문	주	제	굽	은

Puzzle 7

의	날	문	굽	굴	부	고	용	문	여	부	끔	를	북	범	다	끔
카	발	장	질	한	받	자	북	한	레	행	결	이	자	을	부	달
카	문	거	범	터	로	퓨	더	블	날	필	문	올	리	용	질	질
바	제	문	굽	을	문	너	샴	바	제	트	요	제	을	한	용	이
결	부	전	크	을	즉	늘	보	푸	돌	법	도	한	올	한	트	로
한	견	중	요	한	시	인	간	존	완	두	콩	을	풍	제	카	의
다	한	다	찍	동	필	늘	질	파	절	퓨	러	견	위	파	문	은
적	추	를	션	맞	사	을	날	바	굽	한	용	받	풍	질	끔	동
동	노	전	문	한	법	용	받	굴	다	감	트	절	느	의	바	은
춤	러	동	트	이	표	측	집	집	주	동	문	견	질	존	맞	퓨
느	시	용	바	발	짓	동	션	주	이	을	한	다	다	은	늘	절
을	를	컴	질	사	적	은	발	결	측	들	문	을	백	고	동	공
동	이	종	트	노	올	동	람	거	파	전	문	일	노	절	공	끔
절	아	레	종	장	면	게	추	루	용	은	탄	생	어	솔	액	굽
다	체	끔	게	굴	너	임	트	너	도	발	채	우	기	파	션	트

탄생
종이
즉시
여행문제
샴푸
아이를
더블
고백을
채우기
액션
중요한
보존
게임
러시를
인간
장면
완두콩을
의존
생일을
좋게

Puzzle 8

졸린
정원
코요테
낮은
회의는
수명
도달
발명
미소
간다
가상
개최
영감
형식
동반자
명예롭게
결코
외침을
깜짝
괭이를

질	코	문	결	컴	문	용	풍	전	날	측	쌀	명	예	롭	게	자
부	요	결	회	의	는	날	굽	위	올	레	주	운	감	션	위	감
쌀	테	에	코	한	간	루	도	깜	짝	형	제	용	찍	법	늘	주
질	트	을	크	사	용	다	외	침	을	부	식	낮	은	졸	올	늘
물	제	컴	동	반	자	가	질	찍	퓨	느	위	날	늘	린	자	풍
트	정	은	문	트	이	상	짓	결	굴	질	을	컴	크	추	전	션
맞	원	젊	람	은	괭	용	션	질	쌀	운	스	카	다	개	솔	최
늘	장	주	위	은	이	감	집	추	필	퓨	스	달	이	쌀	이	문
발	고	바	날	사	를	은	행	레	들	장	거	을	느	요	영	끔
을	공	발	람	절	찍	물	굽	문	의	들	도	수	명	발	감	결
도	달	을	질	자	를	은	젊	체	러	동	자	미	소	도	러	날
바	를	파	을	의	한	굴	스	스	레	북	날	쌀	춤	법	북	물
대	을	동	발	공	도	스	스	레	북	다	루	부	주	퓨	거	스
장	전	추	젊	용	바	트	질	다	루	부	주	바	컴	루	돌	
로	굴	달	질	문	용	받	트	젊	필	물	다	주	바	컴	루	돌

Puzzle 9

를 퓨 한 바 정 앵 올 북 표 한 대 메 트 트 도 에 바
오 류 요 거 비 무 젊 을 굴 크 문 질 모 행 터 자 스
열 용 드 롭 사 새 운 동 절 다 대 느 문 리 낌 이 고
대 주 기 레 찍 짓 이 노 느 동 용 법 동 주 사 은 요
대 결 술 장 이 바 주 트 체 고 돌 터 찍 올 을 람 적
늘 노 한 한 법 컴 로 파 범 습 퓨 들 도 문 받 고 은
리 집 위 자 카 파 이 어 착 도 공 문 발 발 옷 장 결
도 요 느 발 한 발 로 한 위 치 를 노 전 영 기 혼 범
이 질 러 동 한 제 체 말 측 문 측 셀 다 특 화 문 자
바 거 은 문 에 범 체 필 컴 부 질 추 요 별 질 부 찍
말 트 리 용 당 퓨 은 름 질 도 발 느 컴 한 손 겸 찍
가 컴 요 주 근 러 고 고 리 트 용 한 느 굴 트 한 트
정 질 동 용 필 도 체 달 이 은 주 체 굴 발 체 들 파
바 스 퓨 한 발 의 러 끔 을 한 한 끔 한 체 북 터 이
동 부 도 스 날 다 부 바 맞 젊 바 주 들 션 한 한 늘

사람은
고슴도치
노트
당근
필름
도착
가정
드롭
여기
겸손한
앵무새
열대
오류
특별한
결혼
옷장
메모리
영화
기술
정비사

Puzzle 10

지리
수동
이미지에
누구
마음
경기장
펜싱
책상
자신이
고드름
거래
거리
행성
변위
결합
울새
권한
재미
유채과
일이

트 늘 고 체 한 질 범 트 굽 의 느 누 한 동 대 용 이
들 거 리 드 리 바 은 을 필 로 트 구 도 노 굴 굴 미
북 필 거 래 름 한 제 결 파 부 어 감 셀 위 받 올 지
바 올 주 변 위 말 법 합 굴 유 채 과 지 결 발 부 에
위 필 짓 너 크 카 필 결 제 리 트 결 리 동 를 동 쌀
터 도 운 질 결 노 질 터 다 장 을 경 기 장 추 돌 동
트 트 늘 을 법 올 자 추 은 날 펜 싱 발 러 션 체 요
말 을 추 말 표 질 요 트 전 거 쌀 느 젊 트 굽 거 주
운 람 날 문 고 전 느 동 터 견 쌀 은 법 문 주 범 감
권 한 이 부 질 집 자 신 이 크 한 주 바 셀 질 을 사
주 은 측 풍 감 울 마 음 일 재 행 성 레 늘 바 운 너
터 레 풍 법 법 바 새 을 용 쌀 미 짓 바 거 파 은 트
견 주 공 로 문 동 찍 에 동 수 동 사 공 느 찍 장 너
부 공 한 물 로 크 자 견 체 질 동 카 솔 터 은 느 발
트 사 다 트 풍 발 책 상 을 끔 적 문 적 발 이 솔 낌

Puzzle 11

들 발 느 러 거 결 어 측 발 물 동 날 발 람 한 거 동
터 한 늘 표 터 운 율 를 을 북 찍 동 이 주 바 주 솔
굴 자 솔 리 한 크 대 쌀 다 문 낌 끔 쌀 은 자 용 트
행 고 바 굴 스 예 를 돌 자 멸 망 은 범 다 로 이 절
설 다 풍 북 탬 떨 끔 레 체 제 굴 문 위 문 쌀 위 늘
명 의 은 크 프 리 어 람 노 한 발 찍 절 퓨 바 크 로
집 쌀 러 마 녀 질 공 졌 늘 쌀 받 위 다 거 굴 루 필
트 맞 맞 파 로 발 을 범 다 측 은 쌀 위 업 파 웃 올
장 추 맞 이 용 을 션 레 디 질 행 체 셀 절 질 음 큐
갑 을 노 크 한 동 스 자 견 전 북 리 범 동 션 이 피
표 들 로 느 문 체 쌀 바 질 람 범 체 발 적 이 굴 드
느 공 다 이 문 자 문 람 추 은 달 리 풍 자 테 도 느
인 올 표 맞 을 달 필 자 끔 굴 트 어 한 주 스 넓 은
범 상 가 요 수 퓨 를 을 리 견 필 거 운 문 도 표 문
은 젊 은 미 리 찍 법 은 터 동 책 장 경 고 했 다 풍

경고했다
주스
설명
마녀
넓은
멸망은
수요가
올가미
스테이션
큐피드
책장
예를
스탬프
견디다
운율
웃음
장갑
위업
인상
떨어졌다

Puzzle 12

빈곤을
지루
웅장한
넘어
졸업장
건강
공식적으로
조직에
거의
무의미한
여부
아픈
세심한
건물을
흡수
요청
코트
잊어
자위
버스트를

션 여 들 추 견 문 노 말 자 세 주 을 물 동 표 부 공
트 부 발 적 집 위 셀 행 제 심 대 은 자 날 한 북 말
장 결 요 다 웅 루 문 위 질 한 집 질 한 은 노 부 북
대 한 이 질 장 업 졸 에 행 미 절 공 식 적 으 로 고
운 요 청 터 한 에 어 공 동 의 발 조 직 에 흡 건 쌀
한 한 코 러 파 찍 파 공 장 무 범 법 을 수 강 굽 돌
은 를 트 스 버 질 을 요 측 문 발 이 춤 거 제 리 공
문 감 행 끔 발 거 솔 감 짓 질 쌀 행 발 돌 을 어 쌀
은 이 이 컴 트 의 용 짓 다 발 행 느 제 올 퓨 짓 도
자 로 날 다 제 집 은 카 이 요 쌀 카 너 바 북 을 쌀
카 법 셀 맞 전 주 날 트 컴 너 발 션 한 공 짓 용 로
크 용 을 지 맞 자 질 제 법 추 쌀 한 공 용 어 의 이
전 빈 체 너 루 션 위 젊 법 젊 돌 람 부 질 를 를 리
문 장 곤 아 픈 장 사 넘 어 람 느 절 에 부 부 범 동
한 발 문 을 물 건 사 공 잊 바 젊 제 굴 레 문 부 크

Puzzle 13

```
거 다 카 쌀 주 크 말 를 루 를 말 용 어 제 대 체 를
달 로 쌀 북 어 의 주 격 공 정 전 러 러 카 결 대 레
웜 대 양 고 기 나 공 질 도 끔 도 쌀 절 위 날 동 크
행 은 거 리 법 하 어 부 끔 자 굽 적 동 컴 맞 주 바
사 돌 다 자 원 적 감 도 결 션 날 배 동 북 러 로 절
풍 다 은 공 고 결 법 은 솔 브 지 느 동 느 은 젊
맞 필 다 이 돌 을 리 어 너 주 느 질 한 트 법 바 젊
사 집 에 노 맞 짓 느 달 자 한 한 이 측 신 체 올 부
감 용 자 을 돌 체 결 행 늘 찍 의 부 행 위 비 노 퓨
어 을 사 받 표 에 솔 을 올 대 어 션 한 램 어 노 을
을 들 한 식 끔 질 결 은 능 력 해 부 풍 프 바 찍 파
측 젊 말 품 은 솔 이 올 문 솔 함 께 했 다 람 문 동
한 공 트 추 하 주 용 장 한 동 복 잡 한 추 위 문 을
발 체 쌀 트 마 로 트 퍼 제 느 바 필 거 말 를 러 다
용 대 풍 자 받 질 필 핀 찍 한 한 제 날 춤 맞 느 람
```

하나의
주말
램프
공격주의
양고기
복잡한
신비
능력
함께했다
식품
퍼핀
바람
대해
하마
법원
행위
브리지
공정
웜은
지배적

Puzzle 14

조약
영역을
존중
나라
지금
내부
사이의
그녀의
무효
학교
가뭄
관리
얇은
방식을
긴급
현실의
개구리
제공
자연
단순화

```
개 올 파 어 동 를 동 스 동 쌀 얇 질 끔 끔 어 행 발
구 러 결 질 을 람 한 을 셀 에 은 은 의 크 맞 트 한
리 주 돌 도 감 끔 단 쌀 동 한 위 솔 적 동 부 질 발
들 다 레 부 표 다 순 솔 추 노 풍 어 크 부 표 발 쌀
을 파 의 감 쌀 로 화 트 표 한 자 쌀 트 솔 로 부 고
긴 급 존 중 거 을 학 교 동 질 바 의 끔 셀 컴 바 주
크 운 결 거 을 은 동 자 자 의 끔 질 맞 한 발 을 받
동 발 어 공 동 물 너 문 현 실 주 주 로 그 바 쌀 의
러 감 문 로 돌 러 로 용 질 찍 로 을 체 션 끔 문 북
사 이 의 가 용 쌀 필 이 끔 용 이 노 굴 어 올 요
노 끔 을 절 품 장 제 공 션 체 도 트 법 관 한 굴 지
전 용 문 영 역 을 공 션 체 동 카 자 법 리 은 끔 질
내 스 자 자 무 어 돌 춤 끔 자 다 연 거 체 문 돌 나
부 을 고 굴 운 효 체 자 자 대 연 거 노 스 집 문 라
동 감 방 식 을 전 다 용 문 발 주 셀 끔 동 집 문 체
```

Puzzle 15

알	부	파	방	해	를	리	을	발	다	문	찍	전	를	라	적	도
고	낌	한	운	휴	대	용	굽	용	감	위	바	달	로	이	북	로
있	견	에	동	드	너	를	선	컴	짓	컴	상	느	도	브	쌀	주
는	노	표	전	장	견	은	박	어	러	로	어	말	행	러	거	전
을	체	낌	자	행	질	받	거	공	측	질	추	추	을	리	크	이
지	느	러	미	세	로	장	노	셀	동	도	입	추	낌	주	문	도
쌀	달	도	션	에	추	노	어	운	자	부	구	천	물	동	굴	결
노	다	설	바	느	한	필	굽	에	운	용	도	로	이	를	질	젊
굽	운	득	견	받	도	퓨	레	들	터	는	서	고	보	젊	컴	루
문	을	이	필	부	에	도	트	람	체	추	가	추	날	낌	이	동
감	맞	퓨	질	끔	받	조	카	고	쌀	사	지	를	맞	늘	필	대
발	부	이	고	짓	트	상	굴	감	통	행	고	은	풍	트	크	들
질	셀	바	트	이	케	스	트	이	케	스	달	부	위	남	아	는
운	법	스	다	카	부	한	추	질	동	낌	럽	느	루	로	대	부
이	찍	돌	레	의	문	퓨	끔	장	도	거	동	게	행	풍	러	필

조상
파운드
설득
세로
선박
알고있는
휴대용
고통스럽게
지느러미
도구
고추를
추천
남아는
가지고
입구
위상
보고서는
라이브러리
방해를
스케이트스케이트

Puzzle 16

제안
발음을
중력
냄비
토마토
신문
다음과
모자
호스트
추구
가정이다
공개
앞서
곱셈
열망
오일
교회
이론이
이전
조립

루	필	전	다	을	결	측	부	제	견	한	올	적	크	트	퓨	너					
발	트	러	람	한	돌	루	를	제	안	레	트	카	트	에	법	굽					
오	루	너	발	바	받	추	늘	물	솔	도	범	동	도	주	레	운					
일	받	적	찍	음	부	한	주	맞	측	날	바	러	크	문	위	장					
굽	북	도	발	동	을	전	로	춤	발	앞	토	마	토	돌	전	짓					
제	터	표	터	주	션	러	카	셀	감	서	조	립	의	달	에	레					
들	행	을	트	체	에	행	중	력	트	노	카	호	올	을	를	을					
다	음	과	측	표	문	집	달	결	표	열	망	스	짓	끔	문	느					
을	리	사	이	견	용	신	문	범	용	측	다	트	동	주	측	이					
적	발	부	느	스	터	동	한	굽	주	자	러	감	다	낌	발	표					
느	을	운	쌀	체	이	카	스	레	달	션	냄	다	집	쌀	발	결					
용	모	자	공	개	론	추	카	낌	용	쌀	비	북	쌀	맞	범	동					
로	바	감	결	용	이	표	구	교	날	곱	동	컴	범	용	문	필					
느	다	이	정	가	바	퓨	크	회	바	셈	들	한	쌀	한	날	노					
카	도	노	전	질	한	를	대	늘	노	카	트	위	부	체	제	도					

Puzzle 17

트	버	컴	앞	다	다	로	다	법	낌	이	파	에	말	필	을	카
솔	스	이	으	춤	부	견	음	눈	송	이	사	랑	하	는	인	찍
이	동	고	로	주	을	체	에	한	동	을	을	감	바	굴	식	션
가	추	끔	추	젊	공	들	위	표	을	션	평	공	레	짓	동	용
찍	솔	문	날	동	외	국	달	의	적	크	가	셀	법	고	을	문
한	다	린	마	동	집	이	말	눈	주	로	날	굴	견	교	받	사
동	돌	발	스	트	표	건	조	사	파	용	한	낌	용	육	달	짓
동	굴	필	터	도	결	시	짓	람	전	화	필	쌀	주	법	굴	돌
한	을	한	고	올	낌	바	크	주	집	증	낌	의	컴	솔	컴	장
동	발	한	질	질	견	체	운	들	한	오	은	도	을	바	측	을
다	로	카	은	집	느	전	방	파	느	용	발	어	부	솔	퓨	셀
체	쌀	이	로	낌	받	컴	한	향	춤	문	물	파	셀	트	체	주
결	바	바	동	끔	짓	찍	은	맞	범	터	주	퓨	추	느	자	바
사	을	의	추	문	람	풍	루	은	도	로	돌	북	적	합	춤	크
한	결	행	추	를	집	로	쌀	파	발	을	느	발	표	부	거	풍

적합
전화
증오
평가
사랑하는
눈사람
시크
다음에
동굴
도발
눈송이
버스
방향
건조
외국
앞으로
교육
마스터
가솔린
인식

Puzzle 18

졸업
말하는
서리
소금
상황을
침착이
교훈은
스틸
업데이트
모양의
실행
소유자
성공적인
유사한
부어
그녀
유리
운전사
피하기
이해

트	이	전	리	리	동	운	전	사	동	낌	춤	너	은	은	은	절
자	부	을	느	체	피	장	파	질	자	이	을	달	들	부	낌	주
유	사	한	표	굽	소	하	은	바	트	착	해	을	한	은	이	을
소	사	러	도	스	금	주	기	추	한	침	은	굴	주	위	도	자
운	낌	적	느	루	람	동	이	업	질	람	받	범	바	추	부	이
끔	문	졸	서	리	성	공	적	인	데	들	람	루	적	문	쌀	에
부	어	업	바	노	문	사	돌	동	용	이	모	양	의	행	물	절
집	이	굽	물	질	장	장	션	문	추	운	트	느	올	로	노	은
그	주	한	집	리	바	발	용	솔	사	동	러	동	굽	스	쌀	달
녀	굽	동	발	올	사	필	전	거	도	요	의	문	사	루	노	날
실	감	한	교	위	문	로	절	발	요	크	트	필	션	이	주	부
행	적	바	훈	상	황	을	유	집	돌	솔	적	트	은	이	필	부
을	한	감	은	풍	늘	문	리	날	파	들	한	을	측	이	스	람
용	한	절	한	다	말	하	는	셀	달	노	동	레	문	동	틸	발
바	셀	절	을	표	로	풍	장	사	체	도	돌	로	대	크	셀	트

Puzzle 19

도 바 의 동 측 셀 범 에 결 션 리 도 트 감 감 바 문
도 햄 버 거 알 제 짓 컴 바 동 결 추 풍 운 표 로 결
트 짓 용 바 고 주 공 도 늘 람 용 를 질 바 을 주 물
누 구 아 무 것 도 주 출 운 지 금 까 지 범 짓 용 맞
션 짓 절 터 어 말 을 분 람 질 달 성 다 람 준 비 올
문 을 춤 말 을 부 감 제 수 바 로 에 한 다 다 제 문
터 다 올 풍 측 위 부 달 적 제 날 전 을 다 은 체 장
다 문 용 바 발 러 낌 제 측 임 명 무 한 발 동 를 북
터 솔 트 칩 필 범 물 젊 낌 뜨 거 운 대 체 쌀 고 요
속 대 리 니 카 법 들 바 광 추 리 필 문 말 행 늘 용
성 노 거 다 바 수 받 셀 산 저 실 험 북 을 한 체 로
을 동 로 션 물 대 석 션 레 장 발 로 한 돌 을 쌀 이
행 날 추 을 문 도 다 도 동 을 체 집 견 을 장 클 풍
물 받 풍 풍 소 루 문 시 맞 바 문 을 노 레 위 리 바
굴 이 물 문 스 어 솔 용 범 다 크 돌 로 올 은 어 한

- 햄버거
- 준비
- 소스
- 뜨거운
- 수석
- 지금까지
- 바칩니다
- 무대
- 달성
- 실험
- 도시
- 알고
- 분수
- 광산
- 속성을
- 분출
- 클리어
- 누구아무것도
- 임명
- 저장

Puzzle 20

- 좁은
- 산만
- 전시가
- 사업
- 아가씨
- 성숙
- 손실
- 선택
- 노크
- 바쁘지만
- 수행
- 바다를
- 진정한
- 되감기
- 가장
- 숨기기
- 보일
- 곱하기
- 스타일
- 기회

젊 이 맞 도 받 발 트 카 의 이 운 견 북 에 문 굴 제
기 되 를 다 바 쁘 지 만 보 일 손 주 범 이 동 파 한
자 회 감 전 시 가 발 산 터 셀 실 절 풍 씨 가 아 의
성 에 을 기 달 행 러 컴 질 용 들 바 동 를 장 너 달
숙 동 한 기 굴 이 올 문 너 선 택 위 어 범 을 절 로
곱 위 수 숨 을 부 대 발 거 다 루 낌 날 법 좁 은 를
체 하 행 동 로 셀 을 장 늘 주 주 돌 날 운 사 한 파
굴 다 기 적 필 퓨 너 동 스 주 운 용 부 너 너 주 들
동 주 쌀 추 전 람 를 용 젊 달 날 측 용 견 사 업 람
에 달 스 타 일 고 요 솔 진 정 한 말 바 레 거 이 필
어 질 을 결 법 굽 다 한 받 크 공 션 풍 한 측 늘 트
느 문 풍 자 풍 트 자 공 춤 노 주 러 장 을 에 전 질
굴 제 주 주 선 발 질 측 바 크 람 행 건 도 필 장 을
바 법 한 도 행 쌀 이 은 트 바 다 위 부 필 바 이 찍
을 대 이 트 러 도 풍 셀 바 말 노 동 바 체 노 션 거

Puzzle 21

누 필 을 굽 용 문 체 을 경 발 너 트 제 터 동 질 범
가 발 느 한 대 질 관 풍 사 바 우 측 받 들 말 굽 문
사 을 바 부 찍 의 련 러 받 질 을 리 문 범 돌 문 범
돌 션 다 동 질 풍 터 를 너 소 은 풍 의 퓨 퓨 공 감
충 부 체 절 도 을 감 북 장 표 수 굴 발 용 주 다 터
격 바 트 한 끔 질 견 쌀 은 이 에 점 동 한 집 명 시
찍 셀 어 파 발 터 캥 거 루 계 산 리 문 은 도 위 주
생 명 을 부 발 달 퓨 의 법 도 바 말 체 어 장 자 문
적 도 다 낌 행 은 트 문 에 온 발 그 문 대 북 올 은
사 바 루 제 범 달 체 장 한 바 부 룹 문 공 하 어 를
법 률 필 늘 트 한 트 이 어 러 말 레 쌀 선 바 드 크
다 을 행 공 법 들 자 날 딘 다 람 부 한 질 필 크 대
적 다 것 이 법 맞 현 재 가 러 거 발 도 낌 고 주 자
질 맞 로 이 말 루 장 화 에 솔 카 달 어 이 주 늘 돌
부 쌀 자 풍 운 운 적 문 어 크 필 로 발 부 쌀 부 질

어딘가에
우리의
누가
캥거루
생명을
명시
온도계이
하드
발을
법률
충격
충돌
관련
것이
경사
계산
현재
화재
그룹
소수점

Puzzle 22

클라우드
초등학교
손가락
수건
참가을
편안함을
달걀
부끄러워
회사가
문화
차지
미션
바지
생강을
각종
딸기
할아버지
유지할
인구
인용

를 리 도 손 질 요 초 돌 발 늘 측 표 다 다 고 끔 맞
바 부 주 가 사 동 등 필 터 바 측 날 주 측 물 을 부
을 부 북 락 주 문 학 감 다 범 을 행 자 트 바 체 부
체 자 굴 낌 션 카 교 돌 노 바 북 유 생 강 을 요 의
이 러 추 리 풍 쌀 트 고 운 트 고 체 받 지 차 자 굴
트 물 제 사 회 바 딸 기 을 제 이 이 맞 할 문 공 날
클 라 우 드 수 사 은 도 말 문 운 동 바 문 추 한 부
바 부 받 주 건 전 가 장 운 달 걀 문 리 문 부 발 젊
지 할 동 노 짓 쌀 맞 바 람 물 노 화 위 법 문 용 루
위 아 느 트 자 부 각 종 견 인 러 동 트 부 트 터 동
부 버 요 고 질 를 동 람 운 구 문 굴 짓 늘 올 동 이
을 지 젊 로 질 춤 셀 쌀 동 맞 이 올 의 편 부 느 올
션 러 물 측 주 다 날 찍 람 주 추 끔 법 안 부 다 의
주 리 람 질 인 용 달 법 너 날 느 미 느 함 찍 들 컴
를 부 끄 러 워 맞 주 에 문 적 집 를 션 을 가 참 대

Puzzle 23

집 들 굴 쌀 도 로 무 게 셀 견 이 고 스 문 풍 조 사
젊 은 절 발 북 용 결 체 날 말 고 돌 느 부 동 더 굽
체 요 농 담 람 질 문 을 동 동 대 전 의 굴 북 러 파
트 우 범 법 용 문 바 부 질 고 낌 질 의 결 들 운 굴
장 유 로 을 낌 행 측 거 로 맞 트 사 플 리 도 노 너
굽 지 적 다 댄 추 달 을 거 미 로 바 레 의 체 받 자
장 방 맞 주 스 이 다 풍 올 취 문 받 이 한 셀 을 람
루 스 은 저 견 범 젊 고 맥 퓨 쌀 도 측 주 파 을 부
로 노 로 녁 자 문 노 쌀 주 감 정 발 온 도 의 부 한
사 프 리 지 아 대 도 로 법 리 행 풍 풍 파 주 쌀 날
한 루 대 아 올 문 에 부 받 문 적 적 셀 절 물 달 범
문 감 결 절 마 너 달 동 스 레 결 찍 거 견 맞 자 찍
두 낌 결 셀 퓨 도 물 문 을 받 트 발 찍 날 다 쌀 문
짓 려 법 낌 운 절 도 동 바 의 환 로 계 노 절 람 질
로 바 워 거 파 이 북 굴 날 사 을 경 획 올 너 늘 달

조사
농담
더러운
파도
맥주
무게
온도의
프리지아
댄스
우유지방
거미
감정
환경
고대
취미
아마도
계획
플레이
저녁
두려워

Puzzle 24

미소연기
중앙
나쁜
년간
인정받을
배심원을
단지
배가
차용
동물은
인터럽트
두꺼비
옷을
기능
해바라기
지능형
극단적으로
작업이
제공하는
입술

문 한 짓 을 미 해 바 주 한 필 추 결 이 다 물 바 제
범 문 트 나 소 바 고 낌 은 물 돌 굴 동 절 부 질 파
집 스 동 쁜 연 라 운 을 제 돌 를 바 굴 바 장 솔 감
용 질 물 레 기 기 바 자 어 리 루 은 동 올 질 느 추
리 물 은 러 한 위 을 셀 솔 물 집 을 대 을 발 컴 을
퓨 용 장 에 거 북 필 어 발 끔 을 원 셀 한 거 술 물
문 자 바 끔 발 느 굴 한 동 제 다 심 트 입 술 인 북
크 집 한 고 을 문 날 도 기 능 이 배 받 션 절 터 느
극 단 적 으 로 중 스 받 한 법 은 가 문 고 럽 주 너
을 끔 부 짓 크 절 앙 행 을 로 짓 은 다 작 주 리 은
맞 집 질 스 람 트 젊 도 견 전 트 옷 업 을 은 거 어
추 두 꺼 비 제 션 단 간 바 절 운 고 을 이 파 에 굽
지 능 형 터 공 로 젊 지 부 주 추 셀 받 차 트 문 범
을 위 짓 받 하 체 결 추 고 찍 범 파 정 용 늘 감
절 추 집 다 는 트 운 추 은 동 부 낌 인 젊 다 감 범

Puzzle 25

맞	스	굽	부	삼	한	짓	법	공	크	레	표	날	굽	로	거	문
견	트	질	로	촌	결	셀	갑	컴	사	필	파	로	감	적	션	자
을	문	바	터	이	레	내	자	거	이	맞	파	부	부	천	으	로
느	물	측	늘	용	측	도	기	트	너	끔	용	날	을	동	너	의
낌	션	날	체	사	리	춤	장	떨	컴	을	위	늘	굴	끔	을	도
터	스	요	로	을	스	굽	전	맞	어	달	올	다	션	쌀	대	읽
자	의	많	한	질	레	공	솔	제	다	진	문	범	노	람	날	는
도	파	을	은	바	을	친	들	솔	을	한	끔	을	주	주	문	트
리	발	느	이	굴	레	바	애	한	자	신	믿	느	구	범	날	부
한	돌	마	물	문	바	한	발	하	요	결	기	풍	매	어	셀	을
북	레	흔	고	를	받	트	풍	느	는	돌	질	부	포	인	트	주
달	전	을	스	로	람	퓨	션	들	용	동	의	대	부	문	느	행
발	너	언	너	카	이	한	러	을	어	낌	크	적	크	날	감	굴
람	컴	조	전	코	끼	리	공	원	평	방	컴	감	낌	말	적	터
맞	짓	낌	원	느	용	문	동	굴	의	춤	느	쌀	이	셀	요	찍

사용이
삼촌이
조언을
마흔을
많은
코끼리
평방
믿기
풍부
포인트
내레이터
떨어진
공원
구매
갑자기
친애하는
읽는
천으로
자신
전원

Puzzle 26

방향으로
플레이어
토양
감싸는
세탁
예뻐를
판결
시계
변화의
실버
밀도
아래층
계절
보트
살고있는
레모네이드
재생
발코니
사회는
정부

을	느	한	질	결	레	젊	시	토	판	결	을	행	솔	말	를	제
밀	파	날	재	생	파	모	계	양	적	사	쌀	견	늘	다	고	용
도	실	버	느	주	제	동	네	도	을	노	질	굴	플	레	이	어
젊	에	달	솔	절	의	다	날	이	예	셀	계	느	받	법	감	요
한	동	질	집	견	부	러	자	동	드	뻐	절	부	굴	쌀	도	주
도	한	퓨	문	용	이	결	세	짓	장	용	를	올	들	을	느	주
돌	다	자	정	을	션	변	짓	탁	람	퓨	발	루	레	을	대	바
낌	용	레	부	표	컴	화	셀	측	풍	한	코	동	바	운	션	공
방	향	으	로	절	찍	의	컴	공	북	춤	니	감	공	로	은	견
스	끔	보	트	동	바	트	람	트	장	짓	느	싸	루	다	제	도
문	돌	이	견	살	아	견	선	감	제	다	필	는	카	에	느	동
주	들	트	컴	고	래	퓨	을	카	에	주	한	회	자	질	필	어
쌀	필	를	절	있	층	제	바	질	문	을	러	사	동	자	의	한
끔	너	위	장	는	전	느	고	도	추	느	감	루	대	노	퓨	를
이	풍	느	부	로	행	견	셀	고	범	동	퓨	달	측	카	을	끔

Puzzle 27

운 필 을 은 문 을 전 올 적 문 잘 느 질 행 발 도 동
루 낌 들 제 트 돌 굽 느 범 컴 못 문 문 행 풍 러 셀
표 도 발 감 물 거 날 동 트 굴 된 러 발 용 전 한 의
에 받 자 한 에 노 크 필 솔 제 들 주 법 필 퓨 필 컴
이 꿀 질 셀 람 파 다 물 스 러 클 깎 이 퓨 노 용
전 벌 부 에 측 다 달 고 문 무 돌 고 래 자 솔 맞 서
트 견 추 굴 추 이 끔 은 파 료 사 동 로 람 달 춤
질 람 동 의 노 한 위 로 올 문 범 동 문 동 측 받 한
들 느 필 한 노 법 느 트 로 문 자 스 문 로 한 대 쌀
기 견 춤 다 장 자 루 집 부 굴 질 표 장 루 법 춤 늘
문 본 의 적 풍 선 퓨 측 전 법 공 경 체 춤 날 의 바
요 에 루 카 셀 동 춤 을 루 위 거 찰 로 위 카 출 터
표 크 스 용 퓨 트 사 물 고 쌀 솔 입 구 울 로 제 실
보 류 굽 한 위 러 퓨 곡 도 절 크 게 력 적 운 주 굽
사 쌀 학 년 장 낌 한 동 선 은 필 말 범 셀 도 찍 한

꿀벌
제출
에이전트
무료
날카로운
학년
실제로
잘못된
돌고래
보류
곡선
경찰
울용서
기본
위장력
입력
깎이
크게
클립

Puzzle 28

중간
성공
비극적
주장
불구하고
이야기
물린
이웃도
감동
범죄
고래
보여
충족
가족에게
문제가
완료
왕자
위협
의학
재킷

요 범 트 거 레 문 달 춤 노 절 람 질 바 집 다 를 위
트 체 행 동 셀 로 퓨 주 크 전 북 젊 자 트 적 느 표
주 도 찍 비 극 적 맞 셀 쌀 측 크 이 북 동 고 필 바
셀 필 은 을 동 북 주 굽 파 보 트 어 말 젊 동 주 맞
을 도 로 터 바 이 퓨 장 느 러 여 고 래 자 한 쌀 문
의 학 퓨 한 람 웃 북 필 달 람 은 하 달 위 이 물 제
동 질 달 위 동 도 요 카 은 한 스 구 동 절 중 러 가
도 절 돌 장 은 용 늘 질 한 은 한 불 추 바 간 발 자
느 고 고 전 레 위 견 끔 이 견 한 루 부 가 을 쌀 을
동 카 날 도 도 협 느 이 솔 용 전 제 올 족 충 파 파
은 거 맞 발 대 들 동 체 법 다 솔 대 문 에 한 용 문
문 낌 말 대 터 동 표 이 발 법 루 컴 행 게 운 다 찍
감 컴 달 문 재 파 레 야 완 료 성 공 왕 자 물 리 받
감 트 젊 어 결 킷 파 기 주 로 이 거 문 스 린 집 늘
동 문 발 용 거 을 문 질 크 문 퓨 범 죄 전 춤 너 을

Puzzle 29

```
훌 통 증 이 사 한 찍 육 범 대 이 한 북 행 의 람 션
류 늘 자 전 용 의 발 문 상 을 느 느 주 발 이 통 과
함 을 용 작 시 마 을 결 굴 다 노 사 이 의 찍 즈 느
영 향 을 을 까 이 흔 들 리 는 굽 춤 이 느 다 리 용
춤 을 발 달 지 그 자 베 이 끔 한 트 공 장 파 시 공
이 을 개 은 느 레 물 이 측 돌 맞 적 굽 고 젊 너 바
크 추 어 의 용 이 발 올 물 용 느 트 돌 이 적 노
어 추 체 러 쌀 션 풍 굴 결 바 쌀 측 용 방 문 맞 늘
질 한 맞 문 거 스 타 일 의 이 터 고 한 결 공 집 장
바 운 집 들 대 션 도 스 트 로 레 동 도 굴 한 이 바
집 공 감 스 의 선 위 로 날 한 사 운 공 동 퓨 다 레
굽 트 문 북 받 바 요 고 위 질 집 들 람 컴 실 견 문
굴 체 다 트 카 늘 트 찍 절 바 로 컴 범 굽 행 시 트
동 춤 바 공 시 도 를 들 부 맞 크 끔 측 체 운 트 집
스 레 크 너 간 노 을 람 말 퓨 안 락 군 대 이 찍 리
```

안락군대
통과
스타일의
흔들리는
실시
시작
다리
통증이
방문
공간
훌륭함
베이
개발을
사용시까지
시리즈
운이
육상
마이그레이션
영향을
시도를

Puzzle 30

확실히
택시
탈출
마지막으로
느린
속이는
무시
동의
경보
검토
열이
구성
적격
대통령을
키가
임원
작은
폐기물
장애
케이지

```
돌 운 추 임 느 짓 크 법 받 짓 범 확 실 히 스 발 절
장 애 키 원 러 린 들 올 러 크 범 용 견 제 동 의 동
굽 고 가 문 찍 한 부 법 질 공 감 트 리 한 고 견 셀
대 통 령 을 공 카 루 열 이 법 로 고 자 자 터 경 달
작 은 파 바 바 러 체 운 질 춤 굽 끔 을 자 적 보 문
춤 폐 풍 동 솔 굴 람 너 끔 들 질 은 탈 출 쌀 검 맞
돌 퓨 기 동 범 동 용 스 행 위 추 감 짓 택 시 무 토
동 질 동 물 션 다 터 끔 러 풍 다 적 말 러 끔 필 션
동 이 들 발 질 구 쌀 발 도 질 고 격 장 다 끔 터 용
자 바 젊 젊 동 성 위 위 은 도 추 트 스 트 부 자 다
주 을 쌀 로 장 로 날 동 장 표 은 트 을 요 터 터 용
동 공 늘 자 어 으 셀 고 에 에 노 도 다 쌀 한 러 집
의 동 용 범 받 막 속 대 트 맞 로 행 루 전 전 발 어
퓨 말 을 늘 한 지 이 케 굽 노 용 감 문 측 견 고 찍
고 파 크 돌 이 마 는 행 부 질 적 용 위 찍 사 낌 쌀
```

Puzzle 31

용	을	을	고	러	아	직	춤	바	터	거	대	자	평	북	홀	노
물	이	요	결	문	녹	공	다	사	추	춤	도	받	야	을	장	리
굽	터	결	돌	운	체	감	질	를	주	너	위	도	부	범	느	동
동	용	동	스	요	휴	민	속	풍	부	한	결	빨	게	을	사	한
고	끔	동	바	부	젊	일	짓	발	스	다	트	이	도	한	카	다
질	올	제	쌀	날	필	풍	대	트	로	한	셀	색	트	파	추	풍
카	짓	거	스	노	공	장	도	한	카	늘	에	트	에	자	물
측	에	카	필	국	파	를	어	스	자	부	정	이	서	느	자	이
질	문	루	쌀	경	주	낙	타	행	질	자	중	한	말	한	문	러
한	공	돌	로	육	동	거	은	바	쌀	장	바	주	부	비	다	주
결	솔	다	견	두	기	각	체	절	찍	추	젊	을	추	카	록	이
달	부	컴	질	구	춤	한	발	동	자	젊	을	을	질	감	발	체
퓨	한	에	행	에	노	도	바	결	혼	동	컴	질	젊	을	트	들
한	법	주	을	노	계	관	끔	의	트	솔	거	람	리	짓	받	너
맞	고	결	동	동	부	용	문	질	추	올	문	전	바	레	문	제

정중
육두구
게이트에서
질문
낙타
녹아
평야
민속
관계동
혼리
홀경
국직
아경
풍부한
관용
비록
기각
휴일
제거
빨간색을

Puzzle 32

풍	크	을	선	운	션	주	스	추	풍	부	노	운	러	동	어	북
중	지	젤	언	은	거	람	웨	견	바	올	젊	퓨	끔	적	로	느
찍	젊	리	자	바	풍	컴	터	운	측	들	이	가	북	은	느	한
끔	문	문	끔	을	퓨	퓨	잉	태	날	도	공	축	운	의	문	대
너	사	돌	노	람	뛰	어	리	한	한	고	돌	문	영	을	짓	말
받	소	노	동	터	다	바	다	춤	스	바	을	올	수	정	동
한	한	한	전	동	트	다	트	행	풍	은	동	범	한	경	돌	결
풍	을	쌀	젊	굴	적	부	바	스	분	컴	제	느	를	제	리
사	트	리	들	거	돌	장	체	한	위	자	기	조	나	정	고	솔
거	견	필	집	찍	고	받	의	은	바	체	용	견	비	은	계	단
말	감	운	동	한	도	를	한	올	동	결	자	다	레	고	풍
법	필	굽	행	발	장	받	적	이	셀	젊	짓	날	느	행	너	절
굽	용	라	젊	굴	문	션	들	셀	주	찍	표	발	주	대	문	로
도	명	사	은	을	맞	주	소	유	찍	한	을	대	춤	트	위
절	동	은	대	로	퓨	을	의	동	컴	한	을	대	춤	트	위	날

사라
조정
나비
중지
선언
소유
단계를
결정을
수정
명사
경제를
사소한
스웨터
동행
분기
가축
운영
뛰어리
젤리
잉태

Puzzle 33

리	찍	점	발	장	젊	끔	셀	쌀	굽	등	을	바	고	질	부	로
올	쌀	프	달	의	달	느	자	거	맞	은	북	크	로	자	측	한
셀	한	는	레	동	장	절	카	바	자	다	굴	다	자	세	포	공
은	발	로	로	을	어	에	반	늑	아	춤	반	을	발	다	발	의
리	구	름	을	체	날	루	바	대	이	소	드	질	터	셀	자	고
참	가	자	기	범	한	운	헤	이	디	원	시	집	솔	바	행	터
연	민	견	존	바	끔	어	자	러	어	없	주	을	제	이	인	사
문	측	바	의	자	부	쌀	물	부	가	이	적	이	솔	문	치	부
굴	트	끔	고	느	트	날	결	어	풍	감	법	쌀	적	느	위	결
부	너	자	질	을	도	대	플	공	날	느	이	법	측	부	결	찍
말	행	한	절	쌀	측	질	크	로	터	스	굽	들	쌀	트	험	트
혈	공	공	올	날	물	람	트	한	트	필	낌	자	집	견	경	트
동	액	레	터	운	션	로	이	주	터	북	찍	로	한	도	력	필
맞	위	용	바	춤	루	문	을	카	스	굽	고	도	자	제	필	솔
주	요	전	은	스	문	한	부	솔	느	절	고	에	공	장	은	필

소원없이
주요
세포
참가자
아이디어가
늑대
점프는
경력
헤이
혈액
등을
연민
구름
반드시
경험
플로트
위치
기존의
절반
인치

Puzzle 34

설계
세기
부드러운
지원
시력기호
단편
가격
메추라기
해설
계단
강아지
어떤
왼쪽
잃게
의도
무지개
반영에서
공격적
토끼가
결혼은

왼	리	찍	반	영	에	서	스	문	은	레	러	문	달	춤	대	쌀
쪽	적	트	을	요	사	들	트	의	들	위	레	행	표	대	짓	퓨
션	결	혼	은	맞	메	추	라	기	트	부	날	범	들	다	쌀	리
한	올	잃	공	격	적	람	람	주	낌	션	로	레	굴	도	적	절
부	바	맞	게	요	을	을	짓	동	들	계	설	스	날	공	동	굽
풍	드	발	을	맞	쌀	행	바	전	편	단	세	날	트	러	다	부
고	트	러	스	솔	물	다	굽	션	트	돌	기	자	절	법	자	한
문	말	낌	운	어	떤	쌀	도	트	추	적	낌	을	추	부	용	필
의	도	에	트	가	끼	토	지	원	용	풍	제	트	돌	굴	거	감
춤	말	파	사	격	트	을	아	션	대	무	지	개	맞	위	집	트
체	끔	동	전	트	자	대	강	추	바	날	선	느	굴	다	을	컴
범	용	터	퓨	젊	느	체	자	젊	풍	도	사	대	동	표	장	터
컴	낌	감	체	굴	바	파	사	견	굴	시	력	기	호	솔	주	이
로	노	올	느	동	어	을	주	로	맞	은	굽	도	주	해	발	에
동	풍	끔	노	한	물	노	장	굽	솔	로	받	도	짓	용	설	레

Puzzle 35

확	한	짓	결	크	기	후	트	트	결	북	질	스	행	을	터	솔
신	들	대	의	절	트	바	의	굴	너	용	늘	컴	트	필	요	한
를	늘	동	노	주	들	끔	주	북	사	체	표	고	항	립	솔	문
추	정	카	션	쌀	찍	션	에	사	느	아	올	트	대	목	필	굴
리	한	리	퓨	느	고	북	북	질	위	웃	주	문	표	북	을	리
늘	너	공	달	인	을	날	트	장	추	동	바	한	루	스	을	문
코	메	뚜	기	정	로	한	주	짓	러	전	요	질	다	이	위	부
에	뿔	짓	동	도	쌀	자	항	찍	행	행	트	들	짓	날	너	부
너	문	소	컴	바	문	굴	상	을	체	용	결	다	은	주	결	굽
도	레	리	한	쌀	퓨	주	제	컴	은	이	거	풍	루	젊	은	용
결	작	업	을	한	부	은	늘	동	발	춤	풍	이	에	날	파	용
전	서	그	법	에	받	사	행	어	주	주	트	요	의	다	람	짓
로	식	러	풍	도	크	끔	다	요	레	필	은	고	운	찍	달	사
추	지	나	찍	용	운	측	셀	문	들	대	위	바	싱	크	올	를
때	문	에	가	르	치	는	절	내	일	한	컴	위	바	동	공	운

젊은
때문에
그러나
내일
메뚜기
코뿔소
서식지
싱크
필요한
도용
항목을
항상
아웃
추정
확신를
스트립
기후
인정
작업
가르치는

Puzzle 36

테디
바나나
상점
셋째
시간
신사
다른
긍정적
스푼
크로스
발생
한도
깔끔한
테이프
번호
불안
공장
회사
위기
흰색

고	스	측	공	장	느	바	올	말	대	결	체	을	부	퓨	로	트
선	문	을	받	한	불	느	나	쌀	표	스	발	동	어	를	프	끔
은	컴	행	트	받	안	끔	돌	나	필	파	푼	바	절	필	이	전
로	의	흰	색	감	에	대	파	을	동	사	공	어	끔	전	테	견
람	날	리	솔	로	추	용	끔	체	은	람	견	부	주	결	디	동
발	용	깔	풍	끔	에	도	사	용	위	다	른	바	동	어	한	도
느	문	용	끔	스	한	대	동	달	기	자	운	질	은	주	을	발
긍	정	적	이	한	한	공	로	제	자	스	리	로	바	다	추	생
동	용	을	레	크	로	스	동	바	끔	루	카	고	솔	맞	날	짓
동	받	바	퓨	자	터	시	쌀	받	범	자	쌀	고	트	자	문	젊
적	카	스	션	질	를	간	로	트	공	감	동	쌀	표	션	셀	어
다	은	찍	상	신	거	발	올	루	한	거	끔	풍	측	북	늘	북
러	제	문	점	사	번	달	한	거	끔	어	공	체	북	늘	도	카
들	자	파	회	사	호	발	셋	자	을	어	공	체	동	행	받	발
레	에	람	은	어	체	달	째	문	주	물	굽	체	동	행	받	발

Puzzle 37

레	따	루	를	신	노	응	트	용	문	위	동	결	절	주	결	찍
마	일	뜻	자	발	스	답	질	바	물	을	컴	감	용	부	용	노
레	러	솔	한	샴	장	이	주	표	발	춤	달	항	해	바	쌀	을
을	올	젊	측	푸	트	퓨	굴	제	조	자	도	은	굽	한	체	도
이	표	트	을	하	굴	람	발	바	동	바	요	셀	이	춤	퓨	루
을	리	람	자	여	풍	물	측	오	토	바	이	섬	스	문	용	북
범	에	젊	필	야	로	한	트	동	션	바	필	세	쿠	를	용	북
부	굴	컴	들	한	셀	을	운	주	춤	주	법	한	터	찍	크	카
리	어	쥐	람	다	물	너	컴	용	터	북	늘	을	위	동	이	장
한	트	고	공	동	발	적	한	노	돌	범	다	공	결	문	행	운
협	표	고	낌	솔	고	자	문	레	젊	추	동	들	쌀	발	동	크
퓨	력	검	색	와	을	체	물	여	너	측	이	느	을	미	친	러
을	러	션	클	위	서	도	굴	덮	스	을	어	대	범	발	셀	은
체	기	하	래	노	감	공	로	문	공	용	부	너	빠	장	낌	필
도	스	레	스	질	문	동	침	실	로	동	위	리	른	을	필	트

제조
오토바이
따뜻한
마일
섬세한
클래스
다람쥐
미친
행운
노래하기
스쿠터
협력
검색
응답이
여덟
항해
신발샴푸하여야한다
침실
와서
빠른

Puzzle 38

투자
노을
수출을
담비
대상
동물
해결
가까운
게으른
볼륨
감자
원숭이
목록과
확장
블랙
비명
기금
이미
의사
기사는

에	범	행	을	끔	의	사	수	끔	다	은	게	대	한	한	레	말
느	이	이	북	올	추	자	출	바	낌	파	으	상	동	자	용	동
주	행	가	부	쌀	쌀	동	을	제	블	랙	른	어	볼	룸	한	물
트	끔	동	까	낌	크	크	거	노	추	퓨	람	결	퓨	트	풍	장
확	장	레	적	운	문	션	돌	리	전	올	굴	을	날	다	날	느
풍	고	담	비	찍	바	비	한	을	트	절	기	도	문	찍	공	돌
용	감	들	북	을	트	명	춤	동	공	러	법	사	자	용	집	끔
원	숭	이	의	한	바	추	감	자	투	을	끔	문	는	을	터	트
발	러	체	문	트	이	운	행	체	문	퓨	찍	다	이	미	받	발
결	자	에	을	셀	람	바	션	발	한	문	셀	북	늘	맞	스	질
범	점	셀	쌀	람	질	로	목	들	짓	쌀	문	기	트	파	로	풍
터	행	문	공	쌀	절	집	록	퓨	낌	발	의	금	추	측	느	용
물	질	날	느	감	늘	을	과	카	동	셀	사	느	감	받	북	감
솔	솔	부	을	법	노	느	들	바	한	을	용	물	은	절	전	자
느	발	문	제	동	해	결	위	어	필	사	은	동	북	견	트	용

Puzzle 39

대	견	찍	너	감	맞	견	아	도	추	굽	테	마	들	을	북	레	
바	자	질	받	을	로	침	다	짓	춤	필	동	용	자	풍	필		
백	다	다	거	동	풍	짓	전	도	편	공	한	문	용	부	대	셀	올
러	조	한	이	용	로	바	말	오	굴	리	발	은	카	셀	질	절	주
바	어	걸	핏	하	면	잔	디	제	문	셀	러	효	과	너	달	용	부
스	턴	동	젊	돌	젊	제	셀	돌	이	절	로	제	경	성	세	적	루
크	스	마	느	을	셀	거	션	껌	도	용	품	정	확	성	트	척	물
럽	웨	주	증	제	거	을	고	짓	이	올	물	굽	퓨	굴	부	추	로
공	것	굽	가	춤	을	너	자	달	스	컴	결	쌀	쌀	한	컴	말	한
은	은	동	찍	발	너	자	달	짓	동	러	견	션	은	굽	굽	껌	문
외	로	운	춤	용	문	짓	동	자	달	스	러	견	션	한	올	을	질
을	거	용	트	위	트	맞	자	문	운	한	올	을	질	용	크	한	
한	의	다	을	북	공	주	범	발	행	스	람	북	들	문	굽	받	
로	말	표	추	한	고	리	위	스	돌	절	결	행	풍	문	로	사	
사	이	공	은	한	너	풍	발	은	동	풍	들	한	파	동	사	공	

오리를
웨스턴
제품
테마
증가
외로운
세척
편집
쌀쌀한
동사
백조
스크럽
것은
효과
아침
경제
마스크
정확성
잔디
걸핏하면

Puzzle 40

산업을
트렁크
경험을
계약에
많이
순환
물건
다수
어린이
바느질
맛있는
갤럽
동물원
목표염소
울었다
앞치마
앉아
돼지알약
요약
원정

갤	은	로	로	결	에	앞	러	다	전	사	순	레	크	루	올	이				
맞	럽	앉	용	원	정	동	치	산	업	을	환	말	법	바	표	스				
다	수	아	운	끔	행	을	루	마	날	사	공	터	문	자	느	운				
었	껌	의	절	주	발	동	많	이	결	끔	바	스	문	달	절	질				
울	터	요	견	대	로	짓	바	린	고	풍	로	적	이	문	크	요				
파	의	약	알	지	돼	스	장	어	에	스	끔	달	자	션	전	은				
레	결	컴	트	션	을	쌀	문	러	목	표	염	소	이	파	트	의				
감	을	솔	집	크	문	트	퓨	트	쌀	추	찍	고	질	쌀	질	문				
문	이	질	경	측	션	렁	찍	이	전	용	한	느	를	한	파	껌				
에	바	범	험	동	젊	크	운	람	계	너	을	문	굴	솔	파	위				
카	을	레	을	추	바	은	발	러	약	장	장	루	레	들	은	사				
자	발	동	표	법	다	찍	대	절	에	느	추	표	질	루	크	용				
질	레	적	느	고	질	집	동	맞	요	이	를	집	맛	있	는	젊				
체	말	돌	발	요	필	법	건	물	쌀	젊	한	을	로	장	은	문				
적	말	돌	발	요	필	법	원	올	운	북	풍	필	측	의	레	공				

Puzzle 41

말	통	을	늘	체	문	로	동	선	쌀	의	도	발	요	도	것	추
타	치	주	레	션	찍	파	젊	고	을	도	장	돌	측	문	이	셀
고	자	부	부	족	한	경	로	파	리	크	날	굴	카	적	다	원
같	법	한	이	한	끰	동	끔	에	다	부	발	용	올	추	발	가
적	은	선	을	부	들	파	늘	자	용	받	용	감	너	을	끰	물
파	늘	표	크	표	전	사	신	발	개	필	견	찍	용	찍	물	노
요	느	를	을	물	풍	퓨	도	레	방	바	위	공	트	의	동	동
트	받	션	다	솔	결	위	고	파	트	바	문	공	문	명	동	솔
짓	트	쌀	추	끔	풍	날	도	예	측	쌀	한	컴	들	북	컴	을
필	질	리	한	법	짓	끔	자	위	스	표	기	명	확	히	랑	쌀
을	터	늘	견	질	달	쌀	거	을	능	성	간	느	트	굽	용	절
너	대	동	범	퓨	제	동	어	을	을	은	견	고	소	측	카	다
을	바	날	폭	로	달	달	젊	질	트	법	바	행	다	풍	전	고
로	젊	북	적	풍	표	북	로	절	주	젊	달	루	스	견	위	크
농	구	계	란	고	퓨	러	퓨	한	용	질	부	루	스	견	질	동

가능성
선고
소다
농구
파리
명랑
신발
뭔가
것이다
부족한
폭풍
개방
같은
계란
경로
기간
예측
타고
명확히
통치자

Puzzle 42

자전거
스틸훔쳐
증거
소요
수박
대화
채택
체중
도움말
부분
현자
오이
야채를
프로그램
유료
규제
일반
스트림
종기
쿠페

말	스	채	필	동	을	늘	트	한	유	료	리	찍	을	끰	자	을
문	자	틸	택	거	질	부	주	행	물	위	바	도	용	너	물	늘
행	전	을	훔	수	박	람	쌀	을	고	주	동	제	소	용	레	적
오	거	컴	부	쳐	달	대	요	고	문	션	제	리	요	셀	문	카
이	증	돌	노	퓨	집	달	절	용	발	북	바	한	굽	올	사	루
한	젊	을	용	위	쿠	페	크	로	질	쌀	쌀	느	로	종	기	일
한	트	달	대	트	션	견	제	춤	발	체	절	굴	컴	리	셀	반
를	찍	은	한	규	제	제	춤	야	채	를	도	움	말	범	결	행
느	돌	현	자	체	중	은	셀	트	를	도	문	적	은	동	은	쌀
도	용	퓨	느	춤	물	부	을	결	이	문	적	날	트	끔	달	풍
문	동	물	트	들	체	견	분	공	문	스	한	쌀	은	찍	젊	끔
로	맞	젊	쌀	로	굽	거	바	람	적	로	주	대	화	스	젊	카
에	부	트	찍	컴	프	로	그	램	컴	질	동	받	절	림	을	찍
파	을	부	행	을	동	자	동	문	필	의	한	춤	션	노	끰	전
셀	쌀	트	제	용	감	늘	찍	람	동	파	행	질	파	부	굴	바

Puzzle 43

```
대 회 의 바 필 모 셀 슬 레 날 로 러 문 사 특 끔 굽
피 색 맞 너 카 니 올 루 픈 사 션 용 굽 문 히 동 감
문 파 러 그 발 터 트 표 용 스 리 대 크 측 북 용 을
찍 측 동 려 법 링 리 용 날 자 달 말 레 을 감 대 요
자 사 도 거 을 체 도 의 부 부 를 은 용 체 한 한 사
은 노 부 물 필 공 크 질 장 크 달 느 솔 감 은 적 서
어 은 크 자 돌 터 장 문 한 대 문 퓨 람 성 장 을 른
이 대 집 트 퓨 주 카 마 용 션 젊 주 시 간 시 간 사
굽 로 쌀 이 돌 터 범 을 동 날 람 발 위 문 받 느 무
동 추 낌 러 동 느 노 표 셀 결 람 춤 러 을 한 쌀 실
아 매 늘 람 돌 한 은 문 러 물 풍 을 곤 람 맞 사 다
기 바 듭 들 추 카 질 달 전 카 짓 터 래 터 풍 운 랑
트 다 도 날 문 바 다 고 이 날 물 우 드 용 공 러 너
용 대 의 장 행 장 일 반 적 인 적 력 매 표 동 을 솔
질 측 요 견 이 범 션 러 질 절 자 퓨 발 문 지 친 러
```

사랑
일반적인
서른
성장을
매듭
지친
마을
특히
슬픈
크레용
대피
아기
시간시간
사무실
회색
모니터링
우드
그려
드래곤
매력적인

Puzzle 44

서랍
날씨
숟가락
사람에게
무기
요리논의
요인을
휴가를
무엇을
배우에서
더워
역할에
반환
배포
고려
겨울
영리
골절
비트
깊은

```
굽 어 이 주 문 은 도 사 반 주 한 집 동 스 한 느 다
굴 비 트 바 찍 춤 이 람 환 휴 가 를 배 포 돌 질 쌀
자 제 측 전 질 위 쌀 에 할 역 스 느 짓 동 바 적 한
을 운 루 북 한 찍 돌 게 카 달 퓨 법 달 션 러 질 은
서 숟 가 락 물 질 고 자 질 감 쌀 운 문 로 용 집 표
에 랍 날 씨 겨 울 려 들 짓 부 끔 더 워 한 너 쌀 풍
우 날 레 은 결 셀 굽 절 짓 용 찍 깊 요 너 트 영 루
배 굴 을 셀 체 를 레 다 어 자 동 은 요 리 인 논 터
크 늘 찍 주 받 동 한 을 카 주 트 달 러 춤 무 기 을
을 표 루 한 위 터 필 운 주 용 한 트 자 위 이 찍 말
맞 느 굴 끔 요 맞 춤 공 솔 제 적 부 자 를 크 돌 결
법 느 굴 곰 요 맞 춤 공 범 크 사 을 감 은 문 용 솔 감
루 동 대 집 무 용 용 범 크 사 을 장 레 주 결 사
늘 람 필 바 을 주 리 컴 굴 결 거 돌 로 자 이 돌 로
```

Puzzle 45

증 거 셀 스 테 추 스 용 도 에 달 동 쌀 결 적 느 동
바 명 피 터 이 데 문 를 도 동 선 견 핑 정 물 짓 짓
주 절 부 위 블 동 을 페 을 표 달 체 크 하 적 용 공
바 로 한 질 션 운 컴 이 냄 문 올 집 법 는 우 늘 어
찍 스 풍 느 션 를 굴 지 새 동 말 을 발 문 용 산 위
문 러 젊 은 질 거 날 거 리 자 다 을 올 쌀 유 어 을
노 스 짓 안 귀 족 감 장 수 영 물 기 크 주 소 러 집
절 절 질 녕 바 적 셀 을 주 질 발 관 에 연 개 굽 트
동 러 한 하 물 에 들 맞 북 풍 로 션 쌀 못 에 너 트
젊 위 바 세 추 자 문 다 파 운 용 북 은 벽 컴 말 젊
카 을 파 요 아 이 의 인 치 가 카 집 로 지 추 질 너
풍 이 퓨 짓 마 풍 한 전 절 감 적 절 퓨 방 레 이 트
한 레 동 어 행 문 카 노 제 굽 동 굽 요 문 동 다 부
레 맞 적 도 용 을 전 름 표 춤 측 트 은 에 은 올 공
자 공 끔 루 돌 굽 제 파 추 행 대 들 동 체 부 크 젊

안녕하세요
증명
결정하는
냄새
소개에
지방
페이지
수영
연못벽
인치가
용어집
데이터
피부
테이블
아마
핑크
기관
귀족
유용
우산을

Puzzle 46

정치
세금
생산
세부
고통을
상황
가지고있다가
소프트
말을
행복한
감지하여
평면
무거운
착용
아빠
결론
어두운
요인
유체
북쪽으로

집 쌀 짓 가 지 고 있 다 가 생 행 바 자 트 행 풍 질
요 터 날 필 끔 찍 컴 맞 레 산 람 로 문 공 복 굴 트
정 추 이 짓 리 유 대 적 동 전 부 측 문 올 한 컴 찍
셀 치 소 프 트 체 용 제 용 느 트 의 다 풍 집 퓨 짓
상 황 견 요 용 도 션 레 결 터 측 느 쌀 요 인 굴
을 굴 바 운 부 고 찍 다 세 금 세 은 운 발 적 파 문
북 쪽 으 로 트 풍 감 지 하 여 추 부 추 리 고 파 받
쌀 법 받 어 용 추 측 용 굽 날 로 받 에 고 느 로 한
질 에 거 공 문 동 고 굴 대 트 로 견 다 은 위 트 체
한 요 고 통 을 고 견 도 북 를 굽 이 다 은 맞 발 날
한 자 늘 질 짓 북 젊 측 제 의 한 제 들 장 찍 올 적
느 운 바 돌 날 공 운 터 쌀 위 솔 의 을 굴 올 고 문
바 문 문 말 로 추 올 대 의 굽 느 노 레 퓨 리 아 쌀
을 은 쌀 무 거 운 두 어 한 용 면 집 결 론 빠 동 껌

Puzzle 47

거	러	공	이	한	차	음	스	카	프	주	를	요	너	달	집	을
적	절	운	말	정	이	행	악	로	문	제	호	한	셀	농	대	굽
부	법	를	스	동	노	달	용	도	용	춤	을	수	끔	축	를	자
레	전	동	파	동	영	양	분	을	범	바	운	에	적	체	맞	솔
람	표	도	카	고	모	부	을	느	은	필	북	대	루	다	을	날
쌀	범	쇼	고	블	린	페	짓	용	셀	맞	춤	법	피	아	노	체
릴	리	스	를	필	굴	인	질	날	문	느	느	말	은	견	말	행
전	추	달	바	솔	공	트	트	문	범	들	표	바	한	이	바	위
거	이	을	말	끔	적	찍	말	컴	다	찍	찍	견	표	을	용	레
위	문	추	북	퓨	맞	필	바	늘	동	로	문	결	집	퓨	사	막
끔	스	젊	조	풍	너	다	범	위	받	자	문	말	전	동	바	젊
춤	요	대	각	끔	후	에	결	맞	을	은	농	부	주	러	사	한
만	들	을	달	돌	을	동	트	다	파	문	은	부	레	이	쌀	찍
션	을	날	쌀	빌	한	올	을	춤	필	컴	로	을	러	부	의	쌀
크	느	집	감	려	크	동	카	요	춤	이	한	자	한	측	말	의

피아노
사막
영양분을
만들
쇼를
마모
농부
페인트
농축
릴리스
맞춤법
스카프
차이
한정
고블린
호수
빌려
후에
음악
조각

Puzzle 48

전쟁
과거의
죄송
삼촌
유치가
사회
지점
센터
불규칙
편지
물어
참조
천사
동안
추가
악어
그들의
회원
원더
적립

셀	다	올	션	트	션	악	컴	요	편	셀	제	부	들	카	요	을
달	돌	크	을	셀	북	전	어	물	지	을	한	부	을	끔	러	다
을	한	쌀	위	도	추	너	쟁	적	은	은	전	자	요	법	동	감
한	늘	날	올	한	셀	다	적	립	용	젊	부	터	굽	발	용	질
이	거	도	부	돌	동	안	로	용	공	전	은	고	한	집	행	이
한	적	위	다	레	션	끔	너	자	을	바	다	굽	끔	터	센	결
원	더	트	한	유	치	가	한	짓	집	절	법	지	레	문	터	찍
공	문	부	집	동	풍	끔	다	트	끔	의	발	점	불	규	칙	젊
돌	젊	공	주	끔	트	너	범	부	질	도	쌀	공	굽	요	맞	공
장	전	삼	늘	제	추	결	표	자	법	공	필	날	크	절	제	결
적	원	한	촌	죄	거	레	카	의	터	질	동	끔	러	필	문	바
느	회	북	추	송	로	을	크	퓨	추	가	한	컴	자	집	로	올
천	사	돌	에	측	을	크	퓨	추	가	한	컴	집	북	표	추	체
은	법	문	용	셀	참	느	주	솔	도	리	공	질	돌	추	위	은
그	들	의	거	과	조	에	을	부	굴	질	파	루	위	바	용	느

Puzzle 49

날 을 질 올 찍 말 달 한 강 한 로 발 용 은 끔 부 공
주 어 짓 감 굽 용 파 목 욕 짓 감 트 모 을 위 의 용
셀 소 제 행 발 운 바 절 톤 춤 위 돌 텔 을 터 스 에
이 호 텔 운 원 형 제 질 레 발 느 트 질 부 로 컴 행
장 전 돌 날 물 어 사 루 켈 은 을 적 주 지 범 물 체
난 물 다 끔 결 크 포 리 스 트 에 한 바 혜 장 크 쌀
체 한 은 달 견 운 트 바 측 문 젊 터 루 늘 바 트 은
을 이 체 인 말 질 셀 다 젊 북 스 제 이 부 발 물 용
장 집 장 바 늘 장 어 솔 도 느 크 위 아 대 도 질 에
느 컴 스 을 러 한 문 찍 쌀 다 부 스 파 버 춤 절 람
에 트 고 풍 좋 느 컴 솔 솔 말 늘 틱 받 자 지 절 로
필 스 러 트 은 북 제 외 시 켰 다 은 젊 발 부 의 용
보 동 달 위 추 집 찍 늘 결 동 물 고 문 문 자 람 션
후 물 문 러 젊 트 위 들 거 춤 컴 요 도 션 를 사 문
한 다 의 암 탉 너 부 용 전 끔 레 받 절 다 카 사 돌

단어 목록:
- 좋은
- 주소
- 부자를
- 사람의
- 지혜
- 목욕
- 모텔
- 스켈레톤
- 체인
- 보물
- 강한
- 암탉
- 아버지의
- 후보
- 호텔
- 제외시켰다
- 포리스트에
- 장난
- 원형
- 스틱은

Puzzle 50

단어 목록:
- 핸들을
- 새벽
- 시리즈를
- 머리
- 화요일
- 실패
- 포착
- 대회
- 가끔
- 필요
- 둥지
- 연방
- 신중한
- 구분
- 빨리
- 국제
- 현명한
- 완화
- 수많은
- 소심한

신 결 국 시 받 한 를 이 공 전 한 적 은 감 동 파 은 표 대
한 중 제 끔 리 화 요 일 바 로 발 을 자 을 춤 질 표 스 물
문 전 한 심 소 즈 부 루 완 다 바 들 한 주 제 스 대 용 적
수 많 은 문 문 추 를 짓 화 추 대 회 법 부 북 용 물 도 요
굴 끔 은 사 바 동 람 한 날 다 로 고 제 찍 바 도 적 쌀 도
장 고 쌀 쌀 컴 느 부 사 절 컴 도 운 끔 전 춤 요 요 다 절
현 명 한 너 쌀 말 구 분 머 리 느 주 트 트 느 쌀 도 러 체
노 도 올 받 바 트 전 춤 카 션 말 질 포 동 리 다 절 용 절
물 필 문 실 패 문 표 둥 리 춤 돌 요 착 집 동 러 체 가 돌
범 요 행 추 러 행 문 지 찍 빨 공 느 한 레 은 용 절 끔 사
파 말 들 노 어 바 날 집 느 질 리 거 굽 에 문 가 트 거 한
행 견 올 부 문 풍 한 운 다 제 주 북 도 연 방 맞 을 측 측
올 부 문 을 한 로 카 다 느 짓 달 북 고 연 방 맞 을 측 발
은 표 질 문 새 벽 적 솔 자 문 다 느 필 트 바 적 측 발

Puzzle 51

리 굽 이 루 부 삽 입 되 돌 리 기 하 한 과 로 을 대
쌀 필 야 적 북 향 해 체 부 고 행 늘 의 사 가 문 전
굽 터 기 주 추 동 풍 범 주 공 집 굽 루 짓 을 이 말
바 람 는 바 바 바 루 제 한 장 텍 스 트 질 늘 전 동
발 저 주 오 자 레 결 유 용 하 게 주 다 자 적 카 찍
대 고 진 주 비 견 햇 겁 쟁 이 쌀 문 카 용 한 로 측
솔 부 어 를 끔 운 빛 나 무 파 을 평 낌 카 질 용 느
스 바 주 자 주 쌀 들 동 견 체 위 요 화 을 돌 람 트
카 물 로 질 부 를 추 끔 적 동 거 한 적 로 치 약 느
제 마 다 낌 추 올 법 범 터 동 터 한 받 동 운 공 행
션 한 차 을 트 늘 표 용 루 파 춤 주 셀 한 에 도 주
필 용 다 감 행 맞 질 풍 추 물 쌀 굴 솔 다 발 이 대
사 한 적 표 터 용 표 행 동 달 이 문 굴 부 한 운 다
젊 카 한 러 올 레 로 젊 따 라 들 발 부 절 다 을 표
집 돌 어 솔 느 트 컴 동 퓨 컴 느 필 컴 용 맞 느 법

사과
텍스트
나무
삽입
주저
주어진주는
전문가
평화로운
마차
의사가
하늘
겁쟁이
햇빛
되돌리기
따라
향해
치약
이야기는
비오는
유용하게

Puzzle 52

지역은
투명
통지
마우스
느낌
심장
초대
방지
버전
드럼
수준하도록을
부러
분석
구멍
블리드
새로운
기록
거대한
소시지
종교

새 한 러 은 바 구 드 럼 공 측 쌀 날 부 달 공 수 질
질 로 느 자 바 멍 부 러 다 찍 파 질 집 문 체 준 동
쌀 스 운 방 요 로 트 발 공 바 낌 견 쌀 을 쌀 하 분
를 통 질 지 시 소 동 리 굴 느 요 너 부 들 바 도 석
용 지 찍 굴 을 측 한 동 춤 견 낌 트 거 동 한 록 종
셀 리 노 너 카 을 받 춤 체 어 을 레 낌 끔 은 을 교
한 너 터 공 노 노 러 마 우 스 낌 부 지 바 측 레 리
주 거 대 한 카 을 전 문 날 발 올 너 역 젊 이 로 쌀
한 문 초 필 문 터 을 은 감 선 측 선 은 트 블 날 주
의 집 동 물 도 투 터 견 부 자 이 을 한 터 리 동 은
바 트 도 추 러 장 명 주 쌀 한 고 낌 버 전 드 질 솔
은 도 말 맞 쌀 추 견 을 낌 로 을 솔 로 동 심 장 낌
로 트 기 에 레 도 제 은 바 표 은 부 트 자 문 사 고
요 낌 록 찍 행 셀 고 셀 돌 견 은 터 을 질 로 어 레
주 요 견 측 짓 트 돌 돌 느 거 쌀 찍 받 주 이 범 을

Puzzle 53

```
낌 들 도 맞 바 도 낌 주 쌀 대 달 너 좌 을 을 낌 제
루 필 발 춤 다 지 상 을 위 법 질 러 석 북 스 제 질
동 터 트 굴 퓨 은 문 쌀 한 파 돌 도 돌 질 쌀 문 범
솔 최 람 한 예 많 괴 물 을 을 스 바 이 로 한 북
견 대 바 자 돌 상 문 연 찍 발 너 주 느 자 람 들 한 질
오 동 바 크 돌 문 트 위 례 공 사 견 거 람 들 제 질
늘 결 솔 동 동 질 들 해 물 로 파 견 파 문 이 물 결
광 택 트 리 범 스 도 사 달 한 에 레 햄 도 물 고 도
굴 달 범 문 춤 굽 범 바 트 러 시 을 은 스 트 한 을
문 다 적 달 집 로 용 터 맞 춤 게 범 에 마 터 한 평
집 측 돌 부 받 바 고 한 행 올 부 문 젊 스 물 맞 면
문 은 바 낌 한 셀 을 추 굽 컴 카 문 레 리 다 솔 의
션 제 주 을 낌 문 체 식 용 달 이 발 실 크 워 트 네
도 노 자 주 을 운 동 사 카 측 용 문 망 부 한 동 행
주 느 부 부 젊 받 트 용 솔 도 용 필 표 퓨 장 법 동
```

좌석
지상
많은지도
시게
실망
식용
평면의
달이
바다
최대
네트워크
크리스마스
연례
오늘
괴물
예상
운동
광택
햄스터
위해

Puzzle 54

스펀지
조건이
금요일
지속
수량
튤립
먼지
무릎
표범
저자기관
콘도르의
감기
학생
연령
카드
연필
일곱
코스
잊지
제로

```
쌀 람 부 조 동 절 콘 문 거 노 터 용 이 들 로 운 장
장 일 곱 건 을 춤 도 컴 고 동 추 문 루 카 필 집 젊
굽 은 너 이 학 생 르 지 쌀 솔 다 견 동 동 질 연 짓
저 제 로 맞 한 동 의 속 카 감 을 은 바 자 추 한 령
범 자 동 결 루 측 바 도 드 질 코 도 요 트 을 문 발
어 동 기 느 튤 립 고 바 들 은 동 동 스 부 추 맞 질
은 이 감 관 체 질 무 로 대 문 맞 고 북 굽 루 다 은
날 동 이 다 질 무 로 측 말 에 올 들 로 문 운 지 편
제 표 한 스 솔 룬 레 전 을 쌀 부 터 스 대 적 발 카
은 범 짓 을 리 올 짓 다 을 쌀 부 질 카 금 요 트 범
춤 동 도 짓 문 범 어 젊 풍 범 루 질 카 감 절 일 자
한 장 션 쌀 행 제 노 필 문 카 카 로 바 감 절 이 쌀
부 먼 굴 쌀 춤 문 로 들 바 주 리 동 수 체 션 부 날
견 지 발 노 공 한 로 공 감 대 노 감 량 대 을 요 동
트 용 필 절 주 동 컴 은 을 로 바 로 레 장 질 감 동
```

Puzzle 55

문	장	에	요	굽	로	노	도	맞	들	자	자	다	춤	루	말	올
올	은	공	물	한	달	한	한	람	은	다	규	람	수	한	교	사
측	을	파	절	상	사	집	부	쌀	용	굴	돌	칙	프	날	를	결
솔	동	공	셀	승	람	트	운	쌀	행	한	루	감	유	카	행	를
축	구	부	족	부	의	한	측	달	바	람	법	자	자	파	레	를
느	도	굴	동	돌	필	러	맞	파	을	너	올	끔	신	운	받	람
늘	대	찍	부	물	체	다	한	동	쌀	사	파	적	의	관	말	들
날	발	끔	필	부	말	지	구	를	문	날	발	측	부	심	문	루
을	행	날	드	을	을	돌	올	위	물	견	트	주	쌀	션	요	사
부	스	날	도	의	무	달	을	아	이	요	사	바	행	말	에	발
노	질	행	크	풍	천	이	짓	찍	이	도	바	적	굽	에	끔	말
날	덮	북	주	질	국	가	레	동	주	은	공	문	트	법	전	발
결	공	여	문	의	법	능	극	장	절	리	절	동	발	맞	문	안
측	사	쪼	아	필	행	맞	공	짓	용	적	맞	부	굴	자	부	녕
용	파	제	행	젊	은	사	들	용	트	이	위	자	짓	컴	은	한

지구를
상승
쪼아
수프
동천국
덮여
가능
자신의
필드
축구
안녕
아이
관심
부족
교사
극장
규칙
의무
자유

Puzzle 56

소방관
키위
삼각형
순무
모든
브라운
다시
다운
포크
냉장고
슬라이드
부모
굵게
고추
레이스
혼들
연기를
이모
이점
호출라고

은	찍	이	부	한	자	굵	을	카	거	동	이	파	대	파	늘	파
고	부	느	모	들	한	게	제	포	범	대	질	솔	로	트	돌	자
장	셀	공	대	문	자	체	쌀	법	크	모	든	위	맞	문	풍	고
측	문	을	견	을	부	용	이	북	은	동	문	짓	주	바	질	받
자	말	다	결	바	춤	다	체	터	제	트	자	루	스	레	운	자
용	의	운	부	물	고	라	출	호	동	을	솔	끔	동	을	이	동
발	퓨	거	흔	들	추	순	문	행	끔	북	이	파	어	을	거	위
느	주	제	늘	체	측	무	너	사	을	늘	다	이	점	젊	거	체
추	필	춤	집	문	집	동	물	집	집	동	시	풍	을	발	용	퓨
견	을	문	을	이	들	한	돌	대	솔	한	물	냉	한	제	전	터
찍	러	노	결	어	집	풍	파	슬	물	늘	다	장	로	레	감	전
동	동	삼	각	형	위	짓	운	라	브	표	운	고	은	이	쌀	루
제	이	돌	을	돌	굽	키	고	이	문	컴	부	동	연	스	요	소
바	로	맞	발	적	요	은	위	드	위	용	모	추	기	자	제	방
절	동	집	범	쌀	문	쌀	을	동	발	들	문	북	를	질	람	관

Puzzle 57

시 터 측 짓 전 돌 말 셀 컴 물 집 쌀 올 람 이 루 노
변 장 한 나 문 공 레 부 발 한 바 바 빼 젊 러 도 행
부 수 의 머 을 트 도 느 다 필 셀 잘 미 말 다 너 람
은 북 네 지 북 문 퓨 운 한 셀 결 들 문 레 주 은 요
돌 견 도 바 도 측 문 측 짓 이 문 의 전 이 터 족 을
크 굴 질 쌀 에 물 자 발 행 법 용 절 전 쌀 검 한 은
북 한 꼼 체 춤 문 상 자 도 법 늘 장 사 터 질 은 부
을 질 도 구 위 자 받 카 젊 을 부 바 을 쌀 우 자 를
이 실 트 리 법 동 사 한 에 동 굽 람 참 우 울 돌 동
물 행 짓 부 적 측 독 너 로 도 에 전 여 쌀 바 느 리
초 을 를 풍 다 계 시 립 클 맞 너 문 쌀 도 파 짓 법
점 점 꼼 부 올 견 공 이 맞 카 다 도 부 발 한 들 카
달 부 문 스 북 체 바 람 레 다 에 다 솔 말 견 풍 터
용 다 낌 한 운 질 견 한 를 행 돌 찍 위 날 고 굴 카
받 를 달 레 바 질 돌 부 셀 절 느 터 찍 날 발 트 터

점점
클립시계
말미잘
상자
지네
실행을
나머지
시장의
독립
참여
허가
초점
가족
변수
법적
검은발
고구리
올빼미
우울

Puzzle 58

관계가
건강한
매달려
지원을
마련
슬립
싸움
물고기
포함
대한
추격
피자
공격
버터
약어
비교
동영상
포스트
껍질
회피에

한 주 문 물 부 질 한 카 거 은 을 감 바 위 짓 람 표
카 짓 노 고 람 문 셀 날 포 북 주 카 에 돌 도 맞 동
대 추 낌 기 한 동 자 한 함 포 이 에 결 문 추 짓 문
공 격 문 을 돌 자 견 한 를 스 을 한 피 자 격 로 느
범 법 운 을 문 필 낌 말 느 들 트 법 솔 회 부 동 문
트 셀 전 노 너 션 느 사 발 질 감 한 동 느 날 을 쌀
주 용 대 한 장 대 컴 집 로 물 전 고 도 체 북 를 을
트 문 람 찍 강 트 주 다 동 전 버 관 발 문 거 바 주
리 어 한 슬 껍 건 러 은 바 전 터 계 은 트 도 받 체
지 사 을 쌀 립 질 요 발 스 용 표 가 주 도 동 문 문
사 문 원 거 들 법 받 주 비 쌀 영 한 크 솔 로 를 끔
을 바 문 도 스 찍 을 질 교 문 상 은 공 측 날 루 절
제 동 컴 쌀 선 문 매 달 려 문 찍 마 련 말 다 어 어
싸 움 동 도 도 어 장 을 이 쌀 굽 람 루 러 받 어 느

Puzzle 59

자 동 받 공 어 동 문 터 말 위 거 친 낌 받 한 부 걱
파 굽 질 크 동 트 올 부 장 트 사 체 부 이 로 발 정
셀 문 쌀 젊 어 트 올 달 젊 레 다 낌 협 상 달 쌀 행
고 로 질 맞 려 쌀 리 로 표 로 한 짓 동 범 은 물 발
맞 속 를 제 운 춤 은 결 식 로 발 자 파 적 굽 트 렌
쌀 운 도 어 의 이 한 느 별 이 내 내 도 문 굽 질 타
느 리 다 로 바 크 너 전 터 행 부 감 한 동 추 고 인
트 리 젊 크 부 션 녹 색 대 안 동 날 들 로 운 춤 찍
람 션 굴 행 바 맞 리 주 결 는 필 도 양 오 크 주 을
트 의 요 날 터 솔 을 감 한 쪽 트 렌 년 부
동 주 트 리 행 셀 고 질 외 에 션 트 돌 퓨 터 지 솔
파 낌 굽 절 범 올 이 감 맞 디 자 한 솔 돌 로 범 공
측 한 루 절 문 벽 질 미 굽 어 자 홍 결 솔 낌 동 퓨
위 다 쌀 올 올 문 화 래 사 굴 집 수 파 트 동 젊 풍
풍 너 필 한 측 체 측 람 느 들 끔 트 바 디 카 주 동

제어
주년
내내
발렌타인
어려운
녹색
어디에있는
식별
대안
미래
바디
걱정
협상
거친
벽화
홍수
양쪽
외에
오렌지
고속도로

Puzzle 60

선생님
종종
칠면조
사실
사자
와이어
대기
책가방
문제
바늘
감사
하이라이트
여우
영어
요리
부패
역할
응답
일몰
장소

대 체 추 트 용 이 감 젊 북 하 도 선 생 님 장 바 감
문 제 공 북 문 절 자 젊 자 이 질 카 용 트 소 젊 늘
와 이 어 받 의 요 거 을 을 라 쌀 을 굽 로 로 자 공
행 다 이 카 한 요 종 종 트 이 여 우 풍 스 말 션 위
이 짓 을 션 법 굴 바 역 할 트 을 대 찍 용 들 한 도
퓨 느 문 터 한 문 느 동 쌀 다 추 필 장 문 다 을 추
동 책 트 체 받 굽 절 집 문 을 실 노 날 주 느 받 을
칠 젊 가 부 로 터 을 필 솔 감 사 응 을 노 한 주 표
면 동 받 방 패 트 문 달 을 셀 북 답 한 동 이 측 체
조 한 맞 달 고 체 요 끔 을 요 리 용 느 끔 로 대 법
북 어 사 사 젊 대 은 체 낌 공 질 을 문 은 끔 솔 맞
트 문 자 다 전 기 영 어 행 돌 감 느 동 자 찍 질 운
절 주 결 크 찍 굴 이 주 돌 감 느 들 받 한 스 체 이
대 트 일 몰 물 맞 문 동 트 북 들 받 한 스 주 돌 받
션 어 집 파 문 로 트 용 파 을 올 바 션 스 굴 도 운

Puzzle 61

```
장 사 제 운 부 늘 멸 필 달 질 부 달 제 의 건 컴 간
다 행 히 도 의 터 종 집 범 솔 고 적 트 주 포 말 단
개 선 리 표 범 리 전 행 을 북 에 올 한 측 도 위 한
부 노 맞 를 문 법 맞 문 질 굽 바 를 자 돌 동 들 이
도 를 전 면 들 끔 적 말 어 크 솔 문 동 부 트 의 행
한 체 의 용 먹 지 굽 크 비 워 도 한 굽 돌 한 질 차
돌 의 용 이 다 동 컴 행 로 은 물 션 말 미 위 을 노
도 공 동 이 다 문 레 도 션 끔 을 문 발 도 부 쌀 레
주 동 로 다 문 레 도 션 끔 을 문 발 도 부 쌀 굴 찍
운 의 다 장 제 너 파 트 맞 노 로 날 미 바 문 대 문
다 올 대 부 요 플 라 스 틱 볼 트 터 올 러 여 유 가
올 를 전 주 주 를 한 리 수 법 감 너 춤 에 을 을 퓨
도 질 발 디 자 인 바 퓨 입 풍 선 터 동 대 부 바 터
낌 퓨 부 법 도 쌀 닥 한 의 다 노 동 쌀 필 찍 추 해
쌀 맞 낌 법 루 사 자 쌀 감 트 한 굽 젊 견 어 은 변
```

정지
간단한
먹다
다행히도
수입
멸종
차량
바닥
미러
풍선
개미
해변
개선
디자인
볼트
건포도
여유가
플라스틱
비워
전면

Puzzle 62

지구본
박탈이
선물
상추오이
크래들
시금치
부드럽게
표면
스웨덴
사람들이
하강
마지막
고양이
알려진
수리를
정확히
끊지는
스타스탠드
히트
전송

```
느 루 쌀 레 은 절 절 용 마 지 막 고 션 는 지 끊 도
질 쌀 동 수 셀 자 트 발 운 들 바 양 도 늘 구 사 동
늘 자 부 부 리 측 거 다 노 달 을 이 쌀 하 본 퓨 사
체 스 선 올 절 를 한 노 을 제 크 오 공 강 에 들 동
을 컴 웨 물 파 트 행 바 결 늘 적 추 로 바 히 은 로
다 리 컴 덴 퓨 은 크 법 문 도 터 상 질 굴 카 트 의
트 용 쌀 돌 풍 로 북 발 은 대 정 질 굴 달 레 시 자
날 북 문 부 도 터 이 를 트 박 확 이 바 측 문 금 운
주 러 문 자 바 요 동 북 부 탈 히 공 크 트 크 치 셀
굽 도 트 터 퓨 감 공 바 에 이 리 돌 제 전 낌 한 은
체 집 주 로 사 바 러 을 늘 행 거 들 노 송 크 래 들
달 집 루 늘 람 문 알 려 진 끔 고 주 은 을 문 말 늘
느 바 추 문 들 을 노 맞 컴 퓨 필 절 트 자 을 의 질
거 공 의 루 이 한 물 끔 필 표 부 드 럽 게 표 면 레
늘 젊 체 사 용 풍 리 노 로 문 스 타 스 탠 드 달 퓨
```

Puzzle 63

바	물	러	찍	동	의	발	쌀	바	자	도	레	한	쌀	집	추	사
사	한	이	너	크	료	매	은	바	올	터	스	파	자	바	을	션
견	루	느	들	을	젊	을	니	발	도	고	토	풍	행	한	북	카
문	들	자	체	트	어	받	동	저	흔	습	랑	너	무	맞	질	춤
다	물	공	터	발	날	은	느	쌀	들	사	도	이	트	용	굴	굴
크	업	크	이	메	방	어	머	니	었	운	냥	테	니	스	말	바
문	용	결	익	물	을	추	컴	레	다	자	문	람	쌀	은	전	늘
다	문	결	무	서	워	느	도	견	를	굽	바	측	질	감	파	컴
느	공	북	춤	굽	은	얼	어	루	다	추	발	추	람	바	주	북
문	남	표	도	스	필	음	발	한	에	복	잡	찬	부	한	눌	러
달	범	편	자	바	용	굽	동	손	실	을	북	장	루	발	체	을
용	바	범	결	돼	지	자	용	전	고	받	날	위	굴	적	람	느
바	견	문	주	춤	찍	한	공	을	맞	트	자	바	집	대	발	느
표	트	퓨	필	람	운	위	질	거	는	파	도	적	공	도	터	부
추	느	춤	용	용	부	주	은	루	을	질	위	다	로	문	전	바

사냥
테니스
사슴
너무
맞는
남편
매니저
눌러
찬장
돼지
방어머니
메이크업
복잡
얼음
흔들었다
의료
무서워
이익
레스토랑
손실을

Puzzle 64

보고서
텐트
하우스는
당근케이스
문자
부주의
고객
촬영
공동
허리케인
친구
괜찮아도
오는
분자
부문의
원인
자동
임의의
잡지
적용

하	파	바	낌	분	동	한	받	터	자	부	결	솔	주	트	운	풍
전	우	트	문	자	퓨	거	행	바	동	주	고	위	도	법	위	문
적	트	스	체	결	친	의	위	도	한	한	레	어	루	문	주	퓨
카	이	솔	는	오	다	구	돌	거	집	풍	한	바	로	말	발	은
러	적	용	레	날	절	느	도	낌	한	굽	질	잡	받	문	표	대
받	러	트	주	받	문	어	표	공	텐	트	주	지	춤	어	찍	풍
자	풍	문	로	한	맞	당	로	동	돌	다	이	를	거	느	물	자
전	춤	용	로	을	발	행	근	자	원	인	돌	로	촬	물	너	춤
견	늘	돌	동	고	객	쌀	늘	케	러	임	의	의	영	체	사	맞
셀	스	션	로	받	북	제	문	이	의	트	전	고	파	트	이	느
을	낌	날	다	한	주	은	괜	의	부	스	용	을	표	쌀	늘	을
보	고	서	장	부	주	의	찮	은	자	너	이	자	스	제	쌀	결
늘	맞	끔	필	용	맞	트	아	부	문	의	허	리	케	인	자	요
행	을	어	늘	다	한	리	도	을	도	리	들	바	측	카	고	용
에	다	을	느	적	을	로	필	맞	문	이	로	에	을	장	자	동

Puzzle 65

용 요 은 질 견 로 들 달 발 은 문 낌 레 자 주 물 질
말 컴 요 물 을 견 한 리 행 자 짓 로 은 접 들 달 한
적 발 러 바 질 명 날 반 대 주 고 람 춤 표 착 퓨 을
바 은 제 트 고 백 굽 견 의 한 도 덕 적 춤 발 제 한
은 집 체 장 동 한 부 질 부 북 너 이 한 말 절 올 찍
바 을 너 늘 바 캐 트 말 한 극 동 스 다 쌀 용 크 도
트 도 로 절 로 쌀 치 카 표 이 도 주 느 낌 스 은 고
낌 촛 프 로 젝 트 를 자 느 리 관 이 트 표 행 을 셀
견 불 행 동 리 카 굴 이 해 에 서 트 크 바 션 낌 순
솔 견 올 로 트 베 위 견 도 셀 도 올 을 제 발 바 서
동 짓 에 로 조 심 스 럽 게 공 바 추 부 동 다 에 굴
이 고 스 굽 표 크 차 구 위 미 퓨 측 행 동 시 자 어
지 발 도 적 높 느 기 를 끔 세 터 은 젊 을 에 견 카
켜 맞 러 풍 은 퓨 쁜 노 발 한 바 트 견 대 문 파 적
바 절 퓨 그 림 를 컴 날 표 한 돌 문 체 한 을 바 들

프로젝트를
북극이
지켜
순서
높은
도덕적
반대
접착제
촛불
조심스럽게
그림
이해에서
명백한
캐치
구스베리
기쁜
미세한
도서관
기차
다시에

Puzzle 66

상대
말한다
중복
소수
사람이
실현을
수집위원회
학업
개인적으로
비행기가
연기
이벤트를
자발적
빌드
불행
원하는
자두
길이
뽑아
제목

고 질 발 한 발 바 굽 너 요 발 퓨 트 파 개 위 결 받
바 받 범 동 로 굽 쌀 풍 동 물 측 쌀 주 인 맞 을 자
에 낌 발 솔 고 이 전 물 운 발 트 사 한 적 측 느 장
쌀 끔 요 측 로 달 쌀 루 대 물 로 자 이 으 도 쌀 이
집 바 장 이 연 셀 법 올 거 대 로 스 공 로 용 젊 질
한 상 부 카 올 기 이 벤 트 를 제 목 크 도 젊 고 한
필 대 파 절 트 요 람 의 을 컴 한 한 결 쌀 카 집 문
대 끔 집 공 다 질 사 적 문 추 부 바 부 결 도 결 트
용 스 위 한 한 도 받 을 체 실 굽 션 터 발 한 대 자
길 학 업 풍 체 을 제 람 집 현 고 크 발 한 루 굴 쌀
이 는 용 행 질 레 터 굽 불 을 바 중 한 바 질 을 물
문 용 하 도 요 두 동 바 행 쌀 젊 복 집 위 이 젊 주
수 집 위 원 회 자 발 적 측 의 체 퓨 너 다 젊 들 레
뽑 소 솔 의 컴 올 말 한 다 요 발 비 행 기 가 맞 빌
아 리 요 북 문 문 발 바 돌 굽 동 집 솔 동 바 집 드

Puzzle 67

들 말 노 을 을 부 바 범 짓 느 부 말 고 견 리 동 박
레 감 늘 느 부 주 동 성 바 꼼 고 대 굽 복 자 도 물
표 법 자 위 로 만 에 파 양 전 차 즐 질 용 바 집 관
법 바 동 찍 부 너 피 느 말 다 갔 길 이 바 문 에 어
맞 들 낌 을 크 질 해 풍 을 전 대 재 사 용 을 질 스
받 들 사 문 도 솔 자 쌀 크 공 어 주 젊 자 추 늘 귀
너 컴 바 찍 낌 주 보 대 접 문 조 파 구 조 제 바 여
카 바 위 루 예 대 기 자 은 짓 물 식 문 젊 스 동 운
트 느 발 늘 비 크 용 문 고 질 바 문 문 자 짓 은 탐
터 돌 표 유 리 한 발 북 바 동 일 찍 사 낌 을 도 색
전 바 발 한 운 자 사 로 로 이 주 느 필 젊 문 퓨 을
은 주 받 북 카 느 사 은 루 부 측 자 이 사 법 장 문
동 풍 돌 결 질 바 행 낌 문 고 법 노 다 요 진 파 를
트 고 느 노 란 색 은 셀 다 대 거 주 결 북 레 낌 러
레 결 동 북 솔 늘 꼼 사 달 러 파 부 필 동 노 감 문

전차
조식
즐길
사진
노란색
다양성
박물관
피해자보기
대접
재사용을
갔다
양말
복용
양파에만
예비
구조
유리한
일찍
귀여운
탐색을

Puzzle 68

오징어
가시적
태양
상추
설정
지역
만족
식사
과즙이
박쥐
감옥
토마토를
거북이를
오리
반딧불
불쾌
두께의
운송
유지
파괴에도

은 달 찍 박 쥐 도 이 자 을 운 동 범 다 두 찍 루 토
낌 행 느 동 측 너 한 달 찍 어 은 감 다 다 깨 장 마
물 운 운 셀 발 태 낌 트 스 징 트 트 상 추 날 의 토
리 송 들 질 질 양 느 만 받 오 리 쌀 돌 발 자 바 를
필 퓨 대 바 스 트 짓 족 추 어 범 퓨 문 어 자 다 문
트 노 측 감 도 루 퓨 문 풍 운 들 절 문 고 용 크 자
거 북 이 를 느 사 도 돌 운 로 문 짓 들 설 터 법 고
도 불 굴 반 굽 고 표 은 사 집 늘 을 노 다 정 감 을
표 쾌 추 딧 한 운 운 한 고 발 쌀 파 괴 에 도 제 동
절 공 문 불 부 체 용 리 절 늘 터 견 지 레 견 부 굴
추 북 의 달 견 도 절 낌 로 파 절 부 역 가 굴 달 올
을 추 을 부 풍 도 솔 법 질 필 쌀 레 동 시 위 사 질
문 레 견 의 물 식 견 부 주 너 다 부 과 적 한 전 다
맞 트 유 트 바 사 장 필 맞 을 감 옥 동 즙 요 집 행
절 범 지 물 문 결 션 트 카 이 늘 자 노 카 이 날 스

Puzzle 69

```
커 플 전 형 적 인 법 견 부 람 을 적 모 컴 퓨 터 견
트 다 추 공 느 도 체 을 북 셀 받 증 양 발 주 올 결
은 질 동 자 기 이 고 사 결 크 스 거 을 응 반 들 감
동 크 문 바 다 고 물 요 굽 체 컴 를 한 굽 카 날 결
도 셀 다 굽 솔 한 대 풍 노 바 레 발 고 카 날 부 문
그 래 프 물 결 문 풍 장 춤 범 찍 굽 용 가 너 트 을
카 굴 너 집 적 로 스 열 레 한 션 동 굽 르 문 주 달
법 법 바 바 거 카 바 을 한 요 로 스 팀 쳐 필 도 너
리 위 추 퓨 사 자 트 진 동 측 카 러 의 법 재 고 범
과 학 범 맞 람 고 은 행 적 행 셀 문 솔 을 접 다 너
요 을 주 이 도 컴 높 집 카 람 공 한 한 바 시 굴 카
모 한 솔 전 늘 카 늘 이 북 맞 스 동 을 고 부 은 끔
양 집 자 젊 프 로 세 스 부 주 용 로 감 문 감 용 테
용 이 견 질 너 컴 바 범 사 춤 공 은 집 에 동 어 러
솔 한 을 리 공 질 을 한 한 한 고 절 이 법 사 질 로
```

반응을
테러
그래프
진행
높이
모양
스팀
모양을
증거를
프로세스
컴퓨터
공기
과학
열한
용어
재고
커플
가르쳐
전형적인
접시

Puzzle 70

설탕에
소년
남성
셔츠
짧은
스타
노트북
던져
민주
않는
감소
강우
안아
확산
여섯
괜찮
엔진이
전기
위험
점심

```
날 문 한 바 년 북 감 을 로 물 날 확 한 자 스 맞 춤
의 문 스 터 감 소 은 법 쌀 노 사 한 산 노 타 한 끔
솔 을 끔 쌀 절 돌 낌 부 체 문 동 법 강 우 질 트 질
느 터 문 느 레 문 주 용 로 에 굴 용 우 트 발 문 춤
를 도 로 거 문 퓨 않 는 범 셀 끔 추 의 에 한 노 한
바 거 장 감 도 파 파 동 터 주 도 거 필 바 은 한 노
을 견 올 자 람 고 은 북 설 찍 낌 돌 노 러 문 발 전
춤 여 결 레 로 전 기 행 탕 레 춤 레 어 문 바 컴 다
필 트 섯 장 질 굴 문 굽 에 의 용 크 로 컴 대 루 요
바 말 고 추 점 남 성 던 견 다 짧 은 느 자 카 주 춤
쌀 주 절 장 심 솔 감 져 동 북 집 레 레 트 츠 노 자
괜 바 집 로 바 한 러 쌀 노 로 감 위 사 셔 츠 쌀 북
찬 루 부 요 질 춤 션 로 감 주 험 위 레 크 위 안 위
파 을 질 리 한 문 물 레 이 셀 로 받 필 문 낌 안 아
다 엔 진 이 범 짓 발 올 어 스 을 적 을 바 적 용 스
```

Puzzle 71

얼	범	카	스	트	한	문	빛	통	루	제	받	람	컴	바	행	을
발	굴	우	툴	공	카	굴	의	공	치	올	설	날	동	올	셀	발
용	도	보	끔	을	한	돌	고	측	을	는	탕	에	을	컴	위	적
다	은	이	필	바	리	운	쌀	전	날	있	날	문	크	달	터	맞
굴	공	굽	문	든	용	한	동	로	용	수	자	낌	질	동	발	컴
주	위	에	트	고	적	생	느	루	출	누	군	가	춤	조	심	셀
바	이	쓰	기	는	들	크	각	로	전	를	주	질	솔	람	절	맞
다	견	을	돌	하	주	루	쌀	이	한	셀	문	어	주	발	쌀	쌀
늘	트	한	주	행	날	낌	발	범	적	요	바	달	솔	을	셀	리
을	느	의	느	수	요	을	컴	발	올	내	을	트	주	다	제	용
문	견	쌀	은	주	대	느	주	셀	크	와	바	어	질	짓	장	루
솔	다	장	에	분	늘	행	위	문	트	도	낌	주	루	한	질	을
낌	러	들	질	모	표	돌	동	풍	낌	문	들	트	크	너	도	한
주	집	노	주	퓨	등	북	스	쌀	어	한	를	자	동	차	점	이
가	위	발	장	법	이	다	솔	카	셀	도	한	한	문	루	적	동

조심
내와
설탕
주위에
누출
수행하는
스툴
수있는
쓰기
가위
생각이
얼굴
듣고는
분모
등이
자동차
카우보이
빛의
통치는
누군가

Puzzle 72

스파클
전송을
부분은
속하는
솔로
소음
차례
셀러리
거짓말
운동의
복숭아
형태로
여든
애정
측정
정비공
색상이
정확한
스스로
전에

돌	춤	색	날	물	람	를	장	문	부	분	은	날	굽	용	셀	적
느	다	도	상	법	차	셀	러	용	솔	문	돌	젊	위	한	러	제
주	파	트	너	이	례	퓨	발	질	춤	로	이	용	굴	한	리	행
스	트	용	을	발	주	스	부	말	끔	스	풍	은	복	이	은	끔
받	공	스	바	젊	을	은	솔	트	요	스	쌀	다	숭	공	장	부
문	소	음	굽	노	추	를	자	측	법	추	용	짓	아	노	범	감
자	측	한	체	문	느	션	자	운	발	요	용	을	짓	의	트	도
도	굽	맞	도	제	고	을	날	동	을	절	을	바	러	찍	발	한
짓	로	을	주	의	을	느	한	의	느	자	을	러	젊	표	속	도
거	짓	말	질	로	필	바	확	을	행	행	이	은	을	를	하	을
용	도	부	람	질	리	굽	정	비	공	날	들	도	형	발	는	용
노	공	을	받	북	문	받	측	애	이	바	태	체	문	올	법	표
풍	어	제	크	추	리	스	요	용	도	찍	을	로	문	의	은	노
을	송	전	리	루	전	파	법	여	짓	문	에	문	문	크	필	대
동	낌	에	루	법	부	클	추	든	사	대	스	굴	법	필	고	결

Puzzle 73

엄	북	바	용	올	느	범	쌀	야	한	어	이	바	느	날	굽	체
문	마	파	동	을	쌀	야	바	생	은	트	감	을	주	날	노	스
바	한	질	트	이	법	드	요	행	러	를	한	자	크	질	션	도
문	발	범	카	너	느	슨	한	주	에	동	북	용	짓	날	이	제
루	춤	고	급	문	파	컴	굽	리	적	굴	너	집	노	전	올	끔
노	운	자	결	대	결	티	쌀	탐	자	셀	노	올	북	동	용	달
어	절	가	루	로	동	발	느	구	요	법	문	한	굽	트	질	굽
굽	한	구	의	문	골	승	행	공	스	돌	문	사	날	노	이	를
컴	트	눈	선	솔	동	리	쌀	너	거	맞	전	체	어	동	돌	바
컴	러	물	택	축	품	의	늘	용	장	필	측	춤	를	어	장	을
날	문	터	은	하	북	트	북	적	집	견	레	절	로	도	의	도
문	고	기	크	하	을	동	사	용	법	션	측	견	제	찍	벽	동
돌	느	발	자	다	니	냅	타	나	한	끔	문	쌀	차	물	난	표
거	점	쌀	자	도	뱀	파	이	어	공	필	느	러	표	단	로	주
질	퓨	문	용	견	필	빈	번	한	상	이	범	느	제	용	를	발

선택은
나타냅니다
승리의
눈물
뱀파이어
축하하다
차단
가구
고급
고기
벽난로
야드
야생
골동품
엄마
느슨한
이상한
파트너파티
빈번한
탐구

Puzzle 74

사운드
나중에
차이가
점진적
수면
특정
허수아비
심각한
메일을
초콜릿
돌풍
철회
격리
거위
부추
치아
캠프
일부
도토리
종류의

러	차	행	집	발	부	문	위	나	중	에	대	터	달	견	어	사
질	허	이	춤	공	을	한	집	용	치	장	을	운	범	자	셀	터
면	수	동	가	요	어	의	에	받	아	션	파	물	말	질	솔	거
결	아	한	이	맞	맞	느	트	체	스	견	심	질	느	쌀	을	위
굽	비	바	을	질	사	대	견	집	러	노	용	각	물	질	물	터
굽	한	용	특	정	부	한	돌	끔	사	운	드	발	한	말	돌	루
부	초	체	행	일	부	필	를	공	달	북	셀	에	동	요	견	풍
추	콜	다	바	부	은	쌀	받	필	파	북	필	주	솔	퓨	바	물
달	릿	측	용	느	노	터	을	파	들	추	체	터	젊	젊	카	로
한	감	감	거	한	도	질	철	회	스	주	문	추	느	문	퓨	용
메	일	을	위	트	한	춤	동	은	굽	풍	문	도	발	집	끔	카
끔	굴	부	트	용	고	람	운	로	요	춤	스	감	주	컴	부	문
레	문	용	굽	주	컴	날	터	의	종	문	부	이	을	거	짓	물
격	셀	동	점	진	적	풍	트	러	류	달	루	션	리	자	젊	다
리	토	도	트	짓	위	자	자	북	의	캠	프	도	돌	요	문	날

Puzzle 75

제 을 책 행 전 말 동 주 발 컴 풍 우 하 키 문 어 감
질 도 도 상 추 한 을 집 사 용 부 올 스 용 레 부 리
도 거 울 부 을 셀 컴 말 회 표 퓨 요 문 운 은 한 을
리 로 올 너 바 비 을 감 의 계 시 해 풍 셀 바 용 노
를 좋 문 을 한 참 을 받 위 피 장 이 도 짓 레 끔 동
로 은 일 요 토 한 를 람 질 달 장 용 요 장 절 노 에
용 안 발 람 링 정 위 을 어 은 들 바 스 쌀 카 풍 결
을 녕 을 엘 프 안 자 발 물 을 은 트 사 돌 를 표 들
늘 결 은 고 스 불 을 추 셀 질 션 날 한 들 람 터 필
부 올 쌀 적 발 파 컴 질 쌀 사 들 물 날 바 절 다 낌
셀 감 명 짓 문 컴 람 체 느 전 로 이 카 감 발 했 공
밝 은 확 트 행 대 감 람 부 사 노 를 최 외 부 를 문
문 고 하 법 을 이 파 제 를 감 풍 트 문 종 쌀 치 터
운 추 게 겁 즐 을 너 어 한 굴 주 운 쌀 체 이 터 문
쌀 질 굴 이 날 위 올 쌀 을 바 체 컴 문 늘 이 올 질

스프링
우스운
노동
즐겁게
밝은
해시계
하키
최종
거울
좋은안녕
외부를
계피
불안정한
회의
토요일은
엘프
명확하게
비참한
터치를했다
책상을

Puzzle 76

좋아
선반
커버가
행동을
월요일
쉽게
없음도
모두
오디션
라디오
감독
가스
침대
읽기에
출현
여자
신선한
음료
가난한
단순히

없 음 도 도 사 레 결 문 라 날 트 레 션 부 쉽 트 다
요 동 을 로 트 달 절 발 춤 디 션 대 느 느 게 음 료
한 질 셀 행 동 을 람 날 트 문 오 절 솔 법 감 에 좋
추 람 로 추 집 감 동 어 람 용 올 사 사 너 에 용 아
질 솔 도 파 낌 이 를 들 레 요 출 체 을 크 절 용 늘
젊 견 은 컴 은 침 대 여 자 너 레 현 트 동 로 장 동
크 문 젊 바 맞 너 람 올 한 스 결 물 용 레 질 제 짓
다 공 날 읽 기 에 퓨 이 바 트 측 스 필 람 굴 감 끔
컴 부 공 위 부 필 날 바 들 질 어 에 한 한 선 신 러
부 동 위 운 찍 말 모 두 동 고 스 한 부 난 반 제 느
월 요 일 이 가 풍 올 감 독 올 쌀 느 굴 가 대 용 맞
문 오 디 션 버 스 로 한 을 젊 동 은 은 트 용 한 제
굽 결 부 람 커 대 리 질 법 전 주 고 춤 견 받 단 은
크 질 문 느 돌 자 다 굴 주 용 카 이 부 쌀 을 순 컴
을 트 자 고 말 파 북 자 받 션 을 위 표 대 낌 히 범

Puzzle 77

발 컴 젊 람 리 행 도 바 함 늘 말 문 표 자 전 문 운
토 트 카 문 대 춤 자 발 께 문 파 쌀 위 거 추 문 발
노 론 전 추 을 고 공 찍 들 소 트 동 발 행 은 문 느
필 로 로 동 거 자 집 을 문 느 물 요 자 를 한 올 리
적 거 로 찍 고 낌 모 욕 망 다 질 퓨 늘 고 동 트 제
바 다 자 선 주 리 혜 부 동 부 바 법 찍 들 용 거 풍
끔 부 체 동 표 혜 부 동 부 메 리 셀 굽 체 용 크 셀
질 맞 람 대 필 카 택 미 스 메 법 한 도 맞 느 이 트
병 짓 동 들 로 사 달 공 늘 법 한 러 사 품 론 부 론
어 풍 람 가 스 쌀 주 네 표 받 제 를 문 짓 질 위 공
제 맞 파 느 방 유 죄 일 이 추 맞 을 을 은 말 을 을
표 로 날 돌 적 바 부 거 거 이 어 측 문 발 주 굽 스
말 주 풍 부 카 바 요 집 굴 어 에 측 에 자 전 망 치
부 주 거 낌 배 울 북 올 추 쌀 달 을 바 용 자 크 위
대 을 퓨 부 젊 감 늘 쌀 발 울 타 리 다 사 문 결 적

사용자
토론
질병
네일
모기
메리
망치
주전자
미스
품질
함께
가방
배울
들소
사다리
욕망을
혜택
이론
유죄
울타리

Puzzle 78

호기심
포함되어
수분
소형
조용한
단위를
개미성가
발굽
코를하지
복구
현대
자랑스럽게
역사
요금
감사합니다
커튼
자본
결과를
정도
전략

트 요 한 법 주 터 파 파 자 이 을 쌀 굽 너 트 솔 말
질 로 금 파 결 러 개 노 올 들 끔 풍 포 함 되 어 주
고 문 범 요 다 한 요 미 견 달 이 달 건 건 로 범 물
감 사 합 니 다 자 스 말 성 카 한 장 견 를 느 코 컴
장 노 운 말 한 랑 대 표 가 쌀 굴 정 소 형 를 은 은
범 이 쌀 러 주 스 크 문 트 퓨 에 한 도 풍 자 하 을
찍 장 선 은 북 럽 바 쌀 문 터 전 단 로 문 조 지 대
찍 도 견 느 물 게 복 발 장 대 파 표 위 부 용 노 필
문 트 느 찍 용 바 구 측 추 은 한 한 션 제 를 람 공
춤 느 이 짓 굽 자 문 용 적 문 션 카 과 어 션 퓨 절
역 올 굽 을 결 주 리 전 거 맞 러 너 한 결 용 끔 현
사 질 자 너 람 터 굴 략 느 맞 러 들 수 행 춤 을 대
풍 호 의 늘 너 루 북 동 고 고 맞 러 커 분 집 느 은
고 기 솔 쌀 말 행 굽 행 파 질 날 튼 발 굽 이 레 젊
용 심 질 을 대 대 트 돌 행 자 본 표 절 동 다 을 젊

Puzzle 79

스 케 이 트 퓨 날 고 파 측 감 코 발 도 독 공 쌀 이
비 용 면 를 을 예 에 감 도 느 위 트 을 수 들 끰 용
한 한 이 레 느 외 용 견 랑 터 로 션 를 리 크 북 를
크 동 범 샤 짓 바 사 문 어 디 미 라 비 타 민 션 한
트 문 굴 고 워 대 여 왕 의 을 한 추 문 레 노 바 이
문 부 은 끔 돌 견 늘 트 솔 스 동 늘 바 바 추 부 트
은 자 쌀 다 한 견 공 다 제 주 에 전 트 의 은 맞 다
문 문 퓨 한 끰 주 들 은 짓 질 돌 엘 은 절 맞 부 너
용 물 을 대 이 굽 집 컴 끰 날 동 크 논 한 션 이 을
측 늘 한 트 북 거 성 분 를 도 북 표 트 문 러 용 발
너 주 도 돌 의 전 견 한 체 포 발 산 책 들 끰 용 어
젊 한 퓨 용 날 문 노 람 객 러 문 올 트 쌀 발 쌀 을
카 로 리 질 이 감 대 용 용 카 주 자 치 명 적 자 을
들 문 주 찍 터 운 은 체 고 사 동 트 레 션 달 문 동
쌀 물 한 늘 춤 굴 공 굴 터 환 영 이 의 습 관 을 셀

비용면
독수리
산책
성분
샤워
논문
비타민
미디어
환영이
미라
도랑
코트를
체포
객체를
습관을
예외
여왕의
엘크
스케이트
치명적

Puzzle 80

저항
선거
선호
할머니
족제비
다이빙
기간의
아름다운
가까이
모래가
안전
활성
과자
군인
위협이
코너
긴장된
유령
임대
입학

거 풍 바 코 트 은 도 솔 자 짓 운 견 위 트 컴 거 필
선 솔 임 너 행 람 주 션 부 주 발 레 로 협 람 운 스
춤 호 대 견 주 한 풍 저 에 끰 용 문 긴 이 까 가
한 트 솔 노 리 필 트 항 체 범 측 주 범 에 질 고 로
굴 춤 쌀 카 찍 은 다 이 빙 문 찍 견 너 을 질 고 퓨
의 군 끰 크 셀 모 노 셀 한 춤 젊 도 사 한 자 굴 스
자 인 집 제 어 래 절 적 한 문 이 솔 북 한 를 동 추
입 학 결 행 바 가 결 를 퓨 이 솔 굽 발 람 부 의
용 전 절 용 이 한 위 를 기 도 느 러 측 동 람 사 어
돌 문 젊 한 파 족 제 비 간 물 레 노 도 올 터 문
한 행 물 질 물 말 발 이 의 추 자 솔 을 어 파 올 바
집 트 할 머 니 범 주 행 노 부 다 바 공 을 노 찍
아 름 다 운 이 풍 로 측 로 트 크 활 성 과 자 에 바
자 컴 한 바 부 제 범 컴 은 용 안 추 이 트 트 노
유 령 을 부 요 동 절 필 루 용 전 도 짓 결 노 범 바

Puzzle 81

늘 절 패 턴 법 은 물 한 기 찾 트 솔 공 낌 를 파 터 의
난 운 동 낌 루 자 질 돌 능 루 느 도 을 신 삼 촌 의 음
로 레 달 경 찰 관 의 바 을 고 굴 트 트 동 뢰 언 성
주 제 표 은 러 물 맞 행 를 날 목 날 장 낌 질 덕 다 한 행
에 돌 거 을 운 터 레 을 노 용 올 병 아 리 의 션 적 을
리 부 에 발 을 주 받 한 용 쌀 운 자 엄 을 트 발 행
카 제 달 올 끔 공 주 바 쌀 충 이 솔 청 적 굽 동 절
펫 춤 짓 질 로 컴 위 셀 쌀 의 바 난 쌀 끔 쌀 사
운 짓 쌀 어 맞 어 파 달 끔 분 한 돌 의 범 늘 물 퓨
질 끔 행 느 바 부 제 늘 한 한 돌 의 셀 늘 질 질
절 연 쌀 공 받 을 위 트 굴 젊 행 장 이 에 문 질
을 북 락 젊 로 셀 끔 굴 젊 법 바 법 드 문 법 을 루 한
짓 솔 견 처 한 의 자 부 받 트 집 문 레 트 컴 어 문 절
짓 다 트 늘 거 이 자 젊 용 문 발 을 스 바 어 문
다 퓨 추 기 사 개 인 집 을 자 솔 자 부 바 운 한 도

연락처
물질의
난로
주제
삼촌의
기능을
신뢰적
목적
패턴
찾기
병아리
개인
언덕
충분한
카펫
기사
경찰관
엄청난
음성
드레스

Puzzle 82

날 범 자 로 굴 카 레 세 도 거 자 터 주 파 위 장 어
로 굽 용 용 전 를 로 러 대 문 절 퓨 집 쌀 행 한 동 깨
동 노 돌 로 짓 풍 을 로 늘 한 결 표 을 느 동 이 한
동 문 은 부 은 동 사 트 한 한 자 거 셀 어 물 향 거
한 솔 동 동 자 을 느 맞 그 결 적 굴 어 원 이 경 부
로 동 쪽 굽 동 로 굽 젊 결 들 한 을 적 발 경 첨 발
바 감 지 터 다 주 의 대 클 로 한 사 용 돌 느
을 주 셀 들 다 주 대 호 긴 장 우 한 트 측 절 질
질 스 법 트 끔 쌀 학 퓨 도 주 자 유 야 집 찍 노 전
를 동 칠 면 조 는 측 자 문 동 크 외 로 도 노 리
젊 제 발 셀 문 컴 파 레 동 한 자 이 자 용 동 장
트 한 셀 풍 법 노 요 문 들 을 자 은 이 터 질 자 컴
블 라 우 스 멋 공 집 을 날 질 러 리 굴 충 성 법 퓨 리
주 넥 타 이 진 은 러 에 도 전 굴 충 성 법 퓨 장
요 맞 질 에 바 레 고 리 바 짓 용 을 은 리 러 너 에

넥타이
경향이
세대
사이클
멋진
블라우스
망원경
어깨한다
대학
첨부
동쪽
칠면조는
거부
감지
충성
야외
그들이
호흡
우유
긴장

Puzzle 83

찍 운 동 북 트 이 사 컴 늘 적 공 물 이 을 로 올 을
다 노 이 동 럭 황 맞 문 화 행 견 발 표 집 문 문 춤
문 짓 컴 노 을 발 야 레 창 춤 태 찾 터 트 린 끔 을
절 표 러 필 올 컴 터 바 한 러 도 고 퓨 리 반 기 지
동 그 퓨 질 느 결 문 결 부 쌀 트 귀 장 결 쌀 로 자
젊 릇 드 물 게 요 표 을 사 달 람 주 중 도 이 동 짓
표 올 동 자 이 이 집 로 람 문 법 체 동 한 로 요 돌
형 요 을 부 찍 문 자 집 감 다 한 도 춤 감 짓 거 컴
제 젊 이 은 주 를 을 루 주 늘 션 들 늘 느 웃 었 다
북 절 동 표 이 체 대 맞 퓨 노 셀 을 이 발 다 위 절
에 어 생 물 학 장 동 용 대 사 추 측 끔 부 우 려 로
문 휘 적 을 결 도 람 문 바 트 발 다 에 에 날 동 파
올 용 굴 부 다 적 부 위 짓 측 달 체 크 을 질 다 굽
행 동 하 라 최 초 의 악 최 전 동 끔 운 도 찍 범 젊
혼 합 은 도 낌 운 쌀 션 느 결 체 측 션 부 질 트 스

화창한
트럭
사이트
드물게
행동하라
찾고
귀중한
생물학
최초의
최악의
형제
황야
혼합
우려
어휘
그릇
웃었다
기린
반기지
태도

Puzzle 84

사건
그랜드
주방
당신의
맛을
판사
포도
다음
가장자리
이유가
바위
배치
가져
보안
테이크
웨이크
겸손
딸이
치즈
자격올

테 이 크 러 노 로 체 동 터 트 끔 주 한 발 맛 젊 운
낌 풍 이 전 용 집 적 은 로 람 를 달 방 문 을 솔 쌀
그 러 웨 트 자 견 리 공 굴 요 리 필 을 은 질 다 터
랜 바 제 판 절 다 북 카 한 로 자 딸 쌀 끔 자 격 을
드 돌 다 사 맞 바 퓨 스 다 한 장 이 용 크 용 올 적
발 표 집 감 쌀 문 고 크 겸 손 가 져 한 사 당 포 도
크 동 다 너 어 다 터 위 끔 문 유 용 은 건 용 신 레
리 사 발 음 퓨 사 측 용 질 를 이 리 바 달 바 컴 의
부 이 바 행 에 짓 은 한 결 춤 셀 달 감 리 감 에 동
보 안 러 늘 도 문 루 터 자 범 로 주 제 범 문 물 러
도 치 젊 적 느 발 장 질 노 너 필 집 문 어 동 행 운
춤 즈 들 솔 은 거 발 쌀 장 카 은 느 터 솔 집 법 바
터 의 션 발 요 표 받 문 질 제 이 운 질 달 문 다 을
한 바 배 도 발 느 로 동 풍 맞 춤 필 결 도 도 자 터
받 위 치 도 낌 컴 한 을 늘 제 한 북 로 로 늘 견 바

Puzzle 85

도	어	필	을	전	터	짓	러	너	짓	터	이	말	고	종	소	를
사	자	제	퓨	끔	젊	바	바	필	카	적	동	문	은	의	녀	문
느	람	쌀	북	솔	금	지	하	는	메	부	측	마	느	동	편	안
느	문	고	돌	크	대	끔	풍	유	라	부	변	찍	음	을	거	전
날	돌	를	올	거	어	도	요	폭	이	스	을	호	도	사	과	일
문	레	올	거	자	제	트	을	력	다	달	사	자	북	고	운	늘
크	동	판	매	개	굴	법	동	스	고	절	은	찍	견	운	이	제
질	장	질	를	개	굴	법	동	스	고	노	을	로	요	용	동	한
최	람	이	자	혁	쌀	문	컴	의	문	올	느	적	고	위	이	제
터	근	굴	도	의	지	식	퓨	한	카	브	을	터	행	문	자	들
부	전	러	젊	도	러	의	게	시	케	이	스	언	급	질	느	적
굴	거	노	동	표	에	를	러	주	바	라	을	결	파	주	법	어
노	부	북	의	로	추	카	한	필	이	드	말	레	견	은	받	도
노	동	에	은	켓	문	로	카	장	운	법	리	람	용	용	감	돌
퓨	자	젊	도	이	북	동	올	한	필	솔	동	적	절	요	동	에

종의
소녀
로켓
드라이브
지식
변호사
금지하는
카메라
마음을
폭력
편안
적어도
이유는
최근
판매자
언급
게시
과일
개혁의
케이스

Puzzle 86

캠페인
방법을보고
상태
무례
물질
참석
도입
것들
압력
해안
화가
고도
일요일
일반적으로
여성
그늘
우박
캡처
기억
절대

문	거	바	기	한	짓	한	끔	자	캠	동	끔	스	돌	느	용	물
솔	주	적	억	질	필	끔	에	용	페	너	러	이	운	측	컴	질
리	파	제	을	바	표	여	성	돌	인	리	끔	파	루	로	문	주
주	쌀	문	짓	북	의	측	말	물	퓨	로	로	달	법	동	도	문
맞	의	로	바	트	결	맞	북	다	전	퓨	한	바	동	문	동	트
전	전	사	한	북	로	결	상	동	리	를	쌀	끔	행	을	거	행
날	크	물	측	거	동	크	해	태	퓨	느	짓	문	말	동	측	파
용	발	결	부	찍	다	측	트	안	끔	을	솔	추	어	추	한	물
용	주	발	행	쌀	너	추	북	돌	참	석	찍	범	발	다	크	법
화	의	위	말	범	주	고	자	절	로	도	부	결	이	도	입	부
가	추	그	어	발	요	무	절	맞	용	루	리	견	도	고	것	들
주	퓨	굽	늘	캡	처	례	대	방	법	을	보	고	압	집	다	컴
동	로	거	다	션	제	사	한	요	고	돌	질	쌀	력	파	노	굽
법	컴	바	필	은	터	측	의	로	으	적	반	일	요	일	날	람
동	부	결	문	루	자	절	한	우	박	스	법	찍	끔	문	위	말

Puzzle 87

소 크 동 적 결 자 짓 맞 다 북 자 동 도 장 느 감 느
굴 녀 체 굴 측 도 컴 체 바 자 북 한 추 절 발 공 위
리 로 가 올 문 운 다 어 용 굴 크 올 카 문 로 범 의
로 을 바 루 스 복 싱 퓨 바 동 트 바 파 리 범 험 자
쌀 절 파 트 은 짓 카 질 이 어 대 추 레 춤 을 하 퓨
자 거 추 용 느 사 용 을 요 한 의 행 받 감 람 게 전
을 스 한 느 에 말 문 을 운 트 요 범 한 묶 반 복 셀
받 트 전 람 은 트 부 체 리 어 바 동 바 여 서 비 스
카 말 색 상 질 짓 전 말 로 의 자 도 낌 찍 느 쌀 다
질 문 을 고 운 실 끔 아 발 도 작 버 팔 로 트 을 받
레 생 굴 제 견 수 부 공 내 한 가 솔 범 을 집 로 션
위 각 트 한 한 춤 주 행 복 놀 러 한 은 추 필 은 리
물 장 레 위 연 속 물 끔 로 라 느 너 크 질 한 을 바
시 북 이 전 유 장 표 동 비 운 바 질 말 어 로 문 자
험 크 션 동 사 도 을 범 문 전 다 문 바 굽 로 주 낌

생각
색상
유연한
놀라운
실수
시험
묶여
반복
아내
행복
복싱
위험하게
소녀가
서비스
연속
비전
작가
질문을
버팔로
전문

Puzzle 88

젖은
지우개
수달
직원
데이터가
살쾡이
존재를
웨스트했다
방법
어디서나
헤론
약물
플래그
양파
기계
메시지
서브컴팩트
크기
타격
오소리

날 결 사 필 존 법 풍 동 자 어 요 전 동 션 바 거 쌀
끔 은 너 집 재 트 자 셀 션 디 굴 결 쌀 말 을 적 셀
약 물 날 터 를 한 바 대 장 서 늘 문 굽 견 한 동 질
굴 셀 도 러 추 어 트 사 낌 나 느 도 사 부 맞 을 행
로 솔 날 에 트 굽 찍 수 카 올 부 트 에 방 법 루 문
너 느 전 운 파 낌 타 격 달 적 살 스 동 늘 도 문 감
노 스 은 다 짓 서 브 컴 팩 트 쾡 낌 쌀 양 파 메 플
어 한 지 우 개 헤 론 올 기 퓨 이 은 자 을 을 시 래
러 문 감 굴 문 웨 자 카 계 적 바 사 용 파 을 지 그
올 측 너 달 절 스 견 측 루 크 기 러 물 직 북 동 문
데 발 동 느 문 트 용 돌 요 을 한 리 한 굽 원 젊 쌀
공 이 견 바 오 했 의 바 다 노 집 트 위 질 로 쌀 바
체 다 터 돌 소 다 적 동 사 한 낌 제 주 를 이 용 북
를 너 도 가 리 춤 적 문 대 스 표 젖 질 쌀 을 위 을
한 루 젊 리 부 크 솔 한 체 받 받 은 문 를 부 은 다

Puzzle 89

트	받	외	다	보	라	색	질	파	느	크	러	거	람	주	침	로
은	한	부	발	를	조	파	범	노	한	문	감	쌀	장	다	묵	낌
든	귀	퓨	말	주	건	바	풍	이	맞	자	한	껌	응	시	을	젊
노	고	짓	트	문	장	느	토	레	로	절	의	파	컴	쌀	절	맞
달	컴	법	부	부	문	다	끼	지	출	가	치	를	세	벨	트	터
어	에	용	문	범	트	트	추	위	바	체	말	법	확	결	트	한
러	람	동	로	용	이	공	러	이	절	한	파	질	실	동	맞	의
자	터	젊	터	풍	필	범	를	주	자	체	표	주	맞	으	로	의
트	발	얼	이	운	거	을	대	질	질	를	고	돌	컴	르	문	러
러	느	추	룩	카	은	맞	찍	세	사	절	퓨	용	물	렁	트	늘
자	문	주	짓	말	대	세	계	븐	의	흥	을	낌	트	로	느	에
로	이	낌	춤	날	같	아	요	추	주	선	미	을	주	고	말	추
풍	타	감	고	말	한	바	자	달	추	행	을	로	이	루	굽	자
한	원	용	추	문	을	요	짓	질	트	표	춤	동	운	로	터	트
공	형	늘	동	동	쌀	컴	문	부	람	에	동	한	전	도	바	셀

흥미로운
세계
토끼
으르렁
세븐
지출
침묵을
보라색
가치를
얼룩말
타원형
세트를
듣고
벨트
같아요
확실
외부
고귀한
응시
조건

Puzzle 90

레몬
정책
시험한다
파인애플
샷이
좋아하는
인덱스
대비
밀어
안경
개발
개별
거대
일회용
범주
연결
거짓
들어
비행
점유율

다	트	날	동	거	대	션	너	문	물	컴	비	카	발	맞	트	시
로	어	대	쌀	대	비	좋	카	춤	결	셀	말	행	를	정	책	험
점	범	를	젊	안	경	아	운	동	범	법	거	고	필	대	람	한
유	다	풍	굽	받	너	하	동	요	맞	러	풍	자	문	짓	풍	다
율	용	셀	바	부	루	는	셀	이	찍	어	루	느	사	날	대	적
풍	다	노	발	쌀	솔	쌀	이	공	북	도	부	질	끔	날	운	자
을	카	체	굴	바	동	노	을	레	몬	루	너	을	스	굽	의	한
동	션	대	트	동	사	장	솔	바	인	덱	스	돌	올	동	고	요
너	다	거	선	느	들	체	부	의	동	용	을	은	파	션	춤	한
스	발	짓	말	받	일	로	풍	주	노	끔	은	파	트	루	동	파
받	개	문	북	트	끼	회	너	날	체	적	문	이	바	동	쌀	추
자	결	별	범	이	너	용	말	연	결	인	쌀	이	말	부	카	대
바	은	장	주	바	올	말	퓨	풍	요	애	운	용	받	자	너	을
전	느	체	장	필	의	들	어	부	한	플	측	발	전	낌	샷	질
을	한	위	문	느	한	대	밀	용	찍	절	절	이	장	트	이	자

Puzzle 91

추 람 부 전 를 리 견 문 질 문 물 람 문 도 주 풍 할
주 한 트 발 용 낌 거 굽 체 발 을 를 맞 들 셀 을 당
굴 늘 늘 을 한 굽 질 주 결 맞 전 동 크 스 퓨 북 트
측 받 문 추 달 끔 용 법 장 과 학 자 림 파 운 견 행
거 도 트 이 이 로 감 거 발 감 한 발 용 공 부 발 트
어 필 부 바 어 느 루 실 찍 동 들 너 용 늘 바 춤 부
뽀 족 한 찍 적 맞 느 실 찍 동 레 용 에 리 로 행 부
자 맞 사 날 컴 바 북 현 새 끼 찍 스 켓 러 퓨 도 돌
컴 을 리 동 로 동 트 도 견 전 의 이 포 요 행 에 늘
굴 법 은 동 다 크 루 솔 스 질 장 의 트 츠 감 맞 돌
요 발 트 한 염 작 업 의 카 분 크 퓨 북 질 가 파 집
동 법 솔 자 소 대 날 시 민 홍 루 바 한 집 운 돌 고
탕 솔 감 필 트 문 너 바 굴 색 올 트 법 로 발 보 루
사 람 들 의 주 름 은 로 행 남 시 스 템 어 레 느 통
표 적 용 측 물 거 수 집 발 북 부 운 도 범 한 전 이

새끼
주름
남부
분홍색
사탕
수집
시민
실현
포켓
사람들의
바로
할당
뽀족한
보통
염소
시스템
작업의
스포츠가
크림
과학자

Puzzle 92

베이킹
진술
카나리아
너트
모래
테스트를
단락
무역
발가락을
사이클링
아래에
연못조랑말
보장
고용
어제
의견
단순한
말괄량이
두려움
정말

공 받 터 아 의 체 트 크 젊 물 이 범 의 견 굽 도 부
의 끔 대 래 사 결 한 낌 법 공 느 북 말 행 법 운 카
날 다 동 에 발 가 락 을 터 스 사 이 맞 측 진 술 부
파 트 굽 적 집 한 순 단 사 이 클 링 범 컴 날 크 주
동 문 이 로 동 바 다 크 공 용 범 견 운 셀 터 범 발
바 춤 리 느 맞 견 늘 측 바 퓨 로 추 러 람 터 로 느
연 못 조 랑 말 을 한 두 려 움 늘 도 트 노 다 북 날
정 말 질 짓 찍 동 대 스 로 들 달 테 스 트 를 결 용
거 무 문 말 괄 량 이 터 자 필 측 올 동 러 로 고 다
운 감 역 발 주 어 쌀 부 동 한 로 모 필 너 장 맞 보
동 체 파 한 레 제 범 도 트 춤 집 래 춤 짓 트 보 끔
고 파 젊 장 들 트 한 한 에 트 추 카 나 리 아 들 의
쌀 감 굽 카 동 너 찍 로 문 트 물 셀 범 적 느 제 견
션 람 적 결 베 이 킹 문 감 부 법 제 의 운 문 터 이

Puzzle 93

```
끔 솔 파 동 한 견 발 한 파 을 리 맞 늘 파 사 트 운
용 카 한 이 쌀 을 받 에 감 을 을 춤 온 굴 추 젊 범
동 바 을 페 날 위 공 동 동 추 을 컴 다 행 다 은 바
춤 다 장 견 니 를 끔 노 돌 결 맞 컴 운 물 소 언 바
낌 상 상 받 달 셀 결 풍 로 굴 이 문 트 물 설 어 견
질 환 동 풍 절 바 솔 에 공 측 은 를 마 제 굽 를 을
터 운 고 한 결 로 트 집 결 아 이 리 스 종 법 부 바
체 솔 이 위 결 과 젊 솔 리 을 견 자 라 견 료 바 견
고 날 찍 고 자 러 전 질 춤 발 찍 잠 글 문 체 와 솔
경 쟁 다 부 집 행 의 끔 카 루 적 요 선 은 견 다 파
표 달 커 에 추 부 바 감 쌀 이 카 전 장 부 일 바 트
농 장 주 뮤 카 자 리 제 바 한 늘 집 감 도 정 도 행
셀 용 지 수 니 동 쌀 셀 여 름 법 람 요 부 트 노 법
에 이 전 트 가 티 을 동 동 동 크 도 바 필 자 한 자
션 동 말 로 크 거 트 굽 달 끔 퓨 돌 크 배 지 발 발
```

선글라스
상상
지수
소설
잠자리
질환
농장
페니
커뮤니티
배지
결과
아이리스
여름
온다
경쟁
에이전트가
언어를
종료와
일정
스마트

Puzzle 94

살쾡이를
케이크
재해를
스폰지
엄격한
생존
스포츠
직원이
뛰어난
스키
치열한
모험
서둘러
가득
갈등
표현
공급
구색
위의
정의도

```
북 스 찍 쌀 주 찍 질 한 어 은 뛰 이 쌀 파 루 받 을
물 폰 운 주 달 가 장 올 요 집 어 크 주 을 동 집 컴
범 지 정 의 도 득 이 부 한 서 난 로 질 결 견 쌀 을
재 해 를 위 위 북 을 춤 전 굽 둘 한 자 문 바 발 용
을 러 을 한 동 필 결 바 풍 션 짓 러 의 모 험 짓 터
달 공 발 동 문 질 맞 거 발 동 체 돌 케 엄 격 한 낌
자 장 급 추 퓨 표 전 체 치 체 느 표 현 이 스 키 사
범 결 다 너 셀 퓨 다 너 열 사 찍 로 질 원 크 쌀 제
을 바 체 문 람 스 포 츠 한 러 북 루 거 직 전 갈 쌀
러 이 전 달 람 한 에 트 퓨 러 리 받 람 낌 은 등 제
달 적 굴 집 짓 에 에 자 동 로 동 에 은 제 굴 찍 리
자 올 물 장 루 의 용 느 법 자 표 을 돌 부 생 존 거
살 쾡 이 를 다 션 은 를 운 문 도 추 루 어 운 부 굴
올 달 추 트 쌀 견 리 이 물 리 주 절 용 도 로 용 굴
날 용 바 카 물 문 동 늘 루 람 구 색 은 를 돌 한 끔
```

Puzzle 95

을	크	공	를	들	셀	거	동	일	동	택	따	크	카	을	질	적
컴	발	뉴	스	도	대	쌀	장	운	흐	시	라	부	리	루	물	날
낌	발	돌	풍	찍	이	낌	의	발	린	밴	서	물	션	들	느	늘
다	바	동	리	공	느	측	굴	풍	전	은	에	느	트	법	대	끔
동	쌀	노	바	풍	을	범	카	제	감	느	괴	크	바	낌	법	늘
맞	잎	컴	감	한	노	다	한	공	선	주	붕	노	집	한	이	로
람	을	추	리	동	문	을	범	솔	공	동	북	북	도	러	감	이
받	를	파	바	용	도	장	어	추	루	이	문	카	바	쌀	바	대
컴	간	자	트	문	바	다	느	결	을	션	결	토	용	용	정	리
늘	호	션	의	표	트	셀	용	노	끔	을	을	크	감	스	크	집
적	사	필	짓	솔	부	다	문	트	이	레	발	체	한	부	부	한
이	문	공	법	를	대	요	맞	동	바	을	동	물	적	굴	부	파
범	바	보	표	한	퓨	의	자	동	동	질	트	이	길	표	질	람
투	질	젊	운	날	은	결	문	람	전	요	카	젊	솔	낌	사	절
한	표	다	거	집	너	오	프	너	이	컴	너	루	공	솔	리	드

따라서
리드
토크
투표
오프너
뉴스
택시밴
용감한
간호사
솔루션을
바보
동일
동전
붕괴에서
필사적
흐린
이길
의자
잎을
정리

Puzzle 96

내용
성인
아들이
석탄
신호를
피곤한
먹고
시트
스커트
계정을
야구
성능을
잘못이
계속
얻을
언제
교수
에너지
적절한
결혼식

리	용	전	의	한	질	제	굴	루	이	컴	한	결	얻	굽	션	행
요	범	은	동	결	굴	낌	체	느	절	주	은	물	을	정	계	쌀
자	동	러	바	맞	풍	퓨	노	질	람	솔	주	들	신	체	용	견
발	카	찍	사	어	결	받	동	다	북	느	로	도	받	호	견	결
컴	동	러	계	속	트	법	고	이	제	을	션	느	은	춤	를	이
끔	바	결	을	느	낌	를	적	풍	너	사	달	내	용	부	터	주
야	구	혼	파	잘	못	이	굽	절	동	점	말	트	을	굽	한	의
발	주	식	다	를	문	들	맞	늘	한	문	을	바	로	굽	크	집
스	주	거	먹	고	카	아	동	언	곤	을	풍	한	이	크	올	로
을	루	동	낌	로	감	레	바	제	피	에	견	끔	석	탄	사	발
느	은	을	트	자	스	커	트	을	동	인	러	행	한	션	에	도
주	필	춤	요	끔	스	션	시	를	부	바	성	도	람	낌	로	람
적	에	적	교	을	거	올	람	에	너	지	능	견	리	션	한	표
체	트	바	수	날	체	끔	적	법	은	요	을	루	션	한	표	문
동	은	용	터	추	늘	이	필	주	바	을	장	견	사	를	낌	노

Puzzle 97

꿈	혜	들	문	한	들	말	감	문	셀	제	바	자	대	부	체	리
의	션	택	주	맞	주	짓	행	에	돌	바	필	컴	절	한	측	필
다	오	동	을	리	들	필	노	카	동	카	바	셀	리	장	쌀	고
을	두	을	카	법	이	공	헌	신	문	비	찍	추	느	바	측	자
크	막	너	로	을	요	물	물	문	부	판	도	람	컴	도	대	필
말	바	퓨	대	굴	주	퓨	개	주	민	이	책	들	브	부	부	끔
질	당	끔	말	소	파	션	에	자	을	자	임	요	러	용	늘	트
거	나	적	추	필	동	국	용	발	조	직	공	식	시	한	추	달
트	귀	낌	부	거	쌀	가	연	습	요	스	문	필	장	크	남	람
느	문	낌	자	위	바	자	한	집	짓	바	찍	의	바	쌀	쪽	를
운	발	리	순	종	고	풍	퓨	쌀	용	굽	측	견	문	한	로	제
집	셀	도	낚	를	부	맞	제	을	을	한	다	들	말	찍	이	말
어	바	받	요	시	를	질	느	느	느	날	달	한	터	션	은	장
낌	스	범	춤	문	에	크	받	질	춤	버	션	도	돌	돌	루	션
발	춤	퓨	에	발	동	바	컴	쌀	어	요	섯	문	은	필	날	크

주민이
조직
꿈의
남쪽
소파
순종
낚시에
물개
오두막
브러시
체리
책임
버섯
헌신
국가
공식
연습
혜택을
비판
당나귀

Puzzle 98

정착
살아있는
노래
넣어
양배추
완전히
실제
벨자전거
도보
섹션의
버드
도전
방어
파슬리
라운드
필수
보드
범위는
비누
인형

발	한	발	리	견	트	결	위	대	로	고	필	솔	적	문	파	노
돌	루	트	이	를	공	쌀	를	주	문	완	전	히	젊	굽	측	찍
물	러	솔	자	운	파	용	바	노	대	양	굴	요	들	카	동	법
자	도	굴	한	레	날	공	비	동	터	배	문	운	트	을	날	동
은	북	표	트	범	용	다	누	을	요	추	인	다	제	러	퓨	끔
퓨	터	이	감	위	걸	스	낌	동	자	젊	형	거	러	퓨	용	맞
벨	자	전	거	는	체	바	자	쌀	받	을	낌	솔	거	트	을	춤
파	문	도	동	위	퓨	한	은	로	다	말	드	동	로	너	견	션
바	트	춤	한	용	적	셀	감	들	이	도	보	리	도	리	물	은
날	한	카	법	달	제	파	슬	리	거	요	젊	을	말	리	맞	용
용	발	장	리	대	한	이	카	셀	다	도	크	늘	을	표	북	로
늘	의	러	노	찍	말	젊	공	날	을	문	범	맞	셀	다	굽	도
돌	견	자	바	래	넣	어	정	거	을	동	주	의	섹	실	제	에
살	아	있	는	파	절	방	견	착	버	느	한	절	션	필	고	제
바	느	낌	견	다	를	전	너	쌀	고	드	운	라	의	수	들	제

Puzzle 99

라	느	트	리	굴	체	정	전	춤	컴	물	거	을	다	옥	수	수
일	셀	동	범	궤	제	보	도	날	크	돌	필	전	쌀	법	늘	자
락	제	도	다	도	의	이	도	짓	날	대	문	물	로	너	말	들
전	결	밀	절	전	전	의	느	굴	동	어	필	바	을	끰	매	우
체	코	도	가	류	조	도	발	로	쌀	적	집	크	질	짓	제	파
컴	치	부	돌	루	을	늘	쌀	도	한	스	믹	달	동	적	셀	바
조	자	트	도	동	한	안	들	견	견	컹	의	굴	퓨	공	질	장
운	합	슬	문	로	람	바	전	쌀	에	크	이	법	을	레	풍	동
바	동	이	너	트	로	느	한	하	한	요	자	느	맞	거	주	의
찍	퓨	풍	도	의	말	트	감	선	게	한	이	이	를	법	한	짓
동	문	을	러	노	낌	을	을	호	쁘	풍	마	크	주	날	레	측
러	춤	표	발	도	질	로	돌	하	기	용	커	자	매	파	루	스
한	통	해	옵	부	파	찍	주	는	러	장	집	트	주	로	집	표
한	노	적	션	올	을	문	꼼	셀	요	파	어	범	감	추	를	법
너	법	문	발	문	너	트	집	춤	트	솔	꼼	어	은	바	쌀	한

조합이
옥수수
통해
매우
밀가루
마커
안전하게
선호하는
믹스
스컹크
조류가
라일락
궤도
옵션
이동
기쁘게
자매
코치
이슬
정보

Puzzle 100

도마뱀
액세스
상업
파일럿
호랑이
강아지를
수요일
표준
데이지
계산기
야망
뒤에
혼자
교실
칫솔
휴식
미국의
머그잔
식물로
자원

자	를	트	거	계	거	행	칫	끰	야	문	바	공	공	필	상	맞
쌀	날	을	물	산	굽	주	솔	감	망	느	날	터	은	에	업	용
자	어	운	찍	기	받	물	자	파	동	문	달		미	국	의	받
물	날	낌	표	로	올	바	날	일	요	수	질	러	발	식	물	로
강	아	지	를	바	레	늘	느	럿	레	솔	러	을	요	휴	도	체
도	고	굴	너	한	파	의	달	한	문	추	북	에	다	사	한	질
마	혼	어	날	전	용	한	교	실	물	다	호	루	부	적	주	부
뱀	느	자	제	적	장	크	표	동	부	파	바	랑	부	다	북	한
람	너	문	문	늘	을	람	어	느	동	한	문	지	이	데	젊	북
체	달	을	자	다	용	견	자	다	동	을	바	도	도	을	물	주
러	은	퓨	어	트	끰	을	레	원	도	레	스	액	머	그	셀	운
늘	뒤	굴	행	한	문	한	요	솔	느	법	바	도	세	올	은	행
레	에	견	러	측	맞	받	자	북	체	받	제	스	한	도	러	어
트	한	노	쌀	젊	션	감	레	북	공	표	리	을	한	도	주	퓨
한	용	다	표	돌	운	은	도	고	운	준	견	돌	의	주	동	파

Puzzle 101

```
전 터 을 돌 은 치 올 꼼 달 꼼 어 만 든 트 쌀 집 동
도 질 쌀 질 을 킨 바 감 부 크 장 트 돌 다 동 말 은
퓨 짓 러 맞 자 동 리 한 바 체 달 거 운 도 터 문 했
꼼 동 발 체 북 너 주 대 체 퓨 바 끔 이 다 대 다 찍
올 표 어 파 여 들 질 체 풍 문 거 친 화 적 신 리 퓨
퓨 주 파 꼼 전 문 행 발 를 위 한 말 감 동 들 풍 다
썩 은 차 맞 히 굴 집 체 부 한 지 거 약 대 문 받 결
감 부 가 트 춤 트 한 집 흥 분 문 난 속 운 말 적 북
션 쌀 워 레 사 를 굴 파 을 워 다 션 절 찍 속 집 러
풍 말 위 바 제 공 바 받 견 위 드 션 이 느 도 로 에
도 문 이 도 파 바 을 위 에 위 느 용 늘 결 찍 운 감
레 질 러 들 트 부 검 스 와 인 감 말 추 운 문 질 자
러 바 바 표 을 한 카 사 을 노 력 장 의 발 올 을 문
쌀 젊 문 루 바 스 트 잠 다 채 로 운 절 카 동 달
적 돌 달 굴 제 굴 찍 맞 금 은 카 다 셀 환 자 풍 범
```

여전히
말했다
지난
속도
만든
노력
친화적
대신
썩은
검사
약속
환자
다채로운
워드
와인
치킨
홍분
잠금
차가워

Puzzle 102

책상
아픈
유사한
숨기기
하드
사용시까지
비록
그러나
생산
조각
부러
다운
디자인
뱀파이어
호흡
정책
무역
아이리스
언제
약속

```
집 동 날 책 레 굽 카 디 루 조 각 문 굴 러 풍 에 올
어 쌀 문 상 용 풍 동 동 자 동 질 부 절 맞 장 바 주
굽 크 셀 전 한 끔 제 셀 젊 인 거 로 운 말 물 무 트
공 법 낌 체 한 을 맞 제 컴 춤 짓 를 고 발 은 동 역
이 위 주 을 어 다 컴 부 트 돌 이 람 셀 달 체 쌀 다
집 달 표 셀 북 뱀 적 숨 찍 이 끔 공 트 스 들 젊
픈 루 올 필 찍 파 문 드 기 은 솔 부 동 레 맞 달 록
아 생 산 은 을 이 공 용 기 요 에 쌀 날 부 러 비 돌
절 이 전 견 크 어 부 물 요 위 어 약 을 정 춤 쌀 부
짓 호 리 문 한 풍 스 위 도 터 카 속 한 책 달 은 자
발 흡 주 스 사 용 시 까 지 자 카 부 감 느 부 체 젊
체 짓 자 부 받 용 한 맞 의 은 끔 표 문 주 문 들 을
짓 을 주 이 날 물 크 문 도 맞 낌 다 운 고 문 에 젊
언 제 부 올 주 션 그 러 나 레 의 측 받 유 사 한 을
이 노 올 이 고 북 동 발 은 견 부 어 굽 짓 늘 맞 너
```

Puzzle 103

```
바 거 동 자 침 돌 물 날 결 터 장 바 그 원 지 맞 바
고 을 스 결 동 묵 요 인 행 한 제 감 녀 루 방 용 질
추 바 호 람 추 문 을 필 트 을 피 을 의 올 굴 발 굽
체 중 수 드 을 동 공 날 들 점 아 측 견 낌 이 돌 느
발 셀 맞 에 레 바 받 쌀 은 프 노 체 짓 리 추 크 용
로 레 찍 쌀 달 이 전 화 고 는 체 절 용 발 찍 한 부
요 로 측 한 다 춤 질 루 요 트 발 쌀 달 낌 카 오 디
선 고 사 받 파 레 부 노 를 은 달 대 트 문 오 디 라
로 느 을 이 주 을 은 러 젊 문 바 트 트 집 후 사 천
동 운 감 용 클 솔 견 쌀 도 로 자 동 용 선 측 바 국
남 쪽 트 화 늘 받 바 터 짓 거 측 측 사 에 스 도 문
주 을 늘 창 어 물 필 전 거 부 크 절 위 을 어 을 짓
문 자 가 한 위 은 한 올 춤 요 부 자 을 자 요 말 굽
용 의 위 용 을 감 받 집 끔 셀 문 용 사 도 요 체 발
```

드레이크
오후
그녀의
전화
점프는
지원
선고
체중
지방
요인
호수
피아노
카드
천국
가위
라디오
사이클
화창한
침묵을
남쪽

Puzzle 104

이름
무리
추천
가정이다
실행
의학
아직
결혼은
트렁크
통치자
마을
역할
멸종
읽기에
개인
반기지
여성
살쾡이
듣고
따라서

```
한 사 자 을 통 어 한 션 컴 자 측 용 문 트 한 운 전
너 동 북 받 치 살 쾡 이 끔 을 용 노 의 너 주 레 개
람 솔 북 크 자 문 사 다 절 결 젊 파 을 트 솔 감 인
스 한 공 바 자 읽 기 에 바 너 무 리 다 발 용 동 바
의 학 고 를 대 스 들 발 한 맞 솔 느 주 젊 은 역 할
터 한 러 도 트 을 굽 고 운 물 표 바 아 느 북 을 의
로 대 솔 파 어 자 젊 따 멸 종 트 질 컴 직 물 한 트
위 올 람 집 절 낌 이 라 마 발 도 션 부 물 찍 달 굽
장 카 자 가 정 이 다 서 을 자 물 추 풍 한 위 춤 공
질 여 컴 은 은 다 견 맞 트 돌 질 반 질 발 장 터 한
요 성 퓨 집 물 발 러 행 렁 결 추 기 측 필 을 날 션
표 북 질 이 결 혼 은 크 실 행 지 적 동 견 굴 동
바 다 공 감 쌀 름 트 자 사 한 굴 위 바 거 바 은 셀
낌 말 추 천 바 제 끔 대 받 달 절 크 춤 올 을 풍 요
느 동 트 전 요 동 솔 달 운 달 을 을 대 바 사 춤 션
```

Puzzle 105

표 측 동 시 요 북 바 타 문 운 한 의 표 집 주 측 춤
체 끔 법 리 범 트 션 격 물 발 용 한 를 북 스 바 부
북 파 이 즈 다 거 공 동 껍 질 거 한 적 요 리 들 문
토 풍 맞 를 절 한 바 예 비 늘 동 리 외 부 바 동 문
은 끼 축 한 을 에 날 동 한 문 한 부 로 공 너 쌀 주
터 질 가 문 전 전 파 쌀 바 행 질 부 바 다 말 노 짓
느 절 심 장 한 질 운 로 미 발 거 노 공 이 행 너 운
한 위 노 집 한 문 솔 율 션 바 은 굽 크 법 한 동 늘
러 을 에 을 노 측 에 컴 자 추 동 측 고 에 로 퓨 표
문 를 빈 아 짓 이 도 문 법 도 바 어 러 리 람 앞 서
북 문 번 이 주 바 쌀 늘 트 질 루 전 결 스 을 결 한
로 너 한 사 을 체 측 발 만 감 현 문 를 짓 춤 동 자
을 솔 션 승 를 노 결 도 족 바 재 스 한 트 노 범 바
낌 운 훌 륭 함 트 달 콤 한 반 응 을 적 문 은 은 동
춤 표 트 에 용 레 이 필 문 대 쌀 레 적 다 셀 어 늘

달콤한
거리
운율
앞서
현재
미션
훌륭함
가축
토끼가
시리즈를
심장
아이
껍질
사슴
예비
만족
반응을
빈번한
타격
외부

Puzzle 106

보존
스탬프
눈송이
초등학교
제공하는
필요한
싱크
기금
목표염소
오이
적립
천사
다행히도
전송
말한다
치아
도랑
종의
대비
책임

한 사 행 올 자 질 말 자 전 송 올 느 루 굴 받 에 받
자 트 체 동 의 풍 문 전 사 올 전 솔 바 발 절 받 노
춤 끔 람 컴 러 동 풍 한 퓨 춤 트 도 종 의 춤 용 쌀
끔 부 행 젊 기 컴 에 치 아 행 제 공 하 는 굽 동 리
날 올 젊 을 금 적 늘 쌀 레 거 다 행 히 도 도 랑 자
주 주 카 절 보 션 립 을 도 한 발 천 사 끔 추 이 결
측 부 발 로 존 날 집 부 한 굴 말 바 눈 도 스 을 파
동 트 은 전 측 셀 늘 목 동 너 도 션 송 주 파 이 질
루 동 느 필 쌀 자 션 표 용 짓 발 에 이 다 이 끔 터
초 등 학 교 요 책 임 염 질 대 비 문 루 달 동 문 바
트 맞 달 너 고 한 발 소 오 주 날 로 로 동 어 를 적
풍 퓨 들 루 한 쌀 솔 말 부 이 쌀 사 파 굽 로 요 젊
고 고 너 은 이 다 을 자 을 적 풍 을 파 람 스 탬 프
한 법 들 끔 굽 춤 자 주 요 행 동 노 도 셀 스 한 올
체 자 측 동 은 발 대 문 북 절 솔 을 받 싱 크 젊 로

Puzzle 107

리	만	들	션	감	행	문	부	고	야	날	크	의	자	람	카	고
달	고	가	감	늘	늘	집	찍	젊	외	을	한	쌀	발	굽	어	이
행	양	주	지	표	절	션	북	카	나	라	범	을	젊	컴	카	션
크	이	은	의	고	짓	노	션	굴	은	절	감	트	셀	동	바	도
를	물	은	을	감	문	느	용	루	위	문	노	집	너	필	자	스
장	이	운	카	맞	날	는	주	풍	파	절	장	은	집	날	에	스
쌀	어	용	문	올	자	이	을	한	한	표	발	같	은	스	불	문
질	체	전	춤	크	트	도	트	발	늘	키	스	찍	문	트	규	러
적	격	문	집	대	올	부	러	다	거	한	가	자	젊	건	칙	다
메	시	지	짓	은	루	함	끔	날	은	에	사	북	문	강	적	람
고	쌀	다	장	대	션	께	한	스	의	레	실	넣	어	한	스	한
쌀	통	어	프	발	판	했	감	문	질	트	행	굽	위	질	트	바
용	용	을	로	파	매	다	보	류	결	법	을	쌀	터	동	은	춤
삼	촌	위	그	맞	질	바	로	은	올	받	은	절	제	트	동	너
문	짓	끔	램	행	제	풍	셀	주	장	행	들	셀	너	짓	동	굴

가지고가는
판매
함께했다
나라
보류
주장
키가
적격
같은
프로그램
고통을
만들
불규칙
삼촌
실행을
건강한
고양이
야외
메시지
넣어

Puzzle 108

회의는
여기
열망
결정을
항상
내일
바나나
아기
북쪽으로
대회
지원을
부드럽게
파괴에도
확산
짧은
고기
샤워
개혁의
상상
흥분

표	어	체	내	바	나	나	한	법	도	늘	고	사	대	부	을	질
한	표	장	일	에	자	짓	트	장	행	터	날	부	드	럽	게	쌀
전	을	흥	분	받	바	셀	결	쌀	필	고	자	젊	문	이	공	자
솔	솔	부	컴	행	바	필	루	람	용	트	용	트	컴	을	도	은
늘	바	적	문	트	감	늘	감	북	러	고	카	장	은	범	주	다
달	동	주	은	바	어	항	파	괴	에	도	굴	컴	굴	운	고	이
추	장	퓨	다	발	바	상	느	대	퓨	거	발	로	크	너	돌	기
전	법	찍	아	짓	요	상	요	을	로	느	리	트	사	루	범	여
범	동	찍	기	쌀	측	한	을	공	을	이	느	쌀	집	열	질	문
레	돌	부	적	를	전	주	에	날	늘	쌀	다	카	노	망	주	트
회	북	장	행	을	스	물	말	사	늘	부	러	로	의	고	짧	용
의	쪽	바	짓	한	결	정	을	개	질	질	를	동	카	절	고	은
는	으	문	도	전	대	컴	원	혁	다	풍	표	물	람	에	날	끔
용	로	확	산	에	추	회	지	의	샤	워	도	달	레	날	찍	받
의	문	달	젊	전	춤	부	동	날	한	로	은	은	한	스	들	범

Puzzle 109

공	한	동	점	다	계	요	굽	문	절	사	람	과	문	찍	달	발
터	견	바	심	파	산	추	용	의	물	반	트	즙	로	사	한	택
이	말	솔	러	크	기	람	문	주	한	필	들	이	한	퓨	북	시
솔	굴	로	고	의	용	적	정	질	주	행	문	느	션	퓨	동	적
운	질	찍	트	맞	너	받	자	를	스	늘	동	은	염	트	절	레
코	어	션	도	을	젊	날	스	물	문	주	공	동	부	소	굽	루
트	조	평	면	풍	스	물	주	은	장	찍	레	쌀	필	용	질	은
를	거	상	끔	한	끔	트	은	장	찍	요	사	감	이	드	장	대
부	트	문	측	을	위	다	을	요	사	용	굴	레	을	바	올	주
행	적	을	굽	을	말	자	맞	사	용	굴	레	물	제	루	발	쌀
에	느	적	군	끔	너	을	스	대	자	물	제	루	발	바	풍	발
개	발	을	사	질	트	바	짓	장	받	어	방	바	루	정	일	곱
을	문	춤	겸	손	한	표	이	들	을	측	문	루	정	일	곱	느
바	사	학	은	질	거	받	을	집	스	행	바	사	집	자	위	동
주	달	발	년	용	돌	도	굽	동	문	춤	공	이	바	파	질	동

군사
겸손한
조상
학년
개발을
택시
절반
원평정면
평어
물일곱
필드
과즙이
점심
사용자
코트를
염소
일정
방어
계산기

Puzzle 110

여행
까마귀
설득
조립
신문
흔들리는
위기
공장
일반적인
무거운
말을
연필
반딧불
누출
예외
비용면
삼촌의
색상
잠자리
지수

받	달	느	날	의	동	풍	을	도	올	맞	느	주	젊	로	파	늘
동	솔	도	말	필	주	이	한	크	바	동	발	받	로	측	셀	파
사	용	달	을	은	예	외	추	을	자	고	느	크	집	러	문	을
늘	한	범	자	카	도	위	필	끔	에	트	들	이	은	카	이	동
대	이	운	람	절	어	한	동	의	흔	달	누	한	맞	부	운	돌
적	동	맞	삼	도	문	질	신	표	들	결	출	표	끔	끔	동	를
색	상	잠	촌	돌	표	이	집	문	리	제	까	굴	굽	용	너	비
트	부	자	의	한	용	짓	로	표	는	짓	마	끔	말	다	바	용
로	주	리	일	도	어	의	한	공	문	대	귀	요	발	한	감	면
위	기	로	반	루	로	말	표	범	문	늘	주	날	도	젊	용	설
지	한	로	적	셀	맞	질	부	대	로	결	고	체	젊	발	요	득
수	문	로	인	감	범	고	조	동	끔	공	발	반	이	운	올	범
쌀	말	의	측	발	루	북	에	립	다	장	한	이	딧	느	질	트
문	한	여	한	요	고	짓	람	용	다	느	풍	연	필	불	법	추
컴	감	행	질	의	질	맞	다	용	레	무	거	운	운	레	도	크

Puzzle 111

```
도 찍 늘 행 법 사 파 일 럿 에 오 낌 실 풍 도 발 달
범 쌀 트 한 질 범 젊 요 어 운 늘 달 현 자 유 적 자
컴 제 에 친 각 동 은 도 행 느 도 어 문 돌 젊 절
발 문 끔 애 배 심 원 을 을 머 맞 표 낌 낌 풍 너 받
운 풍 이 하 협 력 물 자 범 늘 그 강 우 터 로 동 쌀
되 낌 맞 는 터 부 장 젊 대 레 를 잔 굽 표 파 발 느
결 감 체 범 부 운 바 용 너 도 찍 북 제 견 트 다 자
도 체 기 굴 바 거 러 레 도 다 고 늘 표 발 솔 대 자
바 짓 들 용 어 말 장 받 트 쌀 요 부 예 뻐 를 쌀 들
거 도 고 발 크 문 용 북 고 동 전 문 램 프 루 낌 부
공 올 을 를 전 의 로 낌 체 쌀 제 받 운 러 받 리 결
자 적 이 문 리 부 발 걱 정 추 공 메 이 크 업 안 느
동 을 션 추 람 솔 바 카 도 자 동 고 자 굴 도 전 절
바 을 에 젊 이 측 물 운 감 표 어 돌 북 대 문 바 퓨
거 은 법 필 찍 컴 돌 에 도 법 은 제 찍 안 퓨 리 터
```

램프
제공
되감기
배심원을
친애하는
예뻐를
협력
오늘
자유
동공
고발
걱정
대안
메이크업
강우
심각한
안전
실현
머그잔
파일럿

Puzzle 112

드라이버
크라운
아무것도
노트
큐피드
사이의
위상
교훈은
임명
제출
관계
소프트
풍선
무서워
빛의
해시계
코너
성능을
밀가루
썩은

```
집 은 문 전 질 제 표 표 춤 필 결 발 컴 측 맞 은 찍
낌 늘 터 러 밀 적 출 받 말 해 시 계 관 부 크 자 용
달 이 임 명 가 크 풍 선 을 쌀 크 받 트 한 자 문 이
동 받 질 다 루 사 라 절 소 을 동 물 견 이 문 부 필
행 은 드 라 이 버 이 운 프 도 다 스 도 느 바 레 요
질 셀 피 늘 날 트 레 의 트 리 한 장 다 발 북 파 은
제 능 문 제 측 적 을 절 로 춤 이 절 물 크 파 은 발
날 을 절 용 날 부 쌀 바 파 북 파 주 범 체 은 부 다
카 코 너 북 들 다 젊 표 절 견 표 컴 도 거 젊 범 문
풍 찍 쌀 주 리 어 문 늘 굴 을 문 낌 바 한 견 발 트
노 행 주 트 을 젊 리 올 카 위 도 도 행 질 주 상 션
루 행 한 올 다 바 자 한 자 러 훈 무 서 워 빛 이 동
굽 북 절 로 동 도 를 위 부 체 교 아 레 로 의 로 노
레 적 돌 굴 맞 을 로 맞 동 동 느 말 도 굽 절 어 트
```

Puzzle 113

낌	트	한	유	바	동	컴	크	대	한	도	느	법	루	늘	트	한
람	을	굴	죄	은	션	도	을	래	문	움	전	셀	은	범	공	한
어	짓	올	한	고	주	부	동	한	들	말	찍	촛	사	자	표	은
제	바	들	짓	한	러	터	들	노	한	부	도	불	달	견	집	법
은	기	느	레	바	요	받	법	할	대	스	쌀	결	퓨	호	질	들
셀	린	트	너	도	늘	짓	문	당	범	을	감	풍	짓	이	기	을
은	를	범	공	대	대	를	도	트	동	대	다	달	너	문	집	심
주	를	다	에	컴	을	용	한	이	다	동	은	받	짓	를	을	동
어	치	동	한	주	잃	게	어	찍	고	용	다	행	범	파	결	제
낌	가	낌	주	전	이	운	부	보	바	법	돌	를	굴	이	춤	문
표	족	람	행	자	문	트	날	동	다	가	올	추	꿀	요	어	은
동	늘	동	들	요	이	을	제	크	람	장	돌	춤	벌	약	도	트
루	카	다	너	체	션	위	러	동	굽	자	주	너	올	은	의	을
람	낌	트	강	하	키	영	어	감	질	리	체	무	동	바	돌	체
질	문	질	문	퓨	결	날	을	파	대	달	의	을	위	을	바	한

용어보다
꿀벌
잃게
요약
도움말
가족
영어
하강
크래들
너무
촛불
하키
유죄
주전자
호기심
기린
가장자리
가치를
할당
체리

Puzzle 114

식품
방해를
저장
시리즈
해설
스푼
데이터
스틱은
어려운
여유가
촬영
커플
모양
카우보이
생각이
결과를
기사
그들이
기억
사람들의

생	각	이	한	견	느	늘	을	용	해	어	공	문	동	표	바	낌				
북	자	셀	다	을	이	감	행	시	설	려	다	션	낌	공	질	을				
동	이	주	춤	부	로	표	들	리	발	운	법	동	돌	동	컴	이				
추	동	북	트	여	유	가	사	즈	주	기	억	사	람	들	의	트				
짓	집	로	도	트	을	위	션	촬	션	짓	를	바	법	들	발	바				
쌀	발	동	터	바	한	집	부	질	영	위	표	모	양	측	한					
로	요	스	트	한	감	짓	필	북	운	질	방	해	를	을	한	법				
느	결	절	법	위	춤	바	을	도	제	스	자	다	크	컴	춤	카				
식	셀	동	고	법	터	굽	풍	날	주	이	문	트	한	낌	너	동				
품	부	쌀	늘	부	은	틱	스	터	부	동	용	결	주	한	결	다				
찍	감	동	퓨	에	젊	로	푼	자	동	다	한	북	컴	션	과	부				
을	사	을	다	바	질	주	기	파	솔	주	낌	을	바	람	를	한				
결	다	람	터	풍	문	커	어	사	터	춤	을	저	쌀	집	한	은				
카	우	보	이	들	그	플	부	을	동	발	들	질	장	질	추	날				
도	트	사	데	카	트	절	바	문	법	부	문	운	솔	레	거	자				

Puzzle 115

중 복 감 바 한 문 리 드 동 너 집 장 갑 쌀 한 트 셀
골 절 이 셀 바 마 짓 말 고 최 종 이 을 이 동 운 운
은 로 은 이 주 너 다 문 발 드 찍 굴 공 질 달 절 를
를 를 로 을 부 바 이 체 달 름 용 너 체 를 풍 견 바
짓 사 공 정 위 트 셀 맞 올 집 요 행 동 달 러 은 견
한 부 뭔 가 쌀 솔 적 들 레 리 감 필 한 위 다 측 도
물 결 체 위 표 베 날 러 스 찍 질 명 확 하 게 로 트
대 로 올 트 쌀 이 요 체 은 들 부 한 동 절 도 발 견
동 결 풍 전 올 킹 동 전 늘 표 끔 측 말 굴 도 법 퓨
을 아 차 지 용 유 용 거 풍 를 결 용 감 다 을 솔 측
한 용 내 레 퓨 다 트 노 이 부 짓 카 쌀 발 스 행 로
요 도 맞 질 어 풍 쌀 동 로 추 한 강 트 날 공 스 연
젊 공 의 리 체 용 문 을 행 바 이 위 운 맞 트 민
트 문 주 무 레 풍 은 끔 젊 은 추 추 느 람 늘 추 늘
제 낌 문 로 스 거 받 한 범 고 도 체 을 질 자 은 풍

가정
고드름
장갑
동굴
차지
풍부한
연민
젊은
뭔가
골절
유용
마모
강한
중복
명확하게
최종
무례
아내
베이킹
리드

Puzzle 116

희망
작업이
풍부
계절
통과
사라
맞춤법
둥지
여우
해변
길이
감소
회의
없음도
테이크
것들
샷이
시트
인형
매우

를 풍 굽 스 다 법 굽 한 카 질 셔 올 를 둥 지 여 사
없 음 도 고 느 운 풍 북 스 운 장 발 셀 짓 느 우 노
이 을 맞 의 파 동 달 문 너 도 바 요 맞 돌 날 범 노
풍 컴 다 춤 사 라 늘 집 샷 끔 맞 요 스 대 요 솔 느
카 대 짓 돌 법 문 요 맞 쌀 이 길 로 은 트 느 한 를
찍 바 한 문 문 찍 발 물 공 거 한 은 짓 한 발 늘 바
표 낌 맞 대 레 찍 발 어 트 결 테 이 크 절 동 한 트
로 행 전 들 을 이 이 위 희 날 짓 범 도 주 표 젊 로
로 법 문 바 스 표 의 리 젊 짓 범 도 은 다 바 동 터
은 질 노 레 사 굽 달 매 우 을 을 감 소 도 터 결 발
발 용 찍 위 풍 표 표 트 너 한 스 한 도 해 표 부 너
것 들 회 의 느 행 필 한 문 자 사 트 문 변 작 크 이
파 바 대 풍 에 은 위 발 한 측 행 를 통 한 요 업 어
셀 계 절 동 부 적 한 시 문 문 느 낌 견 과 리 을 동
동 트 동 이 짓 컴 법 트 인 형 자 동 용 동 용 제 적

Puzzle 117

동	재	운	들	부	카	감	느	한	생	장	트	범	주	문	편	안
적	고	전	들	로	한	동	늘	표	늘	물	인	문	운	한	문	끔
한	용	공	굴	노	주	트	람	쌀	점	달	학	구	동	자	을	을
한	용	부	동	은	로	리	짓	주	추	돌	날	감	터	자	주	받
굽	공	자	범	솔	달	장	말	바	격	결	장	동	용	주	말	체
솔	은	견	필	한	들	을	적	굴	용	달	너	필	질	도	쁘	문
로	솔	부	진	추	날	을	카	로	의	걀	위	추	동	운	운	소
거	바	주	행	자	에	이	대	루	늘	질	컴	적	트	게	주	한
부	솔	제	동	동	용	다	를	올	로	기	간	발	춤	단	순	세
열	한	고	북	의	견	침	결	찍	절	동	결	션	도	짓	들	미
로	카	절	범	요	모	착	노	동	춤	달	춤	돌	동	바	집	를
트	견	솔	전	금	추	이	루	도	다	행	노	루	쌀	다	은	문
쌀	찍	다	트	트	로	을	거	쌀	발	느	동	풍	집	질	돌	거
관	심	말	체	쌀	고	체	낌	받	도	들	람	문	북	측	절	을
표	사	셀	은	노	행	문	이	맞	를	동	날	을	측	발	동	을

침착이
인구
달걀
기간
주소
운동
관심
이모
추격
미세한
재고
열한
진행
요금
주제
생물학
편안
단순한
의견
기쁘게

Puzzle 118

여행문제
행성
조직에
학교
바다를
나쁜
실버
사소한
신발샴푸하여야한다
차이
새로운
괴물
지속
호출라고
선생님
접시
소음
목적
보안
치열한

바	레	은	주	견	바	을	받	질	적	부	고	사	사	문	필	달
실	람	은	달	치	다	한	야	여	하	푸	샴	발	신	자	도	추
주	버	말	굽	열	를	람	대	대	행	스	필	감	나	늘	목	절
터	학	교	트	한	끔	새	로	운	바	한	날	컴	집	쁜	표	적
이	주	사	한	트	춤	말	을	너	너	러	트	동	쁜	한	돌	한
고	음	소	맞	주	범	셀	법	을	달	은	을	집	동	목	문	부
굽	다	한	말	행	용	레	한	로	바	용	노	질	젊	문	고	고
동	에	거	터	리	추	괴	스	트	동	한	범	부	자	레	을	은
추	동	을	달	절	동	요	물	다	컴	을	거	한	동	받	보	안
풍	용	어	절	용	달	루	결	맞	터	이	문	제	람	를	은	질
조	직	에	질	주	도	한	퓨	용	크	한	문	솔	전	젊	대	퓨
러	차	적	의	사	한	을	호	트	올	들	제	부	바	접	시	말
부	대	이	주	트	레	용	출	동	지	속	동	여	행	문	제	노
필	컴	주	다	동	북	행	라	선	생	님	절	전	은	동	사	다
공	로	견	다	퓨	끔	성	고	도	크	바	레	셀	자	달	이	을

Puzzle 119

달 찍 풍 요 추 스 레 루 러 춤 한 부 질 축 문 에 치
셀 람 러 을 동 공 필 춤 한 아 레 루 젊 하 공 솔 명
쌀 늘 도 람 물 올 돌 체 컴 래 스 결 로 하 동 주 적
트 발 터 바 루 문 말 사 트 에 컴 풍 동 다 표 러 감
리 어 로 동 다 끔 행 트 참 셀 인 덱 스 젊 는 회 사
문 집 트 책 동 발 질 트 들 가 한 너 낌 트 람 결 다
장 젊 용 장 끔 질 느 굴 도 측 을 제 트 따 전 크 리
견 이 을 법 적 어 자 북 끔 제 장 상 고 라 집 결 느
젊 좁 은 고 크 한 다 맞 짓 날 성 결 책 용 올 요 질
돌 용 한 공 동 한 스 틸 행 질 의 절 풍 주 공 짓 부
리 굽 컴 솔 주 제 유 료 터 고 러 법 동 비 누 받 위
바 바 셀 동 러 고 컴 젊 발 물 발 한 한 스 낌 파 요
파 을 문 끔 어 느 체 스 타 스 탠 드 케 동 측 자 다
도 로 풍 늘 올 을 의 절 사 위 대 람 이 의 러 은 리
도 바 요 표 추 레 질 한 부 어 사 범 지 중 문 이 의

책장
스틸
좁은
참가을
사회는
다리
케이지
중지
유료
성장을
따라
스타스탠드
축하하다
책상을
사다리
치명적
인덱스
고용
아래에
비누

Puzzle 120

코트
무의미한
무효
외국
유리
성숙
감정
단지
년간
도용
서식지
테이프
셋째
물건
종기
위해
비행기가
자동차
고급
재해를

달 리 루 받 공 집 끔 무 의 미 한 종 기 외 집 동 공
무 테 이 프 리 느 문 북 짓 은 위 해 한 국 북 돌 젊
에 효 운 굴 한 집 년 간 굽 공 동 느 에 도 다 은 부
동 물 서 식 지 젊 범 장 의 트 체 의 북 람 동 전 한
부 문 적 한 에 요 문 을 북 체 날 말 크 장 물 터 체
러 리 을 레 맞 단 도 용 성 람 춤 을 을 찍 바 물 용
크 날 비 행 기 가 지 고 숙 크 집 받 문 주 로 너 에
찍 의 어 을 풍 동 적 급 재 해 를 크 주 발 대 바 받
견 사 트 을 장 노 북 동 셀 도 견 션 올 동 용 전 굽
짓 코 트 전 한 추 춤 용 용 맞 트 을 동 말 발 법 제
을 을 감 법 루 요 전 션 어 짓 감 법 낌 트 집 풍 올
쌀 스 정 절 대 셋 카 물 에 스 전 체 자 늘 한 발 유
질 발 솔 체 은 째 자 건 을 어 은 바 이 질 은 문 리
스 굽 의 느 주 레 의 동 을 레 제 달 은 쌀 견 필 적
절 날 부 체 대 동 터 로 차 바 용 용 바 셀 집 한 사

Puzzle 121

필	노	쌀	주	한	동	측	로	을	카	트	문	견	리	돼	추	감
요	늘	전	파	을	문	에	표	견	를	을	이	솔	카	지	늘	리
부	분	홍	색	터	문	사	표	춤	로	표	거	카	말	달	견	도
은	거	질	동	다	트	날	을	견	발	은	요	로	필	질	도	집
동	차	춤	부	요	낌	질	버	문	날	자	낌	트	북	트	고	도
사	을	가	에	거	감	레	스	수	입	카	끔	트	북	한	사	부
레	말	리	워	느	람	한	트	분	을	다	음	굽	용	느	을	트
은	짓	자	후	동	트	날	를	절	수	소	다	받	돌	결	동	고
트	공	돌	부	보	소	요	시	게	전	루	을	포	배	표	범	사
느	을	을	터	셀	필	맞	제	느	북	질	받	달	치	대	바	말
악	어	낌	표	젊	달	전	돌	바	거	동	한	개	방	젊	에	전
위	다	추	거	전	리	농	느	바	소	방	관	풍	위	을	사	카
문	발	발	굽	물	동	구	두	육	바	바	너	레	문	위	바	발
춤	주	물	트	너	전	동	스	북	절	추	부	루	법	의	어	한
도	을	컴	발	트	운	을	자	은	도	정	물	말	루	절	카	를

버스트를
분수
육두구
추정
개방
농구
소다
소요
배포
악어
후보
필요
시게
소방관
수입
돼지
배치
다음
분홍색
차가워

Puzzle 122

얽힌
알고있는
곱셈
알고
방문
홀리
제조
냄새
최대
도서관
북극이
계피
족제비
어깨한다
이유가
그랜드
반복
페니
신호를
버드

쌀	을	돌	늘	자	필	젊	굽	한	문	어	버	을	셀	이	트	을
표	도	도	거	법	굽	말	셀	카	트	달	고	드	다	은	집	말
운	굽	장	받	장	올	풍	범	풍	행	표	을	트	바	리	크	노
동	트	동	용	트	도	동	선	을	행	한	도	페	용	굽	대	끔
람	말	을	은	발	이	표	리	트	표	바	느	니	범	에	바	쌀
발	크	한	을	용	낌	선	어	용	솔	발	로	너	굴	낌	바	다
을	을	도	을	신	위	트	깨	얽	힌	법	견	한	제	주	물	람
은	한	받	의	호	풍	풍	한	동	쌀	이	퓨	돌	주	질	문	다
요	트	트	이	를	동	바	다	스	거	돌	동	느	을	견	도	물
측	한	굴	을	한	짓	쌀	알	받	요	을	추	쌀	굴	을	서	레
리	받	끔	적	법	한	는	있	고	알	러	부	쌀	동	셀	관	최
대	바	요	집	발	리	셀	비	제	족	그	발	돌	에	곱	한	대
방	문	로	날	굴	굴	끔	부	조	자	랜	북	계	피	셈	을	홀
크	추	맞	느	추	은	다	문	주	늘	드	필	극	다	추	반	리
냄	새	리	너	적	퓨	트	짓	을	파	트	가	유	이	문	복	풍

Puzzle 123

```
문 달 을 문 한 동 달 발 을 비 모 은 사 쌀 추 용 법
말 결 을 셀 을 터 달 동 솔 싼 문 의 자 레 집 굴 에
카 이 대 늘 문 범 을 장 의 물 은 용 행 바 목 물 운
고 트 굽 요 거 추 동 행 은 전 문 필 션 자 욕 문 파
추 짓 션 이 바 람 필 집 질 발 의 한 제 한 질 다 체
를 말 도 을 표 발 단 로 짓 받 도 찍 셀 바 트 카 발
동 장 난 한 람 은 화 순 단 늘 장 의 너 바 주 전 위 로
말 늘 리 한 람 은 퓨 히 용 범 파 이 동 굽 질 문 터
찍 절 돌 질 동 북 추 솔 운 한 한 북 사 젊 받 름 솔
표 행 로 고 다 캠 페 인 풍 바 감 이 동 굽 질 문 터
끔 을 세 결 크 운 용 풍 춤 운 쌀 장 미 막 느 찍 춤 은 위
늑 대 척 에 쌀 들 젊 람 형 식 레 바 다 지 배 표 은
결 을 쌀 레 절 바 짓 을 로 러 동 컴 견 마 에 동 위
흥 미 로 운 한 필 질 을 노 자 매 물 올 스 문 끔 카 주
질 견 발 표 너 전 을 용 범 대 주 도 장 도 때 필 주
```

비싼
모의
형식
이미지에
단순화
고추를
늑대
때문에
세척
장난
목욕
사자
마지막
단순히
참석
캠페인
흥미로운
주름
배지
자매

Puzzle 124

딱정벌레
완두콩
손가락
검토
아웃
계약에
신발
그려
반환
아빠
원형
교사
찬장
문자
빌드
갔다
드물게
도입
웨스트했다
스마트

```
아 를 노 문 굽 동 한 제 찬 말 에 웨 추 너 컴 퓨 자
트 웃 을 측 제 고 공 끔 장 션 젊 스 측 루 셀 파 카
카 춤 올 받 한 손 집 자 계 다 결 트 장 굴 스 마 트
필 한 끔 집 굴 풍 가 거 문 약 발 했 사 동 날 고 를
행 북 레 도 용 트 장 락 터 쌀 에 다 을 아 문 추 법
원 형 위 은 올 노 절 카 주 풍 집 다 질 빠 도 람 셀
람 대 용 고 루 트 션 람 은 너 동 추 파 제 집 집 다
돌 쌀 끔 를 느 발 감 어 의 체 도 스 북 한 다 자 크
제 에 범 문 끼 도 한 날 올 위 부 션 사 쌀 자 올 굴
굽 은 한 로 주 발 을 카 도 게 도 입 반 한 범 굴 어
자 이 젊 셀 올 끔 을 카 를 물 말 전 환 바 느 어 요
바 리 쌀 짓 트 용 바 의 빌 드 다 자 굴 솔 받 쌀 레
갔 운 춤 제 달 춤 동 딱 정 벌 레 검 솔 바 달 거 위
다 질 은 문 자 완 두 콩 신 그 견 토 달 거 한 너
너 거 풍 춤 스 질 리 굴 발 려 교 사 젊 범 쌀 문 짓
```

Puzzle 125

은	에	깜	돌	를	추	집	법	터	동	받	영	고	쌀	감	측	바
다	요	짝	추	퓨	문	위	춤	컴	에	법	한	향	셀	어	고	먹
늘	굽	범	측	발	풍	컴	운	을	크	물	굽	쌀	을	러	향	바
낌	쌀	절	북	파	한	느	용	로	말	주	을	노	험	로	트	동
경	력	바	다	트	파	피	하	기	했	바	터	문	경	완	벽	로
운	크	말	를	돌	느	문	를	날	다	체	고	운	트	주	선	날
굴	스	스	트	로	노	동	파	사	범	션	자	한	운	돌	표	범
받	문	범	선	호	하	는	바	들	동	노	문	한	쌀	를	요	동
낌	체	범	죄	노	로	발	동	담	느	고	고	동	적	올	들	요
조	을	크	파	크	요	한	달	비	을	공	다	을	을	바	스	트
을	사	러	들	고	리	발	요	어	도	측	이	찍	발	전	전	문
도	느	자	다	측	바	용	리	문	피	퓨	주	짓	자	행	대	거
거	느	연	운	질	러	동	감	발	부	들	파	다	펜	복	늘	짓
사	굴	받	춤	절	한	늘	측	측	늘	은	쌀	을	싱	올	루	한
문	필	세	트	를	카	를	늘	거	젊	루	주	루	돌	바	질	자

고향
완벽
깜짝
펜싱
자연
피하기
노크
조사
범죄
영향을
경력
담비
경험을
피부
노동
행복
세트를
먹고
선호하는
말했다

Puzzle 126

특별한
떨어졌다
가지고
기회
계산
가능성
소개에
가지고있다가
모텔
네트워크
부모
삼각형
복용
그래프
일부
외부를
음료
최근
스폰지
믹스

굽	표	받	한	이	문	복	용	성	의	법	바	범	바	레	컴	그	
질	날	쌀	한	측	람	용	동	북	능	질	자	공	다	발	네	래	프
달	동	러	한	한	주	이	쌀	믹	추	가	터	의	거	물	트	요	
늘	노	체	고	행	어	최	근	스	다	을	지	느	문	장	워	크	부
트	전	북	트	바	표	동	이	주	느	셀	폰	고	주	레	크	쌀	
돌	쌀	말	기	회	주	전	날	터	위	루	스	파	있	대	짓	용	
음	날	올	트	적	견	바	젊	특	별	한	바	올	을	다	리	가	을
료	돌	용	크	레	스	한	운	도	부	문	맞	퓨	발	졌	어	질	용
스	컴	범	셀	견	낌	공	부	북	이	굽	거	솔	은	어	떨	달	대
풍	한	모	컴	춤	을	도	낌	계	자	감	션	주	문	떨	어	람	을
외	부	를	텔	쌀	집	바	주	산	느	동	용	부	표	어	맞	로	젊
다	받	표	솔	도	레	삼	각	형	위	에	가	달	지	고	람	북	
질	올	사	물	받	말	낌	굽	표	소	개	에	달	체	요	로	부	
도	쌀	동	퓨	쌀	을	젊	젊	다	한	셀	용	한	의	법	늘	모	
굴	람	트	용	의	주	을	달	운	표	퓨	찍	문	일	부	로	모	

Puzzle 127

바 공 법 느 전 의 체 바 위 자 트 로 사 은 주 메 올
일 반 적 으 로 쌀 사 맞 러 달 행 도 운 프 날 리 왕
주 표 컴 로 느 풍 막 노 춤 은 주 운 드 날 리 견 자
공 개 올 문 이 느 린 맞 은 맞 질 초 가 공 레 지 한
동 구 운 추 질 부 발 자 쌀 장 동 원 에 까 느 발 아
카 리 체 다 한 핸 문 자 사 요 쪽 장 카 풍 운 발 굽
북 쌀 동 북 굽 들 절 발 굽 이 야 기 노 한 발 이 파
느 감 주 속 도 을 어 주 터 끔 어 고 주 터 요 바 를
받 범 부 맞 람 한 달 솔 션 말 동 객 부 쌀 공 노 셀
레 요 굴 문 한 스 은 동 결 도 춤 표 바 집 자 로 루
전 원 은 동 받 부 위 트 도 파 달 감 대 트 법 문 트
측 트 에 동 터 은 추 제 노 범 동 범 요 사 문 람
필 요 풍 은 날 필 자 크 사 필 용 스 에 필 너 말 레
용 질 결 을 풍 을 리 다 레 추 질 도 끔 위 불 에 너
부 컴 장 에 변 화 의 질 노 용 운 용 범 동 춤 끔 한

불에
초원
개구리
프리지아
전원
변화의
왕자
이야기
느린
가까운
크레용
사막
핸들을
고객
사운드
메리
발굽
동쪽
일반적으로
속도

Puzzle 128

다섯
그림자
헬리콥터
러시를
바람
이전
다음에
명시
내레이터
조언을
게이트에서
스트림
극장
포스트
좋은안녕
역사
패턴
데이터가
젖은
통해

감 부 컴 동 터 부 한 의 전 의 쌀 람 한 부 춤 에 이
바 러 견 동 쌀 측 람 굽 바 굽 범 풍 터 날 필 느 쌀
한 절 위 다 솔 용 조 언 을 사 스 러 범 행 다 을 파
람 행 풍 다 동 감 적 느 질 짓 루 트 자 트 적 음 춤
문 물 문 풍 집 로 션 다 결 동 이 느 바 람 필 통 에
다 섯 스 날 질 집 찍 절 달 다 전 춤 대 짓 측 들 해
로 너 발 람 견 날 법 은 을 춤 패 턴 은 집 적 트 돌
용 사 게 다 발 날 주 끔 법 부 크 자 노 맞 감 발 달
션 결 이 레 을 위 주 끔 이 퓨 고 쌀 루 감 짓 필 다
결 끔 트 장 명 를 적 로 표 질 동 받 가 을 굽 문 북
역 사 에 스 시 이 전 젊 용 내 레 이 터 콥 리 헬 부
요 자 서 측 포 늘 끔 동 집 돌 젖 솔 이 러 를 을 자
발 로 장 범 들 문 트 부 녕 안 은 좋 데 시 스 트 림
문 터 끔 동 은 절 다 제 용 도 극 다 리 를 공 다 그
굽 추 도 부 문 짓 자 끔 달 측 장 공 바 자 터 장 질

Puzzle 129

귀	늘	스	자	응	시	컴	자	리	의	용	부	위	동	측	클	럽
발	족	틸	를	조	합	이	셀	션	로	문	체	오	소	리	크	위
집	솔	훔	춤	다	주	트	동	적	컴	러	집	한	문	너	한	영
달	트	쳐	수	공	떠	나	순	간	북	위	요	늘	트	젊	법	양
젊	리	젊	문	달	를	한	을	집	집	테	도	질	트	션	동	분
카	쌀	이	발	를	대	늘	이	짓	춤	장	러	느	무	시	솔	을
평	가	을	문	말	도	제	건	굴	요	도	재	물	낌	한	를	을
동	사	끔	한	로	결	한	포	다	느	트	능	운	달	느	스	위
노	궤	동	쌀	들	법	질	도	올	풍	람	다	자	느	느	대	주
굽	도	달	퓨	도	을	부	람	자	쌀	파	트	너	파	티	부	한
솔	한	찍	법	범	바	돌	결	장	이	필	행	느	동	동	느	발
한	트	자	부	로	동	을	집	다	파	행	절	퓨	문	다	주	은
쌀	로	맞	추	도	부	추	문	공	쌀	짓	맞	노	자	연	에	파
느	한	레	발	람	질	다	견	질	은	파	슬	립	동	한	공	한
위	협	이	을	결	필	에	문	한	질	들	퓨	루	집	이	을	를

순간
떠나
자연에
클럽
재능
평가
무시
스틸훔쳐
귀족
영양분을
슬립
건포도
테러
파트너파티
위협이
오소리
수달
응시
궤도
조합이

Puzzle 130

개최
메모리
앞으로
사랑하는
기후
화요일
제어
알려진
부주의
기차
개인적으로
눈물
행동을
당신의
어디서나
종료와
질환
성인
오두막
지난

동	물	부	부	문	람	너	낌	을	위	한	맞	도	질	환	전	컴
사	랑	하	는	트	바	절	로	트	기	후	올	파	공	다	짓	감
바	로	거	전	공	짓	끔	쌀	파	행	부	발	터	대	운	고	터
이	바	부	컴	달	감	동	컴	이	굽	동	범	을	종	발	풍	느
어	디	서	나	에	을	자	은	질	화	절	을	트	제	료	컴	부
메	문	법	을	체	문	문	올	를	요	개	인	적	으	로	와	발
모	절	법	러	러	날	도	느	알	일	셀	성	퓨	말	을	돌	굴
리	전	문	북	기	차	문	날	려	날	발	끔	찍	제	어	노	제
거	부	파	전	개	최	자	발	진	주	춤	범	이	감	동	람	발
요	행	주	맞	거	에	람	찍	문	굴	도	부	문	을	람	추	물
감	루	자	의	요	션	을	바	말	체	을	짓	운	크	대	이	풍
동	찍	필	신	바	지	문	대	바	굽	체	오	문	운	쌀	에	도
집	러	도	당	을	난	문	한	문	끔	레	두	한	운	날	위	터
장	눈	루	너	사	집	집	람	느	찍	파	막	끔	말	사	쌀	동
집	물	앞	으	로	도	을	를	돌	션	컴	퓨	바	동	노	트	전

Puzzle 131

요	북	리	맞	를	너	도	러	쌀	트	다	한	가	솔	린	제	위
견	부	느	문	이	트	한	주	풍	을	시	결	이	파	바	춤	고
춤	파	한	질	상	컴	끔	표	문	행	에	운	굽	풍	은	적	요
을	은	크	낌	추	질	맞	질	시	문	한	이	춤	풍	들	문	다
느	내	용	전	셀	말	질	를	컴	대	이	용	자	스	션	법	션
용	측	추	젊	체	의	달	로	다	카	터	문	추	공	철	러	러
의	료	문	한	통	증	이	히	위	리	크	체	솔	에	바	회	거
맞	주	어	문	위	절	견	트	을	들	한	바	사	쌀	람	끔	공
은	을	컴	최	요	추	어	션	달	의	람	에	낌	법	대	집	문
들	너	풍	션	초	자	신	의	주	말	바	낌	긴	추	람	돌	레
주	발	다	카	쌀	의	이	헤	객	찍	로	트	급	한	견	용	은
리	제	카	셀	바	정	바	론	체	필	사	자	주	장	느	로	대
발	낌	운	의	풍	문	맞	트	를	터	사	들	에	너	소	수	러
젊	낌	물	카	대	장	말	말	트	느	낌	너	받	너	쌀	리	문
추	문	감	전	동	감	바	결	을	동	카	크	정	원	지	부	한

정의
표시
정원
긴급
가솔린
운이
느낌
자신의
히트
의료
다시에
소수
상추
철회
객체를
최초의
헤론
에너지
내용

Puzzle 132

진리
결정
살고있는
낙타
작업
마스크
결론
햄스터
상승
운송
민주
던져
운동의
거짓말
메일을
혜택
충분한
사탕
살쾡이를
치킨

주	운	질	짓	를	적	결	퓨	찍	결	쌀	감	동	로	다	끔	대
말	거	고	한	늘	동	메	정	한	론	자	트	한	표	주	로	바
파	한	부	제	발	동	북	일	문	느	용	의	도	발	고	을	한
젊	짓	굽	루	도	트	레	날	을	한	바	결	추	들	자	솔	적
동	굴	표	운	받	절	추	견	측	트	용	도	날	발	의	표	을
감	션	진	쌀	맞	너	트	을	늘	문	로	거	로	감	을	한	바
동	굴	리	물	를	행	문	장	제	의	절	파	동	람	자	스	을
문	말	민	올	이	제	느	도	굽	동	이	행	날	에	작	은	를
법	용	주	스	쾡	자	낙	혜	택	운	감	거	짓	발	이	업	위
굽	은	어	노	살	법	타	상	승	셀	송	짓	발	범	한	을	바
이	터	끔	로	고	을	에	낌	노	장	도	찍	말	을	집	를	사
루	쌀	늘	문	있	다	트	측	마	행	치	킨	셀	행	젊	을	쌀
체	쌀	낌	루	는	질	동	터	스	햄	을	위	의	고	동	올	한
북	맞	트	사	탕	리	을	의	크	필	에	제	한	동	을	한	한
돌	던	져	이	다	한	동	이	자	찍	부	절	물	문	트	한	한

Puzzle 133

범 한 달 헌 누 주 느 컴 결 제 한 어 람 로 낌 말 로
한 은 쌀 신 구 레 다 전 셀 트 행 한 리 절 람 에 자
결 합 문 자 아 문 낌 굽 을 젊 바 질 부 레 은 루 발
점 다 셀 어 무 돌 도 한 루 보 일 굴 쌀 질 이 문 측
수 맞 운 경 것 은 춤 동 북 요 한 맛 을 말 레 올 아
주 행 교 고 도 낌 절 장 측 트 를 션 발 을 행 발 이
법 년 실 했 낌 퓨 동 노 느 주 행 행 셀 의 동 렌 를
지 추 상 다 한 를 바 스 춤 낌 받 터 운 제 로 타 집
역 공 태 부 받 도 쌀 장 을 에 사 낌 자 제 트 인 크
주 은 법 달 굽 사 물 다 장 풍 용 트 트 바 느 너 사
레 동 말 운 파 건 퓨 카 용 발 동 끔 파 한 법 거 감
맞 어 문 끔 고 바 질 어 의 어 문 집 카 주 장 감 측
션 올 떤 트 트 끔 공 주 발 레 컴 레 문 문 적 어 을
들 재 레 받 터 저 달 서 비 스 춤 젊 절 한 루 트 에
은 킷 올 트 느 항 문 순 달 한 한 필 동 션 질 범 동

점수
아이를
결합
경고했다
누구아무것도
보일
재킷
어떤
행운
발렌타인
주년
순서
지역
저항
맛을
사건
상태
서비스
헌신
교실

Puzzle 134

유명한까지
동반자
앵무새
하마
증오
말하는
뜨거운
세포
따뜻한
다수
서른
축구
느슨한
욕망을
태도
가져
토끼
바로
파슬리
수요일

위 은 수 션 동 욕 돌 션 표 바 세 포 늘 한 한 카 바
로 공 요 이 사 망 추 자 로 로 결 굽 문 말 집 받 용
올 사 일 동 바 을 에 문 도 북 운 범 운 범 터 을 맞
풍 를 달 터 부 문 법 노 크 증 오 을 부 문 주 문 끔
장 문 은 바 션 견 쌀 퓨 사 를 감 트 트 표 위 절 쌀
낌 션 트 가 쌀 태 도 앵 무 새 자 부 거 스 풍 감 컴
쌀 올 지 져 올 솔 필 동 젊 위 제 늘 한 자 주 요 스
굽 공 대 까 필 요 자 용 뜨 거 운 마 한 말 은 에 발
젊 자 느 슨 한 서 른 파 슬 리 동 말 하 는 동 받 트
올 다 문 람 뜻 명 발 한 결 필 반 문 다 이 문 바 짓
용 문 법 트 따 너 유 낌 문 측 자 필 다 을 결 바 동
운 다 맞 셀 트 문 문 부 로 루 다 주 다 감 다 문 문
날 발 늘 낌 풍 용 쌀 용 너 주 자 체 위 수 문 토 맞
동 레 다 문 문 쌀 받 축 구 질 북 을 퓨 추 날 끼 파
쌀 느 질 범 날 부 부 고 레 날 은 맞 어 절 을 바 트

Puzzle 135

어	디	에	있	는	누	너	어	은	로	표	부	한	솔	불	너	문
도	표	바	한	질	군	너	다	을	용	쌀	말	끔	공	행	트	컴
대	주	은	주	동	가	한	도	질	견	맞	북	옷	표	공	부	들
트	도	트	문	한	레	법	람	을	한	추	루	추	도	성	발	행
크	동	션	용	발	도	한	추	루	추	도	성	발	춤	부	을	굴
받	터	들	은	집	문	대	받	러	러	을	달	느	범	한	용	부
도	집	문	동	바	를	감	부	끔	다	견	물	물	다	한	용	을
코	느	체	파	측	지	이	페	한	적	적	행	솔	한	달	들	느
치	한	동	들	발	트	구	문	맞	문	질	동	러	솔	추	은	너
한	선	부	증	춤	트	카	를	셀	올	배	어	자	말	결	법	을
차	터	문	거	컴	카	젊	낌	발	의	울	트	문	제	를	동	견
트	용	공	간	실	문	물	집	문	카	전	거	주	낌	동	절	셀
한	적	솔	트	수	필	용	가	끔	쌀	굴	왼	쪽	부	물	파	짓
법	트	요	계	단	러	트	범	제	고	말	절	고	을	뒤	요	바
바	솔	북	의	문	운	을	파	공	퓨	크	대	달	용	에	한	을

도달
웃음
달성
차용
공간
왼쪽
계단
증거
페이지
가끔
지구를
어디에있는
불행
누군가
배울
거부
절대
실수
코치
뒤에

Puzzle 136

상단
건조
저녁
고대
두꺼비
육상
시작
번호
사무실
쪼아
연기를
비워
거북이를
특정
전략
수분
공급
버섯
소파
양배추

찍	젊	레	바	위	요	북	고	대	동	어	말	집	람	션	집	질
질	도	을	솔	쌀	문	카	한	다	전	용	트	루	늘	추	주	문
너	체	바	대	표	한	주	스	고	받	법	주	바	질	느	측	공
동	주	레	양	배	추	로	범	사	무	실	올	도	시	용	쪼	은
공	급	전	상	육	풍	람	늘	법	동	들	트	한	작	한	저	아
도	쌀	략	단	람	동	스	견	에	주	결	거	리	은	저	녁	을
번	를	한	을	로	을	카	위	를	말	질	쌀	맞	쌀	끔	도	바
두	호	문	한	수	분	동	용	추	발	레	동	짓	에	도	주	문
꺼	쌀	노	트	느	의	파	맞	스	물	측	문	사	질	거	를	위
비	소	한	법	운	문	들	올	자	솔	굽	질	의	바	를	짓	부
바	파	도	느	찍	이	들	을	법	연	표	특	러	느	트	문	리
버	추	크	요	풍	도	끔	트	사	을	기	정	문	한	측	달	트
늘	섯	너	받	고	쌀	제	문	건	을	거	를	이	북	거	적	집
한	루	다	한	리	을	을	은	조	퓨	퓨	용	를	를	질	한	주
문	이	이	트	날	동	부	행	트	비	워	퓨	젊	은	늘	사	를

Puzzle 137

```
한 필 삽 풍 날 측 로 을 바 터 동 감 도 위 대 젊 에
끔 은 입 범 굴 으 한 의 액 세 스 에 을 늘 로 풍 적
법 공 은 달 자 르 위 은 다 소 원 없 이 노 달 문 바
위 질 사 장 어 렁 집 험 날 다 발 결 끔 람 부 개 질
찍 거 카 점 범 러 트 의 하 말 제 트 트 표 날 미 용
발 적 낌 한 진 문 느 달 집 게 집 발 도 풍 션 학 생
아 래 층 에 한 적 느 이 주 모 동 코 필 트 북 동 부
요 쌀 추 바 한 끔 한 파 로 기 동 니 달 크 들 끔 스
어 체 찍 너 러 측 새 날 발 전 문 가 류 조 장 낌 파
자 필 낌 산 업 을 용 벽 다 말 다 발 다 쌀 젊 트 범
문 에 굽 맞 러 파 한 제 시 춤 를 을 질 견 동 제 문
말 자 로 날 로 개 리 적 집 이 문 한 도 을 람 감 을
감 동 공 범 을 미 놀 맞 부 을 위 이 하 동 로 받 북
찍 크 부 분 은 성 라 말 젊 문 너 질 나 이 운 느 주
을 은 들 이 올 가 운 루 대 발 한 춤 의 부 바 셀 용
```

하나의
발코니
아래층
소원없이
산업을
새벽
전문가
삽입
학생
다시
개미
부분은
점진적
모기
개미성가
위험하게
놀라운
으르렁
조류가
액세스

Puzzle 138

정부의
마녀
잊어
냄비
졸업
인치
설계
비트
투명
수량
안녕들
흔들
지네
프로젝트를
캠프
선호
난로
일회용
물개
친화적

```
프 캠 들 을 범 요 사 다 위 노 춤 물 행 을 이 대 문
로 대 자 한 젊 풍 카 설 루 표 표 개 날 은 달 트 위
젝 바 들 굴 파 한 늘 셀 계 자 견 도 마 결 사 쌀 의
트 범 돌 문 로 집 집 에 대 풍 지 맞 녀 느 용 바 짓
를 문 돌 을 감 느 다 거 한 자 네 문 너 한 이 날 쌀
루 루 트 터 난 션 의 흔 들 한 발 법 들 전 의 용 이
의 로 들 다 로 동 터 크 동 들 쌀 돌 잊 문 의 컴 은
바 정 냄 비 친 화 적 굴 쌀 들 을 짓 어 절 법 은 러
말 부 측 느 굴 고 를 젊 느 문 장 을 을 절 일 주 을
결 의 측 바 질 졸 자 선 쌀 감 에 끔 인 회 스 쌀 발
러 도 절 질 결 업 의 은 호 를 발 느 다 치 용 쌀 느
풍 늘 한 행 을 위 솔 거 느 질 감 트 받 루 찍 바 쌀
솔 셀 측 견 비 부 굽 측 추 절 스 로 카 로 받 수 감
터 부 집 운 트 운 이 루 터 체 어 투 끔 받 안 들 늘
표 추 용 카 위 바 질 느 한 운 문 명 거 안 녕 량 주
```

Puzzle 139

동 너 젊 대 용 바 트 사 컴 냉 문 추 바 시 민 카 이
자 문 문 공 로 요 물 느 대 부 장 주 어 진 주 는 트
찍 을 에 절 올 주 측 춤 법 족 굴 고 올 용 측 쌀 법
달 문 동 다 한 절 은 다 들 한 노 자 전 측 위 돌 굴
위 들 풍 질 병 체 동 감 가 찍 젊 전 기 크 측 낌 사
거 충 돌 파 동 필 포 제 이 익 동 거 찍 한 굽 늘 어
한 찍 표 어 나 비 견 를 차 을 카 달 체 용 은 젊 늘
찍 솔 용 고 풍 터 자 솔 동 문 리 결 대 말 트 대 범
젊 용 크 들 요 은 부 동 측 맞 장 용 용 고 한 낌 을
벽 짓 적 터 감 트 자 돌 로 범 은 도 셀 은 발 말 찍
난 동 단 크 감 날 은 어 이 짓 자 문 리 카 지 능 형
로 주 위 이 돌 션 적 발 야 자 쌀 다 견 트 사 끔 스
주 춤 름 수 적 올 달 휘 기 장 한 바 굴 건 춤 달 발
퓨 미 라 달 면 바 로 쌀 는 문 쌀 측 쌀 끔 날 결 느
범 춤 를 을 컴 굴 고 파 추 로 맞 짓 를 주 적 너 풍

발휘
충돌
지능형
나비
부족한
자전거
이야기는
주어진주는
냉장고
이익
전기
벽난로
돌풍
수면
차이가
질병
단위를
체포
미라
시민

Puzzle 140

활동
교실을
연구
가상
옷장
오류
광산
딸기
시력기호
동물원
기관
증명
양말
사진
가스
병아리
멋진
금지하는
조건
식물로

광 질 올 교 실 을 젊 사 진 필 퓨 한 다 동 부 공 맞
끔 산 용 금 맞 옷 멋 레 고 람 로 견 쌀 질 을 부 발
결 집 도 시 지 장 진 자 동 날 터 사 발 필 끔 의 결
표 리 연 력 에 하 동 집 운 솔 동 동 퓨 카 로 로 날
증 명 구 기 늘 을 는 풍 러 루 셀 활 거 추 행 은 운
자 다 은 호 에 체 결 문 셀 파 문 동 바 행 어 한 굴
달 장 문 젊 주 체 문 러 양 말 다 바 굴 물 물 레 위
은 용 도 셀 다 장 어 레 굽 바 가 상 올 원 을 적 을
를 풍 한 도 감 노 장 바 굽 러 장 의 끔 조 은 맞 크
질 스 을 한 요 파 이 굽 솔 러 제 끔 발 건 젊 너 찍
다 바 식 고 을 위 부 맞 끔 레 달 발 러 맞 올 바 셀
표 위 너 물 주 병 아 리 솔 가 스 굴 느 너 짓 굴
션 견 람 제 로 춤 를 을 건 이 문 을 자 로 법 질 느
크 기 관 물 컴 굽 셀 감 자 추 루 찍 풍 찍 질 딸 기
오 류 행 용 한 행 절 추 찍 전 도 바 맞 한 러 기 을

Puzzle 141

Puzzle 142

Puzzle 143

한 달 한 결 들 짓 이 날 은 세 문 발 공 주 에 짓 이
관 계 가 동 굽 바 전 인 상 금 레 도 다 이 북 문 돌
레 대 에 쌀 추 을 발 션 문 짓 날 카 국 자 운 올 올
의 언 에 문 굽 의 러 끔 문 주 자 질 를 공 가 트 달
존 위 어 굽 컴 반 동 북 영 의 러 달 너 상 한 길 은
자 발 쓰 를 사 너 집 다 공 에 부 굽 바 표 북 쌀 표
맞 행 기 로 집 다 생 날 서 결 를 을 고 용 퓨 받 사
를 한 러 질 에 트 을 강 측 북 법 트 벨 중 요 한 의
범 공 스 트 루 을 돌 법 트 셀 어 요 한 말 받 노 노
공 공 루 스 받 크 을 돌 법 트 벨 중 요 한 말 받 제
질 공 적 발 적 의 물 어 셀 트 카 측 져 너 맞 이 외
춤 운 크 끔 발 낌 물 용 발 맞 을 측 져 어 린 이 침
일 몰 젊 운 전 사 문 전 동 범 자 다 추 어 린 이 을
부 말 선 동 스 동 용 리 도 크 주 카 적 람 날 홍 수
늘 법 공 달 윙 늘 컴 표 굴 대 사 적 람 날 홍 수 도

떨어져
스윙
상처
길을
의존
중요한
외침을
인상
운전사
생강을
반영에서
어린이
세금
관계가
홍수
일몰
쓰기
벨트
언어를
국가

Puzzle 144

강탈
변위
제안
수석
불구하고
동의
와서
항해
의사
백조
역할에
릴리스
소시지
기록
고추
거울
스포츠가
수집
경쟁
옥수수

역 할 에 크 낌 변 전 체 노 불 루 끔 동 바 를 요 굽
감 리 받 람 날 리 위 터 용 구 강 탈 너 도 소 시 지
이 부 크 스 를 을 용 와 을 하 을 다 동 션 너 문 은
이 표 문 에 추 바 추 낌 서 고 너 절 필 장 표 맞
고 쌀 기 셀 바 짓 제 부 션 문 절 장 추 동 한 질 사
찍 추 록 한 동 다 발 쌀 법 은 거 카 결 동 필 다 을
스 행 레 집 대 굴 견 퓨 용 다 위 리 트 젊 한 백 조
늘 쌀 옥 수 수 장 을 의 스 위 감 람 를 경 쟁 루 람
쌀 낌 로 젊 크 카 발 풍 포 법 이 주 파 날 문 리 짓
도 을 끔 의 동 용 주 셀 츠 은 들 장 필 셀 장 스 범
동 동 한 사 주 동 쌀 가 북 동 굴 퓨 제 질 주 쌀 은
젊 너 굽 동 풍 낌 거 감 항 해 션 제 끔 의 카 릴 한
전 자 터 용 문 필 울 낌 부 질 제 안 느 사 제 풍 을
의 리 부 루 늘 감 표 문 젊 로 공 수 석 션 용 레 루 사
행 절 춤 터 파 주 장 로 공 수 석 션 용 레 루 사

Puzzle 145

달	이	크	로	솔	레	한	풍	간	점	점	이	공	질	컴	제	거
동	을	추	용	고	물	한	한	너	다	올	에	돌	돌	도	견	러
어	부	리	용	노	젊	자	도	바	에	표	문	말	전	트	한	주
문	을	용	쌀	문	도	다	솔	한	질	레	느	문	아	주	루	할
한	공	한	을	트	행	문	을	적	북	루	짓	대	찍	마	크	아
쌀	선	언	끔	말	컴	파	스	트	찍	풍	너	공	문	다	도	버
한	로	전	찍	퓨	트	파	이	스	요	굽	은	정	션	적	젊	지
올	문	문	사	받	리	파	카	말	말	발	동	를	춤	견	짓	커
전	터	바	을	로	달	노	문	들	문	고	문	한	람	이	법	버
주	법	용	스	온	다	칫	용	행	행	크	트	수	부	손	맞	가
측	정	레	돌	결	트	솔	찍	공	이	짓	개	도	요	실	는	읽
추	은	동	은	동	확	장	느	다	의	범	발	컴	한	가	살	집
전	용	도	고	바	어	파	낌	절	체	질	특	느	바	제	아	느
람	를	북	젊	올	자	동	여	풍	한	트	히	대	고	대	있	레
에	느	트	이	돌	트	문	름	동	맞	동	날	크	용	받	는	동

간다
수요가
공정
손실
할아버지
아마도
읽는
선언
확장
특히
점점
맞는
측정
커버가
전문
개발
온다
여름
살아있는
칫솔

Puzzle 146

대표
바구니
거의
우리의
바지
회색
용어집
고블린
전쟁
버전
감기
벽화
코를하지
스케이트
아름다운
감지
첨부
케이스
직원
옵션

쌀	션	용	이	루	너	자	크	회	북	춤	고	대	은	트	바	바
춤	사	어	첨	부	노	을	동	색	춤	거	동	션	발	한	을	파
러	전	집	전	쟁	바	션	도	바	리	너	트	동	문	돌	자	젊
스	다	자	춤	트	구	공	퓨	자	감	주	굴	질	도	체	벽	화
감	케	전	로	위	니	부	부	집	주	도	부	굽	운	느	물	법
카	문	이	솔	느	노	동	발	한	바	이	동	터	동	끔	문	너
집	동	물	트	루	쌀	다	거	돌	고	블	린	쌀	문	러	동	풍
늘	느	제	이	집	도	컴	한	직	젊	의	결	거	제	트	범	이
문	바	지	레	을	레	주	로	우	원	찍	용	풍	스	파	낌	문
대	측	제	제	러	감	지	의	리	을	주	질	적	로	체	문	감
어	결	찍	셀	물	발	돌	대	의	대	표	질	너	행	풍	퓨	기
느	한	을	버	추	표	동	물	동	로	대	의	을	범	북	바	굴
스	문	의	전	결	어	주	발	견	로	표	대	추	퓨	션	러	어
운	공	달	물	찍	바	춤	코	를	하	지	옵	션	날	도	터	표
케	이	스	아	름	다	운	퓨	대	굽	한	에	북	거	의	질	주

Puzzle 147

제	람	은	적	끔	레	바	용	쌀	요	대	스	울	은	위	표	짓
공	행	집	레	션	너	카	운	파	법	바	키	타	북	체	돌	굽
발	동	용	대	끔	측	달	거	짓	을	로	를	리	굽	북	표	퓨
적	느	절	은	운	복	은	체	적	은	쌀	부	발	문	부	물	늘
울	었	다	풍	전	구	동	발	적	동	굽	바	퓨	견	학	업	시
추	은	춤	동	발	문	용	트	견	절	적	카	다	쌀	업	시	계
체	집	문	행	트	제	춤	쌀	맛	체	한	평	폐	기	물	에	고
은	물	문	말	랑	조	못	연	파	있	을	야	달	를	한	고	부
자	느	바	동	어	추	쌀	방	트	다	는	의	굴	북	제	를	거
부	취	맞	로	범	넥	타	이	은	견	바	너	자	고	을	부	견
주	미	날	바	젊	풍	고	젊	춤	도	주	스	러	카	필	어	발
쿠	페	장	동	법	달	북	찾	동	행	용	법	동	받	주	카	문
품	주	이	스	카	어	부	고	부	다	동	질	다	대	카	노	에
의	질	영	화	문	크	추	추	동	제	어	러	끔	성	장	한	다
공	적	트	바	굴	을	에	다	러	말	레	바	용	를	다	거	춤

성장한다
영화
취미
폐기물
평야
울었다
맛있는
쿠페
연방
클립시계
학업
부추
울타리
품질
복구
넥타이
찾고
연못조랑말
스키
적절한

Puzzle 148

현실의
우유지방
공원
긍정적
것은
추가
편지
통지
조건이
간단한
복숭아
나중에
가방
음성
트럭
방법을보고
복싱
얼룩말
포켓
갈등

감	사	파	크	감	바	나	풍	다	다	한	문	다	측	용	느	너
다	전	날	받	도	쌀	중	퓨	한	짓	자	트	용	을	법	로	낌
루	을	전	을	한	은	에	다	동	를	트	을	받	한	편	지	다
느	자	트	솔	용	올	복	숭	아	문	을	어	물	표	들	통	한
문	제	늘	굴	풍	솔	짓	동	람	주	솔	감	늘	은	느	도	동
느	용	표	거	솔	로	자	컴	컴	로	제	문	한	복	싱	춤	스
짓	셀	날	찍	들	트	행	간	스	션	법	동	복	싱	거	을	자
러	솔	거	파	긍	적	력	단	요	짓	자	느	우	용	터	물	방
견	공	원	스	의	정	러	한	현	실	의	물	유	용	너	굴	법
범	동	를	션	자	갈	적	표	카	은	것	은	지	물	발	로	을
결	표	한	가	방	등	끔	조	루	느	찍	끔	방	바	음	성	보
추	가	필	위	용	카	풍	루	느	동	올	주	이	달	끔	한	고
말	느	바	한	행	쌀	끔	절	을	사	용	범	운	끔	젊	러	포
굴	을	쌀	요	느	동	동	요	북	얼	룩	말	달	젊	러	바	컷
카	이	을	을	받	을	느	쌀	트	사	스	너	셀	받	로	컴	켓

Puzzle 149

과	트	굴	바	부	바	질	자	전	위	이	컴	쌀	고	끔	돌	법
학	접	착	제	부	자	견	자	견	절	이	카	찍	말	문	받	들
사	로	범	로	스	굽	쌀	도	한	바	동	로	당	근	케	이	스
로	받	한	굴	바	한	동	끔	을	소	파	표	면	레	말	부	발
발	감	너	문	질	올	로	사	로	금	요	로	발	측	사	부	한
로	감	의	날	트	동	노	발	동	찍	도	늘	노	대	들	춤	크
공	을	카	이	체	짓	동	올	잘	못	된	토	쌀	북	어	돌	주
션	낌	인	대	북	바	을	루	로	솔	부	양	날	름	컴	달	장
달	치	정	나	머	지	시	장	의	감	장	로	춤	돌	대	도	카
발	문	체	어	날	도	한	은	질	위	운	필	레	복	산	책	의
맞	측	한	러	굽	받	젊	바	구	요	문	이	느	로	잡	질	을
장	끔	감	날	트	전	트	람	리	들	질	젊	부	운	물	한	문
주	찍	동	레	발	동	거	은	루	휴	을	범	위	는	은	한	날
정	부	이	질	이	을	동	한	솔	솔	일	요	금	어	쩌	면	문
을	셀	은	돌	행	대	풍	를	셀	부	트	로	셀	공	전	파	문

어쩌면
복잡한
소금
정부
토양
잘못된
휴일
질문
인정
정치
금요일
구리
시장의
나머지
표면
당근케이스
접착제
과학
산책
범위는

Puzzle 150

블록
사람은
라이브러리
수행
옷을
가족에게
충족
이웃도
성공
혈액
시간시간
날씨
달이
협상
응답
캐치
제목
대접
박물관
스툴

라	크	대	트	솔	장	퓨	트	도	너	춤	위	달	도	이	추	젊
절	이	접	낌	짓	주	이	위	협	상	요	측	이	충	족	옷	굴
시	쌀	브	고	문	부	웃	파	견	질	바	올	올	에	말	범	을
간	젊	에	러	크	한	도	한	북	퓨	한	공	굴	트	트	쌀	을
시	굴	퓨	집	리	레	젊	러	을	주	필	러	말	제	물	로	행
간	위	도	선	집	도	부	루	이	문	짓	루	짓	사	적	들	에
발	도	너	집	자	날	씨	을	절	행	컴	다	범	션	카	전	위
공	동	람	거	에	퓨	컴	말	수	제	절	성	공	운	한	달	문
을	스	툴	이	행	응	을	추	위	맞	행	사	달	맞	감	굽	의
제	목	람	굴	응	답	의	퓨	동	를	추	질	올	스	질	로	추
사	람	은	혈	러	발	맞	추	측	노	받	박	트	로	달	동	전
적	문	굴	액	너	로	가	족	에	게	추	물	은	찍	터	전	전
한	한	맞	법	파	쌀	동	집	자	주	거	관	느	레	굽	쌀	요
을	발	위	맞	너	용	바	솔	캐	낌	굴	람	찍	셀	로	낌	거
블	록	결	물	루	바	굴	굽	치	쌀	주	을	람	문	바	스	루

Puzzle 151

```
다 문 정 적 이 결 한 를 젊 프 서 랍 받 은 람 달 람
사 거 도 동 절 를 결 들 물 로 이 느 를 을 바 발 한
슬 이 쌀 은 질 을 한 절 도 세 올 껐 솔 의 늘 솔 을
픈 의 낌 문 굽 말 빈 곤 을 스 숲 다 컴 집 을 스 다
돌 부 표 도 로 컴 자 를 주 공 가 도 문 맞 동 자 달
고 카 깔 끔 한 공 식 적 으 로 락 발 느 짓 를 날 카
법 노 질 젊 굴 사 느 굽 필 휴 들 바 연 례 은 행 집
법 트 을 감 실 시 달 요 다 가 요 문 을 의 견 을 트
설 동 한 질 고 크 문 문 굽 를 발 을 날 제 춤 너 돌
동 명 고 을 날 람 사 트 루 추 돌 이 전 파 노 추 루
셀 자 받 운 자 주 에 터 에 공 밝 동 돌 바 용 요 노
용 낌 찍 사 관 은 위 스 달 노 로 은 잉 태 파 도 늘
요 스 측 체 퓨 찰 끔 한 회 피 에 한 사 짓 한 컴 달
절 늘 내 와 공 이 젊 발 받 주 문 추 견 터 트 위 체
를 물 도 파 젊 질 감 컴 측 낌 장 감 올 한 추 적 자
```

느꼈다
관찰
설명
공식적으로
빈곤을
도발
실시
잉태
깔끔한
슬픈
휴가를
숟가락
서랍
연례
회피에
프로세스
내와
밝은
정도
이동

Puzzle 152

세로
파운드
사업
계획
많은
플레이어
부드러운
동물
매력적인
요인을
쇼를
호텔
수많은
좌석
레스토랑
식사
결과
바보
안전하게
데이지

```
공 어 돌 한 세 도 너 은 도 발 바 을 북 달 질 법 필
돌 전 낌 퓨 날 로 루 질 낌 리 레 용 한 크 쌀 범 범
파 범 추 춤 문 전 문 측 굴 매 문 추 찍 트 너 카 달
문 질 결 퓨 추 한 결 발 쌀 를 력 맞 제 결 거 위 발
운 용 호 텔 견 발 너 바 다 로 컴 적 집 과 트 로 플
한 공 달 많 은 측 날 리 러 카 젊 크 인 요 인 을 레
계 식 사 끔 크 은 의 동 을 쌀 절 체 늘 거 보 거 이
레 획 사 문 데 이 지 요 집 솔 장 집 람 문 주 굽 돌
스 체 은 들 자 터 결 부 수 많 은 파 운 드 루 루 측
토 동 필 한 체 터 동 수 대 의 범 법 러 너 루 발 리
랑 표 장 동 이 표 을 안 전 하 게 사 용 장 드 제 퓨
다 달 터 러 안 전 하 게 사 용 은 루 측 북 부 의 용
노 을 결 문 자 카 대 은 루 측 북 부 풍 젊 람 한 좌
문 이 체 발 트 달 전 카 리 거 쇼 쌀 풍 젊 람 한 굴 석
람 거 문 스 용 주 동 한 사 업 를 한 짓 셀 거 굴 석
```

Puzzle 153

```
건 짓 용 스 표 표 견 문 운 달 도 신 시 크 적 방 크
물 찍 동 문 장 매 바 낌 스 동 자 불 뢰 동 이 향 받
을 짓 맞 도 을 달 셀 존 체 셀 안 감 보 이 으 부 북
들 노 한 굽 용 공 대 려 중 은 전 표 질 거 로 쌀 부
쌀 말 한 를 바 표 스 필 적 발 국 춤 말 날 절 도 은
카 행 법 추 을 사 짓 돌 만 든 제 일 굽 다 다 찍 입
문 다 문 북 부 짓 다 용 늘 카 감 옥 의 문 자 본 트
느 문 한 낌 을 반 질 도 나 주 발 정 찍 문 동 로 을
복 잡 트 날 측 셀 운 굴 고 리 운 주 결 퓨 행 한 스
맞 북 노 질 러 셀 굴 절 장 쌀 아 트 자 추 도 를 장
젊 말 문 굴 질 질 절 장 쌀 바 트 퓨 자 이 적 끼 낌
집 트 어 제 셀 를 바 동 동 찍 을 문 스 문 이 적 끼
도 발 자 느 견 스 한 구 컴 이 한 솔 굴 공 를 쌀 발
문 루 체 리 스 프 행 추 색 을 집 은 동 결 굴 끔 날
한 절 을 솔 트 링 풍 운 느 필 셀 의 자 위 파 용 늘
```

입자
건물을
존중
시크
보트
방향으로
불안
연못벽
국제
매달려
복잡
일찍
감옥
스프링
자본
신뢰
카나리아
구색
정착
만든

Puzzle 154

```
문 제 거 발 들 풍 지 리 실 시 다 은 체 돌 행 구 추
굴 문 바 적 로 꼼 션 올 패 틱 스 라 플 맞 스 름 돌
을 적 결 받 뽀 쌀 의 상 북 발 템 트 주 솔 한 을 질
한 스 택 집 족 춤 필 의 대 바 카 은 바 을 찍 한 을
돌 을 은 시 한 용 컴 적 반 물 람 펫 퓨 위 한 문 노
를 가 을 소 밴 바 을 도 법 받 바 한 의 발 풍 체 로
트 어 문 년 에 받 너 이 추 질 결 바 한 발 들 어 사
키 션 끔 은 받 미 한 주 말 동 요 위 솔 다 질 바 느
스 문 바 받 물 스 퓨 북 행 물 레 션 질 달 바 을 돌
전 표 도 날 질 요 공 션 허 트 도 날 컴 을 찍 로 크
범 한 어 트 올 을 늘 표 가 견 을 범 맞 로 양 전 문
레 필 어 도 들 로 발 솔 질 한 너 망 끔 너 쪽 부 이
동 전 한 도 질 감 트 다 견 필 늘 치 질 탈 러 대 은
레 공 솔 들 질 트 다 견 필 기 너 러 이 제 사 동
```

가을
키스
지리
기능
구름
실패
허가
양쪽
플라스틱
박탈이
반대
상대
소년
미스
망치
카펫
물질
시스템
뾰족한
택시밴

Puzzle 155

트	트	한	트	젊	솔	짓	를	트	동	체	날	퓨	로	한	문	이
거	바	도	농	담	전	법	영	파	들	다	맥	전	발	쌀	문	에
동	대	리	들	후	측	물	션	리	너	을	바	주	바	을	물	요
절	거	파	을	물	에	동	범	쌀	문	쌀	동	굽	문	용	트	표
스	장	낌	을	올	다	위	루	주	견	춤	한	표	솔	세	대	은
용	짓	은	솔	로	카	발	춤	은	발	바	이	물	감	한	터	감
행	문	젊	용	행	집	느	무	동	한	절	를	도	끔	춤	바	에
트	을	노	한	요	표	다	기	낌	대	녹	색	거	쌀	사	대	사
날	구	다	터	느	러	양	고	풍	집	동	쌀	요	위	발	카	질
한	멍	람	은	터	추	성	양	측	주	다	션	들	도	로	권	투
크	견	쥐	추	다	이	짓	로	노	노	솔	쌀	찍	문	돌	춤	풍
림	을	레	테	니	스	을	노	주	바	레	문	부	방	어	머	니
질	어	받	트	냅	감	느	느	한	문	질	사	문	에	루	바	로
발	바	션	쌀	타	끔	퓨	결	받	한	날	사	의	사	법	법	문
주	들	사	랑	나	이	질	레	물	트	테	이	블	질	크	돌	어

권투
양고기
맥주
농담
다람쥐
사랑
영리
무기
테이블
후에
구멍
녹색
방어머니
테니스
부문의
다양성
솔로
나타냅니다
세대
크림

Puzzle 156

보였다
파고
순록
달팽이
예술
전체
무대
아가씨
문제가
플로트
식용
슬라이드
사람이
용어
엘프
침대
개별
좋아하는
정보
이슬

한	북	바	파	낌	바	측	표	에	침	날	자	도	트	정	파	굴
컴	찍	물	이	러	을	이	굴	을	대	트	문	다	였	보	고	을
질	풍	에	받	한	절	문	한	고	무	체	제	집	로	쌀	제	문
용	어	고	루	도	크	들	컴	의	전	컴	가	식	용	순	록	고	느
대	개	사	들	달	젊	의	자	굴	느	춤	주	견	동	제	전	동
젊	별	람	다	팽	문	굴	바	젊	달	말	늘	다	부	공	필	범	문
퓨	자	이	드	이	라	슬	이	퓨	트	의	의	운	이	추	범	용
도	춤	거	주	전	질	은	스	물	예	람	풍	을	은	집	레	바
러	문	은	주	플	도	바	질	의	자	술	에	크	바	문	물	굽
물	동	솔	굴	발	로	은	사	리	자	낌	사	로	루	좋	을	부
말	주	적	부	절	다	트	필	낌	한	퓨	퓨	짓	도	아	하	레
느	트	다	은	결	이	슬	질	장	날	표	질	자	러	다	전	는	한	요
집	이	을	용	쌀	추	돌	전	적	로	바	늘	다	을	짓	느	자	한	운
추	견	느	한	끔	아	가	씨	체	동	대	을	짓	느	결	솔	전	추	사
엘	프	맞	바	찍	부	적	쌀	필	물	문	느			결	솔	전	추	

Puzzle 157

루 끔 용 견 과 일 자 문 로 터 문 집 문 문 도 북 부
너 바 도 퓨 위 요 션 날 스 용 레 한 타 터 북 너 위
도 추 트 동 너 조 절 법 질 동 문 느 원 북 북 질 점
마 계 정 을 표 트 식 퓨 손 이 동 을 형 파 은 웃 은
뱀 요 의 도 바 에 끔 물 실 유 령 쌀 리 액 션 었 물
찍 물 끔 트 문 물 공 레 을 을 을 동 솔 자 디 다 굽
을 을 주 신 비 터 도 질 끔 도 스 집 측 필 오 요 위
문 자 한 필 한 공 도 운 컴 바 을 필 올 쌀 다 이 연
터 북 전 적 낌 거 대 도 주 질 결 카 도 너 셀 필 기
바 거 절 트 질 너 표 주 쌀 장 솔 바 문 장 크 트 사
한 부 주 쌀 범 동 느 물 미 자 한 제 질 동 스 동 자
인 리 풍 제 동 발 감 원 자 러 동 추 젊 용 동 관 리
적 부 춤 레 루 올 운 파 로 한 동 예 전 어 우 울 트
형 발 을 제 부 들 퓨 절 카 을 문 장 측 절 끔 위 북
전 시 가 동 트 고 쌀 를 다 동 견 여 든 끔 용 발 트

원자
액션
신비
관리
전시가
예측
우울
미러
손실을
연기
조식
전형적인
여든
오디션
유령
웃었다
과일
타원형
계정을
도마뱀

Puzzle 158

인기
약한
노래를
도착
휴대용
마스터
플레이
용서
강아지
인치가
지혜
종종
불쾌
가난한
커튼
치즈
작업의
보통
공식
벨자전거

강 동 용 감 은 굴 발 풍 공 너 용 터 바 자 에 벨 어
주 아 절 문 느 다 필 받 한 춤 서 맞 을 를 굴 자 로
부 이 지 다 주 바 어 솔 굽 셀 자 로 고 러 공 전 젊
공 식 견 너 동 느 집 션 춤 돌 을 절 은 주 운 거 을
바 법 늘 전 문 느 카 전 발 바 돌 사 절 위 이 로 돌
레 젊 쌀 작 업 의 휴 대 용 노 인 기 장 도 노 발 법
크 스 트 에 요 행 이 컴 법 래 제 표 파 달 착 대 도
부 질 맞 를 제 발 루 를 자 를 지 체 인 치 가 마 쌀
터 행 부 거 문 결 종 사 필 찍 혜 질 측 리 동 스 어
은 전 불 한 이 이 종 달 늘 동 풍 러 문 거 끔 터 동
사 쌀 고 쾌 어 플 레 이 바 자 측 풍 짓 질 질 주 을
범 은 끔 커 튼 찍 치 한 젊 측 동 질 공 문 한 퓨 트
보 운 트 다 로 이 즈 거 도 스 풍 느 루 올 굽 동 동
통 바 질 동 맞 이 어 느 법 쌀 쌀 터 노 다 행 부 동
결 발 이 자 다 자 자 약 한 난 가 컴 문 늘 로 찍 질

Puzzle 159

자	다	문	리	동	쌀	컴	트	을	문	마	발	북	대	물	션	쌀
찍	굽	람	이	을	아	돌	소	리	문	지	춤	람	통	측	로	바
의	장	드	용	표	들	동	서	수	발	막	셀	을	령	발	한	고
루	을	래	말	현	이	결	주	둘	점	으	해	기	을	황	상	용
절	추	곤	바	파	러	로	바	바	러	로	안	술	노	야	요	끔
카	끔	물	바	바	컴	문	측	감	도	용	을	을	올	도	자	올
국	풍	을	이	파	양	파	맞	고	용	자	요	카	느	를	너	올
경	은	이	크	행	바	쌀	문	장	절	한	트	젊	을	괭	이	를
다	퓨	받	낌	바	솔	동	말	트	터	러	셀	을	필	발	한	행
질	도	러	감	루	풍	을	다	하	늘	질	넘	셀	어	용	주	을
거	굴	로	용	맞	끔	동	감	파	위	문	어	절	이	로	를	쌀
자	도	돌	리	들	셀	부	위	결	장	트	끔	주	거	체	낌	쌀
제	을	달	필	짓	이	장	견	맞	결	측	셀	체	체	발	크	대
다	바	전	짓	타	고	감	풍	컴	을	감	한	발	집	도	을	북
러	바	어	자	느	돌	문	동	이	을	크	루	스	주	끔	발	집

동결
괭이를
기술
넘어
소수점
감동
대통령을
마지막으로
국경
노을
타고
드래곤
상황
하늘
황야
해안
양파
표현
서둘러
아들이

Puzzle 160

유채과
요청
진정한
댄스
입력
위협
아마
착용
한정
평화로운
튤립
수리를
수있는
초콜릿
현대
충성
들어
새끼
완전히
스컹크

완	다	장	낌	수	주	문	풍	고	공	을	이	바	늘	로	적	퓨
끔	전	한	말	풍	리	발	전	에	다	이	발	셀	노	날	올	견
견	사	히	바	현	대	를	문	쌀	레	말	도	찍	늘	부	다	공
체	크	맞	바	감	제	추	달	부	사	측	필	너	장	발	쌀	컹
표	사	컴	공	은	바	주	루	절	북	고	물	트	날	어	트	스
착	들	발	측	트	들	주	평	화	로	운	장	크	굴	를	댄	부
용	한	수	있	는	북	어	올	에	요	입	력	장	행	다	성	발
은	동	주	돌	쌀	동	카	용	절	요	청	에	적	다	이	질	느
문	전	을	아	마	체	유	운	진	정	한	튤	립	을	거	젊	은
카	루	파	범	의	행	채	주	을	한	솔	주	을	고	퓨	문	대
주	표	젊	굽	쌀	질	과	대	굴	발	컴	말	파	부	트	바	터
감	감	너	제	술	돌	을	트	짓	문	을	부	한	결	한		
한	굽	한	추	발	법	초	콜	릿	춤	위	자	용	부	한		
새	끼	도	늘	자	다	션	위	바	동	바	위	맞	터	부		
고	동	질	들	질	적	용	한	법	용	굽	터	주	받	질	동	운

Puzzle 161

짓	동	이	선	짓	달	러	굽	달	용	무	은	굽	물	카	집	너
퓨	북	스	해	물	터	법	의	트	늘	엇	굴	날	어	를	자	문
람	필	을	의	에	라	느	드	위	을	카	법	러	이	체	늘	
람	리	의	다	쌀	서	느	체	결	업	쌀	고	맞	결	이	로	받
느	이	바	올	끔	들	트	준	동	로	세	탁	도	추	대	느	질
동	동	이	통	치	는	공	비	용	뛰	어	한	느	바	를	사	용
임	대	길	늘	추	감	를	동	행	어	집	굴	쌀	트	감	분	견
행	러	사	위	받	독	스	행	체	을	을	트	문	도	적	모	파
쌀	은	트	션	장	립	크	젊	를	범	트	행	전	도	말	질	한
컴	다	문	말	도	크	솔	스	북	질	체	낌	주	절	동	한	부
동	문	이	은	인	자	문	돌	굽	트	퓨	도	말	어	코	용	용
용	고	은	결	용	어	측	솔	결	제	문	문	한	동	끼	노	굽
을	누	가	산	비	참	한	끔	바	늘	트	트	퓨	조	리	굽	바
다	에	행	만	느	트	주	거	의	주	말	달	달	약	운	바	한
끔	체	다	문	션	컴	날	물	을	받	자	물	집	션	바	터	용

위업
조약
준비
산만
누가
인용
코끼리
세탁
뛰어
무엇을
독립
선물
이해에서
통치는
분모
비참한
임대
고도
이길
라운드

Puzzle 162

발견
고백을
열대
인식
발을
마이그레이션
혼동
세기
유체
어두운
스카프
동안
먹다
실현을
두께의
위험
여섯
이상한
소녀
모험

열	를	도	이	로	너	결	이	고	문	동	을	두	절	굴	도	다
추	대	측	한	컴	이	션	위	션	위	험	운	께	카	로	레	람
날	를	로	동	은	짓	견	굴	이	상	한	발	의	사	을	풍	도
소	운	동	을	질	물	의	동	레	어	션	견	문	은	리	트	필
녀	쌀	바	짓	은	동	추	다	그	러	두	동	추	유	주	카	람
견	스	자	굽	질	의	람	의	이	끔	느	운	을	체	바	의	로
감	을	어	질	을	주	한	춤	마	바	대	을	달	발	은	풍	을
이	추	용	셀	너	컴	스	북	용	자	느	한	요	을	백	고	행
션	한	느	을	자	터	찍	적	이	크	물	동	전	현	북	노	질
끔	부	혼	낌	굴	세	적	절	주	굽	한	파	실	사	다	을	
낌	안	동	느	자	바	기	러	집	낌	로	여	늘	도	법	솔	표
동	질	끔	늘	바	젊	쌀	레	문	에	스	섯	이	위	발	표	발
짓	발	받	행	부	절	쌀	공	문	의	카	한	모	험	들	퓨	루
바	굽	주	동	사	동	끔	느	먹	다	프	터	트	바	맞	문	문
솔	짓	한	로	스	문	을	운	측	늘	발	바	부	낌	을	인	식

Puzzle 163

괜 필 느 직 을 너 문 날 다 발 주 용 파 쌀 람 낌 표
찮 이 동 동 원 노 공 격 주 의 정 느 루 절 필 셀 를
느 트 다 고 짓 이 트 카 문 굴 중 다 농 장 질 로 춤
에 의 받 절 자 바 사 물 크 원 하 는 위 다 집 대 이
주 로 추 터 문 을 트 발 리 루 늘 다 다 바 견 질 트
스 낌 측 절 늘 집 트 젊 스 체 너 을 문 주 솔 로 을
발 전 노 쌀 의 물 운 전 마 솔 의 표 필 질 빌 려 유
가 받 명 크 솔 한 션 들 스 컴 트 결 늘 스 제 문 지
락 북 수 요 행 용 다 파 맞 젊 선 반 느 케 컴 러 할
을 춤 운 행 문 리 범 를 집 한 집 발 풍 이 어 션 노
부 공 다 바 하 의 느 주 용 요 동 다 문 트 을 솔 에
짓 너 계 터 한 는 카 물 감 집 바 로 고 스 체 부 굽
늘 문 란 짓 트 짓 셀 맞 체 은 이 달 느 케 집 바 루
장 바 리 재 미 사 러 중 가 까 이 은 탄 이 측 도 굴
전 에 한 동 어 절 셀 행 간 노 을 레 생 트 범 을 범

탄생
수명
재미
공격주의
스케이트스케이트
유지할
중간
정중
계란
빌려
크리스마스
원하는
괜찮
수행하는
전에
선반
가까이
발가락을
농장
직원이

Puzzle 164

블루
끔찍한
절차
스테이션
법원
입술
천으로
포인트
경찰
곡선
실제로
결정하는
페인트
체인
무릎
모든
법적
조심스럽게
신선한
케이크

추 바 컴 집 들 주 한 람 자 카 문 포 인 트 인 페 견
적 동 거 바 북 솔 한 한 운 문 견 어 을 체 다 필 조
늘 제 바 북 동 용 도 루 결 솔 퓨 쌀 한 트 에 들 심
트 견 동 션 을 의 퓨 결 입 술 거 굴 노 파 카 도 스
젊 에 들 를 적 용 올 노 젊 부 노 끔 찍 한 적 경 럽
동 들 범 올 퓨 느 결 로 너 문 범 한 다 를 은 찰 게
노 람 션 은 결 찍 결 절 굴 짓 한 트 문 자 풍 은 말
모 든 제 퓨 문 집 정 차 스 을 너 동 돌 굴 사 카 법
을 부 법 거 셀 크 하 적 블 테 대 고 컴 케 결 행 너
문 끔 발 요 굽 바 는 법 원 루 이 을 를 이 견 터 를
맞 은 천 으 로 필 요 거 질 이 용 션 이 크 을 은 질
대 셀 다 리 실 필 굴 신 한 러 젊 체 용 을 의 제 측
받 를 받 이 제 장 위 선 곡 리 은 퓨 부 람 파 노 운
측 법 무 릎 로 자 질 한 느 은 트 카 주 문 문 로 용
체 다 한 늘 한 로 바 셀 결 솔 필 바 트 춤 다 표 한

Puzzle 165

다	바	제	레	들	을	굴	솔	말	체	표	도	문	용	추	크	날
굽	루	전	리	운	결	쌀	빠	른	동	스	다	러	찍	을	위	트
찍	행	터	솔	달	문	방	문	환	주	동	찍	끔	장	느	이	다
용	도	끔	맞	추	로	지	감	영	한	중	앙	부	끔	좋	은	로
트	카	공	맞	북	상	자	느	이	카	도	동	들	카	물	높	쌀
들	집	터	를	맞	주	스	쌀	결	메	러	위	젊	도	대	문	젊
대	거	결	체	느	맞	이	마	음	을	추	공	솔	컴	을	부	주
견	클	제	집	어	을	한	이	레	바	굴	라	측	춤	트	을	한
바	파	동	요	체	오	이	한	집	표	법	장	기	을	스	을	트
웨	스	턴	반	용	리	질	트	을	짓	은	도	트	받	카	집	문
날	적	물	레	드	나	느	굽	부	를	제	적	추	견	루	주	발
행	러	적	스	요	시	들	행	부	대	컴	용	부	스	솔	대	루
굽	주	문	한	젊	분	리	올	법	을	컴	느	을	을	이	체	사
춤	터	터	위	용	짓	견	한	자	짓	풍	운	혼	합	문	달	너
행	지	금	너	요	용	집	을	문	공	도	발	허	리	케	인	이

분리
시나리오
영감
지금
중앙
반드시
메추라기
한도
빠른
웨스턴
좋은
방지
상자
적용
허리케인
높은
스파클
환영이
혼합
마음을

Puzzle 166

부정적인
인터뷰
금융
명예롭게
코요테
오일
관련
각종
사용이
밀도
경보
등을
것이다
포리스트에
스펀지
부패
뽑아
포도
적어도
에이전트가

다	자	바	동	동	달	관	춤	고	도	돌	도	받	주	견	람	느
바	카	날	느	집	쌀	련	추	받	바	자	돌	돌	느	측	주	체
쌀	사	이	동	동	자	자	쌀	터	을	러	굽	동	레	날	람	주
적	어	도	사	용	이	절	문	을	스	동	에	이	전	트	가	물
금	추	밀	을	끔	스	맞	법	바	트	펀	견	명	공	쌀	카	용
융	람	늘	퓨	늘	터	패	요	집	절	에	지	예	각	종	트	감
은	찍	굽	도	을	한	질	부	정	적	인	스	롭	문	발	법	느
주	물	터	파	스	범	범	터	도	북	의	레	게	셀	제	오	용
동	트	경	보	등	에	리	문	인	터	뷰	것	이	다	트	일	느
을	들	바	을	주	을	요	달	러	춤	한	추	루	다	발	다	셀
표	뽑	아	춤	동	션	카	낌	대	주	을	로	바	을	바	노	표
동	코	요	테	로	터	자	루	스	굴	문	포	도	용	문	풍	에
을	다	포	리	스	트	에	발	고	동	동	도	굴	노	전	한	너
끔	필	리	트	날	레	로	범	필	을	절	찍	문	물	결	를	말
동	트	집	거	루	트	들	로	동	바	사	발	위	굽	느	컴	을

Puzzle 167

물	주	느	한	생	명	을	세	부	위	람	로	굴	쌀	은	찍	제
달	고	춤	트	을	를	말	요	너	을	토	트	도	겁	동	달	문
의	크	기	늘	자	의	이	의	받	한	마	구	한	쟁	사	측	감
트	말	노	노	을	요	이	리	트	용	토	제	분	이	고	래	어
를	자	법	퓨	발	어	파	고	을	요	스	에	굽	향	필	굽	도
노	대	다	받	션	장	젊	짓	다	션	팀	루	자	경	느	을	풍
용	동	끔	표	로	주	압	은	견	바	한	바	찍	도	부	를	춤
범	거	전	한	을	로	운	력	처	벌	예	법	명	사	스	대	동
남	성	춤	사	포	크	끔	트	카	로	상	돌	러	감	바	적	늘
루	어	문	도	소	유	자	용	람	어	범	션	추	크	쌀	동	발
고	올	바	달	젊	로	장	필	로	고	도	리	위	도	견	다	발
고	쌀	바	셀	요	운	어	들	를	주	동	부	도	발	트	한	굴
대	풍	꿈	지	식	장	날	러	미	들	컴	느	장	바	동	로	물
바	람	의	다	위	끔	올	를	디	동	풍	카	동	집	을	을	자
범	다	션	바	쌀	문	끔	크	어	터	한	동	트	문	어	절	요

처벌
토마토
소유자
생명을
고래
명사
동사
세부
구분
겁쟁이
예상
포크
물고기
스팀
남성
미디어
경향
지식
압력
꿈의

Puzzle 168

대부분의
텔레비전
인간
게임
바쁘지만
환경
무게
임원
녹아
크로스
다른
폭풍
감지하여
저자기관
눌러
유리한
양파에만
정확한
엄마
네일

추	장	환	경	자	람	동	을	감	솔	용	바	러	텔	퓨	자	도			
거	파	스	셀	레	다	행	엄	달	폭	풍	다	른	레	굽	크	짓			
양	레	끔	크	풍	풍	문	동	마	다	젊	바	문	비	장	로	들			
자	파	필	끔	동	발	장	감	돌	람	자	발	루	전	절	스	대			
제	추	에	장	게	임	부	자	녹	달	질	발	전	범	레	결	절			
루	문	컴	만	동	용	쌀	한	아	크	부	고	집	동	요	견	동			
요	결	끔	짓	감	한	러	맞	전	다	동	굽	주	도	한	장	대			
정	추	은	돌	저	자	기	관	찍	용	결	자	위	결	션	루	부			
확	노	여	끔	유	리	한	찍	트	동	크	다	터	도	터	무	분			
한	도	하	들	용	거	터	바	동	용	이	노	짓	네	일	게	의			
바	쁘	지	만	트	장	결	동	다	솔	한	에	느	바	돌	찍	도			
굴	은	감	질	발	바	주	람	늘	의	춤	임	바	질	한	용	북			
고	인	간	요	전	전	문	셀	의	을	견	원	질	굽	쌀	늘	대			
부	자	리	한	자	운	솔	눌	대	자	을	굽	컴	늘	북	터	고			
범	은	동	선	문	을	러	컴	러	동	솔	맞	트	법	돌	용	발			

Puzzle 169

대 피 컴 말 트 러 굽 장 유 부 동 을 리 노 주 주 러
이 전 파 도 돌 유 측 발 연 견 크 을 단 로 방 로 달
바 견 션 이 션 용 범 쌀 한 추 대 군 락 안 느 쌀 범
굴 사 노 발 카 하 컴 명 앉 행 위 바 노 찍 문 날 어
측 회 젊 북 발 게 트 퓨 확 아 순 을 받 감 사 굽 을
질 공 굴 을 묶 효 과 발 터 히 종 요 동 에 은 우 드
견 행 파 사 여 을 바 집 문 한 바 이 스 너 에 공 낌
문 북 셀 체 젊 날 동 바 리 법 공 문 이 달 범 정 바
노 트 적 너 감 절 짓 제 노 오 는 부 범 로 셀 의 장
래 러 로 거 바 느 이 솔 고 리 다 도 견 이 계 도 온
하 돌 전 자 을 돌 젊 의 용 을 올 장 도 러 거 낌 너
기 동 사 젤 주 중 력 주 제 어 다 솔 위 느 셀 을 굴 대
터 한 부 리 션 다 퓨 람 이 바 컴 장 운 낌 늘 리 대
들 은 받 짓 느 은 문 표 노 젊 자 주 바 받 한 의 한
적 위 를 을 셀 은 을 이 공 범 트 한 늘 도 은 절

중력
온도계이
안락군대
젤리
노래하기
효과
앉아
명확히
우드
대피
사회
유용하게
오는
컴퓨터
주방
묶여
유연한
단락
정의도
순종

Puzzle 170

썰매
부적절한
좋게
장면
웜은
퍼핀
주말
호스트
클라우드
평방
제품
바느질
요리논의
햇빛
나무
애정
거짓
뛰어난
엄격한
주민이

바 이 다 퓨 웜 은 뛰 람 셀 로 추 짓 동 운 돌 을 애
좋 끔 절 발 바 부 어 러 문 동 문 행 발 법 트 노 정
게 트 카 트 느 에 난 카 문 위 문 범 말 평 거 짓 운
문 바 솔 공 질 용 짓 터 장 이 대 질 에 방 끔 자 젊
어 전 이 운 자 을 범 감 대 장 동 리 를 주 북 를 동
문 견 로 자 춤 장 법 올 너 면 한 요 감 민 대 한 필
리 을 레 한 끔 용 셀 스 사 클 라 우 드 이 말 주 한
호 스 트 한 문 로 위 바 트 리 느 전 터 적 부 너 자
에 자 질 바 굴 날 어 루 퓨 자 말 루 낌 러 적 을 질
파 쌀 느 을 행 도 늘 질 문 레 절 춤 이 한 절 공 어
나 부 필 바 트 운 트 로 끔 감 션 풍 주 풍 한 필 집
햇 무 한 한 발 제 품 춤 자 체 엄 격 한 요 리 논 의
동 빛 한 너 주 부 달 용 젊 적 용 이 도 바 주 쌀 장
셀 트 거 바 도 표 파 발 주 사 발 요 어 용 들 바 퍼
체 표 를 트 자 끔 풍 느 젊 말 썰 매 주 을 용 문 핀

Puzzle 171

범 을 부 바 게 럽 스 통 고 트 견 를 서 어 광 을 트
올 체 풍 셀 달 단 포 다 문 문 의 고 로 브 택 거 용
부 추 받 셀 컴 편 츠 행 들 자 쌀 고 위 쌀 컴 위 운
교 회 범 너 스 측 을 도 이 트 맞 노 레 소 한 팩 달
솔 동 주 이 발 한 질 을 풍 한 굴 카 결 심 추 끔 트
을 적 동 문 공 을 동 로 물 거 래 절 한 한 곤 피 볼
다 바 질 거 돌 전 돼 지 알 약 한 법 바 필 노 은 굴
자 늘 찍 용 셀 느 동 절 달 대 추 이 젊 측 굴 대 위
을 쌀 로 셀 에 한 거 도 거 위 집 솔 용 어 들 에 의
부 전 을 을 주 레 부 한 받 굴 바 감 누 용 바 질 스
족 고 면 굽 은 로 끼 공 셀 체 느 절 구 굴 용 자 을
솔 대 을 문 한 트 러 루 원 셀 를 부 를 자 주 적 을
표 동 바 자 을 결 워 모 숭 결 대 주 바 질 바 리 도
어 셀 에 스 받 행 다 두 이 낌 셀 람 고 언 풍 측 주
부 트 트 대 필 리 세 븐 표 을 받 트 용 바 급 풍 다

거래
누구
고통스럽게
교회
부끄러워
단편
원숭이
돼지알약
소심한
광택
부족
전면
볼트
모두
언급
서브컴팩트
세븐
범주
스포츠
피곤한

Puzzle 172

경기장
예를
화재
무료
보여
검색
명랑
깊은
지역은
연령
명백한
쉽게
토론
감사합니다
모래가
대학
블라우스
기계
붕괴에서
필수

질 너 문 을 행 찍 춤 받 표 람 필 자 바 이 느 을 돌
달 굽 레 한 감 에 연 령 에 용 크 위 대 모 사 북 사
돌 공 북 법 의 사 달 돌 도 붕 질 동 학 래 춤 질 용
을 찍 람 북 솔 장 합 굽 은 괴 문 한 낌 가 깊 체 질
로 범 측 거 의 행 트 니 맞 에 날 한 솔 파 은 역 지
사 한 한 요 에 이 절 다 서 바 감 문 추 컴 필 거
끔 늘 화 로 전 한 람 절 문 질 공 느 굴 바 물 동 북
스 문 재 발 늘 용 거 용 필 다 발 다 한 에 느 쉽 젊
검 색 셀 발 추 을 발 의 말 대 랑 명 추 한 이 문 게
을 춤 표 발 필 블 들 짓 무 료 토 백 적 에 운 요 풍
바 크 한 늘 수 들 라 낌 은 올 론 한 스 절 동 동 바
동 보 이 말 어 짓 노 우 너 부 한 노 춤 고 퓨 다 부
스 여 주 을 운 에 노 파 스 쌀 러 질 주 이 요 한 로
측 올 이 동 자 풍 올 장 기 경 쌀 예 추 집 젊 동 필
터 러 트 결 낌 바 끔 풍 계 말 달 를 퓨 문 노 요 퓨

Puzzle 173

```
질 질 물 법 즐 문 확 드 롭 사 결 농 풍 행 이 법 컴
은 문 용 도 리 길 실 참 여 속 람 부 설 파 마 사 받
거 짓 찍 클 거 측 히 을 다 성 부 에 정 공 커 발 카
초 대 레 립 루 사 은 주 솔 을 자 굽 게 굴 문 바 다
필 리 주 스 다 풍 풍 견 용 운 결 문 추 문 도 바 올
문 달 에 을 터 퓨 사 은 범 풍 은 동 범 로 늘 수 짓
집 용 트 쌀 올 어 잎 을 너 의 람 셀 쌀 어 끔 박 한
장 올 행 적 한 집 컴 고 사 측 도 스 스 로 박 올
스 리 발 주 질 고 단 계 를 퓨 를 들 동 굴 문 들 운
듣 동 도 용 받 고 퓨 부 바 결 노 부 로 부 리 의 어
려 고 거 질 표 집 다 람 레 동 추 물 클 리 어 파 맞
제 솔 는 자 질 운 추 레 다 로 을 한 여 느 셀 북 자
돌 에 부 거 북 굽 부 끔 동 주 문 람 왕 이 춤 한 스
트 공 트 달 춤 측 대 대 기 표 솔 운 의 느 젊 장 도
느 북 문 바 주 달 결 쌀 거 늘 노 카 전 이 법 돌 고
```

드롭
클리어
속성을
클립
확실히
단계를
수박
고려
사람에게
농부
초대
참여
대기
즐길
설정
듣고는
스스로
여왕의
잎을
마커

Puzzle 174

엄청난만큼이
리더
라인
마음
공개
실험
믿기
위장
운영
의도
투자
이점
지구본
분자
구스베리
이유는
플래그
세계
연결
커뮤니티

```
지 구 본 질 질 션 이 유 는 북 이 어 물 주 찍 커 늘
트 쌀 의 문 람 물 도 고 동 레 컴 사 공 물 적 뮤 찍
동 들 을 한 레 세 계 집 트 감 측 바 거 동 레 니 은
문 마 음 끔 낌 행 맞 날 쌀 절 행 요 러 젊 사 티 어
춤 라 필 운 낌 끔 굴 트 측 파 발 북 대 컴 표 컴 로
리 한 인 영 트 달 의 법 부 부 돌 말 견 주 돌 쌀 크
이 트 질 루 실 위 도 터 전 셀 측 절 올 터 끔 이 레
동 질 리 질 험 장 을 늘 은 대 자 한 동 한 춤 전 점
엄 청 난 만 큼 이 다 적 범 법 질 다 플 래 그 셀 문
제 루 람 분 을 바 한 위 공 너 다 의 바 이 자 집 을
구 로 용 자 연 결 노 결 감 문 동 공 날 다 람 결 맞
스 돌 달 투 행 물 바 리 끔 견 필 다 다 카 스 자 문
베 한 측 위 요 퓨 풍 한 더 공 개 쌀 춤 견 주 자 필
리 측 쌀 도 바 한 느 민 기 다 늘 견 트 체 을 퓨 굽
문 로 북 받 동 트 감 도 을 리 행 맞 카 루 부 굽 을
```

Puzzle 175

상	용	할	거	대	한	주	스	동	전	게	럽	스	랑	자	이	미
추	동	안	머	문	위	결	메	젊	송	러	을	타	동	발	을	주
오	도	경	노	니	션	굴	뚜	을	을	끔	바	부	도	한	노	컴
이	동	구	조	크	발	끔	기	질	셀	젊	굽	을	레	문	맞	바
달	굽	늘	컴	로	느	절	도	을	이	한	비	주	질	느	을	리
땅	을	자	루	위	를	장	로	말	쌀	자	제	판	문	다	받	문
을	의	용	를	측	람	다	돌	대	이	느	질	돌	에	날	한	적
어	을	한	시	도	올	스	고	자	크	요	어	질	이	체	이	동
컴	체	다	문	법	쌀	트	노	러	부	질	용	동	춤	절	견	끔
을	돌	굽	말	파	고	질	대	돌	션	은	제	다	트	의	다	주
이	이	물	발	범	용	오	형	제	문	추	법	은	장	로	노	동
장	트	노	도	달	을	히	절	동	문	발	한	풍	말	테	을	파
자	발	레	북	문	셀	려	제	쌀	내	람	문	바	동	마	장	을
동	텐	트	동	를	주	다	로	바	부	추	견	한	고	춤	소	물
리	결	자	쌀	한	사	카	리	동	을	필	트	파	제	들	전	컴

시도
오히려
땅의
주스
내부
메뚜기
이미
테마
거대한
장소
상추오이
텐트
구조
스타
전송을
자랑스럽게
할머니
형제
안경
비판

Puzzle 176

버스
에이전트
빨간색을
경제를
가르치는
오리를
바디
토마토를
가구
허수아비
즐겁게
함께
선거
물질의
의자
솔루션을
교수
얻을
와인
검사

토	마	토	를	교	가	물	의	고	한	에	한	자	다	날	검	컴
거	스	셀	리	수	르	느	장	제	루	북	이	파	동	파	을	사
와	문	감	오	다	치	크	셀	다	들	의	거	전	트	도	한	사
인	션	을	짓	체	는	바	감	느	굽	질	제	느	트	즐	겁	게
범	문	빨	간	색	을	디	견	쌀	을	위	의	자	적	동	바	달
굽	굽	집	법	질	을	전	주	로	주	받	사	트	을	물	낌	들
셀	한	찍	은	동	쌀	다	범	집	행	말	맞	추	가	질	트	한
느	퓨	북	질	적	적	카	맞	질	체	위	셀	감	구	의	선	거
거	동	용	도	행	얻	를	를	문	람	들	트	도	카	을	파	돌
루	트	한	다	추	을	션	루	솔	주	표	짓	거	짓	로	용	바
말	너	달	경	제	를	돌	도	법	트	도	부	바	을	문	낌	법
솔	제	거	함	은	짓	사	트	을	짓	느	문	요	솔	문	노	바
요	자	루	은	께	문	체	버	스	루	리	어	굴	올	퓨	전	풍
표	용	을	스	동	스	허	수	아	비	올	도	을	추	굽	범	용
돌	트	장	카	날	표	늘	맞	을	춤	고	동	절	법	어	견	질

Puzzle 177

```
적 언 공 호 찍 크 짓 추 굴 쌀 크 트 느 젊 군 질 질
크 트 덕 랑 로 솔 쌀 은 컴 버 발 추 너 한 인 은 부
트 트 필 이 부 측 자 람 한 팔 춤 도 이 발 솔 은 질
의 문 찍 자 받 흐 한 짓 주 로 용 범 절 다 법 고 로
집 말 퓨 문 트 린 들 람 어 스 문 너 한 동 안 루 용
트 도 바 도 감 크 을 요 어 솔 트 주 셀 말 녕 동 부
측 끔 쌀 람 고 를 풍 가 동 장 러 맞 한 블 의 풍
표 추 은 흔 들 었 다 르 다 카 한 도 측 랙 세 바 문
용 동 셀 법 올 문 늘 쳐 람 로 범 은 장 질 요 이 을
느 피 견 더 솔 요 결 을 사 질 추 문 한 표 루 셀 을
용 자 박 쥐 러 자 확 다 이 이 민 속 필 를 셀 한 을
을 리 장 한 감 운 실 유 치 가 트 마 솔 도 계 법 젊
문 문 달 을 공 굽 은 셀 바 전 셀 일 을 사 속 률 을
도 동 전 추 동 람 러 은 솔 람 물 받 바 션 측 레 셀
션 맞 어 를 쌀 바 노 맞 자 표 문 주 를 한 찍 굽 에
```

법률
더러운
민속
마일
블랙
안녕하세요
유치가
피자
흔들었다
공동
박쥐
가르쳐
군인
언덕
사이트
버팔로
확실
흐린
계속
호랑이

Puzzle 178

수동
영역을
지금까지
해바라기
탈출
항목을
볼륨
콘도르의
올빼미
동영상
싸움
등이
속하는
종류의
도토리
이론
다이빙
그늘
방법
야망

```
트 에 용 들 트 주 대 풍 람 은 레 동 파 이 짓 찍 바
춤 느 바 부 법 올 질 문 어 바 로 전 을 종 운 집 리
해 바 라 기 북 트 날 컴 그 트 트 추 의 류 셀 날 장
굴 찍 트 트 부 트 집 야 늘 바 풍 자 문 의 행 에 쌀
주 전 바 노 컴 느 적 망 어 발 거 용 을 트 끔 풍 돌
질 행 선 도 집 노 감 카 풍 을 바 추 을 자 사 풍 리
도 토 리 문 쌀 집 쌀 받 공 항 목 을 감 을 크 문 용
은 로 문 위 을 다 러 풍 파 너 늘 표 풍 에 느 트 한
루 돌 지 금 까 지 콘 도 르 의 받 표 동 동 한 스 바
부 짓 문 스 발 공 파 적 한 러 표 날 체 문 바 다 집
방 한 발 파 문 고 발 을 솔 말 주 다 볼 측 상 거 끔
측 법 집 빙 이 다 법 러 동 로 늘 체 름 돌 영 역 을
올 빼 미 필 등 론 속 동 싸 은 셀 위 자 한 동 파 끔
표 부 짓 낌 이 퓨 하 한 로 움 탈 출 카 거 수 한 대
로 솔 트 쌀 질 쌀 는 리 느 을 운 도 이 크 주 자 동
```

Puzzle 179

전 짓 의 달 소 질 바 의 결 날 은 풍 추 용 떨 러 바
레 그 을 도 리 부 범 문 물 동 카 한 전 문 어 은 젊
이 림 도 크 의 질 퓨 문 집 은 람 너 굽 굴 진 신 사
스 한 크 늘 다 한 주 이 트 젊 문 짓 컴 크 을 카 늘
스 을 질 루 발 결 이 부 부 들 에 주 부 집 은 문 용
맞 사 이 클 링 코 풍 용 용 한 맞 은 카 한 파 들 소
여 부 솔 바 트 올 트 을 도 대 추 리 파 바 날 도 유
상 한 부 셀 문 솔 퓨 올 바 무 지 개 바 어 휘 용 사
굴 황 을 춤 러 받 분 석 루 범 표 먼 어 셀 의 표 감
맞 용 을 흔 마 늘 스 물 도 북 어 셀 의 표 을 올 를
용 어 들 집 솔 느 장 전 트 텍 파 러 동 젊 맞 바 대
위 소 필 다 용 필 퓨 문 자 전 스 찍 용 끔 노 문 스
들 설 요 문 올 춤 트 로 위 문 발 트 찍 한 람 맞 위
젊 찍 로 한 동 쌀 에 한 돌 트 감 필 굽 요 풍 자 한
동 로 크 셀 이 해 공 퓨 체 리 부 한 짓 주 제 질 을

소리의
필요로
결코
자위
여부
이해
상황을
떨어진
마흔을
소유
무지개
신사
텍스트
분석
먼지
레이스
그림
어휘
사이클링
소설

Puzzle 180

그룹
편안함을
거미
배가
인정받을
미소연기
기존의
여덟
종교
가능
자동
하우스는
도덕적
이벤트를
찾기
웨이크
바위
어제
실제
워드

다 견 은 측 사 자 용 주 찍 동 러 어 터 돌 짓 질 트
부 북 질 에 주 낌 날 퓨 들 션 달 스 공 끔 받 셀 다
느 전 동 리 노 추 끔 다 동 을 퓨 에 셀 문 발 루 한
을 발 동 자 람 다 용 말 의 러 짓 법 문 터 퓨 트 퓨
자 그 를 람 을 물 거 동 표 제 에 쌀 가 능 스 을 찍
다 동 룹 집 바 법 미 터 로 풍 미 바 노 짓 바 춤 들
북 을 북 너 위 하 우 스 는 질 풍 소 제 연 기 쌀 공
쌀 적 측 문 부 바 문 을 고 끔 주 날 바 기 로 운 크
날 표 노 웨 다 바 질 올 날 동 카 파 트 을 용 다 인
를 트 벤 이 말 을 트 쌀 문 주 발 파 을 찾 다 측 정
동 바 을 크 전 트 쌀 굴 은 범 여 덟 쌀 쌀 느 대 받
종 을 측 절 표 퓨 은 로 절 다 늘 달 견 짓 젊 맞 을
교 측 끔 워 드 도 덕 적 다 늘 달 를 을 리 한 느 함
용 퓨 받 을 측 거 표 급 부 실 끔 한 행 용 맞 한 안
물 결 동 굴 을 을 기 존 의 제 어 다 춤 장 발 퓨 편

Puzzle 181

에	감	크	비	명	요	위	은	동	늘	늘	위	소	구	매	동	노
물	적	들	부	전	은	트	고	노	은	측	대	스	도	제	진	도
파	주	필	바	로	발	트	동	날	북	탐	색	을	발	요	술	보
늘	자	판	달	도	노	문	퓨	결	자	자	을	바	풍	을	동	드
주	집	요	결	한	요	결	굽	트	굽	을	춤	션	다	용	결	찍
주	요	견	트	동	바	풍	레	도	동	물	너	젊	주	돌	트	크
체	느	공	퓨	트	다	동	공	발	을	날	체	레	전	문	러	다
크	바	은	지	친	카	체	문	속	날	필	공	달	공	문	필	를
요	트	쌀	퓨	한	트	질	대	이	컴	사	부	리	성	법	문	도
견	동	경	법	찍	을	레	젊	는	부	적	북	을	분	러	다	문
연	용	험	용	루	용	자	질	트	퓨	북	생	노	쌀	북	굽	물
속	질	을	북	람	주	신	동	낌	절	이	이	각	발	자	화	가
트	러	대	범	올	느	북	절	파	용	짓	람	감	부	을	굴	은
덮	여	절	적	너	람	짓	젊	를	쌀	터	스	전	달	로	한	절
부	주	을	추	행	구	성	한	트	로	올	람	은	용	거	터	트

도구
소스
자신 구매
판결
구성
속이는
경험
주요
비명
지친
덮여
탐색을
성분가
화연속
생각
진술
필사적
보드

Puzzle 182

경계
행위
경사
회사가
야채를
더워
죄송
수준하도록을
식별
요리
감사
친구
격리
엘크
독수리
최악의
판사
판매자
파인애플
생존

받	의	풍	행	위	최	젊	레	젊	를	부	한	거	은	한	식	별
굽	에	돌	을	고	악	솔	다	위	의	결	람	을	다	사	동	집
결	더	을	올	이	의	은	한	크	날	춤	어	야	채	를	문	물
카	워	부	루	돌	에	추	어	문	퓨	너	너	람	감	문	풍	이
러	러	문	추	터	추	거	범	짓	트	스	사	바	제	늘	격	리
카	노	굽	람	용	춤	이	견	춤	결	러	의	요	트	리	질	컴
퓨	부	부	낌	쌀	죄	송	로	도	주	을	한	루	쌀	은	솔	느
측	돌	문	동	퓨	동	장	어	용	솔	용	적	용	을	을	카	어
돌	션	독	수	리	표	엘	절	트	을	터	동	쌀	느	바	추	에
운	한	춤	어	한	수	크	다	너	솔	이	파	풍	풍	을	에	다
리	은	받	굽	동	준	파	질	셀	자	쌀	거	전	러	낌	주	자
문	동	동	춤	법	하	발	인	장	의	고	굴	바	다	체	굴	한
컴	바	발	주	제	도	노	가	애	짓	판	운	발	한	날	받	요
을	은	카	전	동	록	션	사	감	플	문	매	판	사	친	구	리
생	존	를	적	질	을	찍	회	경	계	자	크	자	다	부	의	자

Puzzle 183

극	측	결	노	자	견	사	진	트	문	전	카	주	동	한	말	발
트	단	필	란	이	디	변	행	카	올	매	회	원	위	집	수	질
발	한	적	색	느	다	호	을	능	기	듭	한	크	느	에	늘	달
춤	북	거	으	를	측	사	많	은	지	도	루	주	러	측	질	적
바	크	발	질	로	필	터	트	문	션	문	한	거	동	터	대	견
어	용	고	을	순	환	우	산	을	측	셀	루	터	일	반	장	을
솔	북	의	크	추	은	용	셀	이	올	감	를	날	트	주	결	리
파	들	람	너	요	공	스	문	로	한	키	자	말	도	쌀	를	람
늘	은	늘	선	문	법	트	굽	리	견	위	한	체	올	대	느	쌀
용	절	아	택	주	이	루	발	문	받	운	을	위	문	요	주	견
동	굴	거	이	부	너	한	부	러	달	올	용	자	대	전	도	스
노	위	들	을	디	표	대	자	발	레	용	거	한	발	집	바	굴
거	제	소	다	날	어	질	발	다	로	문	컴	행	받	동	굴	굴
접	달	한	스	쌀	쌀	가	졸	쌀	바	노	짓	을	늘	느	쌀	용
근	바	너	고	짓	용	작	린	노	한	대	굽	컴	절	터	다	요

진행을
접근
졸린
견디다
선택
극단적으로
아이디어가
순환
일반
매듭
우산을
많은지도
키위
수집위원회
노란색
주위에
들소
기능을
변호사
작가

Puzzle 184

소화
가뭄
재생
깎이
테디
오토바이
목록과
감자
수출을
외로운
규제
음악
오렌지
사람들이
선택은
여자
귀중한
카메라
질문을
말괄량이

리	로	절	끔	찍	람	결	사	법	맞	퓨	끔	발	도	솔	고	트
용	표	용	북	말	발	를	깎	이	바	토	오	들	크	트	한	스	로
결	주	위	로	질	짓	느	사	량	늘	레	트	자	날	적	트	로	문
문	여	적	선	문	범	굴	루	괄	의	러	컴	에	문	로	동	문	로
느	발	자	택	을	오	렌	지	말	짓	체	절	동	문	을	대	운	를
대	요	감	은	출	바	찍	자	은	이	동	제	바	을	운	은	동
느	션	트	문	수	발	의	한	춤	리	솔	솔	범	솔	노	은	바
날	결	퓨	거	어	한	람	로	사	바	굽	전	감	러	감	루	바	목
에	자	한	스	리	범	체	결	리	사	레	느	음	악	물	은	록
동	고	표	쌀	카	노	위	쌀	측	람	트	늘	젊	제	동	필	과
외	필	문	소	화	메	귀	중	한	들	젊	을	의	받	발	을	록
행	로	물	에	은	행	라	트	달	이	결	전	문	부	루	재	생
문	측	운	규	느	을	한	위	감	거	레	쌀	로	주	션	터	
필	사	가	제	질	에	크	도	트	테	풍	루	을	느	도	젊	러
바	발	물	셀	자	감	적	한	은	디	리	을	결	트	러	요	문

Puzzle 185

을	트	동	섬	크	터	컴	용	동	요	문	성	레	행	자	쌀	요
굽	스	용	세	찍	기	셀	동	바	찍	부	공	풍	을	범	로	문
느	늘	을	한	제	결	월	날	카	로	운	적	운	너	굽	표	주
너	한	람	사	말	달	컴	요	받	부	센	인	동	결	찍	람	말
너	터	문	느	요	을	장	가	일	로	터	느	장	크	문	늘	동
달	발	젊	올	물	전	컴	격	풍	감	은	질	받	전	위	제	감
다	한	부	터	한	찍	체	맞	거	운	북	람	문	제	짓	굽	트
거	파	질	집	낌	결	루	바	리	기	늘	요	동	외	트	끔	북
쌀	절	바	감	말	감	자	로	대	간	터	한	흡	시	골	제	다
표	루	연	락	처	부	브	러	시	의	너	를	수	켰	동	파	주
부	법	늘	발	다	용	분	휴	식	도	바	용	쌀	다	품	용	동
트	끊	지	는	한	북	바	카	러	추	너	얇	은	적	쌀	바	동
주	트	주	조	참	솔	다	견	을	감	요	주	늘	밀	어	위	컴
바	장	부	면	부	동	찍	람	추	너	범	도	받	질	한	크	컴
주	행	트	칠	굽	북	위	한	컴	은	의	파	찍	파	로	쌀	트

흡수
얇은
성공적인
날카로운
가격
섬세한
부분
참조
센터
제외시켰다
끊지는
골동품
월요일
기간의
연락처
칠면조는
크기
밀어
브러시
휴식

Puzzle 186

자체
모방
병원
능력
방식을
이론이
모자
동물은
완료
비극적
발생
바다
전차
유지
거위
조용한
드레스
망원경
야구
강아지를

이	론	이	카	문	쌀	굽	바	루	셀	한	트	조	드	은	굽	어
이	거	대	을	어	셀	로	다	달	를	제	굴	용	한	레	동	쌀
동	물	은	날	한	필	크	북	방	대	모	자	한	바	날	스	용
쌀	쌀	용	퓨	다	파	표	러	식	주	노	북	질	고	트	필	결
발	자	전	발	은	발	북	용	을	도	한	풍	장	러	동	러	한
측	바	을	트	동	공	도	결	받	강	아	지	를	범	위	을	문
측	동	한	자	발	다	완	한	파	고	문	동	터	운	사	다	방
파	자	젊	체	올	생	료	돌	쌀	리	절	감	주	사	들	모	을
들	발	달	사	거	용	문	범	이	동	은	문	능	거	전	차	북
트	집	크	법	받	제	도	망	원	경	야	구	력	위	감	결	공
낌	공	범	어	사	찍	결	다	노	질	행	추	도	적	찍	의	느
거	션	의	굽	다	자	춤	다	바	질	표	은	퓨	동	트	컴	사
적	쌀	풍	올	제	퓨	사	범	동	리	비	느	리	바	질	부	원
유	에	바	끔	제	트	끔	끔	말	용	은	극	말	셀	리	병	솔
지	션	풍	말	측	다	돌	춤	북	을	느	바	적	느	쌀	원	솔

Puzzle 187

채	우	기	하	곱	미	터	발	주	맞	받	도	굴	느	맞	다	다
포	착	측	전	분	기	소	순	로	결	노	이	적	날	발	라	이
춤	물	자	위	풍	올	범	무	노	질	을	주	느	크	공	대	바
물	한	감	주	어	한	말	필	러	장	가	솔	동	동	대	상	끔
웅	장	한	문	한	물	질	느	카	미	장	을	탐	주	받	자	필
도	결	심	법	퓨	집	장	끔	찍	래	고	그	녀	절	을	를	받
로	로	세	노	카	사	느	동	말	솔	의	녀	절	에	물	한	견
한	용	동	로	거	측	자	추	셀	러	대	터	바	집	카	자	늘
리	쌀	절	젊	에	법	올	북	거	요	화	북	은	제	도	한	느
용	범	자	다	운	젊	모	양	의	필	너	을	체	셀	쌀	적	장
범	물	끔	람	했	문	굽	노	리	찍	용	표	점	용	카	말	을
주	이	에	문	풍	를	크	결	지	로	요	를	유	자	한	문	말
을	굽	로	용	측	돌	치	료	질	켜	굽	질	율	이	절	을	을
굽	를	용	북	크	북	찍	터	용	동	요	크	집	요	의	전	북
파	견	람	추	동	달	끔	운	동	도	문	범	절	젊	을	도	리

치료
채우기
미소
세심한
웅장한
그녀
모양의
곱하기
가장
분기
대상
대화
포착
순무
미래
지켜
탐구
터치를했다
점유율
라일락

Puzzle 188

트릭
신호
결혼
졸업장
분출
기각
시간
침실
드럼
실망
문제
얼음
기쁜
재사용을
차단
토요일은
논문
엄청난
존재를
용감한

부	을	터	표	질	이	한	을	부	자	발	얼	이	바	발	느	전
대	자	도	적	어	쌀	도	은	주	바	토	음	동	동	고	노	돌
끔	시	간	집	느	문	굽	드	거	사	요	졸	업	장	을	전	로
은	레	용	쌀	문	차	단	럼	노	은	일	도	침	망	분	늘	적
노	말	질	발	용	제	측	집	고	젊	은	올	느	실	출	질	표
공	부	바	춤	컴	동	돌	질	에	풍	의	들	거	범	은	을	전
셀	위	주	찍	이	사	물	받	주	끔	컴	셀	신	호	풍	동	돌
위	자	굴	춤	을	행	너	북	솔	젊	바	루	너	필	측	측	절
부	문	엄	주	트	견	운	레	질	바	들	전	러	용	용	이	이
문	질	청	다	루	스	달	퓨	션	문	질	느	주	풍	을	거	을
논	트	난	노	장	각	기	필	파	동	맞	동	결	끔	젊	트	발
문	릭	법	을	주	퓨	받	쁜	한	트	리	돌	어	절	감	을	컴
도	질	감	을	을	결	도	를	를	을	동	북	절	을	을	달	감
이	용	로	말	측	혼	를	한	재	사	용	을	동	반	달	한	을
끔	사	을	을	은	자	솔	결	존	리	한	결	은	풍	발	한	을

Puzzle 189

을	체	주	필	체	절	로	발	을	체	잡	끔	스	동	에	상	트
포	함	되	어	방	향	거	이	끔	지	쌀	커	루	터	스	업
트	로	맞	자	주	리	굽	쌀	용	달	돌	트	트	충	격	찍	법
다	맞	한	딸	증	거	를	측	범	늘	날	위	북	은	을	자	전
혜	택	을	이	도	자	끔	레	체	짓	너	스	을	느	카	소	날
해	필	의	스	측	을	을	집	동	에	로	켓	자	컴	전	형	느
쌀	결	매	니	저	자	문	춤	자	찍	고	낚	주	문	용	퓨	굽
발	낌	솔	집	쌀	요	러	주	범	트	바	시	말	터	장	법	루
바	적	주	자	한	한	쌀	다	굽	법	적	에	바	동	한	행	부
루	동	부	찍	람	에	북	굴	일	요	일	트	가	바	다	표	주
입	구	안	아	을	물	용	은	굽	주	도	너	쌀	딘	람	도	요
늘	대	찍	표	문	북	레	범	날	의	요	쌀	주	늘	어	절	쌀
마	풍	한	너	레	용	람	느	거	쌀	바	말	을	한	도	결	느
차	달	용	러	느	를	결	을	범	를	올	운	찍	다	질	러	운
질	젊	바	춤	한	제	리	은	굴	형	태	로	레	적	을	다	늘

입구
방향
충격
어딘가에
해결
마차
매니저
잡지
증거를
안아
형태로
소형
포함되어
딸이
로켓
일요일
스커트
혜택을
낚시에
상업

Puzzle 190

멸망은
선박
시계
작은
수정
코뿔소
미친
과거의
의사가
마련
고속도로
차량
남편
가시적
출현
우려
정말
너트
자원
환자

운	부	굽	체	법	법	늘	짓	집	질	노	멸	적	바	낌	마	련
공	적	고	다	동	필	부	발	맞	스	문	짓	망	한	션	한	도	트
의	젊	동	표	도	필	어	거	용	도	도	주	은	은	결	터	물	측
어	리	요	느	다	우	려	돌	들	동	발	춤	돌	어	동	결	범	문
리	끔	느	이	달	동	컴	파	돌	을	부	체	필	도	문	질	러	이
솔	끔	바	돌	고	굽	도	법	느	문	노	카	바	다	이	한	바	작
남	편	풍	질	은	질	문	질	주	선	카	다	체	파	장	미	문	은
굴	동	물	다	들	적	들	컴	람	찍	박	어	돌	짓	질	친	가	범
결	트	풍	다	끔	날	견	너	시	견	질	용	질	너	필	의	사	법
을	셀	동	러	쌀	퓨	위	공	굽	계	질	너	발	다	출	현	대	컴
전	필	차	량	고	속	도	로	추	맞	위	너	발	부	문	장	용	춤
제	한	로	사	전	이	노	은	코	뿔	소	트	부	문	정	수	끔	을	한
적	바	견	달	은	을	을	바	을	한	과	정	수	끔	말	춤	질	자	거	절
의	요	어	자	원	법	위	동	루	동	거	말	춤	질	자	거	한
가	시	적	환	쌀	이	부	늘	부	감	의	한	위	풍	굽	요	절

Puzzle 191

노	퓨	문	인	체	을	의	들	그	바	장	응	답	이	쌀	동	동
위	달	를	터	바	굽	국	퓨	감	리	셀	문	견	트	동	발	행
주	루	문	럽	올	가	미	요	필	한	견	돌	부	의	끰	질	퓨
람	을	스	트	크	동		늘	표	감	문	요	시	변	수	행	올
조	심	트	느	돌	다	법	의	운	쌀	은	북	느	험	은	자	한
면	사	동	바	들	질	표	끰	굽	문	발	날	입	돌	요	를	느
칠	동	집	고	용	생	한	다	이	크	트	자	올	학	쌀	집	낏
앞	치	마	말	견	파	일	쌀	위	부	주	늘	범	범	쌀	질	낏
도	공	문	느	적	풍	타	을	발	자	에	북	주	거	한	견	물
집	솔	한	춤	솔	문	스	한	적	필	늘	솔	컴	동	동	굽	찍
질	을	노	날	전	쌀	뉴	다	고	이	확	신	를	부	한	돌	엔
를	문	동	트	카	바	돌	범	감	짓	맞	부	바	느	돌	고	진
위	돌	에	공	쌀	문	풍	찍	질	도	로	이	늘	부	셀	발	이
날	쌀	느	운	쌀	문	굴	춤	로	느	발	음	을	편	집	수	건
범	고	맞	동	트	추	셀	돌	솔	을	다	찍	은	굴	굽	션	돌

생일을
올가미
발음을
스타일
수건
인터럽트
확신를
응답
쌀쌀한
편집
앞치마
그들의
변수
칠면조
엔진이
조심
입학
시험
뉴스
미국의

Puzzle 192

복도
정신적
즉시
일이
문화
갑자기
스웨터
기사는
겨울
회원
아버지의
부자를
향해
제로
임의의
감독
좋아
우유
선글라스
표준

정	신	적	짓	바	문	에	우	짓	트	굴	짓	느	공	러	춤	느
러	은	문	달	찍	늘	기	유	동	발	법	을	루	집	회	원	람
다	을	화	갑	자	기	체	사	터	카	쌀	풍	노	복	느	너	러
루	자	이	장	문	공	범	션	는	제	로	말	제	도	추	사	루
로	고	크	질	체	짓	날	감	발	로	바	은	다	젊	필	레	한
필	견	한	다	전	공	향	해	짓	문	끰	문	발	표	준	올	람
어	맞	쌀	크	문	을	문	범	끰	받	다	말	부	측	일	이	견
문	견	동	트	맞	한	요	행	한	다	용	젊	도	찍	자	노	이
감	적	달	요	좋	법	발	루	찍	한	동	동	람	대	이	에	을
측	의	지	버	아	즉	시	스	웨	터	느	문	션	을	쌀	날	문
바	을	추	행	감	절	퓨	라	공	질	터	을	올	자	추	어	터
체	감	겨	람	받	한	한	글	임	의	의	이	말	춤	부	를	이
이	셀	전	울	돌	질	부	선	파	쌀	자	퓨	위	동	자	늘	위
올	위	트	한	에	노	젊	동	이	한	위	트	동	감	를	거	에
장	집	이	짓	대	운	동	로	범	문	셀	을	바	돌	독	젊	은

Puzzle 193

용 자 를 견 승 은 프 동 전 말 부 한 전 견 행 끔 사
공 법 발 받 리 절 수 영 터 동 물 을 돌 바 체 문 사
다 요 날 적 의 농 늘 절 끔 에 용 집 터 동 솔 찍 장
루 이 행 발 문 축 느 법 고 람 위 장 범 동 람 다 달
동 레 로 자 람 말 셔 동 부 노 질 루 문 한 질 들 측
적 몬 책 가 방 셀 풍 레 출 행 생 한 받 한 굴 말 추
트 스 리 집 맞 장 카 솔 리 생 운 쌀 발 끔 체 날 넓
의 도 부 적 젊 위 결 퓨 행 한 운 쌀 발 끔 체 규 은
요 법 끔 을 스 쿠 터 이 현 감 제 발 행 람 찍 규 굽
법 행 은 동 래 자 시 셀 자 노 쌀 을 터 받 동 칙 감
부 들 을 필 클 끔 험 측 사 동 적 트 늘 법 적 질 요
트 집 을 원 고 셀 한 느 질 말 대 를 문 측 돌 절 바
이 벤 트 한 더 도 다 을 을 러 주 바 표 주 한 바 터
데 젊 표 주 션 전 문 부 에 은 질 늘 올 용 을 동 을
업 추 필 솔 굽 돌 은 한 을 트 자 트 이 필 제 질 퓨

출생
이벤트
넓은
업데이트
스쿠터
클래스
현자
수영
행복한
농축
원더
규칙
수프
책가방
자발적
승리의
그릇
시험한다
레몬
도전

Puzzle 194

발명
정비사
고슴도치
지느러미
파도
크게
관용
머리
초점
버터
내내
와이어
시금치
공기
불안정한
폭력
드라이브
토크
잠금
대신

말 을 결 을 셀 대 받 짓 춤 관 션 다 느 셀 바 전 맞
퓨 로 루 노 을 로 맞 질 버 용 셀 너 문 노 거 질 들
범 터 부 어 맞 측 받 주 견 터 루 를 공 어 찍 주 을
자 굽 문 거 거 정 지 제 표 발 명 문 기 제 발 대 로
굴 절 끔 물 젊 비 터 느 바 드 라 이 브 집 절 느 동
트 쌀 용 물 트 사 전 람 러 도 은 스 굽 을 쌀 체 올
도 집 다 대 신 한 컴 너 람 미 주 람 질 바 법 의 부
적 문 결 말 문 추 문 불 고 풍 카 동 공 춤 굽 게 토
와 바 컴 필 들 젊 문 안 장 집 용 끔 도 측 도 적 크
이 한 의 노 용 파 바 정 운 용 공 션 트 들 전 게 문
어 질 카 파 용 고 크 한 올 리 트 법 체 대 전 법 춤
발 용 굽 치 도 슴 고 의 발 돌 을 북 돌 을 행 바 에
트 다 은 금 잠 올 장 로 은 받 느 달 적 문 달 파 받
발 머 문 시 발 초 점 젊 제 을 루 굴 결 내 은 폭 력
카 리 퓨 위 어 짓 주 솔 로 파 를 거 맞 내 체 공 받

Puzzle 195

끔 한 결 너 셀 운 션 추 동 어 은 결 로 솔 터 느 동
날 흰 셀 컴 대 용 고 문 질 너 로 결 늘 쌀 을 도 추
공 견 색 낌 쌀 카 질 스 터 한 용 체 트 바 한 스 체
날 크 자 동 션 문 요 문 러 리 적 젊 배 쌀 한 한 위
굴 용 를 로 크 대 거 굽 체 의 젊 감 개 우 지 전 파
을 문 루 컴 위 덴 보 물 것 이 결 동 카 용 에 결 한
제 스 교 에 측 웨 섹 션 의 을 자 트 들 들 느 서 끔
질 다 육 킹 타 스 켈 레 톤 루 자 달 추 한 루 주 질
를 동 카 위 찍 결 늘 이 에 견 짓 퓨 구 동 보 고 서
러 찍 노 대 퓨 용 주 찍 고 다 동 낌 은 루 현 명 한
사 춤 부 질 로 자 이 감 은 결 젊 고 한 트 감 연 대
게 물 용 부 용 루 은 로 대 끔 늘 이 올 리 정 습 도
표 시 이 견 범 을 춤 부 부 의 약 햄 버 거 조 풍 제
늘 표 말 를 트 한 크 동 돌 의 어 트 문 루 달 문 전
에 람 이 측 용 자 체 질 풍 부 도 다 범 공 굽 크 문

스타킹
트리
추구
교육
햄버거
것이
조정
흰색
배우에서
보물
스켈레톤
현명한
약어
스웨덴
보고서
게시
지우개
정리
연습
섹션의

Puzzle 196

은행
당근
권한
건강
지배적
눈사람
레모네이드
위치
갤럽
비오는
굵게
말미잘
사실
설탕
야생
비타민
활성
겸손
캡처
오프너

러 물 로 람 루 동 민 타 비 노 은 문 루 낌 을 을 위
늘 공 견 사 실 들 추 너 프 오 주 행 거 전 말 견 이
고 은 결 눈 을 짓 터 추 한 스 는 굵 게 문 미 들 터
체 견 한 노 솔 을 갤 럽 낌 돌 자 도 한 견 잘 트 솔
절 용 전 레 리 동 션 용 고 레 쌀 주 늘 대 동 을 필
문 한 문 션 다 공 주 범 필 추 크 제 설 탕 레 고 은
어 주 끔 느 달 지 자 질 노 들 을 람 문 리 은 맞 늘
에 위 표 한 노 배 절 주 적 맞 다 당 근 를 절 추 춤
필 도 이 달 자 적 사 은 문 은 한 셀 노 동 동 느 질
말 발 느 쌀 문 북 굽 트 동 굴 야 올 자 북 도 도 추
장 을 러 을 자 캡 처 춤 션 체 위 생 자 느 한 돌 트
레 모 네 이 드 올 맞 권 트 를 치 동 제 감 견 바 동
말 굴 을 로 터 사 장 한 행 받 용 행 추 질 발 솔 제
운 법 전 거 솔 낌 트 이 동 올 고 활 로 겸 손 물 크
운 행 감 굽 동 바 고 말 리 적 용 성 루 건 강 을 늘

Puzzle 197

피 해 자 보 기 을 표 끔 사 레 짓 레 바 루 를 문 은
필 풍 느 공 적 보 동 다 질 람 과 를 션 카 크 바 동
크 견 은 격 주 장 동 발 람 카 학 다 늘 이 동 이 굴
을 요 들 리 행 측 부 필 굽 하 자 장 문 결 션 은 동
한 스 짓 은 체 이 을 이 주 문 이 색 쌀 질 이 풍 찍
결 잔 디 바 말 어 춤 터 바 부 촌 라 문 동 도 람 컴
헤 말 어 바 레 의 법 로 고 절 삼 보 이 감 도 은 이
이 로 주 전 도 용 끔 바 리 은 제 법 이 트 로 찍 한
감 한 노 풍 끔 용 느 감 자 동 이 혼 자 동 어 셀 이
한 도 자 북 셀 굴 다 파 당 완 발 북 한 행 은 트 도
거 필 노 적 끔 주 문 바 나 화 용 날 리 풍 노 동 어
어 친 파 절 바 필 서 리 귀 자 들 고 한 동 끔 추 바
레 스 굴 주 늘 굴 법 모 양 을 거 발 을 체 한 트 퓨
도 러 람 동 느 질 굴 느 결 퓨 않 루 이 컴 표 낮 은
컴 한 문 물 자 트 바 을 행 절 로 는 스 타 일 의 북

낮은
서리
삼촌이
스타일의
동행
헤이
잔디
완화
공격
거친
하이라이트
바늘
피해자보기
모양을
않는
보라색
과학자
보장
당나귀
혼자

Puzzle 198

비서
샴푸
자신이
부어
아침
많이
모니터링
핑크
되돌리기
주저
평면의
검은
비교
대한
포함
차례
지출
두려움
테스트를
노력

노 레 다 은 물 범 주 터 을 을 트 북 은 위 너 의 필
북 고 적 용 필 러 고 주 주 저 부 리 어 문 은 부 받
체 운 어 스 체 루 감 도 이 질 끔 장 거 집 찍 이 요
되 돌 리 기 바 질 집 행 받 맞 범 로 북 노 리 질 이
감 지 출 한 부 느 대 춤 대 적 돌 사 한 력 트 비 용
용 한 공 동 바 어 부 견 문 은 제 견 부 발 말 서 장
모 발 측 범 로 터 장 측 전 거 문 북 로 굽 바 위 트
동 니 샴 푸 컴 동 주 자 질 바 너 자 평 굴 루 의 장
셀 물 터 말 제 카 공 고 리 퓨 부 신 면 사 검 행 다
카 위 범 링 두 려 움 테 스 트 를 이 의 문 은 들 퓨
발 레 크 바 돌 차 례 은 은 공 자 많 포 한 핑 트 법
비 교 들 표 로 션 굴 고 너 젊 결 로 함 체 도 크 질
루 거 들 굽 트 어 굽 끔 바 터 요 운 측 결 동 아 침
다 범 대 을 을 로 의 끔 에 로 장 자 요 람 을 침 용
결 돌 한 너 짓 범 젊 말 절 람 동 의 바 을 늘 끔 을

Puzzle 199

들	침	카	날	고	한	절	션	발	다	운	너	도	의	용	을	운
자	결	입	치	약	한	한	한	짓	들	전	조	바	맞	루	들	동
북	람	도	느	러	측	절	카	사	솔	찍	맞	류	견	절	물	동
레	전	끔	은	적	문	은	파	리	자	느	을	을	표	크	요	일
감	결	추	늘	러	고	트	션	한	들	범	결	젊	은	춤	끔	결
같	결	혼	식	긴	장	된	결	한	에	을	문	부	전	로	러	컴
아	리	스	다	우	박	찍	카	사	자	노	을	트	굽	결	견	들
요	빨	리	을	이	를	지	잊	짓	동	조	문	다	트	도	문	물
집	문	받	셀	견	노	루	굽	올	날	직	물	감	풍	설	탕	에
다	채	로	운	한	트	동	문	동	스	추	용	다	결	카	트	외
자	녀	표	범	바	감	사	컴	날	다	북	솔	한	솔	스	쌀	카
다	극	올	결	달	에	날	추	퓨	문	바	주	어	다	자	행	물
추	적	추	요	범	측	풍	견	바	쌀	셀	낌	다	울	용	들	발
날	인	크	결	한	용	솔	부	긴	리	제	낌	집	새	자	동	은
젊	용	짓	을	법	이	을	리	파	장	도	법	터	문	러	굽	견

극적인
조류
침입
울새
지루
파리
빨리
치약
잊지
표범
외에
설탕에
긴장된
긴장
우박
같아요
동일
결혼식
조직
다채로운

Puzzle 200

을	한	견	짓	에	은	고	구	의	견	물	날	동	달	감	견	퓨
주	스	트	립	터	용	공	울	열	를	를	느	늘	질	집	퓨	측
주	대	이	은	한	너	로	을	이	이	굴	자	두	주	리	범	질
태	양	문	트	물	로	위	질	의	을	다	로	로	문	문	솔	레
동	북	트	결	스	자	짓	동	적	루	동	한	너	운	풍	다	운
문	도	낌	지	상	로	발	필	찍	느	보	고	서	는	을	공	부
스	체	받	카	돌	이	올	파	을	지	전	운	굽	동	법	바	스
느	짓	행	문	받	한	답	표	은	리	점	을	파	리	자	굴	측
바	젊	주	대	오	필	변	느	한	브	풍	러	날	운	문	한	문
한	적	주	문	을	징	람	문	적	감	장	견	람	받	을	느	캥
리	풀	을	참	가	자	어	문	발	바	의	카	레	다	북	오	거
올	리	격	한	블	리	드	집	사	추	표	다	물	행	집	리	루
필	주	자	파	을	동	적	거	트	제	스	짓	대	발	정	람	바
간	호	사	에	발	달	컴	로	문	늘	바	위	끔	남	부	확	성
카	풍	느	물	바	람	노	거	로	질	문	용	문	쌀	레	풍	성

답변
풀을
브리지
보고서는
캥거루
구울
열이
참가자
스트립
정확성
지점
블리드
지상
자두
오리
태양
오징어
자격을
남부
간호사

Puzzle 201

춤 크 쌀 바 문 문 올 위 레 석 들 집 한 느 트 션 어
너 이 트 정 물 짓 끔 로 두 탄 표 위 비 정 확 히 션
리 다 의 풍 지 말 결 다 려 부 레 동 전 크 을 은 주
적 질 증 공 주 한 대 제 워 결 굽 위 돌 주 공 은 추
질 부 가 바 파 카 을 질 거 올 의 에 도 거 대 장 추
한 측 자 을 공 찍 춤 용 바 굴 람 자 돌 위 바 쌀 로
너 춤 쌀 필 기 대 해 견 를 다 사 트 을 부 노 트 바
절 문 대 션 본 문 집 용 동 터 냥 행 을 바 게 으 른
견 파 동 션 동 표 에 크 부 위 자 문 레 굽 걸 감 쌀
레 동 낌 을 필 션 한 을 트 터 법 낌 범 을 핏 어 늘
질 풍 올 솔 도 도 문 솔 동 감 절 셀 부 견 하 춤 쌀
트 션 용 운 범 공 비 정 올 법 끔 들 올 문 면 소 약
에 거 동 노 트 북 격 를 문 트 감 문 도 행 대 녀 물
주 말 견 에 법 대 발 적 트 남 아 는 받 레 날 가 로
도 이 필 느 어 질 끔 트 전 도 한 풍 셀 표 짓 찍 체

대해
남아는
두려워
기본
제거
공격적
게으른
걸핏하면
증가
사람의
정지
정확히
사냥
노트북
정비공
비전
소녀가
약물
거대
석탄

Puzzle 202

거북이
물린
장애
회사
상점
경제
스크럽
의무
개선
바닥
괜찮아도
셔츠
얼굴
색상이
우스운
모래
동전
노래
여전히

우 스 운 말 감 감 문 개 선 한 문 얼 솔 말 동 컴 들
문 용 다 의 터 굴 도 장 애 자 퓨 리 굴 집 전 은 부
파 사 부 터 한 쌀 바 애 을 운 주 북 의 트 쌀 의 이
어 솔 주 문 바 바 느 측 모 한 범 공 쌀 트 맞 젊 운 자
도 거 공 트 동 바 이 한 래 장 부 적 발 젊 사 행 집 발 어
춤 을 문 들 질 쌀 자 리 노 이 맞 트 은 날 동 젊 질 추 쌀
은 색 공 느 용 적 을 션 루 파 추 은 날 한 집 추 은 히
점 상 노 거 북 이 물 린 표 대 사 발 의 바 에 은 전 다
견 이 한 바 제 을 표 문 돌 느 동 집 스 무 여 전 루
풍 트 트 주 어 느 괜 발 한 노 로 필 동 크 한 주 추
문 스 루 올 바 거 찮 공 느 고 주 람 풍 다 럽 한 바 말
거 감 루 솔 문 질 아 날 를 결 바 셔 츠 돌 부 동 바 다 공
동 감 감 한 러 날 도 짓 느 법 은 츠 위 요 발 질
한 한 올 자 짓 체 경 한 주 전 루 측 받 을 회 주 풍
루 들 다 스 말 노 제 한 을 에 대 올 사 물 사 주 풍

Puzzle 203

스 문 너 자 절 돌 대 을 자 느 은 자 표 컴 바 굴 체
운 느 이 매 의 문 용 발 바 션 물 위 문 로 이 자 젊
이 돌 달 우 쌀 도 다 컴 느 부 도 은 로 부 의 행 요
바 익 메 이 크 업 발 리 노 트 체 을 트 용 체 리 추
범 람 레 추 부 바 주 날 바 한 에 적 달 다 스 낌 바
바 가 족 에 게 회 사 인 을 질 에 바 물 을 부 찍 한
박 국 로 에 결 동 카 상 전 문 문 로 제 졸 하 굽 돌
부 탈 바 문 람 크 파 부 한 다 트 노 들 업 마 운 을
모 동 이 주 제 동 위 션 문 추 용 공 러 바 동 람 너
파 전 동 문 트 받 문 고 들 로 를 은 도 루 끔 을 바
자 전 거 날 트 질 법 지 바 올 자 질 춤 공 바 운 주
바 을 끔 영 향 을 기 가 은 어 셀 적 션 필 션 루 체
의 은 을 솔 한 방 각 르 범 쩌 춤 고 바 을 파 받 쌀
붕 괴 에 서 추 풍 트 치 올 면 질 집 행 견 돌 문 요
용 측 쌀 토 끼 짓 바 는 어 춤 을 터 범 끔 주 맞 리

메이크업
매우
영향을
부모
가지고
토끼
하마
졸업
이익
자전거
국가
인상
어쩌면
가족에게
박탈이
붕괴에서
가르치는
기각
방향
회사

Puzzle 204

예외
심각한
제공
책장
동쪽
카나리아
무대
독립
동안
농장
소유자
자동
친구
귀중한
동물은
안아
올가미
활성
다채로운
같아요

다 바 올 가 미 한 주 컴 느 요 위 제 용 크 대 고 션
채 파 한 문 발 맞 은 주 안 아 운 자 쌀 추 람 맞 추 스
로 션 거 측 체 다 낌 카 셀 같 러 범 의 느 위 춤 받
운 굽 로 을 돌 달 도 나 춤 도 전 적 한 짓 트 찍 바 다
감 용 러 날 적 너 대 리 범 범 대 주 말 물 을 이 범 질
자 한 동 문 무 발 소 아 찍 독 립 람 동 부 동 람 도 션
문 풍 발 도 풍 대 컴 유 쪽 동 자 사 동 동 람 도 고
러 끔 발 동 트 셀 터 로 자 안 퓨 크 짓 문 법 결 노 로
루 거 제 공 짓 셀 결 활 에 부 주 날 제 느 결 스 표 자
션 을 람 솔 결 느 리 성 문 트 한 굽 로 스 표 도 날
션 질 체 행 사 이 위 행 바 한 스 한 대 도 자 컴 맞
주 질 감 람 션 주 낌 문 견 터 을 동 끔 을 풍 컴 셀 표
을 심 각 한 중 귀 측 자 동 자 트 퓨 견 에 느 셀 을
질 한 풍 농 절 용 올 크 물 위 에 발 컴 의 퓨 감
표 행 느 느 장 책 친 구 은 이 러 션 이 러 이 다 필

Puzzle 205

동	늘	션	운	아	내	퓨	질	견	끔	짓	리	한	파	람	물	끔
요	집	물	쌀	요	노	표	부	은	집	필	부	스	짓	자	파	트
루	레	을	람	감	위	고	자	너	노	문	크	부	느	입	력	너
문	표	텐	트	위	험	하	게	공	다	정	중	도	셀	측	파	끔
은	사	말	노	동	파	구	용	질	사	결	로	션	도	굽	문	발
체	끔	측	자	도	스	불	한	크	은	감	로	말	발	바	제	질
장	이	고	춤	다	체	쌀	파	을	은	제	파	한	람	감	션	을
부	솔	용	한	행	손	실	괴	통	치	는	운	쌀	을	버	행	굽
도	크	도	노	범	을	북	주	노	에	범	맞	춤	법	드	리	션
를	올	트	무	게	부	사	이	을	용	원	이	다	필	용	끔	짓
도	파	찍	짓	문	측	러	수	필	어	을	은	바	한	물	결	부
이	셀	사	비	루	부	한	위	행	보	크	자	적	용	한	카	굽
은	레	행	누	짓	자	발	바	손	다	주	필	낌	사	주	문	루
물	은	컴	카	로	부	터	스	실	동	동	추	이	바	이	북	자
터	자	측	감	파	이	날	컴	을	굽	부	질	행	부	트	바	문

부러
용어보다
리드
아내
맞춤법
비누
버드
결정
위험하게
불구하고
손실
수행
파괴
손실을
입력
통치는
정중
무게
웜은
텐트

Puzzle 206

촛불
주소
차가워
캠페인
초원
전략
소원없이
칫솔
스키
성공
많은
상대
위업
크리스마스
게임
라인
빨간색을
엔진이
침입
노래

동	춤	동	돌	카	리	풍	람	칫	소	주	퓨	북	발	날	체	은
빨	간	색	을	침	짓	감	주	솔	원	초	한	어	문	터	람	적
동	쌀	표	발	주	입	발	을	물	없	전	발	범	사	트	도	러
발	게	임	전	풍	파	을	의	북	이	을	차	가	워	사	질	바
바	파	집	리	맞	이	이	주	다	진	주	찍	도	캠	페	인	라
퓨	용	너	동	굴	이	크	동	이	엔	고	을	솔	맞	자	상	부
공	달	절	굽	다	감	리	자	주	을	돌	위	트	성	솔	대	주
도	스	쌀	도	많	키	스	바	촛	리	은	업	전	공	젊	스	북
부	발	쌀	의	로	은	마	달	달	불	절	동	주	러	트	굽	요
부	범	북	짓	전	략	스	감	늘	로	한	노	굽	대	부	트	날
집	느	주	트	을	질	도	은	추	운	장	래	을	측	람	낌	쌀
다	짓	질	이	느	이	바	느	바	거	트	받	부	의	춤	레	느
받	람	발	낌	맞	거	카	쌀	을	한	스	을	날	필	부	을	컴
발	파	대	이	감	쌀	대	한	운	행	을	절	의	측	발	필	느
대	올	문	굽	쌀	다	필	요	로	노	받	스	너	을	어	셀	발

Puzzle 207

러	용	바	주	춤	체	찍	맞	은	블	터	받	도	옵	션	너	거
한	법	가	름	셀	터	맞	을	컴	라	알	고	있	는	오	징	어
용	로	위	용	행	한	경	용	를	우	바	바	세	공	크	조	직
거	느	답	들	의	을	계	은	자	스	제	풍	도	탁	체	리	춤
동	결	변	동	쌀	은	맞	이	트	쌀	용	도	레	올	날	순	
측	솔	은	발	은	파	도	바	운	션	행	측	쌀	느	쌀	표	순
은	질	결	부	부	장	다	필	은	한	위	부	명	로	도	시	환
솔	고	집	공	부	로	카	로	끔	한	맞	행	예	로	추	공	견
자	북	측	셀	리	트	요	을	용	이	파	끔	롭	지	추	받	람
퓨	올	느	주	퓨	노	측	문	느	너	견	컴	게	받	능	용	트
들	말	전	거	날	느	의	사	적	느	돌	파	쌀	끔	질	형	표
전	이	용	인	치	가	물	위	에	노	부	한	로	너	용	적	루
집	끔	절	터	책	범	달	한	터	집	을	거	느	추	추	표	문
다	말	올	부	춤	임	편	집	쌀	카	공	춤	다	음	에	질	맞
에	을	의	쌀	에	날	한	카	춤	이	전	감	끔	풍	질	맞	문

가위
책임
알고있는
주름
다음에
지능형
도시
옵션
인치가
동결
세탁
명예롭게
블라우스
행위
경계
순환
편집
조직
오징어
답변

Puzzle 208

숨기기
전송
넣어
젊은
모텔
순서
전기
통지
매력적인
치즈
포인트
오일
겁쟁이
대학
마커
소스
치료
공기
설탕
차례

겁	로	도	맞	동	문	자	넣	주	측	포	인	트	차	솔	바	터
쟁	부	동	컴	한	은	감	도	어	풍	느	적	노	레	견	범	리
이	짓	돌	주	느	결	다	주	자	주	자	력	트	말	표	적	찍
은	풍	이	너	날	받	크	바	범	젊	춤	매	올	컴	찍	젊	주
발	에	달	느	발	물	젊	도	절	솔	은	쌀	의	문	표	은	전
소	스	자	북	운	트	를	적	을	풍	퓨	이	설	용	달	고	루
료	통	지	다	이	용	모	절	자	도	을	자	탕	주	바	솔	젊
치	전	은	짓	트	절	파	용	터	젊	오	장	위	받	이	한	날
즈	기	람	거	순	리	한	자	용	이	일	적	측	말	사	람	주
를	바	집	은	쌀	서	돌	스	위	을	전	전	동	공	트	은	도
장	행	용	거	리	을	어	대	학	굽	바	송	발	람	문	달	운
감	바	크	측	풍	굽	문	끔	굽	파	측	바	바	춤	다	솔	을
대	터	숨	너	법	감	마	질	문	자	받	측	운	달	측	북	필
바	다	기	위	부	쌀	커	을	느	용	추	공	기	집	젊	견	발
의	너	기	적	카	동	문	너	낌	범	제	올	루	굽	노	위	퓨

Puzzle 209

```
은 많 자 풍 차 마 날 달 외 절 어 낌 각 솔 돌 느 스
컴 은 훌 체 크 지 한 문 침 트 한 트 종 결 물 용 느
다 지 춤 룽 북 막 대 자 을 퓨 낌 끔 문 맞 한
발 도 은 들 함 으 도 컴 고 바 문 동 거 범 쌀 도 노 대
트 법 을 대 물 로 끔 발 한 굽 한 를 체 리 주 들 대 셀
부 낌 을 올 쌀 도 굽 선 체 고 쌀 범 퓨 운 추 쌀 셀
느 사 컴 바 주 요 부 은 사 추 받 춤 발 감 질 문 솔
실 버 대 주 한 도 셀 은 다 한 하 우 스 는 의 받 스
고 풍 바 이 한 찍 주 러 문 거 춤 한 을 고 러 어 전
문 소 헤 동 크 주 리 을 주 의 들 표 강 아 지 를 원 도
트 녀 이 을 문 셀 바 션 쌀 의 끔 춤 우 려 한 고 도
동 측 리 을 셀 올 질 바 발 감 세 제 목 말 느 바 어
말 젊 감 이 점 은 이 달 어 찍 날 기 발 들 장 맞 을
날 을 사 법 운 를 다 바 사 짓 요 주 위 동 용 자 젊
끔 어 올 문 션 부 되 돌 리 기 표 동 위 좋 은 레 원
```

훌륭함
실버
전원
외침을
거의
제목
마지막으로
소녀
세기
좋은
각종
이점
하우스는
많은지도
강아지를
마차
자원
우려
헤이
되돌리기

Puzzle 210

무역
호수
평면
저장
지난
최초의
수요일
의존
수집
임대
커뮤니티
에이전트
유치가
항목을
신사
탐색을
점유율
책가방
원더
피해자보기

```
에 이 전 트 감 이 느 부 늘 루 발 바 러 문 고 감 를
용 터 바 점 늘 문 문 카 한 자 부 젊 다 임 대 유 자
피 용 굴 유 커 뮤 니 티 신 사 굴 감 솔 거 일 치 문
바 해 찍 율 리 사 굽 루 동 한 거 느 한 트 요 가 부
낌 범 자 은 도 레 쌀 돌 을 춤 춤 장 리 물 수 집 퓨
굴 이 한 보 솔 낌 적 문 을 굽 용 은 로 고 부 문 자
말 대 낌 은 기 솔 평 발 이 필 돌 동 범 션 노 리 책
다 자 자 리 션 느 면 감 을 춤 동 루 람 트 느 용 가
리 위 쌀 문 에 카 북 어 파 은 바 거 은 제 문 굴 방
원 더 고 추 대 솔 느 추 감 자 션 을 한 리 의 저 장
자 바 돌 은 짓 측 달 적 용 동 용 문 장 무 탐 지 법
이 호 수 은 절 발 리 감 항 의 필 을 존 역 색 대 난
에 쌀 에 을 요 받 북 자 한 목 최 초 의 집 을 적 바
공 퓨 감 파 를 루 운 맞 말 돌 을 사 낌 자 범 를 로
파 루 올 크 트 이 요 문 제 운 도 운 용 트 절 끔 전
```

Puzzle 211

고	제	낌	찍	굽	물	어	이	파	뱀	패	용	바	어	스	로	필
트	문	버	범	용	행	요	합	도	도	턴	컴	크	들	동	맞	운
찍	주	터	자	맞	도	동	조	태	문	을	솔	견	블	록	질	범
동	솔	다	퓨	루	체	람	들	이	문	카	견	한	록	위	돌	로
솔	굴	은	은	루	바	경	기	장	스	부	트	리	위	굽	늘	노
은	필	쌀	느	부	주	도	노	자	집	계	대	파	호	느	쌀	측
문	재	젊	문	행	제	올	짓	레	문	피	굴	문	랑	토	끼	가
견	날	고	바	퓨	물	질	의	들	크	러	한	수	이	동	바	운
에	풍	퓨	로	문	발	받	멸	종	필	동	컴	석	람	짓	측	러
춤	올	달	노	범	리	트	도	부	을	을	체	을	춤	짓	솔	물
늘	카	달	추	너	위	을	보	용	바	을	이	시	크	다	맞	받
돌	에	북	을	레	맞	로	느	션	트	람	한	을	리	자	받	위
주	위	북	집	전	절	문	다	학	생	렁	절	자	한	즈	제	말
물	용	러	은	셀	위	달	이	공	트	발	크	동	감	낌	를	행
주	풍	자	이	물	동	한	해	용	션	집	을	에	퓨	파	위	동

뱀파이어
멸종
트렁크
시리즈를
토끼가
재고
계피
패턴
조합이
태도
학생
도보
수석
블록
경기장
물질의
호랑이
이해
버터
파도

Puzzle 212

천국
불규칙
염소
좋은안녕
상승
결론
낙타
재킷
개미
물개
웃었다
괜찮
검사
얻을
분석
결코
그룹
선택은
외로운
거대

문	도	적	다	재	사	공	도	표	늘	부	들	사	문	춤	부	견
천	외	로	운	킷	동	요	날	풍	트	추	을	행	범	표	측	주
국	이	도	검	너	위	절	너	한	다	질	고	의	느	에	동	트
괜	찮	절	북	사	용	션	루	트	부	용	돌	질	젊	적	로	제
셀	컴	터	을	솔	션	견	주	크	한	운	루	은	문	자	추	행
공	행	상	승	러	을	돌	체	이	불	어	맞	솔	결	늘	찍	적
장	주	말	러	낙	타	선	분	석	규	날	코	발	에	요	체	대
요	을	이	꼼	올	그	택	한	춤	칙	트	결	바	집	체	셀	적
은	대	발	물	도	룹	은	크	은	셀	은	론	문	은	도	물	장
문	굽	행	의	트	러	돌	을	에	이	집	한	법	물	운	을	션
쌀	을	거	대	이	질	도	풍	문	좋	을	풍	너	찍	사	굴	을
리	느	은	장	한	공	받	스	돌	은	문	올	컴	법	개	행	필
문	짓	물	질	자	한	을	동	을	안	느	굽	법	사	미	느	고
을	웃	었	다	춤	올	를	짓	염	녕	부	스	물	동	미	질	필
감	러	파	이	트	크	트	집	이	소	카	공	개	루	짓	질	필

Puzzle 213

날 받 문 바 한 동 은 션 돌 북 말 풍 파 사 느 주 질
날 솔 굴 춤 을 절 도 문 부 문 퓨 을 러 운 건 대 리
션 사 쌀 파 문 느 행 카 받 올 타 다 질 선 언 말 날
다 다 용 트 이 들 물 결 사 문 원 젊 감 은 크 다 적
측 부 법 너 비 해 거 먼 지 결 형 체 컴 거 을 너 션
다 느 끔 파 트 바 에 춤 법 체 자 쌀 질 질 공 을 질
엄 청 난 티 을 무 기 서 부 사 솔 달 풍 필 느 은 도
터 돌 견 범 늘 적 쌀 자 체 부 이 물 문 필 느 쌀 주
진 행 을 위 로 튤 립 스 맞 다 용 오 히 려 견 트 이
스 툴 말 는 람 루 주 바 문 제 가 바 꿈 람 문 카 받
트 표 한 부 올 행 쌀 끔 필 젊 동 선 주 범 션 러 람
북 러 춤 추 다 늘 문 운 루 표 카 조 질 짓 트 올 문
복 짓 러 트 결 말 미 잘 견 맞 물 정 션 다 질 느 요
문 잡 주 말 리 도 법 발 느 문 로 스 을 인 를 유 사
동 이 한 감 견 어 적 동 용 바 문 자 주 정 트 지 에

파트너파티
사건
비트
선언
범위는
인정
복잡한
스툴
무기
문제가
타원형
튤립
이해에서
오히려
먼지
진행을
유지
엄청난
조정
말미잘

Puzzle 214

키가
예뻐를
지속
고추를
담비
피하기
충분한
운동의
거부
차이가
평균
스테이
구름
에이전트가
경보
웨이크
가격
멸망은
치약
모래

한 전 파 문 법 퓨 장 범 키 춤 받 추 멸 범 문 차 피
거 부 끔 크 모 루 추 은 가 트 담 이 망 표 전 이 하
행 젊 트 을 래 발 문 발 은 트 비 날 은 한 격 가 기
쌀 거 한 솔 이 적 필 충 분 한 을 어 이 를 발 크 문
한 도 감 법 이 람 컴 사 도 한 용 질 스 발 셀 은 한
물 장 부 위 레 느 다 질 운 질 들 대 한 운 셀 추 장
필 셀 공 주 로 절 레 다 에 용 문 다 동 동 웨 이 크
너 터 제 굴 터 다 주 느 이 이 을 말 퓨 의 견 테 터
예 뻐 를 집 도 말 트 문 에 사 전 를 느 한 퓨 스 주
고 추 를 지 노 바 요 물 풍 부 바 트 도 람 한 자 스
경 트 풍 동 속 끔 러 구 늘 견 부 컴 가 말 쌀 을 이
보 발 주 트 한 제 트 짓 름 평 물 짓 견 짓 을 너 젊
를 트 카 션 느 부 제 올 부 균 치 꿈 요 찍 동 결 찍
견 바 한 늘 행 날 절 로 꿈 어 약 은 질 표 트 날 을
풍 절 바 거 쌀 동 부 측 한 늘 발 크 이 집 말 필 트

Puzzle 215

```
돌 문 전 굽 경 한 도 부 집 끔 컴 놀 서 거 컴 모 끔
말 찍 복 에 향 말 맞 족 부 동 절 문 라 올 바 양 스
제 말 용 문 이 을 찍 한 강 건 한 달 따 운 들 을 전
임 을 다 집 요 컴 범 끔 한 리 도 레 너 요 시 도 를
자 의 로 측 동 지 배 적 결 에 달 갈 레 달 결 돌 을
동 동 의 어 레 이 의 발 문 솔 를 동 위 트 동 질 짓
람 의 장 표 한 질 요 사 크 느 바 부 동 굽 투 결 물
느 파 수 한 혼 파 대 거 대 바 을 절 노 견 명 셀 동
은 바 로 동 들 추 요 노 셀 질 도 동 스 말 젊 셀 다
트 퓨 위 을 었 로 믹 스 결 문 주 부 적 표 측 질 절
바 을 를 견 다 춤 클 리 어 벨 자 전 거 문 다 터 을
짓 에 점 표 날 북 쌀 감 늘 용 퓨 끔 장 사 돌 굴 부
문 바 심 면 션 제 풍 결 절 자 은 바 은 거 받 로 쌀
다 다 사 자 추 퓨 결 굽 굽 돌 바 늘 을 끔 도 들 크
공 러 행 이 고 공 짓 표 질 한 춤 질 쌀 노 용 를 트
```

따라서
건강한
점심
달걀
도용
믹스
복용
놀라운
투명
부족한
시도를
표면
벨자전거
경향이
클리어
흔들었다
수동
임의의
지배적
모양을

Puzzle 216

디자인
지방
하키
선호하는
스폰지
최근
특별한
동반자
유지할
결정하는
우드
햇빛
퍼핀
견디다
성공적인
농축
불안정한
은행
파리
상점

```
로 트 장 트 법 도 전 질 루 한 셀 느 맞 올 찍 로 느
범 부 문 동 유 부 션 루 맞 바 로 적 우 달 발 끔 문
너 로 을 춤 션 지 한 풍 법 트 느 용 드 자 션 달 부
법 스 로 루 위 햇 할 쌀 로 끔 돌 한 이 끔 행 질 위
터 트 한 다 카 빛 을 대 리 로 풍 한 스 한 결 위 북
의 필 람 맞 거 동 끔 바 행 문 이 부 측 너 고 고 자
표 농 느 자 북 다 동 은 한 은 행 션 문 들 리 를 발
제 축 동 들 동 용 날 용 스 측 너 굴 부 물 굽 찍 쌀
행 느 행 동 를 한 바 크 폰 특 별 한 다 바 끔 질 돌
감 대 문 은 한 발 자 최 지 노 돌 이 로 컴 로 노 견
요 굴 키 행 말 한 바 파 근 상 디 파 제 퓨 용 쌀 디
선 호 하 는 하 짓 안 굽 굽 견 장 지 반 동 적 공 다
동 퍼 핀 행 짓 안 풍 불 용 컴 다 에 인 감 람 쌀 문
날 범 을 이 풍 불 용 한 어 말 셀 도 리 질 은 문 문
질 용 퓨 은 필 행 을 한 어 말 셀 도 리 질 은 문 문
```

Puzzle 217

라 운 드 를 다 질 받 견 의 용 들 도 측 설 공 법 주
에 바 퓨 의 굴 받 추 레 레 레 질 트 동 정 바 느 트
도 질 을 물 질 법 찍 물 셀 날 필 필 범 은 자 바 동
퓨 트 북 위 춤 굴 션 체 문 루 절 은 린 짓 돌 하 셀
배 를 범 문 은 짓 절 자 레 끔 은 린 짓 돌 하 셀 발
필 우 위 젊 사 위 행 찍 맞 표 발 을 한 장 행 드 날
바 물 에 라 로 물 벽 화 영 자 용 짓 젊 러 행 을
적 감 범 서 한 날 발 끔 한 양 고 셀 의 문 트 달 체
받 트 주 돌 쌀 러 을 스 어 분 시 험 한 다 질 춤 범
표 로 용 굽 주 젊 문 바 문 을 올 러 북 문 집 한 을
극 단 적 으 로 도 질 고 사 퓨 증 물 물 문 표 대 달
동 휴 짓 트 대 솔 동 스 러 동 명 질 운 측 다 결 날
짓 일 끔 받 한 장 카 데 웨 늘 을 굽 초 등 학 교 확
집 받 고 를 찍 을 정 이 문 터 혼 동 을 끔 한 이 실
퓨 문 레 측 견 요 말 지 마 이 그 레 이 션 석 탄 표

하드
초등학교
사라
영양분을
증명
벽화
휴일
데이지
라운드
혼동
마이그레이션
설정
확실
극단적으로
정말
스웨터
시험한다
배우에서
석탄
물린

Puzzle 218

실행
가장자리
아웃
손가락
정원
금요일
국제
연못벽
용서
앉아
부적절한
볼트
단계를
의자
진술
휴식
센터
침실
가시적
앞치마

주 침 너 들 운 이 감 젊 표 부 컴 너 체 거 위 터 바
결 실 물 날 다 집 을 문 동 다 적 측 집 날 스 동 동
도 이 동 물 에 휴 이 문 날 바 풍 절 쌀 어 너 부 행
말 견 장 꿈 의 식 체 용 위 젊 용 도 한 을 셀 자 맞
달 한 의 카 도 이 물 바 대 추 러 셀 위 법 이 도 레
컴 물 컴 필 아 앉 단 계 를 끔 대 결 바 자 풍 이 은
너 연 들 이 웃 요 트 람 법 컴 이 노 장 맞 이 용 돌
들 찍 못 을 이 바 쌀 춤 용 금 질 문 달 대 올 짓 너
추 측 진 벽 을 들 퓨 돌 들 요 에 을 체 리 어 질 적
바 느 날 술 굴 요 한 동 트 로 볼 용 의 자 실 행 대
장 국 제 고 정 원 발 트 로 볼 용 은 너 장 을 부 질
측 도 로 표 측 위 컴 가 이 한 젊 솔 리 션 을 레 동
체 사 돌 거 위 자 사 락 다 전 발 가 시 적 주 을 쌀
동 스 자 션 동 트 를 바 에 전 한 컴 리 앞 치 마 한

Puzzle 219

서	쌀	사	파	들	북	문	적	질	표	를	사	굼	대	추	은	쌀
리	짓	감	적	람	젊	행	용	용	너	한	자	질	셀	카	위	올
사	용	이	공	루	을	절	늑	대	지	출	위	다	문	말	람	적
결	은	등	날	어	측	를	퓨	자	한	모	문	파	거	범	결	문
람	한	점	발	바	을	표	필	도	를	두	쌀	파	트	동	한	을
트	체	점	운	카	루	발	낌	거	북	운	노	범	컴	위	법	부
에	한	절	이	세	날	스	자	어	달	맞	필	충	돌	맞	치	이
질	느	스	로	로	이	은	찍	제	맞	트	춤	집	풍	파	부	파
카	올	퓨	체	예	측	람	고	루	낌	주	문	러	루	추	수	컴
제	느	이	뒤	제	노	명	쌀	션	이	션	어	부	느	문	많	바
범	운	거	에	문	적	병	시	동	동	완	맞	컴	다	범	은	거
동	한	어	결	의	물	아	꿈	의	트	화	질	날	리	쌀	로	말
용	쌀	발	범	셀	행	리	을	표	퓨	표	한	맞	은	발	복	를
열	용	도	카	문	셀	바	한	카	법	쌀	집	절	쌀	한	잡	너
문	이	짓	춤	고	쌀	질	솔	문	북	운	절	을	행	동	발	루

늑대
명시
뒤에
충돌
병아리
점점
수많은
세로
복잡
예측
적용
사용이
꿈의두
모등이
위치
완화
서리
지출
열이

Puzzle 220

문	올	사	다	버	녹	색	플	동	람	한	한	달	주	이	북	굴
부	필	트	터	파	전	체	레	늘	질	측	질	돌	느	크	을	집
터	타	그	려	결	돌	표	이	정	동	을	솔	공	발	문	주	바
끔	한	격	느	정	적	션	신	보	속	옥	수	수	적	질	느	장
한	문	표	컴	신	부	레	자	운	도	바	느	트	쌀	달	다	퓨
파	맞	은	크	적	피	곤	한	부	장	끔	용	도	을	철	회	카
트	추	찍	을	거	거	절	동	트	문	올	질	찍	집	퓨	을	법
바	끔	문	제	행	풍	도	표	자	중	간	다	문	람	컴	동	절
절	굴	주	사	동	이	적	다	공	트	느	쌀	트	퓨	추	북	문
컴	은	로	대	운	굴	범	사	로	로	다	자	찍	동	주	람	레
느	리	바	도	발	러	절	행	사	추	범	셔	표	시	부	동	끔
고	슴	도	치	이	문	다	동	어	질	문	들	츠	농	부	올	노
올	물	퓨	크	러	전	찍	발	북	셀	달	파	션	맞	시	요	주
문	들	트	쌀	올	은	카	동	스	도	위	바	자	위	게	가	뭄
적	문	바	문	도	을	공	사	체	바	만	든	고	북	을	문	측

타격
시계
그려
속도
철회
표시
옥수수
버전
만든
녹색
정보
플레이
중간
피곤한
농부
가뭄
정신적
고슴도치
자신이
셔츠

Puzzle 221

바	날	퓨	션	짓	물	착	한	어	로	션	낌	통	들	용	도	전
람	용	다	카	문	인	정	받	을	범	은	결	증	카	로	이	범
한	대	가	까	운	트	체	바	사	리	곱	셈	이	들	발	쌀	에
엘	솔	한	느	범	다	들	쌀	굴	로	젊	주	토	크	해	결	맞
크	바	고	트	메	모	리	문	스	커	트	대	은	맞	맞	뽑	아
을	크	대	동	발	질	한	한	은	도	늘	카	받	문	문	전	짓
올	들	동	컴	법	퓨	장	요	느	물	문	고	말	을	올	문	체
동	굴	동	셀	북	다	함	날	을	낌	컴	문	체	바	바	람	이
어	메	이	대	다	문	질	께	자	트	공	스	법	칩	트	끔	찾
문	견	시	러	늘	분	자	굽	주	바	도	트	퓨	니	의	사	고
공	셀	노	지	적	코	바	다	먹	다	은	감	다	다	트	셀	로
레	굴	올	주	도	법	트	파	의	체	행	한	표	동	질	북	발
주	발	러	을	문	로	장	를	주	대	느	솔	노	을	에	법	올
호	기	심	춤	추	돌	노	바	위	젊	너	맞	돌	굽	말	돌	한
동	주	고	말	을	짓	크	터	대	리	제	은	추	퓨	카	짓	어

메시지
코트를
호기심
곱셈
가까운
메모리
통증이
바칩니다
의사
찾고
정착
먹다
뽑아
분자
함께
인정받을
엘크
스커트
해결
토크

Puzzle 222

베이킹
위해
딱정벌레
사막
눈물
기관
넥타이
잘못된
박물관
사업
과일
스컹크
절차
소설
부분
존재를
감독
스웨덴
잔디
많이

용	감	도	운	풍	문	범	절	컴	발	어	을	사	굴	리	다	위
로	로	질	파	절	트	추	차	견	도	제	들	을	체	운	자	한
장	은	부	운	에	전	거	문	한	올	올	결	올	북	범	맞	발
주	리	한	추	어	트	자	한	질	컴	카	장	거	감	굽	을	트
스	컹	크	문	넥	위	해	터	낌	질	행	존	의	독	용	쌀	부
들	잔	한	돌	타	적	견	킹	부	셀	재	운	사	용	적	북	의
잘	찍	디	과	이	대	많	이	문	스	바	이	춤	주	퓨	스	필
맞	못	운	늘	일	기	관	베	들	주	동	의	자	동	풍	이	짓
제	동	된	막	동	춤	물	짓	절	카	전	늘	을	눈	물	람	이
부	늘	올	사	업	물	박	질	돌	한	올	결	전	끔	스	웨	덴
결	굽	들	측	결	끔	레	발	딱	정	벌	레	스	날	짓	을	설
용	요	낌	도	카	바	을	문	한	거	운	은	공	말	북	소	문
트	돌	굴	전	감	셀	퓨	동	문	이	느	끔	한	질	견	를	어
도	범	북	날	를	로	운	받	견	부	분	고	끔	의	를	젊	
한	퓨	크	어	쌀	전	자	부	용	트	날	트	굽	의	를	젊	어

Puzzle 223

```
고 카 부 스 굽 루 솔 법 풍 거 도 을 한 질 올 한 질
젊 기 질 요 타 위 부 동 굴 행 를 한 행 어 다 추 트
카 다 느 셀 주 스 받 파 도 문 느 자 장 다 다 러 레
고 도 찍 문 다 구 탠 문 동 물 내 를 스 느 바 문 대
올 질 적 립 양 말 스 드 달 미 일 은 법 도 은 트 용
북 거 평 동 성 바 적 베 쌀 소 동 물 로 찍 바 동 늘
스 부 가 용 느 로 전 를 리 늘 찍 적 카 문 의 바 굽
늘 펜 싱 캥 요 제 필 그 릇 단 지 쌀 춤 추 찍 전 굴
기 후 바 거 쌀 찍 용 굽 북 맞 솔 문 발 이 한 바 한
문 제 로 루 를 찍 달 거 절 로 자 추 바 문 날 한 필
러 문 돌 부 부 종 제 러 아 찍 들 한 문 느 거 주 장
에 삼 촌 이 일 교 크 거 버 운 물 쌀 을 올 결 로 요
바 절 람 바 운 너 솔 대 지 필 동 견 터 이 다 바 범
낌 부 트 토 용 레 스 어 의 업 작 어 제 한 한 부 은
바 거 문 오 운 날 루 장 너 행 부 장 을 바 동 달 다
```

적립
고기
내일
동굴
스타스탠드
단지
펜싱
평가
기후
다양성
작업의
구스베리
종교
오토바이
미소
아버지의
일이
그릇
삼촌이
캥거루

Puzzle 224

아이
거리
제공하는
유죄
전문가
벽난로
양말
방법을보고
과학
프로세스
입자
스카프
천으로
처벌
세븐
흐린
탈출
졸업장
부자를
스켈레톤

```
레 터 사 받 바 물 을 대 한 셀 적 이 문 톤 레 켈 스
부 트 찍 거 리 문 벽 위 사 노 스 바 문 찍 이 동 카
로 표 트 너 거 의 난 자 이 은 은 고 세 프 바 한 프
자 도 터 법 돌 트 로 한 부 컴 물 질 븐 로 필 측 동
한 젊 로 쌀 필 동 한 주 이 달 은 동 한 세 의 질 젊
로 이 은 들 러 주 루 너 부 과 측 로 어 스 션 을 표
올 견 쌀 트 질 춤 춤 을 바 어 학 젊 집 질 맞 부 낌
측 한 어 주 위 양 파 돌 받 로 문 느 고 은 트 사 은
제 절 요 은 를 말 방 법 을 보 고 젊 집 공 다 쌀 맞
행 공 장 입 자 유 발 은 이 어 고 올 끔 전 발 문 북
한 에 하 레 부 죄 부 졸 업 장 공 늘 고 느 도 공 말
올 맞 카 는 이 위 전 문 가 로 대 한 문 파 다 을 한
을 굽 발 거 고 측 집 크 사 탈 한 전 요 날 을 올 이
에 공 흐 린 한 처 벌 천 으 로 출 전 아 이 한 은 집
이 부 너 루 운 러 다 견 쌀 올 질 동 솔 운 적 거 이
```

Puzzle 225

고	문	질	트	바	성	장	한	다	질	을	누	올	도	동	다	집
북	람	리	질	동	바	질	여	행	혜	용	가	절	로	들	자	다
받	카	굴	필	체	사	집	굽	체	론	제	출	를	방	지	주	위
동	트	늘	로	느	션	질	을	동	고	맞	현	동	느	동	발	이
측	을	을	부	노	돌	크	요	대	행	법	한	범	한	한	어	돌
이	터	솔	위	스	짓	라	너	이	요	필	러	동	의	끔	춤	집
요	장	용	문	젊	운	신	발	쌀	백	용	바	크	버	섯	동	
노	로	대	주	텍	루	로	트	표	고	조	맞	어	스	터	바	표
체	동	을	한	그	스	파	운	드	체	느	젊	필	용	공	추	동
로	문	자	이	인	들	트	긴	한	자	추	솔	요	동	추	견	트
을	동	느	결	치	절	이	장	짓	카	은	로	셀	을	레	다	쌀
동	범	달	혼	늘	말	트	된	공	낌	결	바	범	은	굽	크	견
동	레	블	식	상	상	족	문	용	위	측	리	션	람	장	노	북
트	도	절	루	태	절	제	너	한	돌	들	절	문	쌀	를	도	은
절	문	동	바	부	행	비	들	용	이	로	적	올	로	질	자	이

상상
여행
크라운
그들이
족제비
신발
혜론
상태
버섯
인치
백조
성장한다
파운드
누가
블루
방지
텍스트
출현
결혼식
긴장된

Puzzle 226

축하하다
햄스터
마스크
웃음
설계
소금
시간시간
서둘러
완전히
새끼
선물
스펀지
유연한
노래하기
부끄러워
안경
더러운
상황을
드레스
기사는

햄	범	소	주	이	행	물	돌	제	법	다	장	컴	를	컴	측	범
스	시	금	트	바	셀	집	표	물	드	측	대	은	상	루	션	춤
터	간	쌀	측	젊	은	크	노	로	레	동	파	견	에	황	새	끼
질	시	표	제	느	북	고	젊	래	스	는	은	부	문	터	을	장
의	간	느	절	을	솔	로	크	추	하	사	표	트	을	카	도	
바	자	고	바	카	바	람	맞	체	자	기	요	도	어	찍	찍	올
굽	노	물	트	을	들	트	발	돌	돌	셀	요	동	들	날	솔	집
러	끔	늘	쌀	레	로	트	발	을	쌀	트	북	부	주	문	설	계
받	표	동	바	짓	다	문	부	레	질	유	연	한	공	말	셀	찍
젊	위	굽	용	이	노	다	적	굴	도	문	집	대	들	느	올	부
쌀	컴	션	을	결	퓨	파	젊	루	완	전	히	들	워	웃	음	체
한	측	굴	거	도	말	돌	고	동	의	전	서	둘	러	범	결	선
터	안	솔	동	짓	리	용	스	표	쌀	레	로	용	끄	러	문	물
은	션	경	을	루	트	공	편	집	을	이	을	트	부	마	스	크
이	바	용	이	다	솔	적	지	더	러	운	축	하	하	다	거	스

Puzzle 227

끔	늘	거	스	올	부	동	늘	퓨	위	장	에	발	사	너	무	비
감	주	을	노	절	주	너	를	한	장	도	제	날	젊	회	한	오
풍	들	터	에	낌	용	풍	바	결	이	돌	바	굽	측	이	파	는
문	바	바	주	결	곡	선	부	말	고	자	동	북	느	트	날	달
이	법	외	로	를	과	즙	이	굴	범	주	반	기	지	견	문	한
루	미	국	을	노	이	한	리	리	더	느	굽	한	은	문	동	트
이	위	범	부	을	문	레	법	러	다	굽	느	을	트	법	위	젊
맞	이	적	용	리	대	땅	의	범	주	노	집	견	전	면	쌀	어
컴	결	로	트	에	바	카	들	질	질	트	셀	터	풍	춤	은	셀
카	노	의	적	스	제	출	젊	쌀	주	공	바	올	트	카	을	끔
을	낌	을	받	어	람	장	위	사	삽	느	터	서	식	지	공	젊
자	달	브	공	쌀	말	션	한	동	입	절	치	도	맞	범	범	터
용	견	러	루	로	체	필	노	동	여	굽	를	크	적	질	받	이
한	맞	시	바	를	굽	다	터	고	다	부	했	찍	문	도	컴	리
자	바	작	업	부	질	문	부	제	다	너	다	부	을	트	낌	을

반기지
과즙이
제출
너무
서식지
외국
작업
삽입
곡선
사회
범주
전면
위장
리더
이미
땅의
여부
브러시
터치를했다
비오는

Puzzle 228

썩은
주전자
감소
최대
형식
완두콩
저항
주년
점수
방어머니
진정한
동사
연령
공개
할머니
스타
어휘
도전
남부
괜찮아도

고	이	할	적	용	결	느	노	완	문	진	들	느	셀	한	쌀	절
동	스	머	문	도	은	낌	썩	두	동	정	쌀	표	젊	크	물	낌
도	타	니	짓	주	거	파	은	콩	돌	한	괜	찮	아	도	이	맞
동	젊	트	느	질	들	북	리	최	바	운	파	저	다	주	범	발
집	한	람	거	느	춤	를	장	대	문	다	받	어	항	전	도	질
늘	발	범	한	한	행	굽	문	감	절	퓨	에	법	절	자	로	짓
물	주	요	받	파	리	측	주	연	트	발	은	전	결	사	노	사
용	용	솔	도	바	퓨	발	운	령	노	표	너	바	범	어	대	트
션	용	리	너	들	트	물	루	점	수	방	어	머	니	휘	도	이
낌	부	부	적	질	다	낌	달	주	풍	컴	을	어	결	도	컴	주
질	행	날	도	달	대	절	자	장	문	공	한	컴	문	받	한	의
동	스	말	을	리	감	표	동	제	문	쌀	개	동	동	감	동	낌
자	션	결	파	의	위	체	션	용	요	운	주	형	식	소	사	맞
발	자	늘	람	남	부	터	위	질	스	날	질	년	자	트	러	이
이	제	레	파	풍	굴	주	범	을	운	측	추	고	낌	요	부	

Puzzle 229

```
문 너 을 돌 늘 춤 찍 을 차 문 레 자 사 부 거 발 셀
후 에 낌 들 용 결 모 바 동 용 모 신 낌 바 굽 젊 주
문 맞 어 레 리 들 양 컴 문 추 네 느 레 한 주 너 측
들 행 주 공 격 적 완 벽 느 낌 이 바 공 풍 한 추 어
고 은 방 행 적 전 을 은 발 문 드 돌 을 컴 젊 필 퓨
느 의 트 쌀 컴 부 노 찍 자 요 굴 이 도 선 문 을 체
물 학 용 운 질 을 로 늘 카 요 주 고 대 사 견 컴 추
한 교 측 올 가 치 를 받 은 늘 말 향 퓨 크 돌 크 도
필 응 시 선 호 끔 동 법 다 법 동 낌 한 문 느 에 카
북 감 견 이 한 위 쌀 예 터 쌀 바 공 도 바 날 쌀 이
북 주 도 문 로 법 범 에 비 용 대 추 비 바 물 표 문
찍 파 어 느 한 을 한 결 공 말 바 자 위 싼 바 한 거
다 짓 감 필 달 문 발 법 루 위 바 용 용 발 올 거 터
이 의 정 파 로 자 굴 범 리 집 바 러 거 견 을 느 현
필 에 도 질 문 이 한 질 다 행 제 들 을 바 루 스 대
```

예비
가치를
모양
학교
감정
비싼
완벽
향
응
느낌
정의
차용
선호
후
현대
발견
주방
자신
레모네이드
공격적

Puzzle 230

결혼은
빈번한
필요한
보존
성숙
버스트를
증오
비워
과자
학업
연방
다람쥐
넘어
것이다
감사합니다
시도
이벤트를
전차
딸이
미국의

```
이 퓨 결 측 날 한 자 느 부 거 을 비 워 한 달 풍 필
바 쥐 절 혼 끔 성     미 국 의 증 오 문 너 발 학 찍
사 람 딸 이 은 숙 돌 셀 문 법 맞 람 자 루 질 업 시
풍 다 필 요 한 질 한 젊 받 춤 용 올 결 한 문 젊 도
용 이 적 연 방 발 대 의 러 크 션 은 빈 러 문 느 결
표 것 벤 요 트 문 끔 너 이 끔 루 문 버 견 끔 견 트
풍 표 요 트 문 문 이 끔 루 션 문 너 한 스 끔 한 행
집 부 늘 질 를 거 굽 션 문 노 한 달 트 주 올 동 문
낌 행 제 컴 한 도 감 거 의 날 에 달 를 맞 젊 젊 쌀
다 굴 한 문 질 찍 부 를 퓨 도 용 발 동 적 받 과 자
이 발 달 루 결 질 파 거 한 바 존 부 퓨 올 용 맞 레
자 달 풍 퓨 너 동 느 한 결 루 문 대 로 동 물 자 필
레 동 범 크 요 넘 어 결 루 문 전 문 감 사 합 니 대
젊 자 문 부 을 트 돌 풍 올 문 전 문 감 사 합 니 다
다 도 노 트 리 공 어 러 를 한 차 을 범 들 람 주 로
```

Puzzle 231

```
트 터 느 다 을 들 스 어 용 은 코 너 은 아 공 용 문
다 을 바 전 루 집 부 자 여 위 바 를 받 픈 식 너 카
돌 반 영 에 서 돌 한 드 러 왕 자 도 하 이 적 쌀 을
트 선 공 은 다 다 스 온 러 질 의 물 어 지 으 바 크
한 전 레 용 어 트 찍 도 사 운 법 맞 전 짓 로 을 에
표 동 의 느 물 표 도 의 을 바 날 부 문 문 전 동 전
회 솔 표 짓 바 동 을 러 문 컴 문 람 느 동 물 행 찍
사 대 맞 쌀 위 크 도 도 연 돌 젊 다 을 감 션 맞 굽
가 문 돌 돌 집 물 퓨 물 속 발 달 날 를 은 개 아 마
물 도 문 공 바 견 폐 법 쌀 결 용 을 너 젊 인 문 한
터 늘 질 솔 표 발 기 거 체 은 이 한 적 올 파 션 바
은 람 표 로 루 감 물 터 바 용 노 토 다 크 측 공 끔
주 이 어 를 법 도 카 견 을 견 동 양 관 장 솔 말 스
부 감 어 솔 공 퓨 트 에 문 수 바 풍 용 바 범 퓨 표
돌 발 표 을 맞 물 쌀 한 을 정 측 범 에 어 한 람 로
```

아픈
개인
행동을
온도의
반영에서
측정
코를하지
폐기물
토양
공식적으로
부드러운
솔로
아마
선반
여왕의
연속
회사가
수정
관용
동전

Puzzle 232

조각
읽기에
가정이다
미션
개발을
강우
친애하는
풍선
이유가
클럽
메일을
어디에있는
안전하게
존중
개별
착용
발가락을
다른
비극적
것이

```
카 추 풍 선 찍 컴 절 물 어 의 동 어 이 도 주 별 달
동 노 날 도 찍 느 문 전 리 쌀 느 다 트 람 맞 사 개
위 이 유 가 로 트 추 올 대 다 사 견 동 춤 람 레 발
표 견 법 문 굽 절 너 적 트 조 각 어 디 에 있 는 을
한 로 다 한 파 풍 질 미 션 레 집 말 을 기 이 을 락
한 범 느 달 도 노 강 우 용 돌 장 트 제 읽 을 바 가
카 사 짓 을 카 른 트 날 쌀 자 사 을 를 거 법 굽 발
트 적 가 정 이 다 로 고 고 퓨 한 제 말 을 요 솔 늘
문 한 자 트 친 고 스 제 필 도 부 을 람 거 트 한 동
필 법 바 굽 애 표 다 풍 착 받 다 문 문 자 용 의 트
자 바 트 추 하 행 러 람 표 용 결 범 말 람 젊 동 메
춤 부 존 중 는 범 바 은 받 끔 레 에 어 클 질 퓨 일
스 짓 제 질 동 짓 달 컴 적 러 공 비 리 이 럽 문 을
로 견 자 고 맞 안 전 하 게 느 트 극 것 이 은 로 주
올 퓨 트 굴 찍 절 터 크 을 발 문 적 이 은 로 션 다
```

Puzzle 233

을	여	쌀	테	집	로	풍	굴	용	고	타	에	의	셀	공	맞	로
감	하	멋	이	한	집	쌀	은	춤	발	에	스	들	한	굽	을	발
바	지	진	크	을	필	어	문	카	이	동	람	거	크	셀	체	받
에	감	찍	날	셀	짓	이	질	실	터	전	을	굽	을	필	로	달
견	체	고	낌	용	동	올	달	제	돌	자	용	동	질	파	를	말
트	맞	집	자	무	료	질	결	다	용	맞	동	한	퓨	은	한	전
바	요	물	북	에	광	낌	북	솔	젊	부	로	짓	범	낌	람	올
공	카	퓨	돌	늘	거	산	노	을	추	스	셀	적	도	은	발	이
로	견	용	동	젊	트	파	트	터	제	은	파	올	날	용	적	름
부	소	끔	컴	수	낌	대	동	찍	조	굴	결	한	주	문	의	도
도	주	요	냄	행	트	컴	에	대	공	계	주	질	장	측	를	에
에	크	공	새	하	돌	위	리	결	감	쌀	속	풍	부	요	받	이
자	한	목	요	는	적	합	러	트	너	한	문	주	의	감	리	체
감	너	록	짓	트	트	주	도	바	집	바	러	용	러	캐	치	짓
돌	셀	과	굴	장	발	발	이	찍	느	사	이	바	거	노	끔	용

이름
고발
테이크
고용
소요
냄새
제조
멋진
광산
적합
바지
캐치
타고
노을
수행하는
감지하여
무료
계속
실제
목록과

Puzzle 234

범	스	의	용	한	감	짓	범	장	자	사	찍	허	파	명	행	동
한	문	쌀	행	카	주	올	춤	짓	카	한	절	가	질	장	확	을
받	질	크	어	짓	풍	문	장	동	풍	너	대	맞	문	을	고	히
문	이	트	한	사	추	션	도	를	범	법	문	명	사	느	문	북
개	동	은	퓨	늘	션	굽	짓	퓨	한	측	발	리	를	트	바	무
운	인	쌀	동	바	다	를	사	발	동	에	한	도	화	행	돼	리
굽	스	적	풍	돌	대	풍	끔	운	다	션	견	다	요	낌	지	서
찍	물	받	으	을	에	대	카	러	드	속	이	는	일	금	알	른
물	전	을	자	로	들	자	적	자	의	러	크	래	들	지	약	풍
체	에	한	지	혜	체	감	노	결	행	사	낌	발	견	하	견	짓
스	범	제	부	은	퓨	바	주	늘	신	비	질	위	는	파	어	한
카	동	동	젊	거	질	레	솔	북	장	러	카	낌	은	파	어	춤
쌀	은	동	맞	트	낌	접	범	은	공	평	추	물	추	쌀	션	컴
칠	면	조	제	적	밴	시	택	사	달	면	러	문	체	풍	이	터
발	리	사	날	물	문	춤	바	필	솔	의	발	느	발	트	사	이

무리
크래들
접시
바다를
사운드
개인적으로
화요일
서른
금지하는
택시밴
허가
신비
지혜
명사
명확히
돼지알약
속이는
칠면조
바늘
평면의

Puzzle 235

컴 문 느 트 부 을 굽 전 를 질 퓨 탐 고 집 던 바 가
동 부 트 한 리 에 로 람 발 좁 받 구 백 끔 느 져 스
주 거 의 범 날 이 집 레 노 은 한 바 을 부 한 을 질
낌 요 끔 바 측 사 트 추 문 발 받 스 견 위 바 결 을
찬 일 마 음 체 솔 도 을 결 끔 느 굽 문 북 고 리 맞
장 제 날 션 공 크 결 동 화 울 전 컴 맞 한 적 쌀 다
확 자 말 이 끔 로 트 체 창 타 풍 장 의 용 찍 기 다
문 서 브 컴 팩 트 트 물 한 리 발 카 파 거 젊 집 회
퓨 들 자 트 젊 끔 한 질 문 을 날 용 대 필 젊 발 측
날 사 물 끔 도 나 쌀 제 동 느 동 낌 장 문 자 주 컴
문 셀 범 적 바 머 용 셀 느 페 니 추 주 도 법 전 체
도 질 로 컴 주 지 문 전 운 에 사 고 도 달 운 들 자
법 를 올 법 한 용 고 선 박 용 주 들 도 사 바 부 노
의 한 동 션 찍 결 집 끔 받 대 거 올 이 을 문 자 트
발 한 바 트 동 전 다 낌 측 해 절 질 을 만 들 솔 동

화창한
만들
좁은
페니
찬장
기회
던져
도달
가스
확장
울타리
나머지
고백을
서브컴팩트
마음
마일
주요
탐구
선박
대해

Puzzle 236

점프는
전화
실현
샷이
길이
누구아무것도
연기를
가난한
도착
인용
세부
모래가
명백한
피자
매듭
포착
그들의
낮은
지루
얼굴

샷 주 거 전 굴 한 바 도 가 난 한 을 굴 트 집 로 날
트 이 문 화 바 굴 어 착 것 명 백 한 길 트 노 느 한
의 루 솔 지 주 돌 바 춤 쌀 무 북 바 스 이 발 주 너
대 집 다 루 질 주 을 셀 한 트 아 한 로 동 고 발 한
퓨 션 동 의 를 셀 셀 부 위 터 션 구 은 추 바 주 올
매 문 풍 물 질 크 어 장 용 러 에 을 누 문 장 체 부
듭 터 장 의 은 모 래 가 리 포 착 로 굽 필 레 낮 은
끔 터 너 달 문 감 위 절 도 도 행 용 트 풍 제 셀 노
실 현 를 람 들 발 다 루 리 한 리 바 측 람 세 말 인
운 풍 문 부 문 달 발 굽 피 자 로 솔 젊 문 부 동 용
행 은 바 바 절 거 다 맞 문 절 로 표 위 은 크 찍 느
굴 터 물 러 동 얼 북 절 집 로 적 루 법 북 자 람 동
쌀 에 문 한 올 굴 부 그 거 은 물 발 감 트 솔 북 어
연 기 를 트 점 프 는 들 리 트 레 감 트 발 견 동 에
이 부 찍 질 의 끔 찍 의 쌀 바 노 질 부 자 질 도 올

Puzzle 237

젊	북	트	표	냉	감	행	제	체	노	체	물	고	느	조	문	표
람	문	부	어	장	일	한	트	들	파	노	너	퓨	늘	심	느	요
리	감	동	문	고	타	터	올	를	문	대	올	부	부	스	바	돌
트	트	주	질	트	스	윙	두	부	날	바	북	트	부	럽	루	쌀
리	홀	바	견	솔	트	굽	려	물	바	컴	을	문	낌	게	문	고
역	할	에	장	북	어	도	움	적	춤	다	을	동	의	표	현	용
로	바	한	퓨	쌀	동	한	컴	듣	법	자	사	견	을	터	필	사
질	낌	주	를	쌀	행	의	날	춤	고	노	장	셀	동	장	바	은
어	감	문	느	찍	성	러	장	이	체	는	한	로	용	동	견	용
에	늘	도	미	래	를	발	굽	춤	한	바	운	필	동	느	트	느
제	돌	굽	이	문	의	고	트	관	동	자	발	제	요	쌀	감	동
침	춤	문	제	쌀	문	위	노	심	비	행	기	가	물	측	부	추
시	묵	은	파	어	날	씨	자	바	숟	가	락	크	문	질	말	낌
느	크	을	슬	셀	트	제	문	을	로	올	을	노	늘	션	낌	고
셀	전	주	픈	범	북	다	바	한	달	체	동	제	수	명	절	올

침묵을
관심
행성
비행기가
홀리
냉장고
스윙
역할에
날씨
숟가락
슬픈
시크
표현
수명
조심스럽게
듣고는
미래
스타일
트리
두려움

Puzzle 238

아이리스
아기
명확하게
소음
마지막
행복
불에
따뜻한
공간
발코니
마녀
사과
전문
아마도
식사
케이크
깊은
미소연기
일요일
우스운

풍	요	을	들	문	터	느	날	케	파	로	낌	파	을	명	한	컴
물	문	컴	문	동	전	느	스	리	이	아	터	어	필	확	식	문
측	바	표	끔	바	너	범	바	바	장	크	쌀	리	느	하	사	를
발	을	범	느	부	터	사	거	범	동	퓨	을	견	표	게	마	끔
추	퓨	깊	은	늘	한	올	제	동	끔	동	너	쌀	굽	문	녀	터
트	짓	러	물	컴	러	사	트	행	우	스	운	바	트	퓨	집	공
미	소	연	기	거	어	과	의	용	복	동	체	젊	도	동	을	컴
도	마	아	아	을	느	동	러	전	사	카	공	불	에	낌	발	따
어	지	다	로	법	북	자	행	이	쌀	쌀	간	바	자	필	용	뜻
대	막	일	체	한	돌	이	맞	소	음	발	절	물	맞	셀	찍	한
받	트	다	요	집	주	받	물	체	날	터	낌	트	터	발	부	다
셀	요	이	을	일	이	운	솔	트	물	느	전	문	감	은	다	맞
로	제	굴	를	도	루	문	늘	도	터	요	감	이	너	문	도	도
문	끔	한	위	바	셀	찍	느	트	노	끔	느	한	리	파	체	문
발	코	니	맞	문	찍	굽	춤	문	솔	문	전	날	문	자	을	느

Puzzle 239

자	여	말	궤	사	용	자	결	짓	동	굴	행	절	공	젊	찍	추
용	신	은	도	도	발	을	트	질	추	찍	동	동	문	바	사	작
구	문	의	낌	한	카	운	어	어	문	찍	트	체	컴	에	적	업
발	분	발	쌀	문	찍	견	파	다	사	회	는	자	끔	도	견	이
용	어	집	돌	은	도	체	레	올	치	아	늘	굴	감	표	올	용
데	이	터	가	운	요	루	대	추	부	거	파	질	위	문	적	적
문	거	도	대	문	결	문	어	굴	문	터	맞	부	유	감	체	전
표	받	리	발	람	풍	용	찍	발	발	범	레	결	령	자	요	레
쌀	사	행	제	발	다	문	부	주	의	감	로	러	느	로	용	위
을	제	짓	여	대	의	운	적	리	한	발	한	할	은	필	추	행
운	느	을	덮	러	퓨	감	쌀	감	범	문	맞	당	은	시	절	느
맞	문	용	체	문	카	한	시	스	템	어	전	에	결	장	쌀	위
속	부	장	말	노	발	람	동	체	라	퓨	의	집	에	의	한	부
하	을	의	부	을	이	풍	용	체	인	글	의	집	바	느	람	스
는	절	문	한	노	문	다	측	말	질	도	선	어	디	서	나	날

치아
사용자
할당
작업이
사회는
데이터가
궤도
어디서나
자신의
용어집
시장의
시스템
유령
전에
체인
구분
속하는
여덟
여자
선글라스

Puzzle 240

현재
결과를
열한
기간
왕자
무시
플레이어
물질
불쾌
빌려
코요테
폭풍
텔레비전
온도계이
자랑스럽게
즐겁게
민속
분기
차량
대신

셀	즐	민	속	자	쌀	로	굴	결	날	로	무	달	한	트	감	추
주	겁	거	공	랑	노	날	로	과	크	말	시	발	주	루	크	을
컴	게	늘	을	스	카	행	위	를	트	사	부	법	끔	현	용	플
크	위	자	느	럽	사	간	를	요	질	바	질	적	발	재	대	레
폭	풍	표	람	게	분	기	텔	빌	려	질	행	자	파	제	동	이
차	다	물	트	은	공	리	동	레	스	풍	젊	왕	카	자	제	어
람	량	질	스	파	고	날	받	적	비	트	도	자	절	낌	문	낌
날	카	질	션	어	문	발	질	바	춤	전	맞	쌀	을	한	에	를
느	은	물	발	온	발	주	에	션	션	질	다	쌀	부	터	자	을
장	코	요	테	어	도	북	동	동	동	달	달	컴	위	동	춤	공
파	표	자	은	제	트	계	로	어	다	이	추	바	돌	다	쌀	공
쌀	문	자	감	로	너	물	이	너	측	낌	동	늘	공	퓨	발	어
도	자	추	동	사	러	질	을	고	동	측	대	바	견	을	범	이
로	범	은	날	이	을	열	한	러	문	추	신	의	트	느	트	람
트	받	부	크	춤	자	들	리	도	용	불	쾌	견	은	짓	은	요

Puzzle 241

```
후 보 곱 하 기 긴 추 의 의 측 카 사 달 쌀 적 달 발
범 바 카 받 문 급 발 선 늘 맞 문 견 받 바 질 문 다
집 너 굽 루 동 용 받 을 절 한 행 쌀 절 동 제 를 느
추 체 발 측 돌 러 체 풍 올 잎 찍 올 행 노 문 목 레
두 려 워 도 덕 적 맞 사 을 을 들 문 러 주 발 체 욕
스 거 퓨 측 어 동 부 젊 통 늘 터 의 동 쌀 어 체 자
레 셀 미 제 동 경 가 지 고 있 다 가 알 굽 고 고 달
체 불 라 전 체 크 고 을 느 끔 를 위 려 올 용 거 주
행 추 안 계 약 에 물 했 용 을 이 추 진 북 퓨 솔 레
용 솔 너 다 쌀 시 부 주 다 를 용 느 동 자 어 바 을
지 네 루 적 요 다 도 한 젊 너 공 문 위 돌 돌 질 문
트 주 필 러 솔 주 로 카 을 쌀 절 은 다 무 릎 대 고
터 발 달 트 로 트 공 동 동 사 표 크 리 주 한 적 필
셀 굴 늘 동 바 이 엄 청 난 만 큼 이 구 스 루 사 사
발 찍 자 바 굽 쌀 스 맞 에 사 쌀 바 개 셀 행 다 로
```

고통을
다리
후보
목욕
계약에
가지고있다가
개구리
알려진
다시에
긴급
경고했다
지네
미라
불안
무릎
잎을
엄청난만큼이
도덕적
곱하기
두려워

Puzzle 242

정책
스탬프
느슨한
불행
하나의
엘프
연기
노래를
인기
인간
전송을
테디
밀어
드럼
상업
미친
쌀쌀한
발음을
겸손
당나귀

```
불 행 기 파 터 카 쌀 대 람 을 당 다 낌 션 노 정 자
늘 트 인 용 절 어 레 션 너 은 나 로 굴 발 래 거 책
크 사 간 질 요 다 노 을 상 업 귀 발 음 을 를 적 올
문 을 어 견 법 바 느 사 어 한 동 고 문 자 체 컴 터
발 쌀 쌀 한 제 다 슨 늘 제 은 받 굽 풍 결 에 주 러
다 용 문 부 늘 를 한 장 쌀 트 감 은 스 받 사 범 표
드 럼 연 기 스 행 파 동 퓨 짓 용 을 레 짓 동 대 한
질 결 절 느 스 탬 프 엘 노 쌀 추 이 테 달 견 의 트
문 측 주 러 느 다 셀 자 느 셀 트 전 하 디 너 공 발
올 로 늘 문 제 북 을 러 러 운 필 질 동 나 크 리 바
동 너 로 쌀 견 너 미 친 로 느 바 발 느 이 의 로 위
필 카 카 겸 물 추 요 짓 자 거 늘 어 너 사 레 쌀 카
퓨 너 을 손 자 질 전 맞 람 용 의 위 도 로 발 의 측
공 용 측 다 이 셀 송 도 다 절 문 밀 자 용 노 다 달
스 문 필 로 를 쌀 을 주 를 바 느 어 레 사 크 발 달
```

Puzzle 243

```
굴 공 자 행 대 표 문 를 들 쌀 느 풍 버 람 루 주 이
넓 찍 은 터 한 도 분 모 신 생 너 느 팔 이 이 늘 감
은 부 리 노 트 자 수 쌀 호 명 도 스 로 견 날 다 말
짓 도 로 를 질 노 이 집 어 을 망 욕 도 체 로 대 꼼
뾰 족 한 부 범 의 를 파 위 파 퓨 젊 은 견 동 자 끔
동 종 의 람 어 도 들 부 질 원 얽 견 풍 추 찍 견 의
마 흔 을 용 동 야 생 발 견 파 회 힌 올 표 꼼 요 행
한 공 부 맞 맞 이 굽 한 리 을 한 한 동 문 장 집 맞
쌀 돌 한 은 은 굴 동 을 춤 한 한 적 은 바 주 물 다
션 한 의 돌 용 자 느 범 굴 너 를 동 람 은 느 컴 쌀
레 이 스 우 마 부 을 자 를 을 사 거 대 을 올 달 터
젊 문 트 달 이 한 맞 위 컴 트 사 용 한 에 주 도 노
치 명 적 어 한 대 꼼 크 풍 끰 측 발 을 레 질 집 제
의 어 가 까 이 를 한 표 을 다 돌 느 필 한 스 다 셀
운 표 절 물 을 견 러 감 측 대 느 을 거 들 레 절 짓
```

종의
치명적
얽힌
욕망을
마우스
대표
뾰족한
분모
가까이
생명을
의도
버팔로
레이스
마흔을
수집위원회
신호
넓은
야생
대한
부어

Puzzle 244

살쾡이
대비
열망
비용면
사람들의
스푼
시리즈
보안
아빠
경험을
발굽
습관을
대접
혈액
와인
편안함을
판사
독수리
머리
모니터링

```
을 아 보 를 주 은 풍 트 추 람 독 집 셀 퓨 을 측 로
도 빠 맞 안 질 바 맞 한 장 풍 결 수 혈 액 경 에 스
은 다 문 측 측 느 표 굴 문 거 쌀 즈 리 시 을 말 다
풍 말 션 춤 문 대 바 주 을 카 짓 들 거 을 스 셀 푼
거 파 문 젊 동 에 맞 스 로 에 법 동 부 돌 관 질 크
머 리 을 은 날 물 체 발 굽 카 트 거 운 쌀 은 위 돌
를 부 찍 돌 거 체 춤 북 부 터 절 발 거 의 맞 부 의
젊 발 고 들 이 터 퓨 날 동 굴 법 거 들 문 꼼 살 바
트 받 견 질 돌 끔 필 을 이 트 전 판 람 파 셀 쾡 찍
동 춤 짓 카 를 느 열 망 도 굴 로 러 어 의 발 이 물
문 올 람 트 동 젊 와 인 날 다 말 로 을 날 끔 셀 풍
짓 바 풍 편 안 함 을 크 물 날 로 동 를 꼼 접 늘 모
은 리 스 사 들 트 물 날 끔 리 어 말 로 을 도 대 니
한 집 필 굴 부 로 거 트 꼼 리 어 말 루 비 비 용 면
```

Puzzle 245

치 동 자 판 을 부 표 맞 카 날 최 다 낌 너 떨 굴 이
열 법 트 매 부 굴 감 를 질 터 종 솔 공 젊 어 느 요
한 문 문 자 카 요 굽 리 부 느 거 의 바 위 져 거 요
부 크 늘 전 맞 부 고 람 션 북 결 부 도 동 찍 용 절
터 를 도 감 대 용 귀 동 한 올 을 도 즉 시 질 션 은
질 너 동 도 어 션 한 측 바 크 낌 느 동 뛰 어 난 솔
다 동 어 에 바 동 의 절 행 문 한 동 바 동 용 자 부
문 위 올 호 노 로 를 트 부 요 바 루 전 션 요 표 결
한 맞 감 흡 을 모 바 거 학 을 주 파 문 절 파 로 도
트 질 로 으 향 방 셀 파 년 제 스 동 자 이 어 감 의
절 발 범 필 트 모 필 수 질 문 크 절 바 견 의 을 돌
느 클 이 견 장 제 든 레 다 젊 들 볼 달 을 집 루 동
행 로 파 뉴 람 요 셀 부 젊 바 꼼 말 룸 노 부 크 사
이 에 팀 스 풍 너 트 대 카 자 적 이 사 트 솔 견 러
트 느 전 형 적 인 한 노 느 자 부 자 한 들 자 스 동

호흡
학년
최종
치열한
고귀한
떨어져
질문
방향으로
전형적인
모든
스파클
스팀
뛰어난
필수
볼륨
바위
판매자
모방
뉴스
즉시

Puzzle 246

책상
지원을
일정
세트를
진리
세포
두꺼비
포켓
조건이
녹아
환경
바쁘지만
토마토를
우산을
가장
남편
문화
갤럽
보장
비전

범 운 올 젊 바 주 문 올 우 자 포 운 지 원 을 이 다
를 동 올 의 쁘 사 람 추 문 산 켓 도 제 측 션 굽 람
날 카 제 트 지 문 느 젊 공 끔 을 자 날 거 을 동 부
표 솔 느 측 만 진 리 장 동 춤 풍 집 바 비 도 주 자
말 올 질 스 필 느 로 추 거 용 를 을 바 전 동 전 운
운 장 달 를 행 달 갤 을 용 공 이 도 가 동 짓 굽 풍
발 견 컴 문 이 한 럽 말 동 동 달 찍 춤 장 동 두 찍
발 감 문 부 트 느 사 의 날 느 문 트 주 굽 굴 꺼 발
을 퓨 발 러 의 은 장 노 한 트 풍 자 행 퓨 비 을 요
문 화 리 전 녹 루 질 을 도 받 범 너 행 달 솔 말 측
를 위 사 터 체 아 조 다 한 쌀 남 대 문 끔 을 달 동
러 행 터 낌 한 토 건 한 문 받 편 굽 보 장 받 어 늘
레 고 한 포 세 마 이 너 맞 굽 위 부 찍 위 용 크 컴
책 상 을 날 트 토 퓨 발 날 올 끔 전 찍 받 은 올 풍
부 추 일 정 를 를 은 동 도 한 질 용 환 경 은 풍 컴

Puzzle 247

말	괄	량	이	위	파	자	파	밀	크	동	노	절	대	동	트	장
일	반	을	못	발	트	찍	바	도	전	한	용	공	조	약	노	트
객	체	를	잘	로	낌	바	동	션	을	로	받	도	정	루	란	한
셀	한	굴	문	로	을	레	을	트	체	법	컴	고	문	로	색	파
늘	터	바	트	물	사	올	발	퓨	낌	률	발	느	풍	돌	문	고
동	물	부	바	문	동	전	측	낚	추	소	다	션	말	을	받	라
의	발	루	은	짓	터	굴	달	시	말	구	찍	동	법	돌	러	출
드	레	이	크	질	물	솔	맞	에	들	주	그	트	시	력	기	호
한	문	낌	거	러	를	을	셀	제	러	노	래	제	쌀	다	감	람
고	대	한	대	세	대	사	느	션	동	문	프	발	바	범	한	컴
용	노	전	한	을	질	은	트	동	집	굽	은	쌀	트	맞	트	동
부	셀	트	도	필	사	카	로	을	견	맞	느	쌀	스	을	발	트
돌	발	로	션	한	다	카	발	체	러	요	느	굽	받	측	용	트
은	고	통	스	럽	게	위	셀	이	퓨	견	추	를	부	바	춤	한
운	질	표	코	느	집	은	고	짓	한	적	은	레	풍	발	레	을

드레이크
노트
호출라고
소다
그래프
객체를
시력기호
잘못이
코스
공정
세대
조약
밀도
고통스럽게
법률
노란색
일반
말괄량이
낚시에
추구

Puzzle 248

둥지
추격
성인
의료
민주
다시
일몰
관계가
감기
품질
쿠페
당근케이스
포크
묶여
언급
스스로
올빼미
지친
요리
시계

파	둥	행	물	포	크	늘	추	파	문	들	필	묶	자	질	법	용
션	지	달	들	돌	크	물	동	한	견	쌀	이	여	바	공	집	위
동	쌀	주	주	늘	동	사	부	어	자	측	제	제	찍	낌	제	제
집	한	품	사	람	달	결	용	집	을	은	한	도	위	추	풍	말
장	주	질	고	한	늘	측	문	말	굽	은	느	러	을	문	다	바
스	일	몰	질	늘	범	집	루	날	너	레	자	견	트	감	너	달
스	이	케	근	당	끔	낌	들	끔	리	날	젊	한	언	느	동	대
로	문	레	어	이	달	부	을	젊	부	견	물	요	급	절	자	의
스	굴	달	한	성	인	도	바	자	고	을	추	리	컴	문	의	느
크	늘	리	스	관	계	가	올	쿠	페	굽	트	람	터	부	체	감
용	을	발	장	크	솔	짓	느	한	발	문	동	주	파	이	날	기
솔	션	동	맞	스	절	결	올	시	카	레	범	주	한	날	지	공
한	로	낌	동	들	달	한	빼	표	계	범	집	부	은	측	풍	친
민	주	찍	추	문	문	바	미	추	격	사	늘	문	트	표	의	트
굴	제	쌀	요	체	부	끔	필	문	쌀	을	은	다	시	트	료	한

Puzzle 249

스	문	집	한	다	자	거	주	느	위	느	돌	을	파	발	북	표
어	바	이	요	문	운	어	도	느	트	솔	북	동	동	로	한	로
을	솔	문	한	을	용	다	를	느	굽	쌀	춤	보	통	재	미	의
노	견	견	노	젊	트	로	은	날	추	젊	스	사	한	주	문	바
느	트	바	솔	전	트	스	집	표	물	문	견	바	문	느	를	영
상	가	문	계	다	스	용	휴	가	를	노	동	날	범	사	문	역
추	날	대	절	견	을	이	도	쌀	제	셀	국	경	여	표	람	을
고	범	루	로	파	은	주	리	국	경	행	든	짓	너	물	고	
션	찍	법	트	너	장	로	은	한	경	험	을	을	인	파	부	
을	리	다	를	리	수	을	은	다	장	사	결	젊	적	코	소	
올	질	느	전	쌀	트	면	을	도	범	적	솔	짓	정	쌀	스	
소	젊	운	굴	결	동	올	바	위	도	한	바	부	부	바	용	
리	은	장	다	견	춤	트	리	션	북	육	상	느	한	바	의	
의	행	정	추	추	질	끔	동	러	들	위	말	범	올	달	올	
루	문	춤	치	용	달	결	장	법	바	측	체	범	한	동	북	셀

계절
노동
상추대
절
육상
정부의
수면
가상
정치
휴가를
여든
보통
국경
수리를
재미
부정적인
영역을
소리의
경험
코뿔소

Puzzle 250

추천
나라
지수
색상
식품
사소한
건포도
스틸훔쳐
자연에
앞으로
사랑
전시가
주민이
들소
증거를
표준
발명
샴푸
자격을
사람의

한	바	용	고	파	카	제	전	시	가	운	고	돌	운	도	사	문
션	장	스	을	바	쌀	받	날	적	집	추	물	위	이	공	위	문
동	트	틸	위	느	맞	굴	적	트	너	터	도	문	건	동	표	굽
퓨	집	훔	감	쌀	은	크	트	바	를	젊	장	포	앞	돌	으	로
샴	푸	쳐	범	북	장	이	질	람	결	운	람	동	도	거	로	추
용	한	요	춤	전	체	체	바	질	감	달	스	자	용	굽	의	천
표	준	느	스	젊	전	제	동	로	올	나	적	굽	다	은	거	로
절	로	자	를	표	행	동	제	체	어	증	셀	라	다	달	카	은
날	운	를	풍	거	에	굴	끔	거	러	물	대	을	한	주	람	이
주	색	상	한	적	찍	굴	다	트	를	을	사	크	로	민	의	감
동	추	을	격	자	의	주	트	쌀	발	에	부	람	행	의	크	끔
제	견	지	결	을	연	법	식	품	명	주	들	의	용	견	용	
바	트	수	너	스	행	에	카	감	터	한	소	사	부	주	쌀	
추	표	쌀	동	바	람	쌀	컴	을	바	트	다	젊	문	터	필	다
감	측	트	컴	트	발	리	굽	을	동	견	동	결	은	바	용	돌

Puzzle 251

끔	끔	도	카	맞	문	파	자	을	을	말	날	동	발	주	동	다
감	싸	는	풀	을	로	발	한	늘	끔	질	발	문	쌀	거	크	견
한	전	표	북	은	람	느	전	로	컴	솔	행	솔	날	고	춤	을
체	레	부	이	자	위	대	를	한	사	북	크	한	측	동	셀	늘
다	적	쌀	달	견	하	적	바	법	이	루	끔	발	질	도	느	도
부	굴	끔	이	문	강	요	적	어	한	관	행	아	젊	맞	찍	느
결	종	용	를	다	파	거	을	들	제	찰	트	이	사	문	질	어
짓	필	종	은	감	크	느	카	돌	바	춤	벨	디	젊	람	거	법
올	다	한	집	부	수	추	부	젊	을	터	터	어	범	맞	적	공
츠	로	문	견	트	법	량	집	주	트	동	자	가	람	짓	쌀	끔
포	루	레	부	자	웨	스	턴	해	안	동	거	한	요	굽	스	바
스	쿠	터	체	동	물	퓨	터	바	을	발	입	학	체	용	러	위
위	견	거	체	리	날	용	장	제	여	유	가	감	자	운	퓨	끔
풍	솔	고	찍	셀	질	스	슬	라	이	드	레	바	도	파	트	크
연	습	부	주	질	용	운	제	컴	바	나	나	느	바	트	달	느

바나나
체리
하강
여유가
수량
감싸는
벨트
관찰
동물
슬라이드
종종
해안
웨스턴
스포츠
사이트
아이디어가
입학
스쿠터
연습
풀을

Puzzle 252

실행을
시트
단순한
유료
배치
돼지
운이
서비스
조건
투표
필름
잉태
쇼를
페인트
환영이
실험
야망
거위
인터럽트
당근

서	질	쇼	필	름	요	굽	물	부	러	범	들	동	을	람	운	체
바	비	추	를	표	북	끔	굴	집	견	늘	다	로	주	러	도	끔
터	을	스	부	은	노	에	감	조	운	이	고	퓨	행	굴	견	람
컴	다	요	을	장	부	문	절	건	짓	부	은	자	한	체	결	필
야	망	바	로	굽	제	퓨	동	의	유	료	받	바	집	람	쌀	끔
을	법	러	자	솔	행	바	행	단	순	한	거	트	느	트	전	주
고	젊	투	표	바	한	바	러	을	주	컴	시	트	바	은	범	을
은	끔	용	찍	셀	위	배	문	인	날	로	바	인	다	크	부	느
문	문	자	을	에	바	치	제	터	달	공	다	페	굽	전	거	트
풍	한	용	범	문	쌀	컴	전	럽	느	바	를	셀	춤	어	로	위
을	이	늘	솔	험	실	행	을	트	이	집	환	영	이	물	집	자
파	요	동	적	동	자	북	람	범	집	적	젊	문	집	바	돼	루
제	체	당	문	리	운	맞	자	범	을	문	범	이	너	컴	지	전
동	쌀	근	돌	필	로	잉	태	적	을	요	은	굴	적	전	용	춤
카	레	춤	올	올	늘	를	행	달	체	받	날	이	어	발	은	트

Puzzle 253

동 촬 러 고 한 터 주 이 문 파 컴 발 동 자 한 다 다
날 레 영 견 절 은 터 풍 카 거 자 언 제 체 견 을 동
예 들 이 로 느 치 달 결 합 친 올 을 션 트 법 동 절
상 발 한 위 셀 금 도 팽 굴 문 필 요 문 추 적 트 발
메 뚜 기 제 외 시 켰 다 이 더 블 질 카 대 어 한 위
집 들 주 한 로 파 전 바 을 느 끔 범 맞 노 느 트 대
가 구 로 집 거 동 측 트 발 끔 솔 느 주 바 발 카 전
부 터 쌀 부 카 말 레 결 행 발 바 질 용 상 자 절 범
솔 을 행 월 문 노 듣 고 올 무 용 장 동 동 쌀 고 돌
카 젊 주 로 요 필 한 제 운 레 리 을 문 용 문 추 를
자 달 동 에 전 일 쌀 동 크 운 질 북 자 행 을 크 을
터 트 주 을 굽 감 굽 람 이 낌 스 컴 도 받 셀 트 로
체 결 은 위 올 받 대 부 받 날 날 행 여 말 러 너 어
말 물 발 대 의 을 난 사 의 되 감 기 전 바 리 춤 느
범 한 리 부 짓 받 로 수 있 는 물 자 히 물 고 트 자

언제
듣고
되감기
촬영
무례
결합
난로
셀러리
더블
달팽이
수있는
상자
예상
메뚜기
가구
월요일
제외시켰다
시금치
거친
여전히

Puzzle 254

무거운
위기
관계
가정
진행
단순화
젖은
내레이터
냄비
경로
경쟁
케이스
관리
열대
거래
감사
경사
그녀
현자
현명한

동 람 컴 달 이 주 문 돌 위 기 자 대 로 요 다 한 그
카 을 굽 북 러 춤 맞 질 젖 은 퓨 래 현 자 도 측 녀
문 끔 퓨 크 말 진 행 경 발 단 무 거 운 주 부 질 문
달 요 트 바 바 풍 올 로 범 를 순 결 날 너 짓 주 로
노 도 이 트 고 한 범 바 자 결 로 화 춤 장 낌 주 어
동 다 동 용 이 용 쌀 장 트 맞 대 굽 쌀 표 용 질 바
바 이 레 집 컴 짓 절 필 풍 레 자 이 리 끔 도 주 행
를 법 스 크 문 감 레 주 결 부 올 람 관 을 트 동 주
추 자 굽 을 제 사 경 에 올 한 자 솔 제 계 위 동 거
솔 굴 적 운 의 맞 거 바 올 터 한 문 대 현 거 퓨 주
장 루 적 트 낌 문 람 로 쌀 주 발 은 레 명 쌀 사 냄
가 문 어 찍 장 쌀 로 솔 북 늘 결 한 자 한 한 경 비
정 도 느 바 발 너 공 한 을 부 트 크 풍 한 거 거 쟁
젊 늘 루 한 굴 내 레 이 터 주 받 끔 은 을 문 대 동
이 레 열 대 발 트 느 케 이 스 끔 어 을 바 동 를 동

Puzzle 255

대 절 리 에 원 도 공 동 은 용 결 로 아 에 셀 위 견
고 위 한 싱 말 하 을 범 운 늘 북 너 직 행 맞 동 로
북 크 표 문 크 협 는 질 바 고 정 문 도 결 트 람 집
요 공 테 고 솔 력 발 분 출 금 지 트 찍 대 맞 적 파
쌀 평 니 제 주 용 굴 섬 도 굴 다 그 림 사 춤 가 젊
로 야 스 로 을 물 보 물 세 람 범 도 굴 제 트 득 한
늘 풍 로 노 동 트 고 사 고 한 에 질 너 발 을 명 랑
사 람 에 게 러 한 서 짓 션 도 달 다 적 너 한 용 로
역 을 바 행 동 한 동 체 들 짓 은 전 거 장 느 발 올
느 필 트 다 람 문 한 공 법 도 에 절 트 바 을 느 삼
노 공 생 일 을 파 쌀 질 셀 솔 바 견 부 윈 쪽 질 각
문 말 젊 노 터 레 다 를 의 러 솔 파 운 필 제 늘 형
노 달 다 동 바 을 거 질 신 전 물 로 날 셀 북 스 달
로 트 를 굽 춤 표 을 다 뢰 노 크 끔 은 자 쌀 바 문
끔 장 문 견 낌 을 측 적 젊 사 루 동 러 크 찍 공 발

아직
싱크
협력
삼각형
역사
왼쪽
가득
평야
신뢰
테니스
원하는
지금
명랑
사람에게
그림
섬세한
분출
생일을
보고서
정지

Puzzle 256

로 로 공 거 노 물 을 자 솔 체 맞 로 감 법 발 끔 동
절 바 의 바 법 문 필 동 솔 느 부 는 추 로 느 셀 운
발 파 풍 도 구 것 들 고 전 한 절 풍 성 분 카 굴 노
주 션 조 끔 리 들 다 은 느 노 집 문 맞 용 코 격 리
늘 서 문 사 주 풍 질 간 질 측 트 끔 표 은 치 어 질
문 낌 랍 의 요 춤 굵 다 약 너 은 끔 도 굴 카 젊 카
한 날 다 섯 견 굴 게 노 속 느 받 장 끔 퓨 로 퓨 한
행 쌀 결 질 도 법 이 에 다 트 질 범 적 용 이 견 견
소 방 관 컴 로 트 필 한 표 대 사 외 부 를 리 굽 은
질 를 노 날 로 퓨 달 동 을 발 이 견 필 결 미 디 어
노 리 을 노 문 결 낌 물 은 다 클 동 젊 올 표 젊 들
용 퓨 한 맞 한 필 용 러 발 고 링 램 프 너 끔 달 발
들 큐 젊 올 견 요 법 다 레 컴 굽 받 전 장 부 다 한
너 피 위 의 한 로 트 도 감 컴 를 달 낌 퓨 부 다 카
한 드 레 짓 파 문 다 늘 동 거 돌 동 날 결 범 용 요

약속
램프
큐피드
것들
소방관
필요
조사
외부를
다섯
코치
위의
맞는
간다
서랍
미디어
사이클링
성분
도구
격리
굵게

Puzzle 257

날	이	문	행	메	키	풍	미	용	동	전	용	어	맞	로	트	러
공	한	질	솔	리	틸	스	거	짓	에	람	추	필	녀	부	제	사
노	격	돌	지	원	끔	레	느	날	주	문	비	터	크	패	찍	대
느	을	주	는	분	용	한	모	은	바	낌	명	스	발	컴	중	지
터	트	공	의	홍	문	절	자	트	로	체	은	돌	고	래	늘	문
제	쌀	다	회	색	감	을	거	낌	퓨	을	쌀	감	쌀	이	다	동
을	동	요	질	굴	레	레	람	도	아	가	씨	한	굴	부	은	동
요	행	운	적	낌	자	올	북	운	을	받	올	루	문	이	요	바
동	문	굴	느	고	퓨	운	한	트	스	트	범	한	체	루	바	고
파	로	낌	쌀	동	짓	문	동	다	노	실	받	느	굴	쌀	한	람
션	느	용	범	도	도	문	을	을	다	현	루	한	공	고	추	바
은	굽	트	동	레	짓	바	말	을	주	을	범	표	질	레	동	굴
주	낌	전	로	켓	파	인	애	플	주	바	동	주	레	체	동	스
쌀	체	자	주	바	춤	솔	동	션	트	를	말	러	대	도	거	자
트	러	거	이	집	용	말	조	직	에	은	대	노	솔	노	에	견

지원
회의는
조직에
중지
스틸
분홍색
메리
바람
돌고래
키스
아가씨
실현을
공격주의
부패
거짓
거미
비명
파인애플
모자
로켓

Puzzle 258

사용시까지
결정을
요약
장난
세척
종료와
점진적
중요한
직원
연례
건물을
감동
드롭
형제
깎이
크기
혜택을
지느러미
정비사
블리드

다	굽	다	한	로	받	질	범	늘	말	종	받	주	돌	로	요	한
올	에	동	직	적	절	끔	스	레	자	료	에	날	리	너	적	를
늘	집	한	원	지	은	컴	도	도	건	와	에	전	을	문	셀	트
한	굽	견	한	느	리	문	사	트	느	파	깎	이	필	을	용	한
한	바	집	은	러	트	적	부	세	척	끔	문	바	감	정	추	거
전	표	동	도	미	트	공	공	추	터	위	셀	낌	동	결	비	끔
질	법	절	을	한	연	리	부	형	은	약	받	를	표	돌	션	사
트	스	요	발	대	례	블	리	드	제	중	요	한	크	기	점	끔
요	바	문	의	쌀	루	로	춤	을	동	풍	리	셀	로	을	진	러
문	주	다	를	젊	결	컴	을	트	이	리	한	필	한	젊	적	발
리	을	을	적	찍	끔	용	로	감	노	자	도	필	을	문	결	제
추	질	추	발	주	을	위	자	용	장	난	공	한	터	퓨	노	노
표	느	올	찍	거	동	쌀	집	동	물	제	이	바	다	러	굽	올
전	크	부	질	발	다	질	을	고	을	거	자	결	쌀	행	올	대
사	용	시	까	지	달	춤	을	북	끔	건	물	을	택	혜	드	롭

Puzzle 259

필	트	물	다	거	공	풍	바	공	운	감	결	이	확	신	를	물
앵	요	운	제	대	를	한	물	체	고	다	용	미	양	의	문	법
무	한	로	한	한	말	은	위	도	한	컴	개	지	무	고	러	표
새	문	션	스	제	도	문	느	문	행	공	한	에	너	느	시	주
춤	트	범	용	요	람	노	자	크	을	발	레	레	솔	셀	를	거
퓨	운	대	체	를	법	북	동	퓨	테	마	굴	견	솔	끔	북	스
북	발	말	운	대	끔	결	문	루	발	동	법	젊	의	제	레	동
바	한	적	부	감	을	카	올	늘	션	용	이	북	자	용	컴	주
에	표	도	법	돌	레	을	체	크	먹	주	결	다	노	굴	추	용
부	컴	트	동	을	용	도	을	물	고	절	배	포	위	굽	말	이
물	을	용	제	러	파	리	말	바	발	느	말	필	을	한	법	의
문	파	범	품	정	리	크	컴	문	터	카	수	세	개	강	비	서
동	자	행	대	거	견	자	동	참	가	을	달	금	혁	파	한	에
한	날	절	쌀	북	트	다	느	를	을	한	문	도	의	젊	순	록
젊	질	이	주	느	동	맞	굽	전	바	트	돌	을	적	이	견	들

고양이
개혁의
강한
참가을
배포
이미지에
먹고
러시를
수달
앵무새
세금
순록
제품
거대한
테마
무지개
필요로
확신를
정리
비서

Puzzle 260

야외
해시계
잃게
아래에
셋째
문자
행동하라
야드
원인
기록
매달려
공식
상황
두께의
금융
양파에만
카메라
토요일은
형태로
겨울

주	운	문	파	발	감	한	터	굽	집	문	느	람	노	파	아	추
발	은	말	늘	다	맞	에	짓	짓	동	올	돌	감	양	카	래	한
공	식	젊	동	이	질	을	트	적	터	이	자	거	파	카	에	이
두	잃	해	시	계	발	겨	울	문	문	원	솔	굴	에	파	들	문
께	게	사	너	법	한	파	행	질	찍	인	트	결	만	감	람	자
의	한	다	맞	형	문	리	션	동	동	전	주	들	동	트	젊	견
짓	끔	로	노	태	범	결	찍	스	하	레	크	부	자	카	은	한
체	도	스	자	로	들	동	트	집	토	라	메	카	자	러	동	측
행	쌀	다	집	솔	춤	굽	트	달	드	요	도	다	젊	리	필	들
를	집	로	결	한	고	끔	카	공	야	물	일	션	바	주	고	트
크	쌀	바	용	사	은	크	기	록	외	상	북	은	추	너	질	동
전	풍	금	융	한	을	솔	한	고	제	다	황	한	전	도	한	범
견	어	느	의	고	에	매	달	려	카	결	발	셋	굴	문	운	스
올	션	은	셀	요	동	러	발	짓	크	자	젊	째	쌀	도	질	파
바	짓	리	제	퓨	용	어	카	을	맞	로	노	도	날	발	질	을

Puzzle 261

반	트	문	행	물	장	요	질	파	말	올	끔	위	이	마	끔	범
응	스	돌	문	솔	은	바	파	느	제	풍	셀	끔	한	을	발	리
을	카	러	자	문	트	로	션	범	늘	바	에	젊	로	거	물	표
법	굽	발	문	맞	로	오	리	를	동	고	올	이	러	아	공	루
문	맞	리	대	속	컴	실	패	물	굴	크	부	쌀	스	이	퓨	질
제	바	질	전	다	성	고	돌	레	쌀	주	가	질	문	를	트	의
전	로	장	파	절	측	을	굴	거	추	를	솔	로	루	굴	감	한
한	도	코	북	동	컴	보	업	춤	경	공	린	블	고	노	자	문
집	너	끼	맞	특	선	류	발	산	에	찰	관	부	끔	리	질	행
바	루	리	표	히	고	발	제	을	한	맞	기	표	받	질	은	적
사	을	결	법	거	들	풍	컴	바	참	가	자	젊	를	을	러	올
굽	문	행	한	터	집	컴	한	물	너	트	저	자	트	들	다	한
도	이	짓	문	체	느	끔	스	한	이	루	집	올	말	트	운	범
동	은	범	달	전	무	서	워	느	제	돌	을	남	짓	필	어	쌀
를	달	달	굴	범	의	굴	도	바	측	을	바	성	구	멍	어	바

선고
마을
반응을
보류
무서워
가솔린
아이를
산업을
특히
고블린
실패
구멍
코끼리
경찰
남성
저자기관
속성을
오리를
참가자
의무

Puzzle 262

빛의
해설
통과
개방
때문에
드물게
페이지
모기
브라운
협상
포리스트에
바느질
장면
초대
떨어진
보라색
주저
노트북
정확히
색상이

동	부	요	자	리	맞	셀	도	용	통	찍	트	해	파	바	초	문
개	을	레	집	끔	어	포	제	운	과	은	떨	설	루	달	느	대
방	빛	돌	바	끔	젊	리	보	라	색	어	어	물	바	로	러	질
로	의	바	레	돌	젊	스	풍	브	말	러	진	리	체	장	다	장
쌀	적	션	동	맞	달	트	질	한	크	다	느	에	굴	을	추	셀
용	질	거	문	맞	받	에	너	을	질	자	질	달	표	로	끔	도
달	레	을	짓	동	레	감	드	제	문	풍	장	면	은	주	이	동
한	올	동	다	운	도	모	물	춤	전	거	부	퓨	이	파	컴	추
올	스	발	이	용	한	기	게	어	적	퓨	전	젊	맞	을	다	주
스	이	을	동	적	거	문	굴	도	로	때	어	발	노	트	북	저
솔	달	컴	은	정	주	의	행	너	문	문	셀	트	쌀	노	질	람
페	레	행	장	확	카	파	쌀	전	결	에	결	문	올	자	부	로
쌀	이	다	어	히	물	범	주	러	풍	집	젊	셀	자	바	전	측
달	상	지	의	트	다	주	너	자	요	범	동	도	들	파	을	바
주	색	주	적	협	상	질	위	자	퓨	문	요	스	바	도	스	문

Puzzle 263

짓	신	한	굴	트	대	스	을	지	트	춤	이	대	너	위	자	신
용	운	발	제	스	쌀	스	침	대	우	도	전	집	말	용	말	문
주	퓨	추	샴	사	컴	발	물	견	을	개	도	풍	사	문	찍	날
돌	을	회	원	푸	부	레	스	쌀	람	동	부	집	러	추	동	웨
느	람	다	날	견	하	용	돌	레	들	증	거	목	표	염	소	스
를	굴	제	바	을	고	여	말	솔	공	파	을	문	감	받	거	트
동	바	표	러	너	문	결	야	북	필	굴	안	사	쌀	컴	견	했
트	레	쌀	사	한	공	돌	찍	한	우	유	전	요	한	을	체	다
추	크	날	낌	망	리	바	쌀	문	다	제	동	행	동	행	측	은
컴	동	파	교	실	한	북	이	너	리	스	취	운	은	로	동	운
다	범	충	격	사	맞	돌	한	노	크	가	능	미	발	파	을	느
굴	고	주	올	돌	젊	적	문	질	주	의	간	기	바	젊	문	용
솔	제	문	을	부	젤	셀	절	로	거	견	파	쌀	부	받	주	북
받	어	을	한	동	리	동	카	행	필	체	로	리	바	트	고	필
올	리	제	한	카	느	션	요	한	거	풍	적	맞	굴	쌀	용	한

목표염소
신문
안전
의견
신발샴푸하여야한다
웨스트했다
노크
실
교
증거
취미
침대
젤리
가능
기간의
실망
충격
우유
회원
지우개
동행

Puzzle 264

의학
눈송이
같은
가족
범죄
배울
안녕
옷장
운전사
설명
좋아하는
위협
끔찍한
그늘
동영상
소유
능력
향해
정확성
약물

추	에	자	옷	설	능	력	북	동	솔	결	정	소	좋	아	하	는
바	주	짓	장	리	명	운	측	영	약	물	확	유	터	감	동	고
체	받	로	문	춤	필	용	한	상	낌	쌀	성	은	문	터	동	늘
너	한	느	퓨	필	부	용	받	들	컴	카	트	운	노	안	발	트
제	눈	배	울	올	집	어	운	문	말	주	셀	자	동	한	녕	범
범	터	송	느	돌	범	다	고	크	행	스	가	족	거	운	위	문
다	레	동	이	범	죄	솔	은	리	주	전	문	루	운	전	사	의
끔	찍	한	셀	체	의	발	굽	크	발	용	쌀	동	동	문	거	젊
행	바	찍	터	표	학	러	용	찍	은	동	운	을	레	셀	같	돌
솔	행	요	셀	향	동	쌀	러	낌	북	질	노	장	트	람	은	집
법	바	노	맞	해	쌀	러	낌	문	쌀	느	트	문	문	트	질	동
올	한	북	션	노	한	질	물	이	체	측	추	끔	굽	늘	바	문
굴	말	추	바	을	추	바	동	찍	루	들	동	들	부	리	법	문
트	어	늘	문	다	측	짓	을	은	러	운	그	문	컴	법	문	주
법	어	굽	동	전	어	용	션	한	체	션	늘	장	굴	법	굽	너

Puzzle 265

들	바	트	기	리	용	어	행	적	리	공	도	에	괴	파	의	늘
질	한	추	계	로	문	발	물	표	의	동	맞	토	크	동	장	젊
길	을	북	늘	크	질	카	한	쌀	늘	루	컴	너	리	관	느	돌
로	을	한	필	측	말	견	들	달	동	바	화	가	은	련	날	올
을	돌	요	문	말	행	북	풍	레	질	도	운	굴	말	트	입	어
사	이	클	루	운	유	끊	표	루	로	용	다	달	바	체	술	사
바	은	쌀	예	술	리	지	을	운	젊	한	느	공	받	핑	돌	북
루	바	부	을	동	루	는	도	자	크	한	를	은	한	크	발	전
을	귀	여	운	물	운	도	노	도	견	부	카	쌀	스	루	바	동
카	쌀	용	워	원	춤	물	제	용	이	사	크	문	문	션	터	션
트	풍	느	드	법	을	측	체	박	문	감	운	를	절	굴	찍	동
지	춤	말	들	트	측	솔	한	쥐	느	부	제	스	요	쌀	부	컴
트	식	다	발	요	다	셀	필	질	풍	개	발	요	자	요	파	거
장	달	절	사	도	감	받	표	감	혼	발	은	은	한	측	범	필
셀	쌀	표	행	션	체	느	한	언	덕	합	위	발	트	굴	끔	바

사이클
파괴에도
유리
동물원
귀여운
길을
개발
예술
입술
혼합
관련
지식
기계
언덕
박쥐
도토리
워드
화가
끊지는
핑크

Puzzle 266

만족
성능을
에너지
행운
일회용
연구
릴리스
회피에
바보
플라스틱
도마뱀
유리한
유용하게
생각
변호사
음악
트릭
게시
긴장
정비공

트	의	의	은	바	거	은	셀	람	솔	노	주	날	플	러	은	다
을	날	이	측	보	느	필	거	문	한	감	굴	체	라	대	굴	루
범	자	크	부	노	한	람	행	운	음	악	찍	질	스	발	트	결
트	대	어	맞	자	트	을	북	견	레	크	카	로	틱	셀	용	거
릭	을	용	운	스	트	스	올	요	주	람	요	동	을	끔	생	각
문	어	동	굽	위	에	게	하	용	유	굽	리	맞	트	한	측	릴
자	굴	추	측	자	행	부	도	회	바	춤	한	젊	용	다	질	리
체	문	에	람	게	성	바	마	일	피	부	질	다	위	용	끔	스
을	한	법	변	시	능	발	뱀	필	부	에	루	사	정	비	공	러
만	족	크	쌀	호	을	주	고	바	문	느	법	긴	에	너	지	은
물	북	적	유	굽	사	연	구	늘	리	동	추	한	장	한	고	이
제	전	션	리	끔	돌	거	늘	스	로	노	결	문	말	은	의	쌀
제	자	전	한	문	견	부	늘	젊	짓	짓	쌀	끔	결	부	질	견
풍	람	찍	거	장	바	를	찍	을	말	을	찍	필	을	부	바	찍
러	위	한	도	이	바	동	부	루	질	루	문	한	법	용	문	바

Puzzle 267

표	스	을	질	루	의	러	슬	솔	망	소	말	러	물	날	솔	을
사	거	늘	체	날	트	러	립	날	치	로	녀	퓨	물	한	셀	올
문	트	에	터	솔	한	이	동	에	레	바	말	가	고	굽	주	동
굽	은	람	터	동	날	이	질	어	문	동	돌	동	말	젊	표	들
러	북	제	추	한	로	한	을	도	체	한	법	트	맞	로	운	어
느	를	파	와	병	원	용	동	북	극	이	용	추	트	바	러	딘
트	춤	측	느	서	한	크	음	성	복	바	주	동	트	퓨	을	가
토	론	쌀	춤	겸	손	한	검	토	숭	필	조	언	을	절	질	에
이	달	흰	색	빨	리	견	자	컴	아	질	결	전	부	적	체	도
없	낌	표	측	쌀	돌	요	금	판	매	바	리	도	스	집	솔	행
집	음	문	주	클	한	스	쌀	동	제	집	공	물	솔	도	다	들
터	절	도	제	래	결	농	담	질	레	동	사	물	제	다	셀	위
크	트	전	춤	스	자	집	을	을	레	절	공	북	을	견	람	러
을	집	주	노	람	공	고	절	측	용	전	측	문	한	질	도	트
거	스	셀	찍	견	들	람	요	느	느	올	람	행	루	을	동	자

판매
겸손한
없음도
요금
북극이
검토
조언을
슬립
와서
음성
복숭아
망치
농담
토론
병원
어딘가에
클래스
흰색
빨리
소녀가

Puzzle 268

프로그램
항상
까마귀
차지
도서관
게이트에서
사탕
종이
나중에
빈곤을
계획
카펫
양고기
대피
소심한
경제를
가르쳐
판결
조심
눈사람

리	경	소	법	러	의	조	추	쌀	파	질	차	한	공	로	필	끔
요	제	람	심	한	질	심	필	사	전	자	지	질	은	컴	측	트
한	를	감	문	한	한	동	사	레	파	범	셀	한	람	를	굴	도
발	질	은	날	굴	판	결	장	결	결	한	요	람	늘	카	펫	춤
스	질	맞	고	대	주	가	르	쳐	항	상	도	이	찍	끔	을	람
쌀	리	컴	부	바	어	필	견	로	결	카	서	에	트	이	게	적
바	굴	춤	추	에	리	너	집	끔	셀	동	관	바	을	도	부	너
양	물	감	한	나	중	에	리	노	은	컴	고	끔	도	받	말	젊
북	고	느	동	종	동	질	까	받	들	바	고	트	굴	어	트	한
풍	말	기	주	이	짓	견	춤	마	다	을	위	터	부	도	러	질
느	느	달	터	트	용	한	용	바	귀	어	파	절	카	질	고	파
바	이	문	행	문	위	한	바	리	물	다	느	루	찍	프	한	찍
동	에	의	올	사	람	운	대	은	터	올	늘	집	자	로	느	노
말	카	위	계	획	사	탕	피	주	트	결	용	측	굽	그	로	퓨
짓	빈	곤	을	북	눈	동	용	크	바	한	바	견	받	램	바	크

Puzzle 269

일	곱	주	발	자	추	추	로	을	위	감	사	돌	도	어	고	발
거	낌	필	거	날	동	로	체	결	추	집	진	바	올	결	레	몬
컴	찍	올	셀	북	감	북	션	은	돌	춤	한	추	표	재	자	위
살	고	있	는	프	이	테	액	세	스	범	루	맞	을	늘	해	측
너	바	트	부	솔	동	다	를	을	체	도	개	짓	퓨	느	를	공
날	맞	느	감	로	트	젊	자	법	선	추	미	의	성	어	추	결
죄	송	한	이	행	한	거	질	루	자	자	한	동	가	찍	이	전
법	송	한	문	표	공	질	로	풍	은	일	주	문	권	깜	을	한
동	측	은	을	운	운	공	책	달	감	주	한	자	문	용	한	을
크	풍	스	짓	이	쌀	이	상	돌	을	반	한	투	짝	결	돌	레
측	질	문	들	한	쌀	동	을	미	러	적	은	들	한	끔	스	위
돌	이	전	전	고	결	크	낌	짧	은	으	범	끔	받	람	발	필
람	을	날	범	늘	절	짓	전	문	을	로	받	물	체	받	달	션
맞	동	동	북	셀	발	컴	채	퓨	동	들	을	굽	새	날	달	받
굴	행	느	찍	트	날	을	택	에	견	호	텔	달	벽	집	바	받

짧은
일곱
책상을
재해를
테이프
깜짝
일반적으로
살고있는
거북이를
액세스
개미성가
새벽
사진
채택
호텔
권투
미러
자위
죄송
레몬

Puzzle 270

재	행	이	짓	을	전	행	전	도	입	한	살	파	집	위	문	주
사	동	동	한	사	적	낌	을	말	셀	구	규	아	돌	동	물	기
용	트	셀	셀	느	솔	말	질	조	제	사	칙	셀	있	의	쌀	존
을	도	굴	의	문	한	다	셀	립	질	자	적	굴	는	문	말	의
찍	한	부	부	필	받	결	체	한	션	션	쌀	너	거	짓	적	달
들	늘	울	었	다	결	깨	어	부	분	은	바	람	혜	택	문	문
다	을	범	접	이	한	한	완	집	말	춤	찍	적	을	달	적	형
은	카	을	문	착	트	끔	집	말	춤	장	적	동	솔	표	공	원
감	문	결	의	물	제	발	굽	문	결	요	끔	끔	쌀	를	범	결
노	노	장	공	너	동	달	짓	결	러	도	찍	집	주	쌀	동	동
오	에	바	레	바	스	추	레	부	한	끔	짓	트	사	바	을	솔
두	결	측	도	젊	범	찍	부	컴	받	올	문	이	테	장	확	감
막	느	굽	고	용	다	늘	을	도	바	야	채	를	이	반	실	의
도	질	다	제	도	짓	쌀	한	주	적	이	젊	션	사	깜	히	표
느																대

조립
어깨한다
원형
포스트
오두막
혜택
거짓말
부분은
살아있는
울었다
공원
접착제
스테이션
확실히
기존의
야채를
완료
재사용을
입구
규칙

Puzzle 271

퓨 한 받 범 발 바 레 이 북 한 바 거 도 결 거 도 늘
우 박 느 한 파 행 용 고 은 느 절 쌀 추 컴 측 이 솔
날 부 측 거 표 젊 러 동 은 어 대 동 낌 카 레 질 전
솔 의 젊 장 북 도 공 감 이 전 사 찍 사 운 표 위 문
법 북 레 다 다 노 자 을 그 범 한 트 제 은 을 집 바
문 달 람 를 이 괭 로 느 림 한 언 노 문 체 추 루 표
자 억 광 도 빙 은 느 공 자 주 어 견 동 컴 주 주 자
문 기 차 택 마 주 어 진 주 는 를 컴 아 의 동 동 느
공 야 가 한 문 음 젊 어 린 이 발 감 름 파 운 동 대
한 이 트 능 결 발 을 전 북 문 이 너 다 체 사 이 커
카 을 표 발 성 루 솔 안 녕 하 세 요 운 레 카 달 버
필 전 맞 한 공 셀 이 액 풍 짓 한 노 도 말 용 표 가
거 날 을 끔 돌 쉽 게 션 쌀 너 말 장 범 문 한 전 배
기 올 찍 달 부 풍 스 은 어 루 셀 로 달 셀 추 북 을
린 견 체 돌 문 올 대 한 추 견 짓 은 다 바 발 을 장

기린
기억
가능성
이야기
그림자
기차
주어진주는
언어를
어린이
커버가
아름다운
액션
괭이를
마음을
광택
쉽게
안녕하세요
다이빙
배가
우박

Puzzle 272

따라
사랑하는
말하는
베이
적절한
부추
소년
원자
한정
스케이트스케이트
작가
수출을
조용한
발생
모양의
보물
오프너
사실
브리지
게으른

보 느 들 자 대 어 측 적 어 은 쌀 을 느 브 션 행 집
물 퓨 크 주 돌 루 늘 동 동 한 맞 굴 용 리 측 느 동
바 집 이 문 터 범 이 동 수 바 을 적 찍 지 로 법 동
트 에 다 체 조 바 로 추 바 출 를 절 장 감 주 달 스
바 한 도 솔 용 쌀 노 로 트 집 을 한 용 추 로 한 동
들 에 카 느 한 은 질 짓 주 동 대 파 위 모 양 의 을
올 를 동 바 짓 위 부 공 적 한 물 사 요 물 작 이 돌
받 어 위 사 대 자 은 로 사 따 라 젊 스 짓 가 제 문
로 낌 낌 리 로 문 을 션 말 하 는 하 랑 사 퓨 감 고
올 로 질 주 을 한 파 노 동 러 한 한 표 로 맞 자 에
질 은 터 원 자 오 프 너 집 을 정 바 낌 주 동 돌 레
전 게 스 케 이 트 스 케 이 트 바 러 를 주 동 풍 대
추 전 으 돌 베 요 트 문 이 부 표 자 범 집 트 트 트
문 자 발 른 사 의 부 추 에 로 람 동 감 트 을 말 을
짓 제 스 생 실 측 소 년 바 말 사 이 용 션 대 동 쌀

Puzzle 273

셔 다 트 굽 트 법 크 에 을 북 춤 느 어 집 쌀 이 스
한 바 트 한 이 축 구 젊 늘 람 카 고 어 주 부 주 결
문 양 다 굴 체 젊 다 돌 트 주 젊 을 터 문 부 은 이
끔 컴 쪽 영 화 파 은 견 끰 짓 용 로 어 늘 돌 절 결
느 의 용 절 트 슬 흔 들 리 는 어 어 동 바 용 한 굴
드 이 문 달 한 리 동 풍 필 허 리 케 인 주 감 터 로
필 사 적 한 문 황 위 발 들 컴 자 찍 물 레 날 끔 한
운 풍 을 파 우 야 트 러 들 용 느 측 리 한 굴 주 카
스 케 이 트 울 문 범 늘 바 쌀 션 은 쌀 바 을 낌 제
한 의 고 레 공 사 말 노 받 감 날 적 셀 굴 문 션 람
감 용 대 날 트 동 집 동 추 스 집 로 운 터 집 자 낌
션 바 법 적 경 찰 관 쌀 젊 은 쌀 을 주 리 이 로 쌀
전 요 질 다 은 로 끔 은 퓨 바 쌀 카 법 로 동 연 리
오 수 건 레 스 토 랑 공 북 발 한 트 북 부 문 필 문
사 는 제 도 동 운 한 다 표 질 달 리 고 로 카 맞 위

필드
연필
흔들리는
사이의
주제
파슬리
축구
경찰관
스케이트
영화
레스토랑
양쪽
용어
우울
황야
법적
허리케인
오는
필사적
수건

Puzzle 274

라디오
잠자리
미세한
종기
모의
소수
교실을
활동
우유지방
산책
계정을
유채과
포도
안락군대
졸린
잡지
의사가
캡처
비타민
바닥

교 춤 을 람 이 안 도 문 졸 을 물 느 포 동 느 자 체
실 법 캡 춤 한 어 락 이 맞 린 파 다 도 달 활 굽 견
을 컴 처 너 로 사 맞 군 의 사 가 풍 감 장 동 도 날
정 동 소 수 거 부 늘 결 대 달 맞 부 터 감 요 어 적
계 제 쌀 을 용 션 공 너 날 요 사 트 미 산 책 굴 이
필 굽 감 발 이 사 를 바 제 물 동 종 기 세 도 장 요
받 들 다 감 추 은 장 춤 공 문 바 찍 전 범 한 다 파
우 유 지 방 주 한 한 주 표 바 어 발 자 라 트 대 용
올 제 잡 느 자 노 트 법 크 풍 노 장 낌 디 결 느 결
문 카 트 리 잠 받 바 을 로 적 느 고 절 오 끔 발 질
이 들 스 너 자 춤 느 은 셀 측 동 거 날 전 범 너 법
한 도 노 트 리 바 대 추 장 트 대 레 측 모 을 날 발
유 채 과 바 닥 주 을 동 비 타 민 스 제 의 을 필 들
문 이 절 문 거 에 위 트 카 전 사 용 요 추 크 한 도
을 질 다 람 질 굽 발 범 러 솔 표 노 운 발 쌀 장 바

Puzzle 275

법 퓨 파 결 적 도 돌 평 이 집 크 홍 발 젊 도 한 느
사 리 거 러 한 리 동 화 돌 법 에 크 수 다 햄 버 거
람 느 을 스 거 집 터 로 전 북 문 날 범 찍 로 컴 자
은 말 카 컴 법 동 동 운 공 올 날 주 위 에 자 다 로
용 한 풍 한 장 을 결 부 부 의 스 부 용 체 표 부 질
요 바 적 발 을 사 혼 한 문 레 자 맞 퓨 은 쌀 결 다
루 굴 문 대 기 를 애 굽 젊 높 은 달 견 끔 흔 들 장
제 질 셀 람 문 받 정 달 발 은 필 부 크 짓 짓 자 유
운 다 은 발 렌 타 인 유 맞 역 스 위 동 오 날 리 사
늘 문 젊 필 자 필 전 달 용 지 견 법 터 리 이 공 한
트 운 결 동 용 동 이 필 날 다 춤 날 적 굴 로 장 늘
문 다 행 용 다 말 한 날 장 운 도 질 풍 격 추 짓 쌀
조 류 달 법 카 은 비 참 한 한 루 행 션 문 문 장 젊
바 트 필 한 도 문 감 로 전 맞 스 굽 부 필 제 체 동
동 전 을 절 전 용 올 올 이 자 느 풍 범 법 적 터 짓

다운
유사한
적격
공장
유용
발렌타인
흔들
홍수
사람은
평화로운
비참한
높은
애정
지역은
대기
주위에
결혼
햄버거
조류
오리

Puzzle 276

기금
대안
반복
사자
계산
히트
헌신
사무실
단위를
발휘
맛있는
맥주
전체
산만
모험
사람들이
골동품
참조
망원경
보고서는

션 늘 계 산 다 을 주 늘 솔 에 을 을 참 젊 위 바 고
굴 견 루 루 로 한 부 노 느 크 춤 람 조 션 물 을 젊
고 동 끔 문 낌 은 결 산 퓨 부 파 위 헌 고 도 쌀 달
히 용 이 춤 돌 바 반 만 러 장 레 결 신 발 문 전 체
솔 트 한 굴 셀 바 법 복 동 법 한 터 문 전 주 이 셀
리 전 질 낌 도 주 대 거 트 문 션 문 부 장 풍 발
집 결 제 쌀 로 람 로 문 자 사 리 크 을 바 을 감 을
대 은 올 받 단 절 전 을 받 무 한 트 트 문 질 날 러
찍 동 표 자 위 자 짓 자 을 실 발 휘 파 사 필 사 제
기 대 돌 끔 를 러 자 전 트 발 날 범 주 전 감 람 굴
금 이 안 바 맛 도 러 골 용 집 부 을 다 문 문 들 컴
컴 이 모 망 있 질 느 동 쌀 에 춤 전 쌀 은 바 이 에
맥 주 험 원 는 용 션 품 보 고 서 는 질 법 올 자 체
찍 다 필 경 은 늘 발 동 퓨 결 추 파 트 문 사 자 문
파 풍 동 적 레 파 춤 한 질 젊 낌 낌 바 받 로 을 문

Puzzle 277

```
트 동 자 바 날 동 굴 퓨 체 행 굴 프 수 은 트 쌀 쌀
자 이 행 부 다 측 춤 범 들 들 느 굽 준 결 범 받 말
쌀 컴 동 짓 이 찍 한 션 발 부 찾 누 하 솔 추 트 트
를 풍 동 올 절 받 발 도 동 레 기 군 도 위 문 사 부
굽 터 시 표 스 장 요 추 동 법 전 가 록 굽 레 를 파
컴 의 나 떠 으 르 렁 트 컴 교 한 로 을 션 루 솔 를
파 발 리 구 자 문 쌀 올 로 육 주 로 쌀 발 감 위 트
적 체 오 승 굴 발 카 느 은 결 을 행 번 호 요 스 다
도 로 다 요 용 도 요 레 굽 젊 쌀 부 은 장 립 마 들
로 한 로 카 견 문 스 자 굽 고 요 을 위 에 발 트 바
쌀 필 어 표 다 리 러 천 사 을 추 전 법 에 쌀 을 스
을 찍 자 춤 파 쌀 비 사 사 를 터 동 질 질 법 결 로
문 자 젊 들 올 를 판 어 견 올 절 반 들 필 트 쌀 터
요 가 끔 동 춤 풍 도 뛰 제 다 대 도 춤 자 루 찍 용
발 은 바 날 크 한 집 발 부 집 맞 카 쌀 람 셀 한 결
```

천사
절반
스마트
떠나
누군가
가끔
번호
으르렁
구리
뛰어
시나리오
비판
솔루션을
어제
찾기
수준하도록을
승리의
수프
교육
스트립

Puzzle 278

남쪽
코너
어려운
육두구
운송
다수
돌풍
우리의
클립시계
식용
플로트
이상한
인식
참여
이유는
더워
선택
세심한
채우기
외에

```
위 클 자 남 동 짓 돌 풍 트 도 람 사 동 루 한 상 이
끔 요 립 동 쪽 한 문 위 은 체 동 견 자 다 심 동 유
채 우 기 시 다 추 은 카 다 수 바 필 사 전 세 체 는
풍 를 을 육 계 인 식 풍 크 리 로 한 이 측 주 추 끔
문 장 스 두 돌 션 자 필 노 을 트 로 코 돌 을 감 쌀
대 자 찍 구 동 부 부 바 어 솔 행 자 너 부 트 물 바
느 들 측 필 로 솔 솔 를 달 말 굴 트 올 노 장 다 맞
루 어 려 운 람 법 를 느 을 스 체 견 한 거 받 은 표
솔 동 어 플 체 용 러 스 한 션 크 운 을 한 돌 맞 다
셀 한 굽 로 너 문 퓨 발 크 올 느 주 감 동 날 셀 감
어 쌀 절 트 부 동 찍 필 부 풍 표 우 이 퓨 전 스 느
의 느 낌 을 문 솔 선 택 를 은 리 셀 공 체 끔 주 한
부 행 체 운 한 도 컴 견 주 쌀 풍 의 문 에 늘 주 한
외 에 를 스 찍 느 의 표 은 더 범 운 식 다 굴 대 풍
위 굽 올 부 맞 참 여 바 을 달 워 송 용 한 동 질 컴
```

Puzzle 279

```
셀 자 루 용 중 을 다 한 크 은 파 체 도 질 투 이 도
이 말 춤 가 력 리 트 제 절 결 수 셀 도 거 자 결 퓨
감 야 받 축 풍 교 결 대 을 도 범 영 날 상 처 선 거
로 능 기 다 절 사 체 굴 발 북 감 레 거 맞 를 용 로
주 터 동 는 다 수 끔 춤 주 질 의 들 느 장 느 낌 이
를 스 다 카 동 요 표 공 견 를 요 발 전 느 굽 말 춤
토 마 토 올 션 가 굽 트 북 터 젊 대 주 용 느 발 스
주 를 받 러 늘 한 거 크 춤 이 받 굴 굴 날 트 짓 한
리 절 받 돌 질 들 동 달 추 크 카 대 로 측 풍 도 루
용 행 견 람 병 달 콤 한 솔 도 한 트 람 젊 컴 을 용
동 찍 적 춤 적 용 발 운 거 움 범 간 이 주 셀 제 질
위 긍 정 적 대 주 에 바 한 말 위 단 체 라 소 형 절
용 느 대 전 을 을 질 공 전 끔 절 한 원 숭 이 너 받
문 문 다 이 동 문 바 한 트 를 은 행 굽 의 은 하 너
자 부 법 어 바 쌀 받 문 풍 어 짓 이 바 문 북 도 들
```

가축
달콤한
도움말
교사
질병
이야기는
상처
수요가
간단한
긍정적
기능
마스터
토마토
중력
원숭이
투자
선거
소형
수영
하이라이트

Puzzle 280

계산기
생각이
마모
편안
고급
자동차
극장
부주의
강탈
감지
커튼
크로스
교수
블랙
접근
오렌지
대상
이벤트
드라이브
제거

```
를 쌀 에 동 자 발 집 크 쌀 을 트 범 춤 이 벤 트 추
마 모 감 을 크 컴 추 은 파 파 문 동 한 물 체 대 션
법 돌 너 감 결 을 감 계 산 기 강 체 바 한 은 문 거
위 의 법 느 달 은 표 파 오 극 발 탈 커 튼 생 고 레
거 어 쌀 솔 질 이 적 대 렌 거 장 발 풍 찍 각 급 크
파 올 사 결 를 다 접 공 지 을 춤 필 바 북 이 자 로
제 거 장 제 말 로 퓨 근 대 상 행 공 동 블 동 차 스
범 장 용 에 한 를 을 문 부 문 동 한 표 질 에 발 법
표 트 너 표 춤 파 동 을 루 람 한 끔 적 짓 필 북 결
대 감 위 동 운 쌀 다 법 범 제 을 대 동 추 리 레 로
운 동 루 교 수 감 지 드 라 이 브 문 주 요 늘 레 필
질 을 을 스 을 물 거 부 레 용 도 젊 문 을 주 트 터
문 대 올 션 편 안 로 주 을 트 요 들 춤 찍 용 바 발
측 물 쌀 바 문 법 올 의 로 파 한 파 을 루 발 노 날
주 찍 낌 굴 터 을 바 쌀 들 발 은 트 쌀 맞 결 고
```

Puzzle 281

짓 북 적 맞 혼 주 바 크 컴 용 구 위 장 애 문 문 을
발 찍 쌀 이 자 굴 한 림 낌 은 울 션 를 장 법 을 동
문 동 북 한 용 반 대 문 문 터 트 파 셀 발 감 에 거
돌 질 람 어 은 트 질 한 람 체 레 부 의 측 달 에 측
장 문 록 달 거 트 젊 짓 굽 무 엇 을 족 순 바 범 를
허 수 아 비 퓨 표 받 늘 고 솔 범 의 류 종 견 주 발
파 감 로 너 물 터 을 동 장 절 질 일 표 사 늘 맞 카
등 측 공 트 공 급 쌀 크 표 도 전 타 느 노 트 쌀 한
을 낌 범 날 크 방 어 카 드 범 파 스 에 트 전 을 동
바 감 요 견 다 을 주 스 맞 돌 견 끔 한 집 을 바 용
제 트 루 춤 을 루 들 자 용 사 의 주 레 너 운 을 에
고 체 발 부 오 문 을 컴 견 들 느 한 끔 도 운 다 너
의 대 집 달 소 파 올 를 자 문 솔 고 람 쌀 어 문 쌀
점 문 물 루 리 한 문 문 춤 나 바 장 낌 컴 필 용 자
에 바 굽 파 감 달 측 주 고 무 올 문 끔 느 문 솔 로

비록
카드
방어
오소리
공급
반대
크림
무엇을
등을
순종
나무
부족
주스
허수아비
종류의
혼자
스타일의
표범
구울
장애

Puzzle 282

운동
추정
말했다
핸들을
치킨
아래층
요즘
스포츠가
여름
나타냅니다
기술
여섯
엄격한
누구
과거의
자발적
와이어
않는
사냥
경제

집 제 체 핸 주 동 제 체 물 문 아 자 체 위 부 트 동
엄 적 올 질 들 로 다 동 터 도 래 발 문 트 사 이 감
주 격 쌀 파 을 을 의 와 이 어 층 적 공 한 주 문 결
절 말 한 을 받 발 카 너 돌 한 공 늘 올 부 측 한 트
춤 감 바 질 노 리 표 주 굽 말 용 결 누 구 부 달 람
문 을 말 느 터 요 주 굽 대 크 의 법 션 동 주 공 사
말 했 다 션 과 거 의 사 나 행 다 로 느 러 위 행 쌀
찍 솔 추 스 포 츠 가 냥 타 너 람 굽 을 주 동 노 돌
추 파 정 트 부 을 터 레 냅 경 용 북 도 끔 을 위 필
운 동 측 굴 은 퓨 적 자 니 제 동 굽 요 즘 스 문 동
표 솔 에 문 용 절 않 파 다 트 춤 로 대 동 부 요 쌀
질 여 름 로 풍 쌀 는 행 을 굽 의 법 문 감 문 기 술
치 루 측 대 견 늘 절 트 견 부 자 위 여 올 고 도 문
자 킨 들 공 젊 너 감 용 요 퓨 노 람 섯 을 파 노 루
자 젊 파 체 도 람 람 에 절 말 한 발 달 행 느 을 부

Puzzle 283

터	시	간	레	낌	표	을	전	에	용	질	거	사	낌	고	한	굴
낌	한	젊	동	에	트	컴	퓨	터	콥	리	헬	리	질	무	파	러
공	을	자	이	에	결	달	발	춤	문	법	의	러	변	집	위	발
을	문	집	요	질	크	필	트	러	낌	날	한	람	위	거	동	이
주	동	자	다	의	범	춤	늘	이	요	북	들	날	부	동	풍	공
달	공	람	람	트	부	물	도	북	리	동	공	결	쌀	한	받	물
늘	리	다	거	전	위	견	날	문	논	컴	도	운	집	너	문	어
북	추	동	로	쌀	주	느	레	젊	의	촌	삼	도	문	받	솔	실
늘	도	동	을	노	운	부	너	다	회	악	이	도	찍	굴	리	수
깔	끔	한	절	동	주	절	트	내	표	스	최	체	카	파	적	달
용	로	로	운	의	이	한	문	한	내	너	로	스	집	낌	표	크
루	절	트	주	을	트	굽	자	고	풍	용	주	러	추	절	프	읽
가	지	고	가	는	행	요	어	드	다	들	터	람	행	굴	리	는
어	스	장	을	자	질	동	쌀	름	절	올	문	크	은	거	지	너
응	답	첨	부	를	바	동	질	솔	에	자	풍	트	늘	동	아	러

가지고가는
삼촌의
고드름
회의
프리지아
헬리콥터
실수
고무
변위
읽는
첨부
응답
깔끔한
한도
컴퓨터
요리논의
최악의
논문
시간
내내

Puzzle 284

운율
부드럽게
머그잔
드라이버
인형
년간
경력
수분
고대
것은
테이블
휴대용
약한
반드시
싸움
대화
웅장한
매니저
약어
노력

돌	어	도	자	찍	느	파	질	문	질	노	다	말	것	굴	로	감
받	문	문	동	맞	루	도	범	늘	쌀	트	은	고	은	늘	동	발
퓨	주	위	제	질	카	추	휴	용	의	위	북	바	를	사	트	전
트	션	이	발	을	어	바	짓	대	리	달	의	돌	측	크	고	발
대	을	장	들	전	절	쌀	용	카	용	측	동	자	매	니	저	인
이	터	북	부	러	어	대	발	거	북	집	셀	은	한	대	장	형
터	운	들	사	적	결	파	레	리	터	쌀	다	발	결	화	노	을
바	다	크	은	달	받	부	젊	을	션	결	드	션	체	측	력	경
반	트	문	의	이	법	자	테	받	고	대	라	레	쌀	컴	달	레
고	드	쌀	싸	결	을	어	제	이	공	날	이	솔	집	로	사	주
주	말	시	움	로	춤	질	이	굴	블	제	버	바	카	한	한	달
도	낌	문	체	맞	북	굴	어	발	올	느	루	동	이	주	측	부
수	분	바	컴	퓨	한	바	약	한	장	웅	굽	적	바	용	동	드
추	로	행	한	을	동	절	을	운	율	리	춤	은	발	적	절	럽
트	로	쌀	년	간	머	그	잔	전	파	트	셀	의	굴	을	낌	게

Puzzle 285

```
법 용 퓨 교 주 트 트 로 달 체 범 재 생 기 발 질 부
발 러 체 회 바 제 쌀 전 필 달 영 어 사 주 들 느 날
도 파 은 요 표 리 돌 요 올 스 찍 받 제 를 너 맞 날
문 고 려 동 바 결 이 노 트 필 끔 풍 트 적 견 공 북
러 다 다 로 셀 충 전 람 쌀 컴 젊 찍 부 션 루 굽 발
은 스 용 퓨 문 너 족 자 용 필 리 늘 주 한 짓 부 받
를 한 한 찍 받 한 에 법 을 한 을 위 협 이 추 장 쌀
결 람 리 맞 법 을 트 쌀 주 돌 질 풍 로 끔 소 주 춤
요 리 문 고 측 북 체 로 동 퓨 요 식 물 로 춤 문 문
영 감 위 격 카 은 굽 를 로 올 한 트 날 주 파 굽 람
뜨 발 구 정 확 산 쌀 추 자 네 이 적 이 춤 물 찍 문
용 거 색 발 돌 거 제 레 주 감 거 의 거 편 레 쌀 로
한 주 운 의 발 스 체 부 감 거 을 거 한 임 사 지 까 한 명 유
올 자 주 추 공 루 적 을 퓨 한 임 사 지 까 한 명 유
바 발 물 한 거 주 체 다 를 너 원 문 바 도 부 견 을
```

확산
걱정
영어
기사
풍부한
이전
위협이
뜨거운
유명한까지
식물로
편지
충족
구색
영감
네일
임원
교회
고려
장소
재생

Puzzle 286

다행히도
밀가루
아무것도
뭔가
해변
무효
배지
음료
소파
오류
높이
복구
직원이
인터뷰
기능올
순무
환자
섹션의
태양
남아는

```
늘 바 적 추 돌 태 쌀 굽 절 올 들 문 카 바 크 부 맞
트 다 행 히 도 양 환 자 북 운 밀 감 달 동 를 주 올
노 용 법 맞 자 대 쌀 집 해 변 트 가 도 의 트 음 한
션 이 용 동 람 은 질 물 동 위 쌀 뭔 루 맞 동 료 바
돌 위 을 을 풍 날 추 사 동 문 오 류 동 문 필 한 한
결 거 절 돌 문 자 을 돌 에 동 대 바 카 에 표 로 올
한 춤 셀 찍 자 러 춤 제 션 도 다 표 한 표 루 부 추
직 터 표 추 동 트 발 결 순 것 부 용 섹 견 체 굴 너
원 장 운 셀 배 부 동 로 고 무 에 끔 션 발 집 표 카
이 받 부 문 지 기 능 을 는 아 남 높 이 은 의 동 부
다 이 을 동 물 굽 끔 굽 동 요 한 늘 트 람 한 달 위
자 셀 의 끔 제 제 적 문 솔 문 문 루 북 견 인 문 늘
람 대 이 부 감 물 셀 거 문 문 루 북 자 을 범 구 자
무 효 전 질 레 주 결 굴 문 북 자 을 동 터 을 굴 문
한 은 동 셀 다 도 트 맞 이 을 요 소 파 뷰 올 문 느
```

Puzzle 287

도	도	컴	문	도	자	들	주	바	컴	문	이	젊	공	찍	을	주
짓	을	거	울	발	끔	범	동	공	추	요	한	루	늘	도	터	돌
대	한	퓨	트	어	러	짓	자	을	문	바	풍	위	션	도	주	루
트	로	바	느	리	루	체	동	동	을	다	갔	고	대	고	러	
검	색	결	받	장	도	필	동	풍	필	동	바	도	한	받	한	거
체	바	도	션	문	농	행	트	추	크	법	샤	워	파	끔	표	
컴	을	노	한	바	구	법	원	커	플	운	문	노	올	동	을	질
늘	용	젊	을	공	장	어	카	받	오	이	찍	말	을	날	질	결
을	운	물	질	발	고	돌	를	적	물	위	주	공	발	은	로	트
바	위	을	댄	은	운	바	노	끔	이	견	퓨	퓨	자	위	동	동
결	핏	하	면	스	물	견	에	귀	올	돌	동	거	셀	꿀	부	을
절	공	필	찍	다	사	어	터	족	루	한	절	리	동	표	벌	장
추	집	공	바	바	도	제	한	트	이	낌	어	러	용	은	주	부
문	를	받	끔	러	트	준	범	다	낌	고	올	평	방	람	이	은
연	못	조	랑	말	문	비	다	느	굴	를	전	부	늘	부	자	문

오이
샤워
물어
말을
꿀벌
커플
농구
갔다
귀족
제어
거울
연못조랑말
도발
댄스
준비
법원
평방
검색
바다
걸핏하면

Puzzle 288

반딧불
골절
희망
기쁘게
수입
고객
질환
당신의
내와
양파
적어도
썰매
수박
플래그
구성
야구
방식을
갑자기
잊지
지점

돌	주	적	크	솔	절	카	굽	집	동	카	문	다	당	도	굴	의
의	쌀	위	올	적	문	를	올	끔	거	이	노	범	신	물	부	은
들	문	게	체	어	골	절	박	반	딧	불	썰	매	의	결	바	퓨
대	올	바	쁘	도	고	객	수	입	주	동	짓	은	전	컴	대	파
이	을	갑	자	기	야	다	리	션	주	체	낌	주	자	달	파	노
끔	바	터	법	크	구	람	용	한	체	발	추	쌀	대	젊	올	트
방	식	을	부	한	은	늘	문	바	이	은	바	이	견	올	컴	사
쌀	트	부	춤	로	발	젊	쌀	끔	솔	짓	션	한	러	발	전	카
은	요	한	젊	로	쌀	스	파	이	추	솔	굽	부	트	용	끔	적
로	들	받	리	체	를	희	내	느	문	발	문	춤	찍	받	짓	트
추	공	발	제	바	리	망	에	와	은	퓨	결	용	질	문	이	늘
문	느	셀	받	레	적	문	너	감	결	문	한	자	적	올	적	사
한	낌	잊	점	루	말	운	범	스	크	한	자	환	한	문	풍	한
대	의	동	지	문	짓	동	양	문	부	동	질	굽	위	바	부	질

Puzzle 289

로 동 동 딸 기 다 견 리 문 적 크 장 암 트 동 침 질
집 느 거 한 위 날 체 쌀 견 루 러 트 트 탉 적 착 감
질 바 부 요 용 범 다 절 감 절 전 쟁 트 스 에 이 낌
트 다 트 물 들 람 돌 달 집 폭 필 부 한 쌀 에 차 체
자 한 절 한 주 다 을 을 동 한 력 대 집 한 늘 쌀
말 들 메 추 라 기 위 용 다 를 리 컴 인 신 선 한 운
용 터 장 도 측 발 부 트 질 문 문 이 구 리 트 끔 셀
회 색 어 두 운 공 로 러 필 문 바 문 연 주 바 범 행
낌 자 오 절 도 춤 지 풍 문 법 장 로 결 짓 레 질 다
흡 수 후 감 질 운 시 터 발 컴 체 질 질 을 바 다 감
법 카 을 고 부 날 소 주 카 문 다 을 측 체 컴 추 람
동 동 크 위 은 부 프 트 부 우 였 레 측 충 피 아 노
느 로 찍 셀 건 대 트 컴 짓 맞 보 한 집 성 솔 적 공
루 바 이 용 질 늘 문 은 컴 솔 동 이 션 의 받 사 러
용 찍 들 바 견 날 문 들 부 맞 말 파 한 범 문 를 어

피아노
오후
소프트
카우보이
인구
침착이
차이
딸기
암탉
소시지
전쟁
회색
보였다
충성
어두운
신선한
메추라기
연결
흡수
폭력

Puzzle 290

껍질
대회
중복
물건
방문
떨어졌다
통해
바로
쪼아
효과
세계
버스
이론
칠면조는
연락처
좋아
제로
스타킹
건강
검은

바 칠 요 문 용 러 끔 질 고 떨 위 풍 을 발 문 주 날
집 면 이 론 너 노 의 필 레 셀 어 짓 이 도 셀 대 셀
바 조 위 고 행 자 춤 문 을 은 용 졌 감 바 통 회 위
은 는 도 공 고 크 검 은 을 문 질 이 다 중 해 연 바
범 문 짓 을 을 전 어 셀 자 다 춤 은 솔 복 문 락 받
을 도 올 발 절 동 한 짓 버 트 좋 스 타 킹 을 처 을
퓨 트 파 크 다 물 어 크 스 문 아 춤 이 쌀 에 터 받
물 맞 늘 문 람 셀 질 세 다 맞 한 자 껍 법 건 말 돌
집 이 받 올 다 이 감 계 바 다 한 문 거 질 강 받 맞
바 사 사 결 파 를 감 제 로 로 도 바 늘 절 쌀 스 도
트 받 바 짓 제 사 도 을 러 러 쌀 에 한 러 리 람 물
짓 동 쌀 도 은 질 대 맞 용 람 측 들 달 대 컴 맞 건
찍 대 스 동 맞 느 을 맞 부 도 자 바 절 장 효 을 결
풍 자 문 문 올 사 쪼 쌀 카 전 북 느 동 맞 과 바 측
풍 받 를 질 을 발 아 말 로 방 문 파 돌 체 느 굴 제

Puzzle 291

주	동	동	운	다	발	찍	너	장	한	느	문	견	션	복	을	운
체	전	체	굽	영	용	굽	를	션	반	솔	악	문	의	르	도	콘
문	퓨	집	부	을	문	문	트	집	자	절	어	잊	솔	이	카	한
크	쌀	찍	부	쌀	공	감	질	측	질	굴	문	거	올	필	체	의
이	문	동	컴	찍	운	솔	올	문	문	션	추	바	리	동	바	발
계	란	주	쌀	로	끔	표	도	눌	러	늘	끔	결	부	다	바	느
트	견	물	날	북	이	다	고	필	제	견	물	부	을	가	필	장
찍	늘	한	한	젊	견	길	북	을	문	자	전	한	들	방	을	프
법	운	견	바	바	연	사	쪽	루	대	트	문	에	굴	이	트	로
추	쌀	로	주	바	민	맞	으	스	프	링	파	트	용	한	지	젝
절	주	늘	션	구	스	을	로	굴	로	어	퓨	컴	사	질	켜	트
의	표	한	셀	니	트	북	쌀	거	느	결	오	노	용	젊	에	를
를	바	발	발	날	집	범	트	문	다	문	늘	견	지	구	를	북
끔	절	비	돌	운	로	달	크	한	찍	체	끔	거	의	루	용	발
자	체	행	거	제	맞	을	발	바	트	대	발	굴	결	다	받	바

북쪽으로
오늘
연민
악어
지구를
프로젝트를
잊어
비행
바구니
가방
스프링
가을
이길
계란
눌러
운영
콘도르의
자체
지켜
복도

Puzzle 292

통치자
파일럿
방해를
새로운
분수
자매
반환
피부
지역
보일
고추
갈등을
미스
부문의
하늘
대통령을
탄생
상추오이
작은

를	법	끔	북	물	다	고	방	표	동	레	미	필	필	이	한	바
공	끔	발	동	카	에	추	해	통	치	자	스	로	동	거	람	북
풍	바	늘	파	찍	대	문	를	받	받	스	다	한	크	을	노	풍
은	주	솔	거	풍	물	은	러	범	늘	를	은	측	퓨	이	질	을
다	솔	자	동	노	발	동	절	셀	끔	느	맞	풍	상	추	오	이
돌	사	북	어	날	춤	주	장	질	동	람	도	행	부	주	이	로
절	용	굽	느	새	질	작	체	측	부	이	컴	을	끔	스	쌀	문
달	한	반	받	절	로	은	느	루	춤	집	레	감	분	다	쌀	하
옷	을	환	파	일	럿	운	탄	한	춤	트	공	한	를	수	자	늘
달	늘	굽	표	파	보	일	생	표	춤	발	크	찍	컴	위	의	은
받	범	람	견	물	말	컴	부	표	집	도	느	한	쌀	적	문	질
리	체	의	받	끔	갈	부	문	거	바	자	지	늘	표	피	부	한
장	공	발	위	운	등	쌀	의	바	동	대	레	역	자	달	레	이
북	람	리	끔	레	도	을	공	을	카	부	퓨	제	매	도	법	크
전	문	대	통	령	을	추	쌀	느	젊	레	풍	로	문	올	크	도

Puzzle 293

굽	레	다	사	어	용	동	행	물	즐	길	스	문	결	대	체	유
를	다	문	람	도	다	레	트	주	고	동	크	스	집	자	중	다
의	들	결	이	의	절	맞	한	춤	느	기	단	순	히	로	도	션
범	물	너	한	달	동	동	너	동	쌀	끔	용	을	를	들	쌀	측
도	용	어	짓	어	집	소	느	받	돌	도	션	바	질	션	필	범
범	를	을	발	도	터	개	로	을	크	생	루	동	을	굽	한	느
한	컴	쌀	끔	노	람	에	셀	행	체	존	트	저	맞	문	느	에
굴	풍	질	솔	쌀	테	추	날	복	다	달	입	이	녁	용	바	느
범	이	바	카	필	러	루	굴	한	트	로	도	자	대	운	션	견
자	젊	날	문	북	노	위	느	소	수	점	랑	동	일	춤	션	집
적	의	퓨	전	바	로	운	상	람	에	한	터	트	절	고	노	느
어	집	터	트	한	기	쁜	을	솔	행	한	올	받	견	젊	네	제
감	짓	에	범	셀	요	바	행	한	도	추	좋	에	느	체	트	발
대	용	을	찍	날	부	이	질	동	느	문	게	동	체	물	워	느
를	굴	사	고	느	발	을	의	맞	춤	동	표	동	끔	제	크	람

체중
도랑
위상
단순히
도입
네트워크
소개에
테러
저녁
사람이
소수점
유체
발을
물고기
좋게
즐길
생존
기쁜
행복한
동일

Puzzle 294

그녀의
사슴
말한다
여기
설득
코트
그랜드
재능
달성
온다
얼룩말
정부
고도
클라우드
소화
용감한
차단
권한
설탕에
개선

터	을	쌀	너	전	리	설	받	찍	문	달	용	위	한	측	문	느
을	를	재	파	터	크	득	퓨	올	부	성	굴	동	어	물	젊	에
필	로	문	능	달	북	자	을	쌀	집	전	크	표	은	용	너	셀
문	을	낌	개	선	쌀	파	트	풍	용	느	견	파	거	한	를	끔
자	크	동	바	설	탕	에	운	바	춤	감	사	슴	여	단	바	위
감	다	올	추	을	느	를	말	동	발	낌	한	차	단	바	어	다
맞	전	젊	짓	솔	크	고	도	견	문	로	권	동	에	어	다	터
늘	리	받	물	한	정	레	날	느	집	트	들	올	다	터	이	노
필	굴	문	동	쌀	이	부	바	러	카	공	카	자	풍	문	이	의
쌀	문	바	고	카	컴	주	전	트	물	람	문	레	맞	바	말	말
달	코	트	한	운	말	그	랜	드	법	문	표	질	도	의	다	용
낌	을	에	터	람	한	카	도	우	컴	얼	룩	말	소	문	트	춤
람	한	위	파	집	다	트	자	라	체	달	에	행	화	트	체	감
측	은	크	셀	솔	용	로	컴	클	동	한	온	다	끔	문	범	을
리	적	낌	트	이	발	질	늘	늘	측	한	법	한	추	낌	법	도

Puzzle 295

용	로	로	한	젊	다	주	올	풍	정	노	절	루	트	은	춤	스
요	위	운	로	바	느	은	러	춤	동	의	터	크	스	쌀	에	한
여	행	문	제	일	어	한	결	행	러	집	도	측	증	가	제	부
크	젊	문	실	부	카	결	트	표	질	절	춤	셀	션	용	어	를
퓨	한	춤	파	동	변	날	법	굴	동	은	쌀	체	발	추	이	주
주	공	레	를	리	수	선	용	결	로	돌	다	제	대	발	션	을
쌀	집	측	에	적	바	부	카	견	도	주	이	한	한	끔	트	바
제	적	인	바	추	젊	오	체	을	람	바	올	루	행	바	용	동
이	다	덱	솔	문	한	디	을	을	올	루	행	바	끔	리	발	을
슬	답	스	의	질	쌀	션	택	지	금	까	지	동	다	문	참	석
다	다	응	날	카	로	운	시	끔	공	동	춤	에	풍	체	동	다
행	은	리	컴	셀	요	굴	다	한	문	다	법	셀	표	을	은	발
올	들	주	한	루	인	을	체	범	올	카	다	받	한	발	춤	한
예	스	크	럽	장	을	바	도	은	외	부	범	파	들	집	정	도
쌀	를	측	터	결	풍	바	감	늘	받	장	에	달	굽	짓	결	컴

외부
택시
이모
여행문제
인덱스
참석
일부
정도
요인을
이슬
오디션
실제로
정의도
예를
지금까지
날카로운
변수
응답이
증가
스크럽

Puzzle 296

그러나
풍부
괴물
변화의
계단
상단
조류가
다음과
추가
들어
중앙
믿기
바디
군인법
키위
규제
얼음
지상
기본

변	범	굽	감	문	은	용	어	너	들	바	어	리	루	행	추	가
화	표	람	을	스	굴	요	올	요	위	디	북	로	한	공	문	트
의	키	한	퓨	파	람	자	에	노	적	바	트	문	감	리	운	감
낌	위	동	크	이	위	느	느	도	노	결	느	조	노	도	돌	너
추	컴	트	자	주	동	감	자	들	의	발	로	낌	류	늘	동	를
들	군	문	동	한	카	람	은	을	요	스	사	말	컴	가	을	한
젊	인	퓨	카	장	굴	용	방	사	로	리	느	리	너	굴	은	트
컴	은	물	규	어	맞	그	트	법	로	발	문	풍	짓	부	질	을
을	체	춤	제	법	낌	러	를	한	퓨	집	바	루	젊	상	지	부
얼	음	결	발	에	한	나	돌	돌	셀	션	부	맞	젊	맞	단	바
물	한	발	적	날	너	행	다	괴	물	행	맞	쌀	달	받	계	은
을	션	올	기	믿	제	요	음	다	동	감	법	컴	트	맞	중	앙
풍	부	결	본	맞	카	한	과	받	느	굴	은	을	주	자	를	법
부	느	한	셀	을	도	도	문	로	셀	문	도	퓨	달	들	이	젊
루	제	거	북	범	맞	느	다	리	너	측	행	동	퓨	어	용	북

Puzzle 297

특	정	올	단	달	춤	필	로	에	라	님	생	선	크	쌀	트	바
문	부	풍	락	스	은	용	너	결	이	용	스	산	분	리	고	컴
압	바	늘	고	동	의	를	공	레	브	느	퓨	돌	너	조	식	받
력	젊	을	문	느	생	강	을	춤	러	린	트	장	노	트	자	두
느	자	견	짓	도	범	을	도	체	리	요	측	다	루	동	터	굽
사	본	법	고	적	범	절	은	자	절	주	위	을	측	로	물	솔
음	다	바	물	질	표	루	도	개	최	부	한	솔	바	질	결	견
러	너	리	공	굽	퓨	레	도	트	느	감	의	낌	을	은	트	들
부	물	달	격	문	주	용	달	카	춤	문	들	쌀	전	자	추	문
사	션	공	늘	행	동	젊	솔	질	다	집	집	쌀	크	받	운	전
주	로	동	다	법	을	에	동	부	맞	이	이	도	필	은	선	복
문	한	늘	을	집	바	춤	트	위	을	스	결	이	의	셀	들	싱
질	필	질	도	를	부	이	트	로	트	한	문	감	다	문	로	바
바	한	이	을	늘	누	달	말	트	솔	로	스	쌀	낌	견	적	낌
표	젊	표	물	굴	한	출	감	춤	결	솔	감	요	비	교	동	적

생산
누출
선생님
사다리
다음
느린
개최
특정
생강을
복싱
라이브러리
자본
조식
분리
압력
단락
공동
공격
비교
자두

Puzzle 298

삼촌
흥분
스틱은
장갑
무의미한
흥미로운
어떤
가져
양배추
건조
체포
동의
트럭
이웃도
이동
일찍
보트
드래곤
초콜릿
간호사

보	장	측	행	로	로	장	동	무	바	문	크	도	적	동	흥	발
트	법	질	물	로	돌	갑	의	찍	의	트	표	느	리	문	말	분
리	도	춤	법	동	어	적	트	동	이	미	집	굽	부	노	셀	문
젊	동	바	전	스	다	질	문	북	웃	이	한	위	장	스	이	바
리	측	발	질	로	요	체	적	집	도	너	집	동	이	틱	올	용
행	바	문	집	한	카	포	초	드	래	곤	끔	행	을	은	발	발
삼	촌	발	용	람	문	동	바	콜	결	카	파	쌀	동	을	자	공
부	트	달	공	너	표	스	파	다	릿	질	쌀	말	의	트	크	퓨
용	럭	로	를	올	을	굴	솔	운	트	끔	주	질	추	부	선	고
어	쌀	동	레	동	용	문	루	일	건	이	레	루	느	동	고	이
떤	받	공	을	쌀	다	바	어	찍	조	양	배	추	을	감	사	한
을	필	동	고	너	람	카	돌	에	표	흥	어	문	대	러	부	컴
굴	절	간	솔	러	추	공	대	이	을	미	부	바	가	에	퓨	로
날	다	호	한	용	크	질	추	말	부	로	바	집	져	트	짓	동
날	장	사	받	트	파	낌	절	용	대	운	자	올	주	동	표	을

Puzzle 299

```
배 장 찍 주 파 트 짓 동 라 밝 마 테 스 트 를 감 다
발 심 도 추 한 질 측 은 일 은 엄 련 이 한 공 조 상
제 풍 원 사 바 질 로 앞 락 정 람 쌀 쌀 은 춤 노 견
어 덮 여 을 의 다 의 서 파 확 순 동 을 느 추 바 동
은 법 느 말 솔 한 공 부 은 한 찍 간 솔 한 행 한 에
자 집 한 바 울 새 쌀 풍 질 루 대 질 로 한 표 느 문
트 용 적 이 도 람 범 돌 자 을 도 올 굴 대 찍 바 전
발 단 편 풍 범 스 바 레 돌 용 끔 터 의 절 람 로 북
이 를 항 굴 범 컴 거 풍 문 젊 러 물 부 대 부 의 용
공 를 해 문 트 노 대 로 행 낌 쌀 바 용 을 위 결 감
트 를 행 동 리 을 견 스 낌 쌀 받 다 운 젊 주 쌀 동
운 도 크 트 올 솔 도 도 한 대 트 날 과 학 자 솔 공
부 문 질 범 찍 을 달 셀 쌀 다 로 결 부 은 카 주 젊
자 달 받 견 를 용 은 러 부 을 퓨 젊 풍 발 은 범 법
너
```

심장
앞서
조상
동공
배심원을
순간
맛을
항해은
밝과
결과
엄마
정확한
대부분의
단편
덮여
라일락
마련
과학자
테스트를
울새

Puzzle 300

여성
함께했다
군사
일반적인
교훈은
케이지
캠프
현실의
실시
느꼈다
좌석
감옥
주말
클립
지구본
구조
구매
문제
초점
포함

```
춤 맞 요 다 부 한 일 쌀 행 위 노 전 고 도 필 을 을
카 본 한 했 캠 을 날 반 부 맞 발 초 점 느 은 받 주
스 구 매 께 프 현 실 의 적 달 퓨 문 파 짓 션 올 돌
끔 지 포 함 을 다 운 측 법 인 위 젊 동 받 케 말 질
받 에 부 동 범 절 구 은 발 표 리 너 발 카 이 리 쌀
을 파 법 에 선 필 조 은 전 고 한 말 션 스 지 자 문
러 어 위 늘 발 이 짓 주 주 급 한 을 터 질 굴 거 춤
은 너 로 퓨 적 바 짓 부 말 로 이 용 문 도 쌀 을 한
너 굴 부 다 거 어 필 스 좌 교 훈 은 굽 문 거 겼 바
느 을 집 부 너 추 퓨 터 석 끔 젊 문 도 느 다 러 범
들 적 굽 실 문 노 자 제 이 어 리 운 파 동 솔 물 에
사 을 주 어 시 감 옥 주 북 북 도 루 주 문 늘 굴 문
여 성 트 견 받 도 도 춤 문 크 풍 한 운 말 낌 느 춤
전 낌 어 북 한 끔 컴 문 들 결 군 견 한 쌀 느 용 낌
낌 필 클 립 부 카 굴 맞 위 주 사 달 느 발 파 낌 느
```

Puzzle 301

결	역	주	를	러	발	측	필	발	퓨	파	람	문	견	잠	늘	노
솔	할	달	느	감	트	동	은	의	포	의	너	크	북	금	공	위
러	로	자	문	굽	사	거	어	결	함	문	질	레	굴	달	측	컴
한	쌀	젊	은	을	바	질	카	느	되	주	장	용	퓨	트	동	견
의	굽	절	트	여	체	동	범	결	어	돌	크	루	쌀	느	문	은
나	쁜	을	스	우	의	바	은	한	제	이	게	동	트	컴	바	대
부	범	화	재	말	굴	북	한	추	집	북	측	행	다	트	한	측
해	러	루	춤	쌀	공	이	를	루	질	바	로	로	은	쌀	빠	른
바	자	바	주	날	컴	문	생	물	학	젊	말	레	람	파	카	발
라	다	은	너	부	적	장	파	받	적	받	내	용	문	돌	이	너
기	동	북	굽	자	질	요	문	로	달	용	부	컴	굴	추	감	굴
체	친	표	북	늘	절	말	운	사	발	운	절	적	돌	트	퓨	목
짓	화	로	한	알	도	문	장	말	아	카	바	자	동	굴	은	적
질	적	풍	말	달	고	들	러	범	도	침	람	늘	자	체	자	한
공	날	다	트	를	이	쾅	살	장	을	주	느	용	연	측	이	쌀

역할
주장
여우
생물학
목적
나쁜
알고
자연
크레용
내용
살쾡이를
친화적
달이
빠른
화재
해바라기
포함되어
잠금
크게
아침

Puzzle 302

임명
빌드
시작
나비
쓰기
제안
할아버지
지리
영리
강아지
아들이
요청
보여
내부
보드
감자
너트
고속도로
업데이트
출생

션	들	찍	감	나	비	동	늘	행	을	적	을	파	부	느	문	돌
용	트	이	을	결	너	트	한	바	짓	찍	솔	로	풍	끔	동	사
쓰	범	고	속	도	로	쌀	사	리	다	을	션	굴	늘	스	셀	전
기	문	컴	올	바	느	절	로	질	은	동	쌀	의	트	사	표	다
한	필	동	느	굽	물	크	션	셀	동	질	법	쌀	느	시	대	쌀
표	말	짓	셀	한	사	대	동	도	리	쌀	바	사	다	작	들	카
느	견	션	사	법	굽	부	한	강	아	지	내	부	영	리	필	고
표	도	리	체	맞	말	북	솔	다	션	노	버	문	자	업	로	위
감	은	요	청	찍	도	한	요	션	문	노	젊	아	장	데	솔	을
러	낌	결	찍	공	어	을	느	춤	말	발	션	문	할	이	제	이
다	이	북	들	문	동	운	문	를	추	아	북	의	풍	트	안	이
컴	춤	대	제	올	굽	터	달	쌀	대	들	전	끔	행	보	한	출
자	발	들	도	위	로	루	의	주	바	이	러	측	솔	여	바	생
자	임	파	추	빌	드	보	받	문	사	이	다	적	을	감	도	용
동	낌	명	굽	대	느	트	터	범	동	견	트	자	파	자	문	에

Puzzle 303

파 물 제 을 카 문 주 느 를 스 발 문 노 자 트 어 셀
리 고 도 바 받 을 자 찍 끔 동 트 굴 집 굽 트 발 요
말 낌 에 이 러 측 문 표 을 찍 스 체 퓨 호 법 발 말 올 견 거
발 제 바 론 동 자 러 끔 체 퓨 호 법 발 말 올 견 거
문 션 짓 이 거 북 얇 감 시 민 신 필 바 측 굴 달 행 주
장 로 파 크 북 은 컴 쌀 트 호 에 자 장 도 견 풍 동 다
공 부 카 자 이 스 퓨 제 람 를 행 고 도 측 동 감
컴 원 주 법 퓨 은 바 한 극 적 인 말 고 레 한 고 파
굴 정 을 신 중 한 체 돌 범 바 요 을 적 표 견 문 을
쌀 발 을 동 풍 문 날 한 에 고 자 받 를 자 발 트 공
레 측 을 트 사 크 측 로 노 전 래 견 한 유 결 도 질
용 트 을 받 문 춤 달 카 데 레 요 대 동 바 장 발 문
에 의 고 로 거 식 별 터 이 솔 늘 로 범 문 질 용 을
카 위 굽 한 쌀 맞 운 전 터 절 너 표 을 법 물 리 장
문 로 험 시 발 한 을 로 적 굴 자 람 주 끔 바 도 성

요인
원정
자유
데이터
성장을
신호를
스트림
시민
신중한
위험
고래
호스트
식별
질문을
얇은
이론이
시험
극적인
거북이

Puzzle 304

엔진이
크리스마스
인치가
치료
임의의
외국
서식지
응시
불안
뛰어난
지친
가상
들소
그림
스테이션
으르렁
간단한
날카로운
기본
생강을

문 도 장 외 을 은 노 질 한 동 쌀 트 러 대 을 쌀 문
으 표 부 국 엔 진 이 러 은 들 터 주 트 대 절 을 돌
르 도 한 절 루 대 퓨 들 동 소 돌 한 고 한 제 날 루
렁 레 바 트 뛰 어 난 동 춤 문 생 질 파 동 동 카 은
질 짓 크 날 굴 주 용 용 쌀 질 강 한 표 쌀 루 로 끔
응 시 공 리 위 발 러 날 전 한 을 선 제 느 거 운 문
가 질 범 결 스 간 단 한 필 동 춤 공 자 루 부 한 루
치 료 쌀 루 로 마 늘 자 날 굽 한 달 불 안 은 질 북
인 자 질 풍 을 요 스 풍 스 동 로 터 쌀 추 크 로 감
거 적 은 위 느 들 을 끔 로 체 절 북 쌀 션 부 적 바
느 행 지 친 쌀 로 스 늘 굴 그 가 상 제 법 받 찍 자
결 전 체 추 느 한 바 용 요 터 림 퓨 용 문 러 은 장
바 스 테 이 션 람 한 리 끔 기 을 용 문 서 터 너 결
레 돌 받 람 한 의 절 날 로 본 질 임 의 의 식 표 위
고 질 쌀 절 고 측 표 절 추 들 문 고 체 자 굴 지 레

Puzzle 305

제 주 은 문 로 발 솔 맞 결 터 바 동 한 을 동 루 측
비 행 기 가 동 부 집 셀 와 이 어 다 음 에 감 감 느
을 법 젊 느 이 퓨 도 를 행 질 다 운 카 한 레 물 발
낌 사 동 장 사 요 을 용 늘 한 젊 노 제 굽 부 풍 북
적 문 종 이 체 간 어 너 셀 한 읽 이 돌 성 인 터 이
용 노 한 젊 쌀 적 다 허 프 필 는 북 낌 부 범 쌀 트
을 맞 대 춤 쌀 돌 동 리 풍 오 은 솔 노 동 대 표 행
공 트 범 한 표 맞 거 케 다 리 셀 용 절 춤 낌 요 트
서 규 칙 복 말 쌀 대 인 쌀 추 용 에 리 적 트 리 를
다 비 트 구 한 추 퓨 자 을 도 법 춤 결 물 한 짓 을
파 에 스 굽 다 이 말 도 열 대 체 로 은 느 표 장 를
유 시 사 이 은 요 질 북 한 절 트 쌀 장 표 산 업 을
령 장 바 한 의 들 위 범 주 주 사 견 다 로 문 짓 제
젊 의 측 사 요 크 용 운 한 를 동 견 바 발 질 동 올
노 이 동 늘 느 를 위 감 전 이 고 점 수 발 발 사 적

다음에
거대
점수
비행기가
유령
시장의
열한
성인
서비스
간다
산업을
종이
규칙
오프너
허리케인
오리
와이어
읽는
복구
말한다

Puzzle 306

견 컴 질 을 측 를 굽 끔 을 셋 리 한 견 달 필 카 감
러 한 동 용 받 문 션 왕 자 째 물 어 소 시 지 어 주
트 낌 자 도 바 문 용 이 로 은 컴 은 집 물 북 측 문
감 체 발 다 이 정 가 바 에 요 루 굽 삼 터 너 를 한
젊 문 다 용 운 공 리 문 리 물 을 낌 촌 들 한 바 을
측 한 제 고 발 고 객 발 더 션 표 문 의 응 주 날 너
바 장 을 리 맞 받 크 대 게 이 트 에 서 의 답 을 카
루 션 고 크 절 로 문 적 다 레 에 날 범 료 동 주 범
을 용 체 의 한 루 공 적 발 그 법 바 에 한 맞 셀 행
법 공 트 집 루 바 달 달 용 이 길 러 도 들 러 이 집
바 한 바 이 볼 룸 한 범 를 마 감 로 한 발 질 감 레
감 을 표 바 젊 범 늘 한 감 굴 캐 긴 장 굴 짓 돌 을
에 표 동 행 이 용 다 달 너 을 치 춤 낌 람 셀 문 문
전 부 솔 물 제 상 상 파 굽 너 리 은 람 주 부 운 한
컴 문 남 아 는 전 카 결 집 운 굴 의 의 돌 레 카 바

마이그레이션
상상
리더
가정이다
캐치
길이
전문
왕자
볼륨
의료
셋째
긴장
게이트에서
다운
응답
삼촌의
남아는
물어
고객
소시지

Puzzle 307

이	로	에	동	카	크	가	루	끔	낌	결	장	측	장	장	찍	크
요	필	문	무	나	쁜	거	을	발	한	부	어	정	문	맞	중	견
위	주	굽	북	최	악	의	추	굽	행	한	질	한	필	너	간	제
고	위	솔	느	제	견	받	결	들	손	실	말	문	레	다	문	을
끔	루	노	찍	의	이	문	부	사	질	파	달	아	이	디	어	가
한	크	말	결	젊	다	두	올	용	부	도	대	요	전	느	러	한
선	호	하	는	리	동	려	자	동	추	법	노	받	을	로	을	요
자	결	적	늘	레	노	움	측	연	한	레	을	장	돌	문	크	다
크	도	날	한	범	한	동	바	받	로	다	벽	스	맞	람	발	부
낌	동	질	퓨	행	문	외	침	을	를	물	화	은	솔	부	굽	크
굽	끔	를	발	을	한	명	퓨	은	어	동	로	북	풍	스	질	크
고	을	을	질	트	끔	사	부	표	지	맞	자	늘	범	견	질	원
을	문	바	를	솔	이	레	위	협	금	적	로	끔	추	보	통	형
건	강	들	물	람	셀	러	북	절	까	도	의	쌀	측	이	을	은
느	체	받	주	너	쌀	스	짓	받	지	필	춤	쌀	낌	거	공	올

손실
외침을
선호하는
벽화
중간
측정
명사
두려움
보통
노동
아이디어가
위협
원형
나무
최악의
건강
가을
지금까지
자연
나쁜

Puzzle 308

세븐
양말
백조
비워
발가락을
실현
보장
다섯
의학
입술
접착제
기린
잡지
유사한
휴대용
방식을
과학자
심장
케이지
너트

체	로	추	이	동	돌	접	로	느	발	가	락	을	한	의	양	도
스	을	노	풍	법	부	한	착	대	로	요	로	식	자	학	과	말
문	북	카	컴	용	백	조	받	제	쌀	낌	늘	방	들	북	전	장
용	받	심	장	보	발	대	사	느	카	풍	실	현	카	을	바	주
행	맞	물	부	자	동	을	발	집	느	전	장	로	트	행	거	의
적	바	바	퓨	세	븐	한	문	질	받	휴	대	용	법	부	동	자
말	을	질	요	바	장	비	람	문	맞	젊	퓨	행	쌀	찍	이	대
느	주	발	루	을	을	워	잡	지	기	린	러	맞	올	질	거	발
부	도	트	도	문	문	람	스	이	찍	크	필	추	날	로	을	에
문	카	자	받	솔	한	발	적	케	받	체	에	동	필	너	대	루
춤	북	노	요	부	문	맞	추	굽	스	은	크	달	동	퓨	러	올
한	견	물	부	트	끔	노	유	크	문	절	달	트	발	다	바	범
람	트	동	달	늘	문	의	셀	사	제	로	루	발	쌀	섯	너	트
동	풍	젊	를	동	주	젊	질	전	한	용	굽	올	느	법	트	입
을	요	들	추	필	주	요	용	이	트	표	바	추	문	을	한	술

Puzzle 309

사	굴	지	북	극	이	바	위	영	자	발	제	쌀	동	추	노	풍
막	음	발	역	자	신	용	집	역	고	집	전	부	부	을	동	크
바	용	성	쌀	은	종	발	도	을	운	물	고	카	이	동	전	다
스	을	문	솔	주	질	반	영	에	서	문	참	트	트	집	끔	너
견	퓨	물	춤	범	물	추	범	노	검	물	가	용	행	다	절	견
집	끔	공	를	문	전	어	측	부	퓨	은	을	표	축	하	하	다
트	짓	솔	로	느	은	제	집	찍	측	질	소	유	자	한	다	람
끔	어	쌀	노	낌	표	필	풍	솔	행	춤	를	을	운	체	절	반
공	쌀	위	제	느	질	젊	들	퓨	문	어	을	주	바	체	람	카
어	굽	자	측	행	범	로	날	션	문	동	범	로	풍	트	풍	를
자	사	이	질	람	위	법	거	자	트	운	터	한	주	점	진	적
측	적	한	솔	을	짓	추	용	말	용	사	모	험	말	한	동	발
도	터	굴	굽	셀	돌	필	들	적	루	은	말	세	주	파	터	유
질	카	의	을	받	운	솔	을	트	러	바	느	금	로	이	체	치
결	짓	달	은	측	젊	요	받	날	표	은	돌	다	측	주	터	가

소유자
좋은
유치가
사막
축하하다
자신
솔로
반영에서
바위
영역을
점진적
세금
참가을
음성이
북극지역은
모험
절반
검은
주말

Puzzle 310

촛불
젊은
수석
천국
부족한
기사는
소요
화창한
궤도
지원을
끔찍한
확실히
배가
누군가
사냥
제어
고추
행복한
재능
압력

제	젊	천	대	바	바	받	체	절	굴	로	트	견	범	람	터	필
어	짓	은	국	사	돌	용	질	동	쌀	러	이	운	행	복	한	
이	바	요	컴	냥	은	한	레	한	돌	풍	문	범	젊	고	동	화
리	날	거	날	전	파	전	이	제	질	맞	셀	동	은	집	을	스
이	맞	발	결	날	주	물	날	견	돌	에	이	표	행	을	한	배
재	로	트	발	감	동	터	도	람	동	측	굽	고	한	법	끔	가
능	트	전	소	요	법	질	말	측	문	북	제	부	법	이	적	군
문	요	동	어	압	력	루	풍	체	집	너	자	은	발	누		
들	궤	도	절	받	어	도	끔	쌀	발	터	을	루	적	젊		
공	바	도	질	로	짓	측	절	스	행	러	주	다	맞	퓨		
체	확	결	범	전	도	도	트	지	굽	주	위	은	이	스		
표	실	동	어	법	감	용	거	원	로	을	발	견	행			
노	히	촛	이	너	레	절	도	을	고	감	수	동	자			
고	추	불	부	족	한	찍	끔	어	를	행	석	문	를			
돌	로	견	주	은	러	트	질	터	카	바	주	말	쌀			

Puzzle 311

사	동	문	대	감	트	젊	퓨	질	집	파	북	동	받	올	주	용
맞	절	을	은	거	느	느	를	션	짓	인	들	람	을	크	림	셀
자	의	받	말	찍	찍	파	받	젊	결	애	람	추	요	한	맞	낌
이	문	을	고	질	문	동	춤	굴	풍	플	들	집	질	체	쌀	느
브	러	시	보	일	절	카	풍	용	러	행	칠	면	조	스	질	감
느	부	제	생	물	학	문	감	풍	플	풍	문	너	레	솔	추	문
운	사	어	사	질	포	저	을	굽	라	집	달	을	절	주	동	장
자	다	용	공	도	날	켓	녁	진	스	일	마	짓	리	절	노	소
잎	을	거	미	러	동	문	올	술	틱	이	쌀	흔	람	루	도	절
체	의	트	올	자	바	은	문	위	을	짓	달	공	을	테	감	바
트	트	크	을	을	찍	컴	셀	리	요	감	노	식	쌀	이	필	위
쌀	문	질	집	컴	요	행	집	장	즘	발	파	장	부	블	름	질
한	측	문	바	맞	은	러	에	용	결	추	문	운	풍	끔	사	레
고	굽	한	느	올	찍	파	셀	장	퓨	이	부	용	말	미	잘	주
감	한	솔	문	굽	사	동	행	풍	를	고	너	바	문	추	문	북

Word list (Puzzle 311):
- 말미잘
- 진술
- 브러시
- 칠면조
- 마일
- 잎을
- 마흔을
- 포켓
- 필름
- 파인애플
- 거미
- 공식
- 플라스틱
- 크림
- 요즘
- 테이블
- 장소
- 보일
- 저녁
- 생물학

Puzzle 312

Word list (Puzzle 312):
- 귀중한
- 저장
- 그룹
- 아버지의
- 신발
- 사회
- 괜찮아도
- 가치를
- 클럽
- 무릎
- 뉴스
- 떨어져
- 품질
- 바나나
- 바보
- 야채를
- 발렌타인
- 커튼
- 귀족
- 얇은

뉴	적	북	솔	한	측	느	을	자	가	야	대	느	로	공	로	컴
찍	스	질	굴	동	들	문	고	노	치	채	크	로	공	루	자	을
람	을	트	트	루	쌀	부	카	절	를	를	문	레	발	클	럽	질
동	질	을	요	고	위	무	릎	발	한	달	범	로	굽	자	셀	셀
도	동	끔	한	어	대	이	들	신	렌	쌀	로	사	발	퓨	거	주
측	제	풍	용	트	부	동	족	선	바	타	주	아	위	행	측	퓨
제	동	커	얇	은	을	춤	귀	중	한	풍	인	버	고	느	문	품
트	집	튼	짓	동	끔	말	제	돌	도	을	돌	지	루	크	맞	질
을	장	나	나	바	은	바	로	한	부	카	끔	의	들	풍	동	물
문	받	질	떨	장	보	용	한	로	크	바	람	법	을	를	풍	어
풍	퓨	용	어	괜	찮	아	도	어	느	주	행	용	한	추	어	바
솔	발	을	저	장	에	자	쌀	감	한	용	견	바	자	공	사	집
한	도	질	컴	쌀	말	대	한	그	문	어	부	질	솔	말	로	다
스	질	동	이	너	한	트	문	룹	돌	동	절	퓨	주	돌	돌	동

Puzzle 313

거 물 느 끔 용 결 쌀 자 다 제 션 에 저 결 파 장 법
올 행 말 다 쌀 전 모 잠 금 자 올 느 항 혼 위 끔 다
절 도 다 트 은 터 발 니 람 법 요 로 은 한 연 령
받 장 날 적 젊 한 크 은 터 루 로 도 적 거 끔 행 바
물 동 물 원 표 올 바 카 동 링 을 발 올 측 솔 을 결
발 올 틀 을 면 말 법 발 부 사 진 파 용 행 용 고 달
북 리 측 립 동 감 자 동 질 를 즈 리 시 주 은 짓 대
풍 다 부 은 노 날 말 와 문 질 한 어 루 주 자 문 굽
솔 돌 운 부 트 역 아 내 견 시 스 템 트 막 자 한 제
컴 운 을 자 발 할 문 제 고 결 춤 은 행 은 지 람 도
알 문 스 체 끔 어 을 춤 올 터 쌀 맞 질 루 로 마 한
고 느 법 행 용 쌀 법 용 부 제 한 풍 측 달 퓨 음 부
위 험 위 로 파 받 트 용 찍 말 부 솔 솔 한 물 을 짓
행 주 스 법 을 쌀 바 로 올 날 어 받 를 크 을 감 풍
문 달 한 견 한 느 풍 은 요 주 바 늘 로 필 도 을 짓

아내
시리즈를
틀립
표면
파리
연령
저항
결혼은
마지막
시스템
부어
모니터링
동물원
사진
마음을
내와금
잠알고
역할
위험

Puzzle 314

위험하게
유지
손가락
보존
강우
제조
돼지알약
점프는
하나의
밀도
기간의
괭이를
맥주
교육
머그잔
부드럽게
신선한
회색
칠면조는
동일

점 대 질 칠 동 일 를 동 요 파 레 견 전 한 공 추 동
터 프 젊 면 에 의 보 터 젊 다 주 셀 손 운 한 풍 트 을
고 행 는 조 제 자 존 부 돼 머 그 잔 자 가 돌 들 의
발 동 트 는 행 동 트 드 지 기 간 의 짓 어 락 풍 의 너
끔 도 용 견 달 이 느 럽 알 교 바 이 견 리 을 을 밀
퓨 트 셀 동 문 맞 게 약 거 육 회 색 이 의 솔 도
괭 트 한 은 어 동 발 하 동 맥 주 유 지 맞 리 결 을 트
이 트 늘 한 레 장 짓 험 주 트 북 너 도 거 질 을 도
를 레 질 트 찍 올 크 위 너 어 한 느 다 하 리 동 문
젊 짓 대 동 행 바 트 돌 용 의 로 은 공 나 레 굽 집
솔 동 발 자 쌀 돌 필 들 리 을 결 표 다 의 한 감 도
신 선 한 짓 한 강 트 용 을 질 돌 트 올 전 어 돌 자
주 동 러 한 공 우 동 을 트 러 제 끔 동 위 공 컴 바
물 돌 이 집 도 견 레 퓨 트 집 춤 을 말 자 거 바
문 질 을 장 집 용 공 너 문 컴 크 를 크 바 이 전 을

Puzzle 315

열	션	절	늘	낌	늘	춤	경	공	전	낌	주	포	끔	체	주	다
망	션	리	날	쌀	적	춤	로	향	트	체	바	리	사	발	저	고
트	러	질	한	달	사	운	드	어	이	레	플	스	느	고	짓	전
대	을	법	부	사	위	행	운	바	사	젊	람	트	다	말	아	웃
견	다	느	굴	돌	의	한	파	주	매	이	스	에	햄	버	거	북
풍	부	한	견	거	너	고	이	장	문	듭	부	풍	퓨	찍	날	체
감	범	전	솔	올	문	춤	파	동	주	과	집	적	용	한	솔	굽
거	쌀	공	야	춤	제	동	한	다	터	일	트	자	솔	셀	동	굽
너	컴	다	적	망	솔	요	달	의	바	법	발	의	람	터	터	질
크	고	식	용	트	도	이	문	동	견	주	용	들	러	을	이	날
질	바	절	감	풍	말	범	바	다	를	다	거	이	도	제	로	춤
올	올	공	돌	장	올	표	한	너	한	동	맞	적	영	을	달	날
동	로	치	을	스	로	션	풍	사	날	요	표	쌀	양	체	고	북
어	체	명	퓨	결	감	노	모	전	말	러	감	질	분	다	바	바
용	동	적	북	러	자	풍	의	한	제	행	느	병	을	용	사	재

경향이
영양분을
아웃
과일
사운드
바다를
매듭
플레이어
치명적
열망
야망
주저
포리스트에
재사용을
모의
햄버거
식용
질병
풍부한
제로

Puzzle 316

뒤에
플레이
옥수수
많이
표현
발코니
불쾌
법률
결정을
남성
아이를
모양의
말하는
경찰관
천사
가축
비록
오늘
그러나
여우

을	장	말	결	이	션	한	발	늘	을	말	견	바	한	크	범	람
추	한	선	맞	은	발	감	말	부	감	노	사	고	션	카	물	람
한	람	가	축	위	코	추	날	셀	솔	바	바	많	용	이	크	질
전	물	을	표	대	니	비	록	바	문	트	끔	느	이	도	다	올
달	문	모	현	장	돌	범	리	발	맞	받	적	트	자	레	한	너
용	람	양	받	감	문	동	대	춤	을	도	자	터	나	바	을	짓
동	운	의	추	용	들	도	받	경	바	한	그	러	바	찍	용	들
위	선	문	솔	요	요	자	발	젊	찰	운	터	한	찍	용	바	쌀
받	받	전	적	트	문	위	한	다	한	관	을	아	이	를	러	달
법	로	을	질	용	바	한	결	바	동	도	부	불	견	춤	문	굴
쌀	늘	굽	발	짓	여	우	오	정	굴	풍	절	은	어	쾌	문	끔
에	물	늘	전	부	루	한	늘	을	을	젊	필	을	터	도	레	굴
말	견	셀	결	카	뒤	천	사	절	옥	수	수	퓨	쌀	늘	은	북
하	부	을	를	돌	에	셀	견	맞	남	체	요	사	문	동	을	이
는	문	로	스	도	문	낌	한	법	성	낌	들	법	률	플	레	이

Puzzle 317

표	전	거	짓	굴	터	찍	을	쌀	위	전	느	수	늘	트	퓨	느
러	은	말	로	용	찍	찍	찍	발	문	바	물	프	결	동	말	적
자	사	은	자	로	바	대	양	배	추	결	혼	식	바	날	달	자
체	랑	문	이	문	젊	솔	지	혜	자	질	측	문	은	늘	들	늘
집	크	스	적	행	발	트	루	존	질	크	한	에	굴	퓨	은	노
자	주	날	럽	문	한	체	느	고	재	발	를	이	들	에	레	느
도	용	젊	감	게	도	크	바	스	동	를	의	리	션	파	로	트
한	리	이	을	달	자	날	터	끔	작	은	크	운	낌	느	은	바
퓨	행	주	한	노	자	동	요	동	감	주	을	발	문	파	질	도
용	적	쌀	동	션	문	거	은	체	트	돌	풍	찍	고	트	측	를
썩	은	전	발	로	전	문	어	루	행	적	아	전	송	사		장
북	어	화	과	즙	이	동	을	계	정	을	퓨	래	젊	엘	크	컴
물	거	을	돌	사	춤	결	나	운	끔	범	을	층	바	터	들	법
달	퓨	다	다	로	을	의	라	기	한	느	컴	다	부	느	견	이
신	비	바	주	돌	트	트	솔	아	금	이	달	고	춤	도	필	위

전송
버전
엘크
존재를
결혼식
과즙이
썩은
지혜
신비
전화
아기
자랑스럽게
나라
계정을
사자
기금
수프
아래층
작은
양배추

Puzzle 318

하마
지능형
전원
휴일
가뭄
탈출
더러운
전면
동사
친애하는
감기
격리
색상이
의견
운전사
농담
스케이트
긍정적
뭔가
오후

감	감	용	루	굴	고	춤	가	뭄	을	감	러	행	범	자	운	말
동	기	법	격	질	하	부	의	질	체	견	을	측	장	법	파	은
표	을	춤	달	리	마	용	견	측	로	너	의	자	질	트	레	요
은	대	을	오	후	문	친	애	하	는	색	상	이	풍	탈	바	절
동	로	짓	션	을	문	부	크	표	도	휴	주	쌀	굴	로	출	크
도	쌀	체	로	젊	받	굴	동	파	동	일	레	컴	제	긍	굴	를
은	돌	돌	파	주	러	로	도	표	적	크	리	루	를	정	용	러
동	문	카	더	러	운	돌	레	컴	제	자	감	선	행	적	느	을
문	체	컴	동	북	북	맞	러	트	물	카	을	뭔	스	짓	공	리
날	감	적	짓	다	발	맞	을	쌀	스	션	전	가	케	제	카	어
찍	장	을	동	공	바	느	트	거	문	스	동	원	이	올	카	요
다	동	에	달	레	농	담	표	굼	올	발	요	고	트	전	면	부
어	사	한	문	요	바	너	말	느	를	체	도	올	필	발	주	한
발	전	찍	제	집	견	짓	문	쌀	지	능	형	감	장	스	끔	표
찍	운	달	셀	부	터	동	찍	로	을	견	느	발	달	문	감	표

Puzzle 319

트	로	로	을	터	필	문	필	전	표	거	북	이	를	까	늘	로
을	문	제	법	트	표	필	요	위	추	사	이	동	쾡	거	마	한
바	람	발	바	결	적	부	로	늘	물	람	자	느	무	살	날	귀
거	젊	솔	트	결	적	로	바	리	한	이	흐	린	효	을	추	올
달	로	질	파	북	사	운	쌀	러	트	션	를	발	달	쌀	한	달
결	올	쿠	초	등	학	교	서	브	컴	팩	트	자	루	솔	문	사
트	쌀	페	부	솔	트	비	전	바	파	요	달	너	바	부	거	건
바	끔	용	제	파	컴	집	적	주	끔	주	노	터	부	춤	굴	동
로	오	범	전	물	집	주	맞	이	루	퓨	날	주	표	비	거	이
낌	류	주	파	체	굽	짓	해	바	라	기	이	야	기	는	참	파
바	바	풍	어	을	절	문	선	적	공	이	로	문	용	파	굴	한
표	날	적	문	한	장	올	굴	한	루	버	스	크	쌀	적	사	자
람	자	행	람	문	난	말	솔	젊	크	루	의	올	을	공	쌀	스
노	질	도	너	위	바	들	노	풍	루	바	용	감	바	거	어	스
바	파	굴	발	잉	태	질	표	부	풍	노	절	문	들	추	이	도

사건
초등학교
흐린
서브컴팩트
살쾡이
비전
쿠페
잉태
장난
필요로
까마귀
거북이를
비참한
이야기는
오류
무효
버스
사람이
풍부
해바라기

Puzzle 320

에이전트
검사
결론
현대
마녀
경고했다
표준
당근
배포
양파에만
정확히
협상
양고기
자위
포스트
원자
남쪽
교사
회의
감자

표	동	동	달	짓	자	로	질	트	람	문	거	느	만	에	파	양
동	준	결	론	춤	람	제	주	찍	느	마	녀	검	사	이	셀	동
측	스	물	러	교	맞	장	견	적	스	당	적	로	장	전	부	람
양	고	기	도	사	한	어	동	날	문	근	거	고	느	트	늘	을
이	감	발	트	로	부	짓	운	결	은	을	스	감	컴	스	너	대
법	자	자	경	굴	스	제	현	표	한	체	질	거	문	포	견	요
사	날	찍	체	고	추	거	대	셀	사	적	은	을	로	배	표	은
행	느	을	동	주	했	필	문	집	한	은	을	달	이	필	거	돌
을	도	측	바	동	용	다	춤	느	한	부	레	에	주	동	협	을
다	리	문	이	자	션	돌	장	추	카	동	어	발	북	전	상	달
적	문	퓨	낌	거	은	동	원	노	주	들	은	용	다	러	풍	바
파	자	회	의	을	측	을	자	바	동	쌀	거	은	노	다	위	질
컴	위	바	물	도	공	이	춤	문	주	거	의	말	부	행	결	자
자	문	트	짓	고	감	느	장	견	거	남	동	행	주	고	질	젊
정	확	히	퓨	트	문	셀	부	솔	용	쪽	들	찍	짓	쌀	질	로

Puzzle 321

법 에 풍 열 터 질 배 느 은 트 노 절 이 을 학 교 동
견 표 풍 대 한 트 우 바 트 절 들 용 절 용 느 을 말
운 한 껍 문 감 터 에 위 주 거 이 너 러 트 을 파 파
동 바 질 의 다 로 서 러 의 트 바 집 션 굴 문 카 용
안 대 자 동 고 절 스 시 도 를 표 공 한 체 전 주 굽
바 트 을 람 을 로 문 트 부 용 은 거 운 질 느 사 달
블 랙 운 집 이 춤 바 늘 후 박 쥐 짓 적 절 한 쌀 말
발 어 바 행 돌 측 측 측 문 보 필 트 을 범 바 부 측
를 발 굽 을 받 용 체 너 감 물 도 추 컴 동 파 끔 다
주 단 퓨 용 무 트 너 쌀 늘 찍 사 을 법 카 영 외 부
굽 한 순 필 의 요 터 한 다 자 주 운 찍 너 로 상 체
군 을 감 히 미 범 용 다 말 격 측 공 스 절 찍 한 굽
사 러 쌀 낌 한 리 발 바 위 을 바 결 추 사 느 터 춤
호 을 날 로 질 을 늘 제 스 타 킹 동 날 용 한 다 물
변 도 받 어 표 을 동 발 위 동 요 적 들 돌 동 카 제

동안
시도를
배우에서
학교
후보
자격을
열대
거짓
동영상
박쥐
변호사
적절한
주위에
블랙
스타킹
껍질
단순히
외부
무의미한
군사

Puzzle 322

물 루 크 젊 스 주 트 이 트 달 션 크 이 부 드 러 운
을 의 도 늘 감 트 끔 견 느 느 고 낌 너 해 노 트 북
풍 절 한 들 쌀 짓 상 단 은 솔 파 낌 행 질 에 공 요
발 노 달 체 대 에 트 제 굴 전 하 발 문 부 한 서 셀
람 레 부 필 고 에 부 행 바 표 강 견 은 바 솔 쌀 문
한 부 솔 은 주 들 절 끔 을 자 솔 다 로 결 달 얽 솔
받 절 조 의 자 은 말 말 짓 터 측 의 을 요 위 한 힌
소 한 식 회 수 분 은 바 요 에 이 카 를 문 한 발 어
녀 쌀 행 원 물 한 고 법 굴 편 한 부 루 터 이 주 측
젊 동 순 찍 부 컴 용 받 행 동 집 부 부 트 이 파 어
느 늘 종 행 말 느 색 상 의 표 발 동 범 달 끔 이 도
셀 용 동 은 달 짓 느 법 도 가 정 셀 문 쌀 감 에 케
물 이 발 레 셀 쌀 예 리 트 람 대 사 를 고 사 거 이
카 따 라 측 도 감 비 공 에 한 레 를 날 거 날 루 스
한 이 에 러 퓨 도 발 용 션 동 북 문 셀 굴 용 어 트

편집
소녀
이해에서
발견
예비
부드러운
의도
얽힌
색상
하강
감사
케이스
가정
노트북
회원
따라
순종
수분
상단
조식

Puzzle 323

터	느	이	느	프	도	견	절	계	피	전	를	람	셀	찍	고	동
트	달	동	쌀	북	로	느	노	짓	측	다	헌	에	다	로	부	자
느	을	주	부	북	도	젝	북	문	요	한	결	흰	색	돌	바	어
파	끔	로	발	셀	찍	느	트	요	한	결	퓨	파	카	의	법	추
흥	분	켓	의	트	끔	솔	텐	를	퓨	파	카	의	법	추	동	늘
물	운	늘	추	트	늘	크	용	돌	고	느	추	발	트	한	대	동
늘	을	짓	바	범	달	문	솔	노	골	절	세	올	주	트	러	문
을	트	받	문	루	어	쌀	올	운	북	가	질	부	방	솔	람	달
체	풍	에	을	견	자	쌀	위	다	법	지	머	나	션	대	집	거
집	다	바	주	필	셀	크	찍	끔	고	달	극	한	쌀	굴	발	점
사	굴	을	견	올	도	결	동	어	절	필	다	장	확	소	수	춤
체	터	짓	바	느	날	올	전	을	필	다	말	스	만	산	실	이
한	쌀	루	춤	동	로	요	위	발	은	가	올	셀	로	문	집	짓
추	을	범	캠	프	행	필	견	동	도	부	젊	받	한	터	질	짓
문	트	바	말	맞	주	루	범	끔	고	귀	한	도	운	주	컴	짓

텐트
계피
주방
나머지
세부
가지고있다가
고귀한
로켓
흰색
산만
헌신
극장
방어
실수
확산
골절
프로젝트를
소수점
흥분
캠프

Puzzle 324

인상
성공적인
방지
고백을
객체를
증거를
약물
슬립
도서관
깜짝
시간
중복
눌러
방해를
좋게
개선
장갑
덮여
배심원을
호스트

의	로	에	을	발	추	장	갑	트	물	시	달	말	카	스	공	슬
노	고	느	거	받	적	파	춤	동	눌	문	간	문	러	의	부	립
다	부	를	동	이	이	이	맞	부	러	제	을	방	지	성	사	주
동	느	람	퓨	다	결	동	문	행	람	북	측	운	날	공	동	쌀
고	백	을	원	심	배	물	끔	필	행	방	호	로	트	적	약	물
느	을	을	견	찍	들	행	동	문	필	해	스	춤	필	인	끔	받
끔	법	문	전	북	루	필	중	로	로	를	트	크	컴	터	장	측
적	솔	스	물	동	한	올	복	추	문	터	터	이	쌀	장	도	결
객	체	를	굴	바	표	늘	을	발	고	쌀	돌	퓨	동	너	쌀	범
행	용	짓	퓨	솔	받	람	터	찍	주	받	여	람	이	문	한	동
절	을	날	동	도	풍	을	낌	느	덮	여	받	절	바	이	깜	춤
개	선	위	증	거	를	좋	게	늘	부	를	로	쌀	람	을	짝	측
을	로	트	고	트	한	주	주	측	견	로	서	관	말	솔	받	전
인	한	물	트	을	올	들	바	파	도	굴	굽	너	을	동	요	법	트	터	을
젊	상	받	문	젊	고	노	굴	굽	너	을	동	요	법	트	터	을

Puzzle 325

```
다 동 카 지 방 사 문 사 낌 굴 셀 식 날 견 부 바 은
쌀 퓨 션 올 장 파 로 달 이 굽 에 솔 품 사 돌 견 발
트 컴 한 발 느 스 에 느 날 솔 올 추 을 물 질 의 문
사 대 퓨 거 문 측 날 한 위 용 쌀 이 사 문 운 주 이
올 추 문 솔 늘 행 트 도 은 재 리 한 컴 질 동 격 트
은 리 제 게 한 바 러 장 용 미 너 도 문 찍 대 공 들
운 컴 한 에 찍 트 발 루 서 체 운 솔 견 질 하 신 로
문 션 질 람 고 쌀 토 들 랍 장 견 돌 동 북 드 도 구
이 상 한 사 다 리 크 추 부 받 도 느 질 장 터 말 바
컴 감 약 역 문 을 다 을 법 적 제 물 감 의 들 괄 행
모 양 들 낌 한 춤 은 범 을 북 솔 용 들 북 장 량 람
주 맞 의 도 를 절 루 전 을 노 고 한 을 을 양 이 젊
특 히 동 셀 어 돌 은 동 요 한 감 자 트 솔 러 쪽 대
을 아 픈 를 고 이 체 날 도 크 카 요 카 너 질 요 노
바 파 질 용 노 쌀 물 제 이 문 스 체 도 집 추 트 을
```

물질의
지방
하드
토크
모양
아픈
대신
말괄량이
재미
식품
사람에게
역사
도구
서랍
공격주의
특히
양쪽
이상한
약한
사다리

Puzzle 326

붕괴에서
먼지
무기
투명
상점
동반자
극단적으로
사용이
셔츠
처벌
곡선
지루
무례
순록
가족
끊지는
나중에
비판
드라이버
신호를

```
요 감 춤 풍 추 부 용 다 드 라 이 버 대 크 을 용 발
퓨 견 거 례 람 필 바 제 발 쌀 용 달 말 이 컴 에 늘
도 비 동 무 주 요 느 한 장 행 사 짓 크 로 신 호 를
한 파 판 가 기 컴 붕 사 추 동 날 장 절 용 상 점 컴
굴 로 노 족 투 한 괴 솔 바 날 카 필 말 크 션 느 표
트 이 쌀 쌀 돌 명 에 셔 츠 순 컴 의 굽 들 동 반 자
쌀 을 추 북 문 을 서 추 돌 록 주 한 질 다 공 도 절
도 을 사 법 람 거 솔 나 한 도 터 은 느 컴 에 퓨 용
퓨 바 을 러 주 동 범 중 한 거 극 주 곡 문 파 카 의
끊 지 는 감 굽 을 동 에 말 부 단 루 선 돌 절 범 션
바 먼 바 들 동 지 측 짓 을 제 적 한 이 셀 트 짓 카
로 질 너 질 부 루 로 낌 동 달 으 요 파 처 솔 용 한
찍 바 표 에 레 제 바 법 건 감 로 발 동 벌 람 체 자
한 제 루 굽 북 견 한 낌 표 로 운 필 쌀 문 한 한 컴
낌 측 짓 쌀 범 한 은 스 위 굴 전 한 법 거 쌀 바 법
```

Puzzle 327

가	르	치	는	느	은	동	어	느	너	맞	로	컴	트	단	용	일
굴	요	어	크	한	대	굽	행	를	거	날	카	바	너	지	발	곱
추	느	수	로	이	은	동	문	노	공	을	발	사	달	퓨	다	고
용	을	다	스	의	너	춤	말	굽	끔	카	문	루	을	제	용	부
편	안	함	을	다	체	은	결	터	날	동	고	추	말	물	을	필
집	트	측	카	장	바	자	전	주	루	파	교	질	올	주	울	새
집	도	북	레	자	법	두	운	느	표	트	회	다	을	어	어	절
낌	을	풍	대	트	터	감	짓	트	솔	운	찍	문	장	쌀	자	사
를	동	체	사	노	북	동	이	법	소	적	카	솔	션	맞	루	달
풍	컴	운	자	쌀	받	느	너	러	제	설	한	추	부	굽	람	에
루	올	들	홀	추	체	질	농	장	레	요	물	이	행	찍	도	의
도	질	트	리	유	채	과	로	위	을	발	다	동	표	문	확	실
예	측	여	자	터	바	파	리	용	춤	바	운	바	의	션	수	찍
동	을	범	공	바	대	추	솔	도	션	바	절	제	들	법	주	량
한	받	루	용	짓	크	고	무	만	들	필	을	의	레	부	집	로

가르치는
농장
확실
예측
소설
단지
주전자
만들
홀리
여자
편안함을
수량
일곱
유채과
수요가
크로스
고무
교회
자두
울새

Puzzle 328

초원
넣어
멸종
분석
부적절한
등이
계속
낮은
섬세한
회의는
미러
기능
상처
주스
기사
거울
수박
규제
초콜릿
강아지

규	제	발	거	맞	루	계	맞	크	리	사	수	넣	어	회	터	한
동	발	은	한	문	감	트	속	발	너	위	트	박	트	의	한	공
에	맞	트	강	아	지	달	사	한	날	바	고	노	부	는	바	도
감	한	발	이	끔	러	컴	돌	자	늘	견	다	집	측	한	문	부
에	북	을	느	굽	올	퓨	등	법	올	견	장	고	표	이	로	낌
로	크	도	문	섬	세	한	이	범	이	추	쌀	필	법	발	용	퓨
결	의	자	짓	짓	동	절	을	트	스	퓨	날	추	은	이	솔	돌
굽	부	측	쌀	트	낌	적	문	트	늘	동	동	표	트	카	문	요
공	크	말	동	젊	부	부	맞	올	낌	한	션	트	공	멸	트	발
다	집	셀	제	분	석	찍	집	션	범	사	전	바	절	늘	종	크
범	이	바	결	도	전	한	에	적	측	기	능	스	은	돌	을	위
람	위	끔	굽	끔	자	동	한	을	굴	달	짓	를	체	들	맞	파
레	컴	루	낮	은	제	퓨	쌀	주	은	한	견	용	용	원	초	동
체	동	쌀	동	에	거	감	절	스	파	리	파	행	올	상	콜	달
동	미	러	션	의	울	느	주	리	운	맞	이	위	주	처	릿	컴

```
용 문 받 용 끔 젊 문 전 감 카 루 발 거 동 루 도 짓
용 느 은 평 전 주 선 밀 가 루 찍 쌀 바 필 고 문
새 벽 자 측 가 퓨 대 생 측 맞 터 은 질 이 측 절 을
문 사 트 동 러 게 노 님 발 집 한 명 한 주 짓 로 을
소 바 느 대 위 짓 임 터 맞 현 어 읽 람 컴 거 견 바
러 원 주 름 북 북 터 컴 스 운 어 기 다 절 도 선 헤
도 굴 없 이 느 한 용 문 부 필 루 말 에 한 은 날 론
돌 터 느 이 원 자 이 자 추 매 윔 은 물 트 들 로 셀 레
동 문 올 원 자 이 자 추 윔 은 물 트 들 로 셀 레
끔 고 을 직 질 절 절 쌀 트 에 다 루 솔 은 주 느 러
젊 셀 노 운 이 에 선 행 체 문 법 동 들 발 선 이 루
결 집 래 대 상 크 문 결 어 대 바 법 자 리 한 난 로
춤 결 하 정 범 굽 솔 트 로 레 적 동 요 을 사 전 은 한
장 결 기 부 트 끔 너 스 다 풍 발 끔 문 전 받 트 한
들 법 거 리 바 은 발 자 마 스 터 문 말 찍 북 를 들
```

웜은
게임
소원없이
주름
평가
헤론
노래하기
읽기에
노을
난로
현명한
새벽
마스터
대상
직원이
밀가루
썰매
정부
선생님
이동

위업
함께
공개
무리
코스
벨트
무거운
목표염소
가능성
사랑하는
선거
프리지아
웅장한
영어
높이
카우보이
세계
계란
일부
식별

```
벨 문 영 위 가 를 를 춤 문 카 러 한 목 표 염 소 끔
느 트 어 업 운 능 리 굴 체 레 터 동 부 컴 체 끔 한
은 달 선 표 퓨 을 성 북 무 거 운 주 러 한 들 문 체
한 운 체 부 문 러 말 에 제 트 을 거 트 레 함 동 주
질 노 용 한 로 대 풍 한 들 쌀 행 들 굽 동 께 범 이
일 부 장 다 코 람 굴 솔 다 한 끔 적 결 솔 의 물 법
범 문 레 올 스 은 을 견 터 전 세 계 을 말 로 를
측 주 셀 들 요 받 을 트 요 늘 러 질 무 셀 바 느 을
레 을 들 측 용 법 카 우 보 이 아 지 리 프 행 식 스
물 자 춤 문 도 한 바 운 맞 달 필 장 전 를 굽 자 별
로 로 을 은 자 한 컴 자 선 용 쌀 동 부 주 루 은 도
동 적 을 쌀 웅 장 한 문 거 주 찍 한 크 주 부 측 위
쌀 계 란 법 감 트 이 을 장 운 견 맞 늘 퓨 대 발
너 셀 춤 들 공 을 한 위 장 운 맞 늘 이 은 측 하 는
루 법 전 이 트 개 을 셀 도 이 바 컴 적 사 랑 하 는
```

Puzzle 331

동 요 스 위 너 동 크 의 트 위 트 측 다 위 이 위 이
사 결 테 형 태 로 굽 발 발 질 크 을 느 올 바 발 장
션 판 이 추 야 집 없 음 도 운 돌 추 북 리 파 표 확
굽 문 을 달 드 풍 필 파 맞 로 은 눈 짓 쌀 바 터 질
표 노 절 겸 춤 트 자 법 에 물 용 물 풍 체 은 바 문
다 받 대 손 노 동 질 춤 루 질 카 주 맞 을 정 비 공
러 동 한 한 강 터 터 고 대 다 동 에 를 풍 터 주 너
필 올 견 요 를 파 은 너 춤 춤 트 다 거 자 사 말 을
너 쌀 를 이 리 주 필 쌀 용 동 션 짓 주 느 끔 레 북
고 크 이 트 렁 크 체 바 질 질 돌 를 날 범 고 트 러
동 접 근 차 용 착 추 도 이 자 필 이 크 장 측 자 루
굽 자 북 을 고 맞 절 바 을 굽 레 동 트 을 춤 측 트
를 에 부 의 문 로 동 느 부 동 들 절 자 원 노 굽 풍
로 질 풍 부 늘 바 을 솔 퓨 운 굽 터 건 느 위 부 카
느 풍 주 트 발 부 도 이 한 레 느 참 조 이 질 물 요

동결
자원
트렁크
스테이
눈물
위장
차용
착용
확장
조건
강한
형태로
야드
정비공
없음도
겸손한
판결
참조
접근
달이

Puzzle 332

책장
호기심
무시
알려진
다리
일몰
건포도
기록
모기
조심
광택
다수
육두구
컴퓨터
한도
기쁜
위상
가져
결과
초점

로 용 집 부 체 션 은 행 다 절 달 너 범 을 제 고 을
을 책 바 노 범 루 다 굽 끔 물 노 문 맞 를 범 다 동
굴 장 체 람 제 자 동 터 을 무 법 카 찍 돌 은 맞 쌀
건 포 도 한 자 션 를 초 점 시 노 용 물 찍 스 레 한
뻔 쌀 도 문 늘 문 레 맞 달 한 솔 들 공 문 트 올 자
기 모 컴 퓨 터 들 노 거 찍 행 북 감 리 을 절 올 행
적 록 쌀 들 노 말 트 부 거 행 대 을 받 들 러 날 날
노 트 어 말 트 부 문 용 동 전 측 에 동 들 리 레 레
바 끔 돌 전 동 루 끔 범 을 위 은 너 굽 측 육 터 레
노 결 과 춤 너 쌀 결 을 다 알 려 진 너 굽 두 부 요
발 부 도 가 추 북 한 굽 조 표 돌 올 요 물 구 터 물
쌀 자 젊 져 결 부 전 느 짓 심 션 다 북 자 람 체 로
느 이 날 집 법 문 문 바 짓 기 동 주 다 광 택 날 을
위 요 표 리 다 수 터 어 견 호 날 날 올 트 일 행 표
트 상 공 대 자 컴 도 스 트 셀 바 발 늘 문 트 날 굽

Puzzle 333

동	트	이	컴	집	동	용	고	동	셀	공	은	파	견	들	돌	셀
카	올	용	을	동	다	견	문	받	바	늘	법	도	범	말	평	야
찍	동	도	셀	행	젊	늘	문	동	터	용	발	시	고	은	다	젊
셀	적	여	트	러	한	람	행	물	적	크	표	이	한	한	의	
레	도	부	춤	기	리	돌	되	은	위	한	자	를	을	이	삼	촌
문	집	람	용	거	의	늘	쌀	공	한	마	위	낌	다	발	질	터
굽	용	를	노	대	짓	젊	적	표	스	레	표	고	리	문	말	션
크	을	람	끔	주	위	제	운	어	삼	촌	이	동	집	의	젊	찍
제	바	노	굴	어	러	대	은	션	질	트	스	동	을	집	위	견
이	한	행	날	루	장	적	레	장	감	동	한	로	으	적	반	일
크	공	한	문	동	찍	테	니	스	을	크	트	연	맞	컴	복	날
물	날	주	쌀	을	장	은	달	을	이	로	체	례	요	쓰	전	법
컴	이	용	스	솔	범	행	법	말	제	질	올	도	파	바	기	적
부	짓	람	은	대	변	고	북	춤	올	공	물	느	에	북	문	크
행	은	에	달	성	수	교	공	의	풍	람	법	문	정	의	동	리

동물은
되돌리기
거의
파도
삼촌이
여부
정의
시도
셀러리
테니스
평야
연례
일반적으로
반복
고수
달성
변수
삼촌
엄마
쓰기

Puzzle 334

수집
재킷
연못벽
동굴
누가
최대
수행하는
미래
일요일
관리
냄비
정지
종료와
브라운
승리의
등올
댄스
연락처
사슴
좌석

문	어	동	들	다	이	크	바	바	들	받	종	터	미	동	바	맞
주	맞	러	측	젊	말	션	적	춤	한	발	관	료	래	굴	도	동
전	굽	측	결	문	루	한	한	로	짓	브	리	말	와	받	사	동
자	표	퓨	느	로	늘	한	요	부	동	카	라	솔	트	받	로	적
측	용	동	리	트	승	운	등	동	퓨	장	들	운	맞	루	체	로
감	한	문	을	북	맞	리	을	크	크	바	터	어	동	부	법	을
이	자	찍	말	러	감	낌	의	셀	정	지	전	로	한	솔	올	람
레	요	측	감	날	문	문	처	북	느	운	춤	바	이	다	재	행
이	한	느	부	자	루	루	락	은	은	을	사	이	다	찍	킷	을
감	제	댄	스	범	날	크	연	못	벽	요	슴	찍	감	킷	범	문
부	공	파	크	러	션	운	좌	석	문	문	을	추	요	표	레	주
최	는	자	이	쌀	로	한	도	발	결	컴	용	자	일	찍	루	를
대	하	로	동	동	범	이	문	달	용	누	춤	터	요	자	을	을
문	행	동	달	추	리	추	추	스	로	가	돌	너	일	레	을	집
문	수	집	집	주	동	로	돌	노	측	을	발	적	루	에	범	을

Puzzle 335

굽	바	은	트	굴	레	표	블	을	위	굴	맞	부	의	느	돌	문
스	용	끔	션	결	한	굴	리	파	문	물	장	자	자	러	터	스
질	돌	선	문	절	공	질	드	짓	쌀	부	맞	를	기	쁘	게	절
바	바	박	고	자	바	셀	을	쌀	퓨	은	필	를	발	한	자	운
전	마	을	을	문	스	문	위	컴	집	트	짓	거	위	스	짓	루
체	용	한	퓨	받	굴	부	절	문	감	을	다	을	사	느	어	션
장	은	람	한	퓨	돌	한	로	느	날	적	공	을	고	수	명	바
부	공	급	문	감	루	쌀	거	도	감	늘	어	질	에	용	제	행
자	루	를	리	단	들	동	블	희	을	전	체	필	전	끔	거	동
찾	기	주	짓	락	오	렌	지	라	망	립	물	동	평	화	로	운
전	산	들	이	러	묶	트	노	위	우	트	질	리	느	짓	셀	쌀
달	계	동	한	질	결	여	로	느	팀	스	발	느	은	분	에	이
생	노	측	부	끔	물	전	체	를	용	발	카	한	체	리	용	자
각	부	부	늘	셀	거	루	을	션	트	트	동	짓	발	적	셀	추
의	션	들	말	자	적	노	크	체	에	스	범	레	트	장	쌀	추

블라우스
부자를
선박
수명
스팀
묶여
블리드
마을
생각
평화로운
스트립
찾기
제거
오렌지
계산기
공급
기쁘게
희망
단락
분리

Puzzle 336

경계
많은지도
복잡한
아이
여행
비싼
민속
다시에
상자
현자
신뢰
상황
해시계
옷장
파슬리
수영
편안
조류가
목적
시작

로	늘	한	돌	문	공	맞	동	용	솔	받	집	의	트	고	자	달
범	적	적	노	문	바	추	터	문	용	은	션	동	주	루	람	문
파	추	문	북	전	편	레	용	한	말	주	이	돌	발	느	을	어
여	현	자	상	스	안	아	옷	장	부	조	쌀	전	발	대	의	용
도	행	주	쌀	끔	동	레	이	부	발	류	솔	에	도	문	스	목
거	주	복	고	늘	바	한	이	리	물	가	민	해	시	계	표	적
도	날	잡	낌	이	트	바	동	경	계	바	속	달	제	다	측	춤
파	자	한	늘	솔	감	질	이	늘	쌀	말	레	은	셀	들	비	싼
슬	풍	한	컴	의	셀	문	람	받	달	느	을	질	견	주	이	받
리	집	표	다	셀	수	카	이	상	황	찍	느	쌀	동	올	범	짓
맞	제	물	받	표	영	바	견	한	느	쌀	이	을	결	스	이	측
표	주	맞	솔	적	리	굽	러	다	절	필	찍	도	이	트	작	터
에	행	문	한	말	바	질	주	전	한	에	말	찍	시	작	행	다
도	부	트	행	을	신	뢰	굴	한	고	어	날	공	을	맞	솔	트
컴	은	다	많	은	지	도	주	스	북	파	바	굴	거	공	부	트

Puzzle 337

주	를	절	물	맞	전	메	모	리	행	을	결	도	로	요	늘	스
감	춤	한	달	도	노	풍	찍	자	카	레	로	동	질	문	바	트
자	프	로	세	스	사	연	파	의	컴	퓨	달	견	정	문	너	행
가	난	한	순	들	장	습	동	이	사	필	자	도	부	동	견	장
터	로	헤	간	측	이	주	주	을	달	을	공	받	의	동	북	돌
찍	트	이	위	질	로	질	로	동	고	굽	의	낌	고	쌀	국	경
너	발	팽	동	쌀	산	책	한	어	장	바	한	로	짓	북	질	찍
텍	공	달	문	한	부	절	측	필	다	한	끔	너	풍	로	스	공
동	스	굴	한	도	주	장	면	동	범	젊	용	컴	의	크	인	동
동	다	트	한	명	랑	자	올	낌	바	문	가	감	소	쌀	덱	젊
거	로	문	이	스	달	전	문	쌀	느	카	위	크	라	운	스	짓
동	견	자	셀	사	용	금	감	이	결	동	발	날	이	이	로	레
스	쌀	풍	동	노	동	융	물	동	바	문	선	운	위	표	에	이
도	리	날	표	달	요	션	적	질	짓	다	용	짓	던	법	용	솔
젊	제	공	에	은	바	북	돌	로	늘	감	람	쌀	쌀	져	돌	은

가위
헤이
메모리
프로세스
텍스트
크라운
감소
던져
가난한
국경
정부의
연습
사이트
달팽이
명랑
금융
장면
산책
인덱스
순간

Puzzle 338

을	법	동	이	이	레	쌀	을	체	을	동	용	점	에	춤	새	북
한	동	추	문	추	바	행	를	젊	너	셀	심	리	용	끼	고	
은	절	직	아	로	문	예	상	달	들	필	한	동	이	쌀	문	문
발	은	발	법	무	컴	적	들	이	날	행	끔	어	추	고	람	너
질	질	운	로	질	것	덕	문	도	북	바	고	한	퓨	집	다	춤
자	다	터	절	액	젊	젊	정	버	어	공	받	문	절	컴	용	문
노	트	절	액	젊	젊	정	이	어	집	리	러	올	쌀	감	표	느
블	루	제	세	동	맞	용	문	적	안	솔	거	들	들	공	표	낌
고	레	측	스	법	문	로	법	쌀	락	표	컴	용	스	용	문	주
용	맞	굴	굽	쌀	제	느	들	범	군	재	해	를	공	부	풍	자
북	포	늘	바	바	러	로	물	위	대	돌	물	너	거	한	러	한
용	이	도	핸	인	기	을	노	것	스	트	레	용	문	발	필	리
한	한	물	을	트	컴	편	솔	은	자	거	셀	필	요	을	전	을
신	중	한	질	바	쌀	도	지	발	물	로	를	춤	다	들	트	컴

버드
점심
블루
새끼
물질
도덕적
인기
예상
아직
판매
액세스
재해를
안락군대
포도
핸들을
것은
편지
아무것도
정도
신중한

Puzzle 339

돌	은	스	춤	쌀	감	추	전	들	이	당	날	주	스	늘	용	카
이	사	동	법	돌	은	트	솔	고	날	을	나	필	를	리	바	사
도	느	한	다	문	운	바	트	찍	소	운	로	귀	찍	문	트	고
의	존	완	두	콩	송	고	대	젊	파	맞	감	문	터	자	공	말
날	로	맞	거	느	을	질	셀	카	늘	견	용	자	필	도	토	리
맞	말	춤	을	대	사	짓	부	셀	돌	날	느	다	절	한	대	을
공	다	쌀	러	망	치	증	거	요	은	측	찍	올	끔	말	날	범
적	주	젊	범	에	다	체	루	너	질	지	굴	다	부	주	솔	레
바	어	결	돌	느	돌	발	도	질	의	점	끔	동	은	동	셀	자
스	끔	메	자	감	로	맞	받	션	은	찍	올	이	대	돌	날	를
켈	셀	추	범	의	컴	춤	짓	사	너	애	돌	길	명	예	롭	게
레	짓	라	전	퓨	컴	법	동	느	부	돌	정	문	자	을	로	견
톤	트	기	요	금	파	어	을	동	감	트	거	풍	바	올	한	한
용	러	앞	으	로	솔	한	위	범	굴	적	부	크	젊	행	한	문
퓨	서	너	쌀	짓	카	법	의	견	체	요	을	부	크	노	솔	루

맞춤법
명예롭게
의존
거부
용서
스켈레톤
완두콩
당나귀
앞으로
증거
도토리
망치
요금
애정
운송
고대
소파
지점
메추라기
이길

Puzzle 340

방향
수행
충분한
퍼핀
시험한다
설정
이미
무료
피자
대한
충격
배울
부분은
높은
보고서는
발휘
수준하도록을
어려운
투자
부족

느	결	낌	고	람	도	질	절	로	느	젊	발	발	측	을	춤	추
말	운	동	운	질	범	짓	파	풍	무	료	날	휘	올	용	자	트
너	너	들	범	바	한	루	감	카	이	풍	바	을	노	어	공	필
운	부	느	파	낌	크	늘	쌀	문	끔	달	필	한	주	크	트	용
쌀	에	적	한	법	달	용	측	은	젊	솔	절	다	문	컴	에	자
카	자	짓	발	굴	러	대	리	절	집	받	장	을	은	굴	범	투
카	한	러	배	법	퓨	한	어	려	운	문	문	도	굴	부	사	자
받	질	느	울	을	견	고	사	범	너	체	위	설	트	족	트	체
발	발	수	준	하	도	록	을	다	파	한	로	의	정	다	한	쌀
부	퍼	핀	격	충	부	적	리	절	로	수	행	집	방	맞	를	물
분	받	바	질	분	피	주	공	필	의	발	날	부	향	높	은	셀
은	달	트	바	한	트	자	사	를	문	측	받	풍	람	받	바	시
대	받	트	동	날	물	퓨	느	셀	을	춤	법	주	행	용	부	험
이	날	부	물	파	너	부	동	파	를	크	받	돌	쌀	범	루	한
굴	미	터	추	보	고	서	는	추	올	루	집	도	부	스	은	다

Puzzle 341

크	바	발	도	로	노	듣	퓨	날	퓨	주	문	거	메	견	로	제
문	날	질	장	젊	트	고	을	자	쌀	용	견	견	리	올	바	늘
파	다	절	젊	요	늘	는	다	거	적	사	트	시	금	치	한	로
루	물	한	적	이	트	공	끔	굴	러	풍	리	트	션	들	한	음
은	건	부	크	터	필	자	춤	제	찍	코	발	러	느	제	돌	료
오	일	광	산	느	발	찍	션	제	느	이	트	굴	문	절	사	용
을	추	질	달	받	행	느	노	은	을	션	다	굽	션	장	용	추
크	친	위	문	콤	바	쌀	주	문	로	금	부	날	쌀	전	자	풍
을	화	추	트	을	한	느	리	안	들	요	독	립	이	퓨	다	사
다	적	맞	굴	들	거	느	컴	녕	운	일	요	화	달	너	트	풍
감	감	어	집	크	부	용	집	하	달	체	지	배	적	느	이	추
견	돌	을	터	제	법	노	로	세	결	토	끼	주	를	을	범	말
더	워	바	쌀	진	발	결	문	요	사	사	부	표	굴	느	행	육
맞	공	동	동	레	행	받	젊	끔	추	발	적	쌀	용	받	젊	상
문	리	을	체	문	름	범	트	문	레	을	은	끔	을	용	크	러

토끼
독립
오일
지배적
금요일
광산
화요일
듣고는
사용자
육상
시금치
진행
메리
안녕하세요
더워
달콤한
음료
물건
코트
친화적

Puzzle 342

긴장된
상태
선물
서둘러
필요한
코를하지
페니
행성
여덟
성분
코끼리
게시
와서
가르쳐
소수
결혼
누구
참석
택시
바디

용	물	참	코	를	하	지	다	달	집	운	셀	성	분	주	느	운
부	스	석	동	요	에	리	돌	위	쌀	여	덟	북	대	전	체	레
용	집	동	북	를	한	절	굴	이	부	쌀	사	을	바	다	돌	동
집	행	트	션	범	북	터	소	수	감	운	결	공	가	르	쳐	쌀
쌀	이	풍	장	한	문	다	이	끔	요	요	러	범	찍	법	자	운
짓	용	로	은	크	한	절	스	쌀	발	은	굽	바	레	자	맞	을
추	요	전	셀	누	구	와	서	거	용	달	다	체	디	사	발	행
말	한	도	컴	위	바	한	을	발	트	돌	결	서	카	감	카	성
집	어	주	주	노	쌀	이	짓	크	어	부	션	둘	쌀	바	셀	너
스	한	행	로	사	주	측	한	선	로	솔	감	러	늘	페	니	카
람	코	에	발	짓	춤	주	들	들	물	긴	필	운	견	카	레	전
제	끼	은	의	바	젊	을	한	결	은	장	트	요	질	너	용	터
동	리	택	대	체	바	로	대	을	상	된	요	을	한	리	셀	대
질	문	시	을	표	발	사	이	바	태	퓨	요	추	에	결	짓	너
레	춤	게	다	주	춤	받	집	제	터	너	장	굴	의	혼	문	용

Puzzle 343

받	솔	도	주	요	주	이	쌀	절	문	오	행	공	기	장	대	받
맞	제	을	주	동	동	대	요	달	스	소	동	법	제	어	맞	동
절	풍	대	통	령	을	이	론	동	트	리	하	다	부	동	셀	동
법	은	젊	지	물	은	을	한	집	물	춤	라	바	부	장	파	집
젊	한	적	상	크	발	크	쌀	말	유	용	하	게	돌	의	을	컴
사	과	학	를	적	이	질	동	행	트	끰	이	션	을	이	이	파
돌	부	를	루	을	자	절	달	파	물	한	다	솔	을	그	로	표
끰	질	트	루	위	체	느	러	솔	동	도	늘	채	운	랜	보	노
스	운	짓	에	바	주	셀	체	끰	표	자	풍	날	로	드	트	풍
자	쿠	어	대	맞	트	은	범	람	을	전	받	도	아	운	문	요
굽	파	터	파	측	이	감	은	올	바	쌀	느	람	들	쌀	한	북
느	체	션	문	불	익	람	도	문	끰	졸	업	장	이	한	의	부
전	한	컴	문	구	위	람	발	러	거	에	주	달	필	느	한	질
풍	트	인	포	하	치	말	질	문	대	러	위	를	주	들	위	기
셀	문	럭	바	고	적	위	장	문	트	트	춤	한	감	자	용	문

이익
다채로운
불구하고
공기
포인트
위치
졸업장
과학
스쿠터
위기
행동하라
유용하게
오소리
이론
대통령을
그랜드
지상
보트
트럭
아들이

Puzzle 344

문제가
스툴
석탄
도전
성숙
바늘
침묵을
용어집
현재
인간
즉시
학년
시력기호
소리의
키스
그늘
구성
설탕에
일반적인
아침

끰	다	추	한	받	결	필	동	다	퓨	구	성	도	이	끰	감	행
문	행	이	한	동	이	트	트	을	은	바	로	문	받	주	레	고
설	람	측	젊	공	성	돌	자	터	질	러	자	쌀	은	풍	한	파
일	탕	집	행	트	숙	을	이	을	퓨	트	을	찍	석	탄	다	끰
끰	반	에	질	한	은	표	고	적	동	트	발	문	절	굴	날	람
즉	문	적	감	스	키	부	용	젊	트	끰	도	한	쌀	공	부	다
시	범	간	인	툴	바	를	전	노	용	절	다	트	다	파	용	동
바	동	바	필	공	문	학	년	법	추	도	발	을	한	트	거	바
늘	쌀	다	트	어	끰	자	거	크	다	전	요	터	침	동	아	달
그	레	은	사	용	끰	행	컴	퓨	에	부	끰	절	필	묵	침	바
소	리	의	솔	질	절	쌀	트	느	짓	질	적	끰	터	시	을	트
돌	람	쌀	감	맞	컴	들	체	컴	필	절	장	문	공	력	은	문
고	트	체	굴	쌀	부	부	다	용	바	바	문	제	가	기	을	바
한	트	필	북	을	북	솔	자	을	표	용	어	집	카	호	운	견
표	받	느	을	추	로	러	한	짓	자	부	로	은	현	재	쌀	부

Puzzle 345

표	시	행	결	바	사	짓	한	너	레	문	춤	용	람	을	쌀	솔
어	다	견	주	추	을	터	퓨	문	도	필	요	동	쌀	늘	한	이
레	컴	한	혜	택	을	션	필	거	부	집	의	집	대	레	절	한
주	물	찍	루	풍	복	늘	로	의	다	테	추	한	컴	을	주	동
어	을	루	감	은	숭	돌	발	교	기	술	에	고	트	프	자	제
의	발	견	용	견	아	을	적	실	에	고	트	프	자	한	질	주
통	지	션	공	절	절	파	컴	을	북	로	어	콘	도	르	의	터
스	이	케	근	당	필	감	다	스	사	문	필	깨	통	터	감	의
발	데	경	피	아	노	대	트	날	범	조	에	찍	한	치	파	제
자	장	보	문	질	쌀	절	의	은	운	정	견	솔	문	다	자	너
로	호	출	라	고	를	추	파	견	주	물	고	풍	선	늘	달	자
운	견	어	맞	충	성	셀	견	자	을	트	를	풍	한	을	맞	제
람	동	문	한	한	전	추	전	동	느	도	필	동	체	러	다	에
껌	감	터	터	은	퓨	견	발	문	스	전	다	자	달	표	전	전
퓨	너	러	요	받	용	루	이	측	사	바	노	퓨	짓	제	스	은

자동
통지
조정
경보
농축
데이지
표시
호출라고
당근케이스
혜택을
복숭아
테이프
어깨한다
주제
교실을
기술
충성
피아노
콘도르의
통치자

Puzzle 346

국가
매우
라인
충돌
펜싱
할머니
행동을
대해
따뜻한
사회는
상업
최종
바쁘지만
해안
결합
필사적
강탈
꿀벌
물고기
자본

바	주	펜	범	용	터	결	를	짓	한	다	장	최	종	굴	법	스
요	받	너	싱	측	을	맞	다	해	안	트	사	필	사	적	전	절
늘	필	발	바	느	굴	퓨	자	카	한	춤	회	쌀	리	짓	질	이
감	맞	맞	쁘	쌀	물	고	기	대	해	받	는	을	을	감	터	로
다	북	한	지	짓	늘	노	을	문	쌀	션	동	용	장	물	거	라
바	스	사	만	다	람	레	에	리	법	행	다	측	주	을	솔	인
충	껌	체	한	을	체	러	발	돌	절	요	한	행	들	표	돌	느
돌	부	발	퓨	전	찍	의	쌀	견	따	션	문	동	카	쌀	대	굽
늘	문	절	한	선	너	국	가	말	결	뜻	로	을	표	어	로	주
날	행	필	요	굴	를	고	주	거	짓	의	한	끔	루	필	발	트
크	자	을	은	고	용	한	바	날	강	끔	문	공	끔	쌀	트	문
도	다	동	컴	끔	물	발	맞	문	위	탈	문	동	날	견	다	올
매	스	위	부	받	위	결	한	달	사	람	꿀	벌	을	자	은	굴
우	은	쌀	장	상	업	합	문	주	굽	솔	한	할	머	니	발	절
젊	쌀	셀	늘	말	부	제	위	이	끔	자	본	이	요	션	도	굽

Puzzle 347

람 다 한 레 좋 필 적 고 감 트 굴 바 문 너 필 자 러
지 러 요 표 거 아 터 치 를 했 다 위 범 동 느 도 발
금 부 문 용 로 문 하 을 컴 맞 범 요 생 느 부 감 션
범 바 돌 절 공 장 바 는 트 질 셀 풍 명 법 션 트 트
받 동 철 회 터 도 커 굽 트 로 바 용 을 문 사 물 한
은 의 맞 표 말 발 버 부 문 동 은 바 엇 이 범 을 트
질 말 퓨 집 장 돌 가 자 부 절 샤 고 무 터 이 트 동
바 환 영 이 대 굴 추 맞 달 크 워 도 크 로 풍 동 너
클 래 스 문 발 바 부 측 고 끔 사 대 사 동 동 체 람
표 용 션 주 은 바 퓨 패 다 고 필 요 카 솔 운 셀 거
동 올 엄 격 한 심 소 동 자 스 바 이 퓨 받 트 스 용
람 도 가 컴 은 문 법 동 을 푼 놀 주 대 필 의 도 트
날 어 행 미 스 솔 원 한 굴 표 라 요 테 위 솔 늘 트
로 올 리 한 션 을 동 이 동 날 운 은 러 문 범 동 로
부 고 절 바 러 람 로 짓 끔 로 부 들 트 고 물 문 문

올가미
놀라운
철회
터치를했다
주요
생명을
스푼
환영이
지금
부패
좋아하는
클래스
소심한
커버가
무엇을
엄격한
법원
도발
샤워
테러

Puzzle 348

제공
불규칙
오히려
피곤한
일이
소음
지네
큐피드
확신를
고블린
아름다운
반대
나타냅니다
대화
싸움
년간
중앙
특정
어떤
화재

을 나 질 감 쌀 춤 법 트 싸 로 지 사 쌀 루 불 터 굴
짓 타 큐 피 드 운 문 요 움 이 찍 네 솔 루 전 규 고
표 냅 바 부 찍 크 용 동 의 을 자 들 다 을 부 느 칙
북 니 고 다 감 필 을 문 적 감 위 이 발 필 달 문 표
받 다 트 년 짓 느 어 전 부 문 람 쌀 도 동 소 바 찍
바 주 노 간 춤 을 화 재 문 늘 스 어 떤 동 너 음 은
한 동 사 받 한 트 느 운 북 아 쌀 제 거 대 로 주 이
터 고 자 은 제 대 화 은 레 름 루 질 오 확 신 를 행
절 고 체 은 공 반 특 정 을 다 한 부 히 일 받 문 동
스 러 도 필 러 적 도 결 트 운 달 느 려 이 중 찍 말
한 짓 자 체 굽 추 다 다 체 굽 솔 바 발 전 앙 카 질
문 노 파 낌 감 을 공 람 을 루 물 받 체 견 퓨 끔 문
에 바 감 문 동 셀 로 이 한 고 로 셀 을 로 너 을 로
파 의 운 문 측 고 블 린 공 너 결 한 트 문 용 용 발
추 카 터 부 은 이 발 전 쌀 다 제 피 곤 한 솔 은 추

Puzzle 349

대 한 러 러 다 컴 도 돌 적 문 전 에 바 고 다 느 짓
작 업 의 동 동 질 람 한 사 다 크 굽 한 위 이 리 달
람 동 거 용 은 젊 굽 용 컴 솔 주 필 다 솔 이 측 전
그 자 노 다 한 말 운 굴 굴 에 적 람 을 풍 필 운 풍
사 녀 물 사 공 로 주 고 굽 키 돌 운 쌀 느 문 다 문
공 퓨 의 웨 이 크 날 크 용 가 장 찍 자 트 물 적 필
파 한 다 자 들 받 한 바 의 법 찍 체 체 바 날 물 한
노 크 운 춤 람 짓 동 제 에 한 한 솔 발 바 은 레 필
발 낌 이 노 사 리 발 쌀 람 노 발 부 한 감 젊 무 게
용 전 굽 문 열 이 추 느 추 트 컴 솔 입 낌 식 낌 잃
범 견 용 이 바 발 발 대 굽 다 질 트 을 력 물 질 집
너 부 다 대 택 물 크 주 위 한 짓 위 이 부 로 자 사
플 다 추 부 시 보 적 집 받 운 제 스 날 받 굴 말 한
말 래 거 호 밴 고 밀 어 용 통 치 는 용 이 동 러 쌀
도 절 그 텔 트 서 동 달 요 람 돌 말 트 운 부 카 맞

무게
통치는
입력
웨이크
키가
열이
작업의
택시밴
전에
밀어
운이
보고서
잃게
노크
호텔
보물
사람들이
식물로
플래그
그녀의

Puzzle 350

치약
에이전트가
흔들었다
메시지
잔디
마스크
넘어
그들의
미소연기
테디
되감기
드롭
소유
파괴에도
릴리스
시나리오
번호
토마토
말했다
환자

굴 올 동 문 자 말 도 들 레 질 미 자 느 트 카 러 측
도 문 한 견 트 자 전 한 도 법 소 도 굴 를 동 의 이
트 표 이 흔 션 을 번 호 그 로 연 에 이 전 트 가 운
되 용 람 루 들 굴 이 러 은 들 기 괴 절 사 용 말 도
람 감 문 주 행 었 넘 어 물 발 의 파 문 퓨 받 파 질
한 달 기 파 컴 대 다 했 말 사 한 을 쌀 의 마 스 크
동 크 행 찍 느 짓 솔 끔 발 용 트 질 러 문 어 달
어 돌 치 약 을 루 받 의 행 대 드 필 노 받 트 크 트
장 장 달 소 노 필 파 바 받 대 롭 낌 부 션 결 테 주
바 지 감 유 물 잔 측 한 감 요 은 날 표 은 용 디 다
토 시 나 리 오 디 주 쌀 이 필 쌀 주 말 행 에 퓨 맞
마 메 요 감 돌 질 동 람 릴 리 스 발 발 말 부 한 대
토 동 로 리 춤 부 결 트 요 어 러 파 질 트 이 쌀 북
주 법 파 한 행 감 은 발 레 질 풍 크 노 파 도 파 물
맞 주 람 스 파 도 받 집 견 레 용 트 요 은 젊 환 자

Puzzle 351

미 집 레 표 발 문 발 요 물 인 견 피 이 들 제 바 거
스 트 받 장 법 은 터 바 이 터 위 찍 대 표 크 셀 이
주 젊 바 거 자 체 퓨 느 동 럽 사 가 동 주 맞 러 동
은 쌀 이 법 을 을 맞 문 릭 트 자 용 부 한 의 쌀 문
컴 트 질 해 바 만 달 운 굴 낌 느 퓨 장 북 법 춤 동
자 이 카 은 주 족 발 돌 감 발 느 트 다 컴 많 리 다
컴 터 대 문 범 고 범 부 요 크 바 범 주 북 은 뱀 을
크 로 날 주 용 바 트 주 자 부 거 도 장 적 을 파 솔
동 너 물 을 표 젊 법 대 동 제 들 부 문 바 카 이 금
은 맛 트 셀 풍 바 요 필 문 자 발 리 풍 말 트 어 지
발 을 일 회 용 민 젊 터 한 표 에 은 발 질 로 질 하
문 문 어 필 람 주 테 마 을 용 감 개 관 날 갑 루 는
느 문 종 컴 집 투 표 공 너 굽 측 말 방 문 자 을 운
터 거 종 결 동 운 주 한 질 트 장 크 소 동 기 노 카
짓 필 들 도 동 절 끔 도 을 바 은 쌀 바 션 파 집 쌀

많은
이해
뱀파이어
범주
금지하는
대표
민주
종종
인터럽트
투표
소방관
테마
개방
트릭
일회용
만족
대피
갑자기
미스
맛을

Puzzle 352

강아지를
조합이
상승
타원형
서리
조심스럽게
종의
주민이
스포츠
배치
교실
연필
뛰어
세심한
장애
자발적
네일
공동
앞서
임명

사 운 을 강 을 루 로 풍 레 의 대 의 장 타 운 문 짓
요 발 사 아 바 바 달 자 트 요 감 질 애 원 상 승 한
은 끔 범 지 용 용 위 느 발 늘 견 어 을 형 어 거 트
들 의 부 를 너 질 풍 조 다 적 발 적 트 찍 달 범 젊
은 질 끔 굴 범 문 말 합 범 질 배 컴 에 람 달 요 주
바 부 로 장 느 람 노 이 민 주 치 감 젊 을 굽 한 을
자 필 굽 말 이 고 연 필 스 포 츠 자 풍 위 춤 측 노
말 터 절 돌 범 교 너 들 굽 행 발 한 도 한 전 느 이
춤 법 을 트 카 실 견 고 람 대 한 돌 절 한 맞 을 스
은 네 를 에 범 낌 레 주 조 공 문 적 발 감 카 주 쌀
동 발 일 종 발 한 찍 이 심 동 쌀 주 받 을 용 질 이
레 바 카 의 쌀 자 어 앞 스 들 쌀 감 부 다 젊 세 집
절 질 이 동 의 어 리 서 럽 부 쌀 한 뛰 고 느 심 문
들 레 들 범 범 거 요 북 게 임 명 고 법 어 발 한 은
카 문 달 은 의 셀 은 느 요 필 을 문 필 들 로 컴 용

Puzzle 353

맞	제	크	터	문	마	련	문	터	에	이	주	단	행	느	감	운
셀	을	을	거	제	쌀	을	한	체	도	태	범	늘	순	절	바	느
쌀	말	러	부	한	이	풍	을	방	어	머	니	종	리	화	문	용
체	자	실	솔	이	문	스	늘	자	적	늘	바	류	측	사	신	거
추	자	패	제	목	자	표	루	퓨	체	자	도	의	느	소	울	크
노	고	솔	부	터	자	말	발	가	로	자	일	내	바	한	타	퓨
샴	필	퓨	제	이	운	올	찍	의	족	찍	찍	문	젊	위	리	파
너	푸	은	말	솔	돌	동	리	자	필	에	문	은	고	풍	자	다
질	질	의	한	용	이	맞	끔	돌	운	전	게	자	찍	이	제	트
공	아	굽	저	임	행	을	동	다	트	부	전	다	을	다	쌀	결
은	가	말	자	원	자	찍	늘	솔	문	맞	주	절	느	측	문	법
집	씨	을	기	쌀	말	발	부	컴	션	고	전	션	질	들	젊	말
용	행	굴	관	트	운	날	바	다	다	대	끔	파	사	크	은	들
레	말	동	발	레	맞	선	한	받	대	문	트	다	접	운	솔	전
할	아	버	지	문	날	법	리	은	은	풍	루	달	시	을	쌀	절

가족에게
제목
신사
태도
내일
방어머니
접시
울타리
샴푸
사소한
단순화
아가씨
저자기관
실패
종류의
임원
적어도
일찍
마련
할아버지

Puzzle 354

전기
단계를
가장자리
스커트
정착
박물관
방법을보고
존중
어디에있는
적합
시크
식사
발굽
더블
삼각형
정비사
감동
신발샴푸하여야한다
레스토랑
이웃도

위	달	젊	측	션	공	도	에	한	들	람	문	노	전	표	부	운
솔	늘	문	한	춤	자	발	굽	질	사	질	다	이	위	주	주	동
동	표	다	은	동	노	한	날	자	을	스	제	웃	쌀	건	문	카
노	을	컴	전	어	부	절	동	결	스	커	자	도	측	카	쌀	집
방	동	부	트	디	로	돌	달	의	노	트	바	바	레	더	존	한
셀	법	찍	퓨	에	전	동	측	늘	위	부	끔	돌	스	블	중	로
의	크	을	말	있	바	주	한	선	요	받	정	컴	토	쌀	전	컴
측	정	견	보	는	레	가	삼	각	형	대	비	운	랑	다	위	도
문	착	굽	자	고	로	장	낌	끔	카	도	사	바	공	에	트	감
터	식	단	계	를	너	자	신	발	샴	푸	하	여	야	한	다	동
부	사	말	거	다	한	리	느	춤	적	받	돌	바	문	풍	행	한
바	사	을	공	어	짓	문	달	행	쌀	젊	대	전	발	레	느	맞
주	러	동	한	파	로	로	한	용	도	결	적	너	제	풍	전	느
찍	다	굴	시	크	이	춤	셀	용	션	자	를	굴	찍	쌀	기	부
박	물	관	느	도	발	추	문	적	합	을	발	트	로	부	한	전

Puzzle 355

을 전 쌀 다 체 추 심 을 맞 달 주 문 행 문 부 질 대
셀 문 도 춤 이 쌀 각 루 문 람 사 이 파 발 질 필 학
요 가 끔 발 떨 날 한 용 말 춤 적 측 자 결 들 이 레
동 문 들 관 어 루 체 이 션 주 용 한 로 어 컴 끔 북
거 북 이 계 진 달 짓 바 구 니 동 동 노 장 을 바 람
찍 추 북 필 이 동 장 북 수 북 로 검 스 말 법 도 젊
공 프 로 그 램 서 노 추 입 요 원 말 색 주 의 러 리
쌀 바 이 람 퓨 른 찍 굽 풍 감 숭 옷 젊 수 카 어 크
느 자 레 동 북 은 동 을 바 를 이 자 을 동 유 감 바
다 물 러 절 약 속 질 은 대 트 한 전 견 다 제 체 들
를 을 주 대 을 춤 을 공 한 절 달 리 요 동 은 자 행
컴 운 문 임 트 주 찍 자 을 장 바 자 감 말 를 쌀 측
리 퓨 을 다 트 이 질 계 약 에 전 은 동 용 퓨 올 날
달 행 을 동 문 쌀 북 에 문 할 러 을 찍 로 느 문 러
주 느 셀 에 레 부 법 부 어 역 로 에 이 집 트 터 문

심각한
대학
임대
수동
전문가
서른
역할에
계약에
절대
관계
약속
떨어진
프로그램
원숭이
검색
수입
바구니
옷을
유체
거북이

Puzzle 356

자전거
항목을
무역
버섯
스타
속하는
경쟁
원인
지식
조용한
미세한
맛있는
선택
드라이브
이전
인구
복도
다음
건조
시민

춤 바 바 을 람 터 맛 문 늘 선 자 스 항 목 을 표 자
터 쌀 춤 문 이 결 있 부 적 택 대 셀 자 용 용 결 부
맞 추 측 문 쌀 로 는 하 속 끔 로 은 컴 문 절 동 결
적 절 사 거 주 파 달 을 을 부 말 러 문 부 동 결 범
도 거 전 자 집 인 구 한 터 경 굴 지 끔 트 에 발 질
드 라 이 브 건 조 견 한 굴 쟁 문 한 식 미 세 한 짓
이 다 너 은 들 컴 추 달 을 의 제 받 돌 를 맞 용 감
퓨 스 고 을 퓨 찍 동 다 음 제 한 대 무 역 너 조 셀
시 민 질 춤 법 느 장 을 짓 러 도 감 견 질 결 로 제
맞 문 춤 집 젊 동 올 스 타 너 트 바 은 은 다 집 발
요 너 동 필 견 버 굴 돌 늘 문 복 도 부 트 느 로 필
적 제 물 동 제 원 섯 솔 질 리 한 트 거 크 트 풍 찍
자 견 자 느 맞 추 인 측 도 필 에 주 트 견 견 을 부
들 로 의 감 노 운 주 북 람 춤 용 부 스 어 풍 트 의
용 다 공 을 다 제 부 말 맞 사 도 굴 제 전 루 느 장

Puzzle 357

개	인	적	으	로	다	느	적	도	찍	트	션	대	스	라	글	선
자	측	용	동	발	동	짓	카	체	물	선	다	부	타	범	로	트
을	주	전	필	주	을	법	한	스	맞	위	경	분	스	크	정	바
감	에	을	다	부	에	한	동	컹	질	트	제	의	탠	주	보	다
동	를	주	고	멸	망	은	션	크	을	신	를	감	드	질	은	참
한	찍	부	슴	너	말	어	어	을	컴	문	추	받	공	터	도	여
춤	추	리	도	한	운	굽	트	집	날	리	고	세	느	바	은	찍
필	받	한	치	을	자	늘	물	레	루	올	문	문	포	화	풍	풍
노	대	느	법	문	바	바	곱	집	조	립	사	동	문	퓨	가	은
공	전	맞	체	제	을	억	하	주	행	제	체	맞	트	표	바	끔
집	용	리	한	외	법	관	기	트	자	러	자	집	노	달	바	에
효	과	거	맞	시	춤	운	맞	람	낌	돌	크	측	위	굴	받	로
찍	바	쌀	견	켰	낌	도	범	젊	전	용	루	리	느	견	어	레
스	들	부	의	다	한	느	올	바	짓	들	느	문	을	에	제	셀
로	발	을	바	질	레	적	발	동	퓨	에	어	돌	느	전	문	자

멸망은
고추를
고슴도치
정보
스컹크
기관
스타스탠드
개인적으로
선글라스
곱하기
세포
제외시켰다
신문
화가
경제를
조립
기억
참여
효과
대부분의

Puzzle 358

에	트	트	말	용	말	도	행	리	도	한	트	범	풍	도	달	결	
발	법	주	자	절	적	고	수	건	올	노	노	발	터	부	한	카	체
바	필	맞	장	의	젊	젊	발	쌀	위	해	다	체	공	용	솔	자	트
다	부	스	제	안	쌀	발	파	션	복	측	작	운	끔	부	자	레	달
문	거	후	위	느	부	예	술	필	용	동	가	쌀	결	솔	리	늘	답
도	동	에	카	법	카	트	한	측	측	터	용	용	자	부	러	제	변
쌀	을	동	질	은	결	주	한	바	전	너	춤	느	부	러	느	로	셀
쌀	추	쌀	어	표	문	부	을	굽	한	이	젊	쌀	느	발	문	전	이
한	바	로	동	바	풍	유	들	다	풍	한	카	드	발	문	을	트	론
체	루	찍	동	걸	한	죄	용	문	를	크	다	사	러	을	트	바	이
범	한	운	고	다	핏	느	고	바	충	족	체	법	측	말	루	은	것
대	을	운	다	동	쌀	은	보	면	터	파	문	비	을	를	은	측	들
노	카	문	받	위	은	보	면	터	리	드	은	올	스	명	찍	대	카
한	은	측	어	도	터	리	드	은	올	스	명	찍	대	다	셀	러	
법	로	날	동	들	결	자	을	한	굽	주	트	컴	을	풍	바	돌	

부러
답변
복용
위해
유죄
후에
고발
쌀쌀한
것들
비명
예술
작가
수건
카드
충족
걸핏하면
바로
보드
제안
이론이

Puzzle 359

```
자 동 주 셀 치 즈 도 날 질 을 한 한 올 루 풍 부 를
용 파 을 바 트 필 카 부 느 맞 적 은 부 크 의 솔 러
레 감 트 젊 션 요 퓨 북 한 북 들 동 너 자 동 차 늘
문 도 한 날 북 찍 늘 도 올 다 은 돌 너 자 동 차 늘
운 의 로 을 춤 절 자 트 문 퓨 용 고 드 름 주 필 거 다
로 받 굴 느 논 을 전 발 자 풍 운 이 쌀 로 전 은 다
로 장 문 파 공 문 은 버 팔 로 요 자 셀 엘 프 쌀 을
한 늘 부 질 도 주 어 이 을 트 을 신    미 국 의 쌀
셀 쌀 물 측 춤 장 레 을 말 동 로 의 발 결 로 한 은
너 풍 트 느 핑 너 굽 굽 카 바 한 퓨 동 다 레 트 낌
굴 사 운 율 크 부 이 한 리 을 로 절 카 느 를 공 실
인 낌 집 늘 질 끄 미 결 트 질 파 문 겸 손 찍 문 현
터 을 이 은 쌀 러 소 달 거 을 법 쌀 이 너 가 증 을
뷰 한 자 을 용 워 동 부 리 람 러 발 집 물 젊 구 친
문 동 범 쌀 도 리 발 은 문 발 람 거 한 제 셀 사 늘
```

친구
치즈
미소
거리
부끄러워
미국의
자신의
겸손
엘프
버팔로
가구
실현을
핑크
자동차
논문
고드름
운율
인터뷰
용감한
증가

Puzzle 360

안아
조직
달걀
가시적
파운드
진정한
고향
차량
독수리
보안
녹아
실행을
생일을
초대
빛의
검토
적격
영감
상추오이
발올

```
감 독 안 아 을 의 도 로 고 파 달 굴 느 춤 트 맞 노
달 받 수 녹 요 자 발 한 굽 북 결 적 달 질 말 바 트
진 북 셀 리 이 도 한 질 고 동 자 자 다 장 느 동 동
정 을 동 람 의 맞 도 바 운 향 다 한 굽 문 적 바 레
한 의 파 위 로 주 용 러 빛 러 조 직 쌀 들 돌 적 격
로 한 달 날 은 바 견 문 의 한 크 결 컴 이 질 끔 솔
받 자 갈 너 절 발 측 문 끔 문 한 한 어 고 한 요 받
공 셀 스 을 레 셀 은 트 감 다 루 질 체 감 한 가 늘
실 행 을 상 추 오 이 보 동 표 굴 사 한 동 어 시 러
춤 젊 찍 한 찍 에 바 안 올 람 늘 레 바 주 문 적 굴
동 범 다 고 제 집 트 부 바 바 터 추 문 굴 돌 컴 젊
생 일 을 느 추 늘 질 풍 한 동 어 이 션 필 날 돌 굽
셀 러 초 대 차 솔 문 컴 레 주 필 느 돌 리 발 에 쌀
영 감 파 짓 량 터 파 운 드 쌀 이 문 크 퓨 을 검 느
감 집 용 컴 을 카 이 바 느 카 고 카 어 너 낌 동 토
```

Puzzle 361

풍	웨	사	솔	탄	러	건	도	마	뱀	이	전	카	스	로	찍	결
전	한	스	절	다	생	강	굴	필	로	행	짓	펫	날	올	자	제
견	한	주	턴	한	람	한	풍	필	찬	다	용	찍	은	감	이	문
트	카	람	컴	파	의	추	측	말	장	끔	질	공	대	위	운	로
늘	느	파	용	로	트	을	질	쌀	말	어	공	을	문	운	터	감
절	루	다	주	쌀	센	부	장	트	필	스	질	솔	한	동	결	위
리	부	쌀	스	을	터	카	이	수	느	행	이	달	동	대	이	한
루	달	셀	바	날	필	민	너	측	있	동	짓	에	발	바	바	쌀
을	올	레	추	씨	자	연	에	거	동	는	풍	거	동	주	주	용
돌	적	한	달	늘	발	굴	사	즐	길	을	문	풍	체	너	션	위
동	주	동	범	에	문	너	트	이	발	한	파	의	러	러	너	결
람	말	늘	녹	결	측	문	질	올	북	름	의	은	트	폭	법	결
러	은	도	색	부	입	학	사	사	다	이	빙	젤	달	력	레	필
왼	쪽	문	도	운	크	맞	로	맞	바	쟁	로	리	용	운	부	트
람	고	측	집	쌀	범	을	제	파	문	겁	어	셀	트	한	문	요

겁쟁이
건강한
센터
녹색
이름
찬장
날씨
자연에
입학
웨스턴
수있는
왼쪽
젤리
도마뱀
카펫
다이빙
폭력
연민
탄생
즐길

Puzzle 362

필	크	동	운	돌	말	블	흔	들	리	는	늘	표	범	젊	부	의
춤	을	러	견	로	날	을	록	한	적	다	추	바	바	크	사	로
너	주	의	전	너	받	낙	고	너	레	문	장	질	자	제	퓨	용
찍	로	바	다	졌	어	떨	타	의	은	한	한	파	다	어	부	문
필	바	결	칫	솔	필	표	자	행	트	끔	제	은	트	굽	질	질
절	돌	절	세	척	찍	추	짓	느	감	루	문	한	이	용	바	장
주	즐	맞	의	자	추	결	을	돌	체	진	행	을	필	소	의	제
한	겁	측	질	트	컴	동	바	람	늘	사	여	모	이	금	스	동
범	게	짓	대	바	지	느	절	굴	필	주	동	필	자	은	러	적
퓨	늘	발	터	이	전	한	에	끔	스	쌀	자	바	이	리	로	부
을	러	을	을	들	한	을	경	험	맞	요	다	끔	벤	발	감	제
러	트	쌀	법	에	다	불	용	캥	자	트	동	끔	트	달	퓨	제
쌀	들	관	찰	레	받	에	들	거	젊	질	레	트	주	쌀	운	법
너	문	감	찍	한	부	을	선	루	솔	동	문	한	년	장	행	필
측	을	행	자	체	다	느	을	풍	결	측	로	체	은	부	발	자

칫솔
블록
낙타
진행을
캥거루
소금
주년
바지
불에
즐겁게
경험
관찰
모자
세척
흔들리는
솔루션을
이벤트
바다
떨어졌다
여행문제

Puzzle 363

추	짓	굽	한	용	발	발	에	늘	어	동	리	감	풀	어	제	바
문	차	들	밝	은	시	전	어	을	은	낌	날	장	퓨	을	부	동
고	가	의	은	발	계	낌	노	카	다	예	뻐	를	솔	감	요	도
어	워	도	를	은	트	쌀	리	질	의	느	들	쌀	주	굴	젊	다
결	느	표	쌀	추	로	춤	다	굽	날	개	별	문	제	물	카	카
정	트	견	을	부	찍	젊	다	날	트	받	짓	위	북	바	공	견
러	마	차	느	질	주	도	선	파	트	쌀	증	오	책	임	물	의
한	적	사	주	레	범	동	파	언	물	퓨	루	대	의	법	션	동
무	지	개	레	찍	은	도	보	춤	안	녕	느	접	션	한	문	노
대	감	견	의	물	집	다	절	질	적	대	트	파	레	요	한	풍
동	견	체	디	부	끔	리	사	풍	을	제	감	도	체	받	장	용
한	감	클	립	다	추	을	동	쌀	컴	운	법	춤	크	은	감	트
올	어	맞	스	리	돌	동	로	체	법	낌	춤	솔	요	터	트	범
견	받	자	발	법	의	책	가	방	대	물	물	굽	전	문	은	물
주	절	사	제	에	굽	노	감	절	용	노	말	이	느	솔	도	발

결정
차가워
책임
마차
책가방
도보
선언
예뻐를
견디다
증오
개별
대접
시계
풀을
무지개
안녕
어제
밝은
문제
클립

Puzzle 364

경기장
스웨터
휴식
베이킹
공격적
숟가락
시리즈
올빼미
페인트
거래
울었다
소년
우울
중력
경제
노력
인형
지역
계단
자유

중	레	한	스	쌀	적	솔	느	느	루	을	제	고	찍	너	솔	결
계	력	노	웨	퓨	제	러	을	들	루	트	느	위	장	기	경	제
단	지	주	터	로	를	부	다	끔	말	소	주	문	션	거	이	트
제	필	역	법	노	적	쌀	집	크	느	년	울	용	표	래	셀	스
레	발	이	젊	문	체	터	에	느	필	견	었	전	이	루	올	찍
체	동	달	북	행	추	시	리	즈	요	도	다	로	한	자	유	질
바	트	결	춤	운	한	법	한	람	노	도	러	한	이	굴	바	다
장	루	찍	사	쌀	공	격	적	휴	식	베	이	킹	문	전	맞	굽
낌	을	다	거	체	우	울	질	필	맞	북	쌀	자	고	쌀	물	어
체	리	을	질	견	받	절	문	쌀	요	필	스	범	범	찍	트	낌
다	이	문	문	레	표	끔	끔	적	결	올	레	추	거	거	에	법
요	용	문	스	용	한	트	숟	가	락	문	빼	결	거	자	공	퓨
전	부	결	를	장	인	솔	받	추	에	미	돌	솔	늘	낌	동	트
이	다	운	전	루	페	형	동	맞	용	요	도	은	늘	자	사	느
의	굴	바	용	절	다	올	범	날	부	로	짓	바	다	도	노	낌

Puzzle 365

```
문 사 부 사 로 날 이 다 을 이 퓨 람 크 돌 다 다 도
한 발 표 람 적 측 분 도 너 날 늘 다 한 절 공 바 트
맞 말 다 베 춤 이 신 자 를 한 카 카 한 물 파 동 한
느 받 필 이 자 느 컴 물 선 질 도 춤 자 한 은 너 결
동 어 루 전 감 을 말 질 한 공 늘 스 순 무 너 람
바 트 감 감 트 바 느 질 대 끔 짓 발 절 발 자 구 컴
자 추 동 은 부 바 춤 동 비 모 트 한 법 결 러 행 름
운 이 터 레 추 감 들 집 고 래 절 결 거 바 짓 를 너
를 카 춤 부 도 한 를 적 터 올 춤 위 견 찍 춤 제 러
문 공 루 레 를 바 퓨 을 솔 을 찍 북 도 을 올 운 품
용 문 춤 적 립 루 루 한 쌀 셀 자 찍 출 생 트 추 자
크 너 하 바 표 장 스 을 주 션 제 한 캡 쌀 로 커 추
체 문 키 로 필 문 올 짓 돌 정 셀 셀 처 일 정 플 날
구 울 발 너 레 거 스 러 제 의 제 퓨 굴 어 적 필 측
발 명 노 의 춤 질 바 올 션 도 동 감 의 춤 리 요 바
```

모래
구름
하키
자신이
분자
적립
대비
일정
요리
발명
필요
제품
바느질
베이
캡처
구울
순무
커플
정의도
출생

Puzzle 366

세기
실버
엄청난
따라서
복잡
만든
출현
인치
선호
단순한
페이지
계획
레몬
살고있는
살아있는
거짓말
침착이
얼음
공격
포함

```
감 스 들 을 도 주 측 루 위 인 받 문 도 의 전 한 공
짓 맞 동 문 도 장 위 루 셀 춤 치 이 돌 을 요 계 굽
추 공 격 복 풍 로 날 동 문 크 을 동 적 감 솔 획 받
세 기 말 잡 동 견 노 부 체 문 견 거 로 의 운 문 을
자 맞 를 컴 들 운 솔 루 로 발 카 짓 굽 행 단 순 한
느 이 얼 을 람 달 트 이 문 젊 거 말 장 한 따 출 쌀
은 운 감 음 자 을 올 를 질 느 을 동 에 로 라 현 쌀
다 굽 을 은 한 춤 용 맞 퓨 너 파 느 루 퓨 서 이
로 고 행 받 용 법 로 체 물 카 젊 끔 선 호 실 다
을 물 을 은 이 어 을 컴 행 침 착 이 러 동 스 버
로 파 행 동 한 은 부 달 셀 페 이 지 엄 청 난 전
동 풍 어 들 살 물 동 맞 견 맞 노 동 리 을 굽 법
레 행 한 루 아 체 문 바 측 다 말 이 을 달 끔 견
몬 굴 로 는 있 고 살 주 포 거 측 다 이 트 파 젊
을 주 굽 물 는 만 든 대 함 느 이 트 파 젊 발 로 범
```

Puzzle 367

```
레 숨 다 행 히 도 바 리 문 끔 굽 주 마 문 표 한 북
모 기 너 자 루 전 동 람 질 컴 결 운 음 공 퓨 동 크
네 기 풍 이 이 쌀 도 굽 컴 다 을 동 다 결 한 러 한
이 협 위 동 람 절 동 동 맞 동 퓨 대 을 제 부 굴 행
드 짓 요 느 이 질 적 야 바 맞 제 고 달 거 트 끔 수
노 바 도 컴 러 춤 도 외 파 컴 스 은 동 에 로 달 리
바 쌀 부 카 요 굽 트 트 전 루 요 굽 의 어 감 에 를
발 너 전 입 바 절 바 발 사 주 용 고 터 을 고 굴 젊
트 행 요 구 농 장 트 낌 법 동 람 문 고 사 가 방 말
람 위 적 바 전 퓨 너 액 션 볼 트 동 측 실 스 용 부
느 표 동 물 운 러 범 용 혈 셀 을 레 너 루 발 로 로
동 질 행 람 전 견 이 적 날 느 돌 한 동 행 스 돌 절
문 춤 의 낌 용 말 문 터 행 동 삽 감 발 주 느 카 동
람 바 레 동 추 파 개 인 사 업 입 느 리 솔 아 셀 에
대 풍 질 측 주 전 자 달 질 스 찍 를 받 굴 표 빠 한
```

행위
숨기기
볼트
사업
삽입
레모네이드
개인
마음
혈액
아빠
수리를
바람
야외
입구
액션
사실
위협이
다행히도
농구
가방

Puzzle 368

회사
훌륭함
감정
아이리스
구분
호흡
언급
비서
러시를
겨울
가솔린
조언을
오는
대기
우리의
생각이
표범
체중
이모
함께했다

```
함 께 했 다 북 물 공 필 집 부 용 질 너 바 들 주 을
룡 언 돌 다 받 찍 바 셀 을 바 다 동 한 법 한 동 올
훌 급 러 을 대 표 바 부 발 느 위 달 제 이 을 표 어
굴 문 로 물 사 전 행 트 크 을 체 중 공 요 트 동 어
받 굴 회 동 파 날 바 쌀 거 들 도 겨 고 돌 짓 로 달
사 다 사 컴 공 올 스 찍 쌀 은 동 문 울 표 범 을 셀
솔 구 퓨 을 대 우 리 의 생 돌 리 돌 한 주 터 풍 트
주 추 분 굴 쌀 모 이 퓨 각 호 흡 풍 을 한 은 거 굽
공 거 운 을 굽 파 아 끔 이 질 부 션 주 루 은 낌 을
한 추 동 결 션 표 러 시 를 법 표 대 체 바 다 결 용
자 은 다 셀 를 에 파 결 짓 고 늘 질 달 가 동 퓨 올
어 낌 굽 절 질 추 대 부 션 들 느 늘 을 솔 장 솔 찍
파 제 감 크 용 솔 기 도 짓 로 솔 오 는 린 컴 에 컴
바 받 법 정 굽 이 끔 대 측 집 한 한 한 낌 너 범 질
문 크 전 셀 비 서 조 언 을 의 늘 찍 끔 견 쌀 들 장
```

Puzzle 369

```
짓 터 측 굴 추 용 동 전 카 위 늘 한 한 동 바 자 트
에 문 주 자 동 질 필 행 고 쌀 질 절 표 발 로 체 북
찍 로 을 동 트 대 말 컴 올 쌀 결 체 동 요 너 이 표
짓 로 적 요 필 이 셀 자 찍 느 표 행 찍 스 동 끔 을
달 전 굽 고 는 찍 쌀 달 단 범 문 공 말 편 위 셀 러
이 로 한 다 오 대 범 다 동 위 어 감 요 지 굽 를 굴
쌀 대 로 나 비 한 전 결 로 빨 를 판 딸 이 도 문 솔
집 문 어 맞 카 끔 절 추 션 간 맞 사 주 스 바 찍 션
장 굴 트 외 자 견 돌 들 맞 색 행 테 로 적 기 계 노
특 별 한 한 에 조 각 찍 레 을 주 용 스 체 법 크 을
받 대 측 돌 위 북 의 용 질 정 중 법 스 트 리 맞 이
추 용 도 다 물 추 부 문 짓 거 끔 션 용 북 를 문 질
스 키 의 어 린 요 맞 질 장 한 용 쌀 늘 쌀 안 부 을
굽 공 문 발 행 춤 포 외 부 를 북 컴 다 을 전 집 찍
한 발 부 은 용 늘 착 음 악 풍 트 늘 파 굴 트 트 퓨
```

정중
빨간색을
스키
특별한
물린
스펀지
비오는
딸이
조각
포착
판사
스스로
외부를
안전
기계
음악
단위를
외에
테스트를
나비

Puzzle 370

동쪽
지출
완화
세로
빈번한
미션
우스운
뽀족한
비용면
방향으로
돼지
미디어
망원경
코너
고급
어두운
응답이
추가
변화의
내부

```
지 변 루 주 을 문 에 추 은 스 찍 을 용 굴 로 요 범
출 돼 화 동 파 맞 션 로 바 달 크 달 다 트 은 젊 미
러 지 문 의 법 질 문 문 필 컴 짓 바 세 솔 문 절 디
공 스 바 끔 어 감 람 올 터 비 용 면 도 로 추 문 어
대 찍 측 장 두 적 은 문 도 트 들 추 동 으 찍 날 발
레 젊 찍 굽 운 운 날 우 쌀 셀 트 문 날 향 대 터 을
은 감 문 운 동 쌀 용 스 날 적 을 도 들 방 주 물 운
로 굽 한 주 젊 굽 의 운 적 절 자 빈 을 쌀 법 동 쪽
부 러 부 필 동 코 공 쌀 북 에 미 번 노 문 집 에 바
파 젊 레 용 로 너 문 크 은 을 션 한 집 추 가 로 컴
동 주 북 도 발 한 젊 에 운 행 한 끔 응 답 이 트 트
짓 북 견 을 완 화 필 이 필 끔 에 부 바 장 이 물 퓨
람 한 내 뽀 족 한 견 문 물 은 도 다 달 법 어 올
터 솔 날 로 로 망 원 경 파 리 결 발 범 도 고 급 자
```

Puzzle 371

달	로	들	느	순	서	와	바	문	적	은	전	퓨	용	문	문	한
수	많	은	회	피	에	인	공	물	집	의	젊	셀	허	거	추	셀
은	사	퓨	기	요	느	솔	도	주	개	감	질	표	수	질	장	바
절	바	돌	달	리	이	이	의	공	올	바	사	젊	아	낌	동	용
동	의	터	요	측	은	날	중	요	한	굴	영	늘	비	추	결	늘
필	한	은	요	세	끔	법	춤	대	사	끔	향	굴	용	춤	사	러
쌀	퓨	쌀	법	짓	탁	필	용	안	트	션	을	받	정	인	동	도
크	굴	부	너	탐	한	짓	부	장	제	발	어	셀	굴	요	쌀	은
낌	견	바	을	색	카	트	필	춤	쌀	추	너	퓨	너	여	범	사
측	거	전	거	을	셀	주	한	의	카	춤	견	북	스	다	전	용
를	노	표	을	날	적	람	다	동	주	도	깔	끔	한	문	자	히
북	공	스	용	러	절	동	을	위	인	집	돌	문	바	동	에	바
이	바	람	이	발	다	을	솔	트	용	각	들	돌	카	풍	전	스
사	맞	용	점	한	공	공	풍	스	도	종	농	부	제	집	레	은
은	한	용	트	공	물	셀	들	주	어	달	부	크	발	의	한	체

영향을
세탁
순서
이점
각종
탐색을
물개
수많은
농부
인정받을
기회
인용
와인
여전히
중요한
수달
회피에
대안
허수아비
깔끔한

Puzzle 372

가지고
매력적인
토끼가
비트
감독
다양성
유연한
과자
버스트를
노래를
실험
내레이터
이야기
라디오
매니저
암탉
방문
포함되어
크레용
영리

사	다	적	맞	전	션	바	날	의	도	이	동	맞	다	토	문	젊
은	받	달	사	적	집	발	발	다	북	저	트	다	동	끼	북	한
버	스	트	를	래	노	비	위	양	한	니	한	끼	내	가	한	은
터	러	풍	포	함	되	어	트	성	노	매	터	문	레	을	한	의
레	유	용	고	거	암	닭	은	전	방	력	터	트	이	공	문	동
질	연	고	트	표	루	용	달	크	문	적	질	이	터	를	질	셀
트	한	범	감	다	필	올	표	한	레	인	부	다	감	동	주	북
카	퓨	필	측	리	라	한	발	감	운	용	용	날	크	전	러	한
거	가	제	한	젊	디	과	자	달	쌀	풍	북	은	을	돌	문	이
달	지	한	요	바	오	찍	동	문	낌	사	사	감	독	풍	을	야
바	고	솔	찍	스	돌	부	리	문	이	다	로	북	추	견	고	기
바	거	러	을	발	를	한	한	운	늘	로	장	대	집	어	에	전
물	고	은	전	을	은	이	물	문	레	젊	도	실	질	루	적	영
동	바	리	절	자	맞	느	들	쌀	한	션	트	문	험	춤	을	리
을	법	너	용	공	끔	동	대	도	컴	들	자	을	루	찍	북	에

Puzzle 373

바	끔	맞	성	절	트	젊	굴	을	발	맞	받	견	를	에	짓	터
구	루	젊	공	은	결	바	동	문	부	모	기	존	의	실	리	젊
스	카	의	루	전	문	동	맞	한	을	이	래	전	노	시	동	자
베	어	체	한	크	러	발	낌	을	맞	터	감	가	들	지	구	본
리	쌀	다	느	을	느	낌	견	주	행	로	질	맞	대	맞	을	들
전	바	용	달	다	문	달	질	를	개	로	용	발	트	트	터	
을	리	을	표	한	체	견	올	자	다	발	춤	트	한	절	젊	동
굴	문	물	찍	다	필	주	문	동	을	크	북	리	스	한	용	바
달	로	춤	로	이	홍	수	흡	수	찍	로	달	어	솔	바	터	느
한	사	불	운	온	을	받	춤	오	범	체	전	이	문	요	늘	주
루	적	안	동	도	원	람	공	웨	토	레	파	북	스	말	노	래
쌀	돌	정	물	계	동	하	달	스	젊	바	로	결	북	은	이	결
바	한	한	공	이	한	발	는	트	범	측	이	물	솔	레	동	러
발	체	스	느	사	짓	요	체	했	공	맞	느	문	짓	을	셀	요
점	유	율	표	랑	간	호	사	다	북	도	끔	동	굴	트	바	받

노래
성공
점유율
불안정한
오토바이
구스베리
느낌
모래가
온도계이
사랑
동물
원하는
웨스트했다
개발
기존의
홍수
흡수
간호사
지구본
실시

Puzzle 374

메이크업
그릇
제공하는
그들이
회사가
속이는
트리
기간
결과를
전송을
정치
여유가
위의
건물을
아래에
계산
이유는
분수
소화
드래곤

용	자	스	낌	대	낌	동	여	유	가	위	의	트	리	분	루	한
너	달	쌀	제	위	동	거	이	측	컴	러	정	치	크	장	수	측
질	돌	받	자	크	북	문	람	문	동	굽	셀	늘	춤	은	를	장
에	자	문	은	은	에	집	사	질	바	이	장	을	고	람	위	로
계	산	너	측	문	문	을	문	로	을	로	발	집	회	발	춤	이
로	느	을	돌	추	로	결	들	요	문	을	한	제	사	적	루	유
속	이	는	거	짓	도	과	러	한	한	행	트	굽	가	느	들	는
거	퓨	을	발	춤	러	를	다	크	용	굽	동	바	트	트	굴	날
늘	절	룰	트	의	문	고	을	거	집	찍	굴	퓨	늘	북	돌	은
한	퓨	루	전	느	견	퓨	발	절	트	쌀	에	한	바	굴	를	결
장	운	이	송	은	기	간	측	부	스	레	올	필	용	을	한	노
루	돌	파	을	메	이	크	업	람	건	소	션	션	절	감	그	릇
아	한	풍	견	제	공	하	는	드	물	발	화	그	들	이	을	한
짓	래	문	자	날	부	표	풍	래	을	발	한	스	을	트	범	맞
낌	측	에	공	물	용	바	루	곤	집	리	주	부	크	한	바	터

Puzzle 375

도 을 전 용 자 돌 을 바 자 위 다 날 동 피 문 옵 션 스 로
용 느 레 레 동 리 풍 굴 질 올 행 레 바 우 장 시 맞 로
춤 감 부 을 법 로 받 파 부 을 굽 셀 쌀 동 션 전 드 험 굽 용
온 도 의 이 젊 범 춤 결 셀 쌀 도 물 사 컴 바 거 의 너 파 문
전 끔 끔 트 굽 문 공 문 도 물 추 측 로 부 자 끔 다 문 향 해 찍 러 필
로 도 제 어 찍 법 크 어 들 추 측 바 필 문 한 굽 향 해 찍 러 필 적 은
대 감 측 사 다 쌀 전 감 바 짓 부 절 운 측 한 북 발 트 적 은 솔
자 을 을 젊 을 컴 질 은 짓 부 절 운 측 로 제 재 굴 파 에 트 솔 한
지 속 도 말 부 집 통 은 측 로 제 재 굴 파 에 발 터 요
굽 용 고 필 크 동 해 토 자 법 쌀 고 굴 루 발 터 느 요
레 제 고 트 문 발 로 마 로 너 늘 먹 고 동 느 요 솔 한
다 을 이 낌 한 트 늘 토 공 러 사 적 운 받 문 크 어
요 동 괴 트 이 증 명 를 트 세 발 음 을 올 러 거 느 리
파 들 물 공 정 바 주 제 출 찍 춤 대 뽑 동 굴 로 어
질 북 늘 에 발 인 로 사 동 거 도 을 공 아 쪼 법 리

옵션
재고
인정
지속
우드
증명
뽑아
제출
온도의
발음을
토마토를
세트를
공정
먹고
향해
쪼아
통해
피부
괴물
시험

Puzzle 376

어쩌면
비누
지난
부분
너무
동전
좁은
깊은
스탬프
소다
슬라이드
월요일
촬영
젖은
선고
부추
준비
네트워크
누출
요청

을 트 을 요 돌 이 트 동 용 어 전 말 네 깊 은 선 고
고 트 끔 춤 쌀 쌀 감 위 전 바 쩌 질 트 느 를 위 더 굽 을
레 카 필 풍 낌 어 노 트 동 에 날 면 워 굽 풍 받 의 을 은 이
이 용 스 동 을 크 느 동 체 터 질 터 크 바 쌀 이 은 들 동 레 문
솔 동 크 바 제 물 의 카 자 을 이 추 에 바 루 이 은 들 동 공 레
은 부 춤 행 문 북 느 느 을 견 도 견 부 솔 들 말 공 맞 발 레 주 출
로 제 표 견 을 너 부 집 동 자 필 다 준 비 말 컴 루 발 쌀 스 끔 일
질 바 솔 주 촬 영 분 달 돌 다 풍 날 고 컴 어 터 소 누 다 월 요 달
슬 라 이 드 이 표 고 트 감 짓 감 문 전 어 터 문 은 발 쌀 스 탬 프
느 바 결 끔 부 문 돌 을 범 장 부 을 트 문 은 누 을 트 끔 요 달
행 체 느 트 도 법 끔 을 행 법 행 비 제 소 누 스 탬 프 일
요 질 질 너 무 법 문 트 부 측 춤 바 누 을 트 끔 좁 은 측 주 달 은
청 지 집 범 젊 동 위 로 추 받 굽 다 스 탬 프 요 일
행 난 젖 은 표 자 발 문 솔 질 짓 을 법 다 월 요 달
부 리 자 바 부 물 끔 체 은 질 로 좁 은 측 주 은

Puzzle 377

알 카 짓 트 문 루 제 노 풍 파 괴 절 동 적 동 국 크
도 고 장 냉 종 교 돌 션 다 다 도 집 거 거 주 제 을
개 을 있 사 적 도 집 의 바 의 용 쌀 행 감 용 은 이
카 미 장 는 죄 을 파 컴 동 자 풍 반 환 집 견 말 너
동 질 에 필 송 돌 을 루 질 위 늘 노 주 바 날 동 을
절 레 좋 은 안 녕 루 동 적 맞 러 늘 을 스 우 장 반
발 젊 트 고 을 돌 견 용 솔 용 문 기 은 트 박 유 한
은 레 제 용 받 컴 감 문 카 북 너 각 말 개 날 료 트
고 발 문 동 사 크 옥 위 돌 은 물 션 트 발 바 동 한
달 적 바 한 짓 파 이 이 운 행 노 한 를 을 끔 결 쌀
고 올 에 견 다 사 트 풍 법 동 로 맞 한 물 을 크 쌀
러 문 쉽 한 러 말 감 다 다 스 주 쌀 부 북 용 발 느
은 받 게 도 동 평 션 동 조 직 에 어 동 집 필 표 법
공 를 집 짓 견 면 어 찍 느 터 돌 위 컴 위 낌 낌 은
전 점 점 동 필 쌀 맞 리 트 고 짓 맞 솔 북 맞 감 고

기각
파괴
알고있는
평면
개미
좋은안녕
은행제점
국제점점
점종교
개발을
냉장고
유료
조직에
죄송
우박
쉽게말을환
반환
감옥

Puzzle 378

리드
호랑이
스카프
아마
비극적
누구아무것도
경험을
전형적인
굵게
거대한
보라색
범죄
성능을
한정
요리논의
소개에
고도
얼룩말
보여
극적인

풍 결 솔 을 셀 자 발 측 요 의 를 노 질 발 감 도 동
누 한 정 부 자 필 주 이 늘 도 리 감 도 풍 이 자 바
를 구 문 의 올 질 이 를 리 감 은 부 트 트 동 결 늘
용 을 아 전 형 적 인 질 질 로 체 결 날 너 고 주 로
말 은 노 무 을 쌀 문 올 측 레 발 을 측 바 다 을 트
레 크 고 한 것 전 굴 춤 을 감 짓 굽 다 은 운 얼 행
거 느 문 용 을 도 제 이 자 도 경 험 을 능 성 룩 트
대 동 용 대 찍 트 적 제 너 한 요 스 람 리 올 말 느
한 소 리 드 북 질 쌀 를 장 전 을 카 올 트 셀 집 굽
운 범 개 호 랑 이 쌀 로 낌 에 돌 프 쌀 파 법 사 부
을 아 용 에 로 솔 굴 고 도 한 트 한 낌 루 다 굵 쌀
날 바 마 주 요 리 논 의 의 자 결 자 을 필 공 게 들
보 셀 주 비 감 춤 물 를 맞 도 행 범 죄 요 노 도 대
라 공 솔 극 보 여 쌀 동 한 굽 표 돌 표 다 젊 체 적
색 을 인 적 극 규 발 부 한 를 부 터 추 부 이 리 리

Puzzle 379

동 은 트 발 리 의 발 발 질 분 적 에 람 견 족 맞 돌
살 쾡 이 를 스 사 의 트 질 홍 평 방 맞 용 스 제 북
혼 자 까 집 프 가 풍 쌀 바 색 동 날 햇 빛 도 다 비
필 맞 가 터 링 스 문 사 고 고 바 을 쌀 주 사 랑 자
바 법 레 날 자 터 도 측 절 풍 로 북 를 부 찍 전 표
북 바 느 라 이 브 러 리 고 카 범 을 굴 은 체 발 주
히 트 노 북 질 동 추 연 속 너 도 도 션 끔 동 너 장
제 을 느 부 루 문 표 속 도 다 위 레 버 짓 바 은 문
들 바 풍 발 어 쌀 을 공 로 적 노 발 터 표 도 결 느
느 러 크 필 젊 노 파 트 공 견 질 동 로 동 한 솔 필
말 노 감 돌 물 러 절 이 클 립 시 계 스 늘 장 부 이
다 문 을 느 사 를 젊 동 자 동 크 체 거 한 전 한 견
들 션 바 거 굴 표 은 발 용 올 느 로 한 짓 에 장 은
느 행 측 위 찍 동 말 찍 사 부 문 자 을 낌 한 너 너
측 부 느 순 한 은 느 용 한 측 부 달 풍 체 를 람 노

버터
햇빛
족제비
연속
느슨한
가까이
분홍색
문자
의사가
히트
클립시계
혼자
평방
스프링
도랑
라이브러리
살쾡이를
주장
고속도로
질문을

Puzzle 380

전략
벨자전거
라운드
여왕의
선반
일반
고통스럽게
그래프
사이클링
지느러미
의무
워드
부주의
구색
연결
지구를
믿기
라일락
구조
원정

한 발 결 적 동 에 루 부 용 거 찍 스 을 카 짓 문 터
트 트 터 굴 제 동 파 트 사 부 레 다 바 트 끔 표 를
요 자 동 도 물 터 견 주 이 트 질 범 대 리 어 물 동
맞 맞 한 트 트 퓨 동 문 클 추 도 집 자 다 체 젊 절
을 고 북 요 풍 동 이 션 링 용 짓 파 자 동 발 쌀 풍
원 셀 쌀 북 위 북 를 스 퓨 한 바 민 기 북 발 은 굴
정 바 한 바 을 동 퓨 은 바 파 이 은 북 도 말 라 드
다 공 제 연 람 위 셀 문 도 동 을 필 도 추 들 운 워
올 추 부 로 결 말 받 용 선 견 바 날 셀 자 조 트 자
고 통 스 럽 게 표 돌 굽 반 다 부 감 달 파 략 구 색
라 행 자 말 어 다 그 에 말 노 주 한 벨 자 전 거 부
일 춤 제 느 다 들 래 문 크 무 의 왕 여 바 사 일 문
락 리 장 한 를 표 프 적 용 문 은 제 미 러 느 지 반
도 을 자 발 너 운 표 달 바 짓 다 절 필 운 도 구 한
필 발 제 레 주 문 느 용 운 동 스 에 로 날 을 를 노

Puzzle 381

교	을	한	문	받	두	은	로	주	이	감	풍	를	빠	로	로	달
훈	리	장	사	거	려	크	행	법	션	컴	들	을	른	반	딧	불
은	트	다	느	의	워	파	거	람	러	너	바	문	의	러	집	들
셀	견	선	풍	하	표	을	노	루	한	필	용	질	자	춤	공	달
들	카	쌀	을	너	이	적	설	득	너	늘	문	스	도	적	한	바
첨	부	거	람	이	동	라	도	운	동	날	크	래	들	제	스	춤
공	들	달	법	카	부	셀	이	카	쌀	맞	을	에	행	짓	감	운
절	식	동	북	은	끔	제	장	트	다	컴	스	절	한	절	트	물
날	굴	적	러	바	을	달	공	위	다	돌	추	연	대	북	동	이
체	크	느	으	들	찍	러	다	달	동	람	한	못	범	짓	퓨	레
루	주	돌	실	로	구	멍	은	은	터	동	쥐	조	랑	슬	픈	대
바	너	집	행	동	도	이	행	늘	위	솔	흔	들	로	말	범	장	현
발	가	능	황	행	자	한	짧	은	필	북	들	말	범	을	용	실
터	다	쌀	야	필	을	람	찍	퓨	로	표	받	동	찍	대	필	의
짓	느	을	트	절	도	주	결	표	노	퓨	받	바	고	동	발	주

의자
실행
다람쥐
공식적으로
크래들
슬픈
두려워
구멍
가능
짧은
황야
흔들
하이라이트
첨부
연못조랑말
반딧불
설득
현실의
교훈은
빠른

Puzzle 382

마커
속도
시간시간
도착
분기
머리
갤럽
듣고
경로
크기
개혁의
속성올
공원
혜택
어린이
기차
활동
채우기
과거의
흥미로운

자	이	고	머	맞	시	집	요	터	들	체	부	개	결	범	용	부
한	끔	한	동	리	간	질	람	카	굴	제	크	혁	트	집	동	동
를	감	을	크	올	시	측	을	로	짓	측	쌀	의	거	과	적	도
찍	을	문	고	짓	간	사	바	풍	올	다	문	견	도	셀	문	착
필	늘	노	트	올	부	필	파	문	거	을	차	범	표	북	도	질
의	한	측	흥	미	로	운	필	션	을	크	기	다	한	로	전	날
을	를	적	에	듣	고	활	거	은	레	로	필	이	주	쌀	다	집
질	늘	발	퓨	용	동	다	장	날	문	한	이	느	적	경	동	한
의	은	마	커	공	원	자	혜	문	부	한	문	체	로	짓	이	제
한	문	끔	에	자	늘	측	택	터	컴	맞	날	질	루	문	파	루
늘	의	말	도	물	분	기	굴	느	한	느	용	셀	행	바	운
느	대	어	추	결	터	루	리	갤	다	쌀	문	풍	동	선	대	속
찍	속	성	올	이	법	필	를	전	한	우	굽	범	동	들	북	도
공	도	의	표	공	션	션	동	이	트	로	기	필	측	범	로	어

Puzzle 383

다	사	입	자	시	부	자	다	고	굴	부	소	스	낌	발	행	바
주	동	도	행	젊	트	이	데	업	스	한	동	염	대	절	바	협
감	질	자	측	견	느	솔	주	을	케	을	다	주	은	문	끔	력
도	달	너	을	발	제	반	크	셀	이	범	도	로	도	풍	긴	급
주	찍	한	문	동	도	응	쌀	이	트	행	복	달	바	집	굴	느
러	매	장	발	도	듀	을	의	바	스	낌	컴	느	부	대	자	견
다	달	차	조	사	전	바	거	측	케	늘	질	를	날	결	트	을
동	려	지	낌	사	한	에	퓨	바	이	을	범	발	을	에	잘	다
운	거	발	이	이	느	트	발	질	트	어	감	돌	자	결	못	발
용	스	트	공	범	적	집	가	지	고	가	는	완	전	히	이	을
낌	행	느	린	로	스	적	파	리	크	받	을	자	자	이	장	굴
견	자	말	사	쌀	운	달	쌀	춤	로	질	컴	운	북	변	를	이
한	노	발	리	풍	트	을	동	루	한	공	은	셀	을	바	위	굴
행	끔	적	끔	춤	물	질	문	을	달	여	맞	젊	다	어	용	집
도	끔	행	대	늘	질	을	용	느	크	름	이	동	느	어	돌	문

소스
염소
입자
완전히
도달
행복
긴급
잘못이
시트
협력
조사
매달려
반응을
차지
스케이트스케이트
여름
변위
가지고가는
느린
업데이트

Puzzle 384

해결
곱셈
벽난로
드레스
멋진
사과
직원
이미지에
통과
사이클
에너지
빈곤을
주어진주는
헬리콥터
유명한까지
부문의
온다
예를
동공
내용

멋	굽	느	들	한	느	부	을	사	드	문	질	어	공	터	위	은		
을	진	스	러	트	행	문	예	춤	레	트	말	로	부	한	부	도		
션	용	셀	견	다	부	의	파	를	스	용	션	동	노	장	바	추		
적	셀	운	다	너	를	고	올	자	고	젊	사	이	클	날	문	적		
너	위	물	바	내	용	굴	용	질	을	러	트	맞	솔	도	굽	집		
끔	맞	에	이	온	다	찍	도	감	퓨	사	헬	리	콥	터	표	물		
표	너	한	미	에	유	명	한	까	지	과	도	트	집	발	직	적		
도	자	부	지	위	너	컴	솔	짓	동	크	자	의	사	측	원	트		
질	루	을	에	어	들	지	주	너	문	빈	를	공	컴	동	올	어		
달	동	동	쌀	느	체	션	어	부	용	곤	에	끔	트	날	측	바		
제	문	터	견	바	를	바	진	용	동	을	해	결	스	자	짓	추		
법	통	날	도	발	표	컴	주	질	공	벽	이	표	맞	행	달	파		
용	과	집	어	행	주	감	는	날	은	난	느	감	범	주	문	문		
대	곱	셈	풍	발	너	터	부	어	질	로	로	자	받	동	집	굽		
질	바	도	을	문	로	표	측	이	을	집	을	끔	트	느	느	도		

Puzzle 385

다	노	땅	추	한	미	북	바	사	운	제	트	의	로	문	다	동
쌀	믹	의	바	트	라	근	바	람	주	얻	사	결	한	루	을	
들	스	돌	찾	선	컴	최	초	적	러	솔	적	적	표	것	션	끔
컴	를	찾	늘	은	은	이	질	운	트	쌀	요	감	의	이	바	오
은	들	고	용	바	풍	퓨	사	굴	요	한	풍	젊	차	집	사	
끔	르	질	용	풍	공	을	적	용	자	범	도	전	감	이	조	
운	크	에	컴	은	바	문	느	트	한	결	동	젊	한	에	약	
굴	노	발	생	장	바	문	집	견	용	풍	고	짓	로	제	발	견
받	다	느	노	동	문	이	주	용	자	한	부	한	도	위	터	
요	트	자	체	욕	바	을	스	범	리	자	을	문	주	적	스	끔
딱	돌	선	춤	망	로	을	결	대	스	한	범	끔	필	수	체	들
위	정	전	결	을	결	은	돌	요	한	범	맞	용	제	파	로	레
한	쌀	벌	늘	집	은	돌	요	부	한	찍	끔	제	수	로	레	찍
발	올	설	레	이	한	달	은	필	한	고	위	한	굴	동	제	주
솔	쌀	계	젊	끔	행	법	은	컴	바	도	시	체	자	법	주	

도시
최초의
얻을
믹스
최근
찾고
의사
딱정벌레
설계의
것이
미라
욕망을
필수
조약
발생
사람은
오이
차이
자체

Puzzle 386

캠페인
패턴
스폰지
사라
기후
다른
타고
얼굴
연기를
작업이
가장
코뿔소
여든
돌고래
요약
동행
행운
여섯
내내
해변

리	은	로	절	부	절	바	셀	루	문	로	찍	도	도	느	터	결
위	쌀	션	북	체	은	끔	풍	젊	느	터	을	동	동	물	찍	연
요	약	을	를	주	질	도	찍	을	션	주	질	운	행	타	공	기
터	람	다	다	부	리	부	굽	한	패	위	젊	쌀	래	고	돌	를
풍	다	찍	컴	들	발	고	쌀	로	턴	필	끔	을	한	전	올	가
람	터	북	루	의	풍	표	동	을	풍	문	끔	북	대	터	터	장
다	풍	한	맞	느	운	너	달	돌	추	동	체	추	을	돌	춤	문
바	은	한	은	필	셀	젊	크	션	은	자	주	자	물	사	춤	집
찍	젊	어	너	다	부	동	셀	기	발	대	동	날	다	풍	찍	을
감	쌀	끔	견	루	끔	스	쌀	후	집	동	날	대	른	루	어	젊
바	컴	부	맞	맞	쌀	물	장	다	너	대	주	을	섯	여	작	동
도	해	변	젊	바	끔	용	공	른	을	거	캠	페	인	행	이	의
대	질	사	라	터	한	은	어	제	스	캠	폰	말	다	들	코	주
노	내	로	한	러	사	쌀	얼	트	집	폰	문	동	지	물	뿔	소
어	내	동	표	한	추	문	이	굴	문	동	지	물	동	소	람	측

Puzzle 387

을 야 생 운 질 낌 공 풍 은 느 을 한 말 레 터 춤 범
체 쌀 다 영 을 동 동 퓨 선 위 공 체 맞 문 람 솔 컴
쌀 동 퓨 바 장 한 문 절 바 발 위 느 한 의 문 느 발
을 들 돌 꿈 주 짓 북 레 적 북 문 부 쌀 은 표 젊 명
에 에 수 의 집 을 북 자 발 을 이 공 자 사 터 이 백
골 동 품 요 법 에 결 맞 장 위 타 격 의 문 바 주 한
발 운 받 절 일 체 낌 트 용 사 느 굽 로 러 감 발 맞
굴 카 리 느 체 을 한 거 노 찍 구 매 행 을 이 를 솔
한 잊 지 스 거 위 은 고 물 늘 스 마 트 이 동 어 올 터 달
법 을 카 제 트 풍 를 용 어 절 이 동 어 올 짓 사 굴 질
퓨 동 결 필 질 림 문 은 돌 대 대 이 파 를 대 질 굴
눈 사 람 자 짓 주 을 사 북 범 크 범 낌 바 장 적 자
를 젊 어 굴 절 을 트 쌀 주 춤 순 루 풍 고 자 문 자 범
평 균 다 문 어 사 트 오 두 막 환 제 람 받 컴 러 범
을 부 문 감 말 동 션 주 문 컴 문 바 동 파 굽 솔 파

순환
수요일
평균
꿈의
타격
풍선
명백한
야생
거위
눈사람
오두막
용어
골동품
스마트
운동
잊지
운영
구매
지리
스트림

Puzzle 388

우려
커뮤니티
결코
결정하는
앞치마
바칩니다
통증이
토양
빌려
개구리
치열한
문화
낚시에
스틸
중지
정리
같은
갔다
양파
크게

맞 리 도 낌 리 을 용 한 스 느 부 로 감 크 레 용 달
물 맞 에 용 동 표 파 주 부 동 바 적 스 게 자 터 느
올 스 틸 에 어 느 공 맞 스 어 트 고 느 찍 집 사 을
짓 결 찍 측 트 공 제 로 동 제 로 트 맞 말 을 문 짓
용 고 코 늘 앞 스 집 어 낌 카 감 돌 풍 문 은 질 감
낚 견 셀 한 열 치 전 동 이 셀 동 파 통 전 운 범 요
집 시 결 정 하 는 마 빌 려 우 로 다 증 거 표 파 에
굴 이 에 주 갔 동 트 리 커 뮤 니 티 이 문 표 적 너
물 를 법 자 다 이 레 낌 들 발 다 퓨 질 쌀 은 표 을
제 운 의 견 니 션 레 용 크 어 문 법 트 춤 제 젊 자
양 파 컴 의 칩 대 문 거 날 카 은 노 도 트 같 용 로
토 집 를 루 바 결 사 주 너 동 받 달 주 솔 은 터 을
문 동 크 로 동 올 바 트 개 도 트 은 짓 쌀 은 은 한
의 퓨 올 자 올 달 중 지 구 날 문 필 를 맞 에 트 크
고 발 낌 다 표 춤 트 견 리 정 화 동 질 파 트 셀 을

Puzzle 389

러 춤 발 절 파 노 은 주 춤 말 러 한 드 웃 굴 늘 문
트 말 상 은 트 한 견 받 들 움 발 고 레 었 요 자 절
주 동 황 트 어 동 대 도 낌 도 굽 체 이 다 한 달 굴
용 컴 을 장 레 어 질 에 은 입 전 체 크 행 한 올 감
생 산 집 찍 느 문 장 표 주 침 비 카 포 부 느 러 트
풍 느 동 다 발 거 결 적 돌 루 레 메 문 사 람 들 의
부 한 짓 트 떠 카 질 풍 운 파 텔 라 물 트 트 에 젊
트 발 낌 공 나 카 낌 셀 도 장 절 느 측 요 받 범 고
받 을 찍 추 감 바 요 느 날 스 터 구 리 집 어 날 범
학 젊 한 도 지 바 크 을 전 동 문 너 표 달 끔 찍 를
주 업 날 위 찍 굴 고 맞 감 말 이 느 바 터 한 쌀 운
느 동 앵 의 관 부 파 바 을 달 질 대 러 문 컴 한 견
공 늘 이 무 집 계 법 끔 굽 제 전 한 운 자 짓 절 한
문 추 고 용 새 카 가 질 주 카 한 바 말 부 절 차 터
쌀 솔 다 동 범 행 찍 자 짓 젊 도 말 한 동 션 바 문

침입
웃었다
절차
상황을
학업
고용
텔레비전
사람들의
드레이크
포크
관계가
앵무새
카메라
전체
구리
떠나
도움말
감지
도입
생산

Puzzle 390

예외
안전하게
냄새
남편
우산을
경사
실망
관련
토론
개미성가
게으른
종기
돌풍
않는
당신의
갈등
클라우드
오디션
요인을
들어

종 견 부 클 발 받 굴 북 발 용 문 요 한 발 바 위 의
전 기 낌 라 대 션 돌 컴 짓 토 론 을 찍 너 체 실 망
을 자 트 우 견 절 필 루 를 날 들 너 셀 문 주 에 른
갈 이 바 드 동 집 짓 바 카 당 신 의 노 고 측 레 으
을 등 오 디 션 공 크 체 이 말 을 바 문 안 전 하 게
동 거 전 장 장 끔 질 람 셀 너 다 받 추 션 문 풍 한
들 필 용 절 범 동 날 너 레 한 들 체 개 트 이 찍 견
어 도 표 날 셀 문 스 날 를 감 전 경 미 절 젊 돌 셀
한 짓 받 다 적 주 범 법 맞 이 질 사 한 미 적 루 한
트 자 바 젊 이 은 전 를 사 질 사 한 미 올 성 질 견
스 컴 요 말 을 션 로 위 카 을 전 인 을 올 관 동 달
전 어 노 달 쌀 을 를 카 을 적 예 산 운 문 련 가 다
다 요 위 맞 스 체 대 쌀 거 자 냄 새 우 파 이 범 솔
동 물 않 질 한 춤 장 이 주 결 운 문 용 찍 늘 문 표
돌 풍 는 남 편 도 위 법 풍 말 러 위 제 컴 한 운 맞

Puzzle 391

스	혼	동	햄	맞	은	늘	노	공	절	을	러	한	솔	공	도	짓
타	에	적	스	말	너	필	리	장	거	기	능	을	행	적	찍	러
일	굽	를	터	거	젊	동	결	터	지	수	법	가	득	결	은	대
동	말	이	달	끔	제	크	을	트	맞	도	끔	동	자	운	파	굽
한	트	춤	요	들	다	운	끔	트	춤	어	거	굴	러	바	쌀	퓨
느	동	다	날	도	쌀	로	자	어	한	달	디	레	형	리	돌	장
달	한	섹	를	을	행	한	집	낌	바	요	체	서	제	쌀	션	달
오	대	추	션	발	결	용	문	풍	운	문	용	다	나	우	유	자
지	리	브	에	의	짓	불	받	감	은	성	동	올	견	문	한	스
동	낌	를	이	이	람	행	문	자	카	장	올	하	집	결	를	이
법	체	로	너	적	을	질	솔	측	맞	을	느	늘	은	은	쌀	을
문	한	돌	스	풍	은	자	전	절	졸	채	택	터	노	굽	발	느
다	법	낌	위	결	전	너	터	위	린	트	도	제	거	풍	부	짓
법	바	굽	고	발	동	자	질	도	장	동	운	셀	어	도	거	법
집	추	주	올	크	딸	기	도	가	까	운	짓	리	낌	낌	바	컴

혼동
가까운
햄스터
스타일
어디서나
불행
지수
가득
형제
오리를
우유
채택
브리지
졸린
공장
섹션의
기능을
딸기
하늘
성장을

Puzzle 392

차례
마지막으로
호수
스웨덴
반기지
고통을
둥지
수면
사용시까지
능력
소녀가
그림자
비타민
우유지방
플로트
경력
자매
파일럿
방법
여성

소	녀	가	션	굽	고	통	을	돌	필	추	표	우	유	지	방	차
를	풍	트	사	감	노	을	을	용	낌	카	표	느	어	로	제	례
견	감	한	용	을	한	레	의	카	사	굴	노	젊	자	동	날	말
퓨	북	의	시	루	컴	찍	반	기	지	은	카	스	자	림	그	한
로	한	동	까	북	한	장	크	물	굽	트	견	은	웨	매	찍	바
로	으	막	지	마	한	굽	발	을	바	플	다	동	파	덴	부	용
퓨	돌	둥	끔	물	집	트	를	솔	공	로	동	도	일	느	느	말
노	한	제	지	견	운	카	파	낌	도	트	에	루	럿	를	에	한
노	느	카	동	견	다	한	이	문	추	북	션	은	짓	들	북	로
말	크	너	적	결	달	터	한	은	의	물	퓨	바	호	돌	를	동
컴	자	제	달	한	주	표	비	타	민	한	방	면	수	로	찍	트
적	스	한	노	법	문	사	은	션	션	동	법	트	끔	여	을	부
공	사	루	굴	견	들	찍	스	능	동	도	집	은	퓨	성	은	발
자	거	거	동	찍	느	로	받	력	발	풍	의	스	크	한	로	레
솔	러	느	로	견	측	을	동	경	측	이	다	동	은	파	문	범

Puzzle 393

젊 적 깎 동 도 거 끔 위 을 의 스 단 필 를 느 람 로
필 한 질 이 리 을 적 법 션 의 이 편 요 트 이 를 부
문 부 주 바 젊 사 람 의 추 표 션 람 춤 주 한 굴 을
바 리 추 필 피 해 자 보 기 표 장 측 보 한 동 이 람
을 한 받 바 닥 필 동 추 을 동 용 파 류 추 질 젊 사
은 적 북 너 노 혼 절 트 은 을 다 동 의 결 들 고 말
측 을 필 자 법 합 젊 전 평 느 달 한 레 굽 용 느 부
크 요 스 문 을 도 자 파 면 짓 감 진 트 대 춤 찍 동
적 체 러 달 사 사 사 바 의 추 젊 리 트 날 싱 션 은
다 대 법 느 동 빌 드 카 쌀 를 물 축 구 관 크 솔 너
은 회 노 장 어 늘 풍 스 트 바 카 원 고 휴 용 동 대
러 표 물 요 쌀 러 문 모 텔 무 서 워 더 가 문 를 셀
크 바 주 를 동 천 솔 트 루 사 레 절 어 를 감 터 문
올 람 대 다 파 으 한 어 어 은 을 은 부 자 쌀 권 투
날 노 절 트 쌀 로 요 주 러 끔 위 노 느 스 춤 추 늘

모텔
피해자보기
원더
천으로
관용
평면의
진리
휴가를
사람의
싱크
깎이
무서워
보류
혼합
권투
축구
바닥
대회
단편
빌드

Puzzle 394

카나리아
괜찮
파트너파티
도용
넥타이
감사합니다
수정
아마도
연기
마우스
다시
취미
어딘가에
조류
가끔
치킨
걱정
전쟁
좋아
비교

측 도 마 아 들 문 트 바 자 질 에 은 트 노 을 도 을
에 솔 굴 우 전 쟁 다 시 자 동 요 동 고 발 도 퓨 너
치 킨 스 너 스 범 니 도 션 좋 아 터 끔 바 고 도 도
트 올 을 러 표 질 합 공 을 연 기 컴 표 용 트 용 한
위 파 절 을 비 굽 사 문 한 파 고 어 을 받 운 이 공
전 다 이 거 문 교 감 도 제 맞 용 자 절 질 젊 바 질
돌 셀 질 주 도 결 발 제 사 터 바 결 발 을 다 퓨 로
컴 올 절 도 루 노 카 괜 취 미 의 받 공 바 질 들 은
끔 로 제 자 맞 제 을 찮 너 문 카 북 찍 다 발 파 컴
이 용 맞 말 동 젊 한 동 거 동 필 자 한 바 날 돌 주
컴 용 풍 동 파 자 쌀 측 다 동 바 주 문 로 달 수 정
굴 어 에 절 동 트 한 감 장 달 을 자 은 동 카 은 걱
요 딘 트 문 결 다 너 문 대 을 로 전 너 주 나 도 쌀
끔 가 짓 문 조 문 을 파 문 춤 트 이 적 젊 리 어 문
적 에 션 바 류 넥 타 이 티 동 집 받 거 돌 아 은 고

Puzzle 395

짓	트	문	늘	한	느	짓	셀	필	러	파	거	담	도	스	필	퓨
션	로	을	맞	주	범	도	늘	셀	자	제	돌	비	맞	다	행	감
은	트	범	젊	한	풍	법	럼	드	물	게	느	문	다	다	바	위
어	부	들	범	필	한	바	바	공	테	을	은	제	전	카	전	표
동	도	돌	욕	을	찍	루	범	운	트	크	쇼	위	제	맞	행	표
스	람	표	목	날	느	범	을	체	젊	동	이	달	춤	운	동	은
틱	법	절	의	록	제	퓨	솔	젊	행	추	운	도	질	바	짓	소
은	적	새	로	운	과	필	동	행	추	운	자	거	러	너	공	프
추	끔	돌	스	의	을	료	완	장	느	디	물	발	찍	춤	체	트
한	잘	셀	문	노	컴	정	벽	유	지	할	디	물	이	셀	어	끔
사	못	운	동	의	확	늘	자	느	겼	다	자	퓨	이	젊	행	맞
어	날	된	로	달	한	대	을	젊	결	젊	은	인	젊	행	다	찍
바	셀	표	한	트	파	북	도	굴	고	셀	자	한	위	에	동	끔
퓨	집	자	거	어	견	주	맞	북	모	물	집	끔	를	법	맞	찍
사	트	주	북	춤	찍	날	거	친	든	문	바	문	사	절	말	풍

운동의
담비
유지할
디자인
잘못된
완벽
목록과
테이크
목욕
드럼
모든
쇼를
거친
드물게
완료
소프트
새로운
스틱은
정확한
느꼈다

Puzzle 396

같아요
상대
하우스는
정원
정신적
먹다
작업
연방
넓은
조건이
맞는
책상을
수출을
사이의
스타일의
차단
스크럽
군인
동의
고래

쌀	맞	들	한	람	책	로	럽	크	스	부	문	굽	북	적	올	문
문	짓	전	집	운	상	파	올	도	리	타	측	넓	대	신	을	굴
전	카	트	돌	측	을	주	를	질	로	퓨	일	은	도	정	굴	바
들	이	로	퓨	을	맞	을	이	풍	한	동	바	의	원	돌	바	굽
주	요	문	작	질	람	노	군	문	느	수	출	을	다	동	다	쌀
위	컴	집	업	맞	는	한	스	인	추	셀	결	한	부	의	추	한
질	고	끔	바	전	스	감	동	문	적	용	은	트	질	사	발	도
집	너	자	자	이	우	람	한	용	레	노	부	상	바	을	장	위
을	터	결	질	솔	하	퓨	전	루	은	루	자	대	사	이	의	받
돌	말	동	문	도	동	맞	를	바	파	도	위	장	자	연	방	달
질	조	범	용	동	집	춤	법	노	용	한	굽	파	노	자	차	단
달	건	다	러	발	쌀	한	같	달	법	트	노	루	셀	이	크	돌
문	이	노	를	들	느	한	한	아	견	쌀	자	다	발	로	적	북
맞	트	를	운	제	로	을	셀	에	요	제	다	발	끔	셀	맞	대
고	래	필	터	질	을	을	젊	한	션	질	은	달	끔	이	어	

Puzzle 397

자	받	다	견	부	집	주	체	이	자	카	동	다	쌀	풍	데	부
어	로	한	을	자	바	대	인	유	은	측	루	어	쌀	피	이	동
계	러	다	잠	자	리	클	다	가	일	트	람	바	개	하	터	이
고	절	전	말	러	굴	리	견	테	요	코	트	를	최	기	가	절
끔	유	로	범	견	을	어	쌀	표	토	거	노	발	장	한	셀	추
느	용	측	카	굽	동	운	짓	트	도	제	솔	감	들	발	굽	파
사	요	굴	카	위	너	트	날	스	에	다	젊	을	거	터	리	바
적	동	스	를	위	할	자	터	체	도	날	적	굴	의	를	이	달
받	고	크	굴	용	당	제	로	전	젊	용	달	로	터	물	리	체
컴	동	로	제	어	문	운	한	로	문	한	이	남	부	길	을	이
문	트	러	도	이	주	무	파	느	북	대	낌	케	달	용	체	돌
결	굴	너	감	위	느	질	대	쌀	자	문	은	질	이	북	짓	터
부	한	발	요	솔	문	을	여	기	집	질	레	로	자	크	러	다
을	절	젊	퓨	루	용	견	크	운	돌	을	트	은	동	측	법	바
거	적	람	다	터	춤	결	레	트	날	질	바	풍	사	참	가	자

무대
피하기
클리어
코트를
남부
이유가
케이크
체인
데이터가
할당
코요테
노트
계절
토요일은
참가자
길을
잠자리
유용
여기
개최

Puzzle 398

박탈이
손실을
학생
침실
명시
형식
메일을
실제
관심
미친
습관을
책상
스틸훔쳐
해설
지우개
언덕
항상
소형
재생
키위

굴	추	터	한	주	터	에	받	한	이	필	이	부	를	트	쌀	박
필	을	끔	날	바	문	리	젊	형	카	거	언	추	집	스	들	탈
셀	장	스	틸	훔	쳐	항	어	식	문	로	덕	솔	을	크	장	이
감	운	터	달	질	에	상	카	물	대	행	바	주	체	파	체	동
지	표	파	컴	의	문	발	돌	한	물	고	적	질	전	용	노	한
리	우	용	표	부	문	부	크	너	다	동	동	한	북	주	스	너
체	주	개	운	이	용	용	은	젊	루	견	동	느	주	은	을	측
쌀	레	다	명	솔	행	굽	문	쌀	은	동	주	주	은	동	션	레
소	형	추	전	시	범	젊	고	부	거	로	필	문	장	바	동	고
요	리	돌	추	을	감	리	거	동	부	북	거	고	을	너	이	바
용	끔	풍	트	문	짓	측	한	공	달	에	받	굴	이	책	동	절
재	생	용	측	사	감	끔	측	키	위	스	카	터	노	상	문	느
관	심	습	부	발	날	다	로	바	너	을	파	파	추	로	학	을
리	공	관	에	카	측	파	션	쌀	크	실	침	미	끔	로	생	달
스	전	을	일	메	해	설	도	다	쌀	손	제	친	제	루	한	스

Puzzle 399

스	용	제	셀	을	전	동	결	결	날	적	공	을	북	한	엄	체
부	낌	병	컴	견	전	집	레	한	퓨	도	를	용	쪽	청	스
책	정	원	바	은	달	질	올	에	때	어	춤	추	으	의	난	귀
늑	를	적	다	에	트	스	북	필	문	날	구	로	도	만	여
느	대	식	인	자	전	윙	파	동	에	굽	풍	체	천	풍	큼	운
리	부	한	로	퓨	찍	요	느	견	용	사	공	늘	사	바	이
터	터	주	끔	주	루	감	공	을	낌	행	어	을	터	맞	션	측
용	달	찍	션	끔	한	스	루	굴	파	짓	레	날	설	탕	한	문
말	요	찍	한	퓨	러	쌀	감	용	을	은	물	람	짓	다	를	부
질	측	외	로	운	언	제	범	동	쌀	자	적	감	동	로	을	동
체	쌀	견	바	공	람	북	적	도	느	필	느	질	한	을	를	문
뜨	거	운	한	은	대	결	체	절	션	동	들	장	날	바	발	트
감	지	하	여	레	젊	늘	체	크	용	한	치	아	병	아	리	쌀
전	문	람	노	젊	셀	문	쌀	문	카	느	문	질	날	굴	장	다
선	택	은	동	끔	한	동	거	느	파	맞	로	리	바	추	을	문

설탕
외로운
선택은
병아리
늑대
감지하여
스윙
치아
엄청난만큼이
정책
추구
부정적인
추천
언제
때문에
귀여운
병원
인식
뜨거운
북쪽으로

Puzzle 400

용어보다
오징어
가격
웃음
전차
탐구
샷이
수집위원회
레이스
감싸는
그녀
경찰
설명
눈송이
영화
필드
야구
질환
잊어
데이터

수	바	올	을	느	셀	필	을	설	러	바	낌	터	바	표	션	그
을	집	한	주	로	돌	을	체	명	사	낌	트	람	말	동	춤	녀
느	질	위	공	집	풍	견	솔	주	솔	행	자	문	은	결	추	을
부	환	야	원	터	짓	주	트	동	션	로	트	부	맞	다	장	달
람	법	구	견	회	감	싸	는	동	늘	집	돌	로	표	데	도	굴
의	루	리	의	물	로	문	어	굴	말	람	장	들	로	이	가	격
필	문	굽	북	장	한	전	말	북	자	날	트	바	노	터	송	고
솔	드	부	람	풍	들	너	풍	대	거	물	표	법	레	이	스	눈
표	공	말	바	다	감	공	트	터	한	바	대	에	의	한	공	노
너	위	한	웃	음	늘	경	찰	바	다	전	탐	구	법	다	전	느
문	대	부	노	한	동	의	대	북	요	차	바	동	날	보	찍	풍
질	적	날	바	너	동	부	자	에	로	동	이	오	징	어	잊	레
위	을	맞	로	젊	노	셀	주	쌀	질	어	을	체	바	용	감	고
춤	물	문	느	사	말	절	샷	이	적	영	느	맞	러	감	고	크
이	한	범	적	들	질	이	위	감	트	화	법	터	를	체	한	체

Puzzle 401

위	견	법	바	운	크	다	날	악	어	질	레	람	다	차	돌	이
명	확	하	게	북	바	도	동	용	약	션	트	모	방	이	코	한
한	크	앉	전	솔	말	상	바	문	리	춤	도	굴	법	가	측	치
스	적	아	행	루	돌	추	동	부	북	말	느	질	트	허	너	동
범	맞	체	람	크	대	말	로	터	문	풍	쌀	문	대	은	을	을
한	법	돌	자	추	부	체	전	어	한	집	루	주	세	유	리	한
느	거	제	고	트	들	트	람	휘	어	집	은	판	대	퓨	동	트
체	받	제	부	리	요	노	추	러	한	법	늘	매	리	레	도	올
리	바	짓	한	의	측	크	찍	로	부	한	행	자	이	끼	절	사
대	주	들	은	견	감	바	트	제	자	고	동	부	션	끔	쌀	행
주	람	한	안	들	한	거	크	문	자	을	것	질	쌀	문	적	법
필	에	들	경	러	이	너	돌	퓨	범	침	문	이	행	주	찍	굴
늘	스	이	돌	다	굽	을	북	주	젊	바	대	양	다	그	행	솔
굴	질	를	부	젊	돌	다	트	다	바	맞	추	고	솔	려	동	범
트	집	정	확	성	람	람	제	짓	주	러	에	은	걸	리	올	말

차이가
앉아
그려
안경
어휘
것이다
허가
명확하게
모방
판매자
세대
상추
체리
코치
고양이
침대
정확성
유리한
약어
악어

Puzzle 402

범위는
모양을
정말
시게
폐기물
명확히
분모
두꺼비
전시가
메뚜기
분출
지원
사탕
반드시
고려
배지
지켜
생존
항해
조상

전	분	날	운	정	항	를	거	문	러	맞	두	주	동	받	을	달
운	시	출	을	말	해	루	사	운	물	동	을	꺼	을	날	사	도
배	드	가	퓨	필	카	동	도	짓	체	돌	바	쌀	비	들	측	풍
지	반	크	시	감	춤	춤	파	을	받	물	질	쌀	질	메	장	바
고	한	범	게	주	돌	북	다	너	크	은	질	용	젊	뚜	고	을
도	모	위	을	돌	거	느	동	고	주	굴	주	맞	컴	기	받	을
끔	양	는	고	느	전	굽	문	터	파	집	퓨	발	람	들	러	범
물	을	을	려	어	굴	굴	자	를	솔	분	모	도	전	거	자	트
이	굴	자	찍	부	북	자	제	북	명	확	히	로	범	루	적	집
문	전	느	도	맞	발	자	절	측	감	다	날	찍	동	물	굽	다
요	끼	동	끼	날	바	러	주	견	동	은	용	리	을	절	루	문
굴	들	한	은	로	한	지	켜	레	짓	을	쌀	지	찍	굴	카	요
생	존	조	상	폐	기	물	풍	끔	로	용	트	원	굴	운	사	탕
한	의	동	전	문	러	동	한	너	필	레	을	공	의	트	터	주
문	너	추	적	터	동	을	로	터	파	동	굽	행	질	자	용	추

Puzzle 403

스	션	를	레	도	굽	파	사	부	로	람	문	로	달	이	한	컴
발	을	표	부	자	운	바	의	무	제	고	기	두	께	의	풍	절
의	보	였	다	들	솔	을	트	자	실	한	이	모	동	법	적	문
말	표	을	거	굴	맞	한	쌀	한	고	동	터	부	요	돌	태	양
날	체	문	자	바	트	연	구	추	정	주	도	문	달	적	달	동
체	이	벤	트	를	견	셀	로	전	이	은	질	리	문	법	풍	마
필	터	동	를	굽	공	발	물	공	파	폭	문	문	운	동	주	모
굴	을	들	위	범	문	션	요	카	굴	발	풍	동	필	바	결	부
로	추	찍	바	운	크	자	질	날	굴	솔	레	사	날	트	굴	권
쌀	노	트	너	람	다	을	주	받	짓	올	맞	바	의	제	돌	한
느	찍	한	들	달	적	컴	적	발	거	날	문	맞	레	바	자	솔
다	한	로	다	을	동	을	의	언	어	를	체	터	쌀	크	퓨	추
카	주	장	문	느	너	주	한	너	공	람	견	를	표	크	운	풍
한	바	소	스	포	츠	가	전	날	바	킴	을	트	다	범	주	부
끔	트	노	란	색	문	바	를	감	의	올	표	킴	을	동	표	위

부모
주소
모두
고기
이벤트를
폭풍
질문
노란색
두께의
연구
언어를
법적
사무실
마모
스포츠가
추정
태양
보였다
권한
실제로

Puzzle 404

졸업
활성
적용
성장한다
가스
공간
신호
스파클
환경
추격
램프
유리
빨리
비행
이슬
다음과
복싱
체포
요인

바	문	낌	문	굴	대	동	이	동	파	졸	업	크	맞	범	한	루
문	부	셀	노	컴	젊	한	슬	범	트	을	은	바	한	바	션	끔
추	격	한	쌀	노	동	표	적	노	짓	자	발	달	질	들	표	다
거	쌀	과	이	공	문	의	문	용	운	문	북	질	한	문	를	바
법	부	음	동	느	측	감	공	굽	부	한	달	한	감	을	체	동
솔	견	다	에	풍	달	로	체	돌	노	찍	동	동	동	느	체	사
표	트	한	비	행	결	요	인	감	공	트	느	체	굽	공	체	행
컴	활	장	용	결	션	어	한	문	램	느	체	다	주	복	질	질
풍	도	성	선	어	한	문	램	프	대	유	춤	퓨	춤	적	용	포
바	전	늘	용	절	한	동	터	의	다	리	표	춤	한	너	트	의
셀	말	솔	루	감	도	파	주	도	환	빨	대	전	적	용	질	동
도	바	달	솔	춤	스	낌	동	날	이	경	도	로	한	끔	발	크
를	낌	셀	카	범	용	카	람	한	스	가	한	끔	문	한	노	너
느	체	트	문	람	행	날	신	고	파	스	문	춤	위	문	춤	장
너	퓨	체	적	제	주	추	느	호	클	위	문	춤	트	집	한	도

Puzzle 405

```
쌀 우 유 지 방 을 은 느 리 풍 필 결 문 감 을 전 문
법 을 감 체 쌀 의 종 법 동 춤 동 지 발 다 동 요 돌
거 트 솔 풍 올 느 료 대 카 나 리 아 원 병 터 한 부
받 추 늘 한 응 답 와 발 느 받 인 약 속 을 질 다 물
을 리 장 받 집 배 문 대 받 레 기 을 은 리 적 다 어
요 낌 크 을 측 치 퓨 질 바 용 표 용 감 한 문 행 퓨
표 자 범 다 동 문 부 어 부 필 바 바 자 문 고 날 딱
잘 못 이 위 감 동 늘 드 롭 요 요 의 도 루 굴 도 정
쌀 장 한 문 쌀 을 너 문 트 문 이 용 대 트 다 동 벌
쌀 로 법 달 을 고 에 을 트 릭 사 다 물 감 레 바 레
명 에 질 의 대 트 스 질 절 감 동 포 춤 올 추 발 법
비 행 기 가 자 부 컴 을 요 부 동 도 문 질 너 셀 부
쌀 은 발 어 문 동 대 필 용 트 은 집 시 올 짓 찍 질
동 에 자 굽 쌀 트 셀 젊 카 범 문 추 이 간 추 끔 파
행 을 굴 들 바 느 에 리 람 굽 루 북 맞 풍 컴 질 동
```

비행기가
응답
지원을
시간
종료와
포도
인기
자동
드롭
트릭
배치
종의
약속
비명
용감한
잘못이
딱정벌레
우유지방
카나리아
병원

Puzzle 406

오프너
배가
검사
조심
아무것도
액세스
퍼핀
듣고는
아침
콘도르의
미스
시민
작가
빛의
찬장
인형
코너
촬영
벨자전거
램프

```
콘 셀 을 아 말 듣 체 장 필 레 너 노 운 찬 발 받 한
로 도 동 침 날 고 동 의 다 을 춤 어 쌀 장 솔 셀 집
파 것 르 적 문 는 을 측 벨 를 낌 빛 춤 물 러 부 어
주 무 고 의 주 측 노 한 자 크 자 의 의 솔 러 은 로
바 아 레 자 리 고 올 올 전 배 찍 램 인 찍 은 이 날
물 전 터 주 체 문 고 운 거 부 가 프 형 젊 트 한 한
러 동 맞 바 컴 달 굽 범 달 도 작 루 결 낌 고 러 부
행 을 동 자 범 동 요 노 장 한 도 집 적 바 자 퓨 북
낌 을 집 쌀 에 트 동 을 법 퓨 결 들 거 자 도 동 레
퍼 핀 은 시 민 체 미 스 세 액 물 오 한 트 짓 을 필
퓨 발 다 을 쌀 풍 촬 영 짓 바 행 사 프 셀 느 이 의
느 사 감 거 위 검 사 위 집 춤 로 션 트 너 바 셀 물
이 낌 집 발 동 자 스 대 동 바 로 조 심 코 문 을 자
발 제 솔 들 받 셀 춤 너 고 북 발 견 터 한 쌀 동 느
집 로 맞 집 표 동 을 자 문 낌 쌀 스 동 제 굴 문 전
```

Puzzle 407

간	동	을	달	사	여	기	춤	한	평	파	한	운	을	편	필	의
범	다	플	달	운	레	세	버	전	가	발	동	문	한	퓨	안	람
지	찍	레	은	드	견	로	집	공	노	동	풍	루	견	로	한	북
식	출	이	늘	동	션	한	북	들	바	바	경	험	춤	을	끰	다
서	위	어	끰	을	이	추	제	레	한	람	고	날	문	용	을	말
카	솔	컴	체	로	집	부	을	제	체	달	추	루	셀	부	로	질
찍	션	짓	체	크	필	동	은	은	어	거	트	트	어	거	질	문
위	질	레	동	컴	범	적	달	운	한	자	트	쌀	너	체	로	을
은	코	노	쌀	굽	쌀	부	들	받	용	한	크	젊	동	포	아	웃
부	트	부	추	늘	쌀	스	이	달	한	한	문	을	트	한	한	트
셀	를	수	도	입	한	틸	주	꿈	적	고	발	춤	셀	집	러	자
자	쇼	집	을	날	말	올	사	고	표	굴	용	바	이	주	한	주
주	표	마	질	트	결	올	리	퓨	바	대	감	늘	느	짓	솔	람
풍	너	음	퓨	의	리	장	크	자	동	맞	너	느	바	주	컴	한
의	이	동	발	운	러	전	문	바	전	파	절	컴	은	의	맞	절

서식지
간다
플레이어
사운드
아웃
버전
평가
집
편안
쌀쌀한
경험
세기
마음
지출
스틸
도입
쇼를
여기
코트를
체포

Puzzle 408

필름
원자
껍질
강아지
경계
인덱스
보고서는
바쁘지만
임원
전기
드라이브
자연에
예뻐를
지역
추가
인용
버스트를
최초의
토양
언어를

결	법	파	퓨	도	말	부	을	사	요	이	질	주	행	질	레	쌀
발	고	레	동	풍	체	절	트	젊	도	결	질	도	요	춤	굴	노
젊	발	한	요	예	뻐	를	드	라	이	브	문	질	자	주	로	은
껍	질	동	올	대	측	범	부	결	주	한	을	질	로	람	이	바
한	자	자	이	동	을	올	어	받	굽	법	사	문	문	노	스	질
맞	연	강	제	찍	맞	북	로	문	젊	문	용	추	측	을	돌	동
받	에	아	물	크	체	굽	추	말	끰	셀	경	계	체	을	젊	느
거	운	지	바	전	부	최	셀	용	맞	필	집	굴	느	법	러	늘
풍	체	동	범	용	필	초	자	문	보	행	트	달	법	러	카	바
필	법	다	질	인	물	의	추	전	고	견	너	로	노	스	요	레
감	름	돌	노	덱	동	춤	를	가	서	을	어	한	스	동	문	용
법	노	이	로	스	결	스	올	역	는	끰	전	굽	받	루	컴	원
표	질	카	제	트	운	용	바	쁘	지	만	기	원	자	쌀	임	다
을	위	을	을	발	사	쌀	달	굴	쌀	쌀	부	부	파	한	카	토
언	어	를	트	스	버	너	다	한	측	퓨	굽	자	적	어	토	양

Puzzle 409

제 드 느 컴 햄 적 의 집 문 측 집 노 춤 법 동 소 도
한 물 너 쌀 버 받 부 들 적 부 용 풍 달 은 동 끔 요
다 게 돌 은 거 람 컴 파 문 손 가 락 용 카 풍 바 문
사 측 이 적 문 표 유 운 필 적 누 용 파 은 견 난 로
도 달 리 북 계 란 용 감 물 자 달 부 지 느 러 미 이
말 쌀 자 도 체 레 한 북 바 이 은 견 한 젊 말 전 이
용 필 물 을 자 음 결 자 바 북 트 늘 셀 대 람 문 문
질 후 자 다 주 악 트 트 한 늘 말 레 풍 크 어 솔 셀
바 법 보 위 트 범 적 사 사 크 다 트 복 을 퓨 퓨 솔
전 도 질 자 솔 늘 늘 중 앙 블 바 찍 이 싱 티 거 주
추 터 찍 로 너 동 바 한 전 록 진 리 해 필 니 추 거
터 로 요 제 발 주 문 자 터 자 의 트 에 외 뮤 들 절
트 올 장 젊 위 질 북 문 루 장 너 셀 서 에 커 한 도
이 늘 고 낌 늘 낌 날 공 달 운 다 느 한 문 튼 운 거
한 용 문 로 바 필 도 결 크 바 을 퓨 한 추 한 레 달

소요
커튼
손가락
햄버거
후보
이해에서
난로
계란
누가
중앙
블록
외에
음악
지느러미
도달
커뮤니티
진리
드물게
유용
복싱

Puzzle 410

종이
기린
더러운
자위
울새
유채과
주름
부자를
것은
가르쳐
오소리
특정
번호
박물관
증오
언급
판사
구조
조약
반드시

동 부 쌀 굴 발 들 발 바 올 용 한 이 문 행 바 발 자
솔 도 람 자 한 번 견 을 한 크 낌 끔 바 이 들 쌀 다
가 동 전 증 오 호 컴 도 을 올 법 적 오 행 쌀 자 레
르 용 늘 거 한 견 체 법 솔 컴 찍 쌀 받 소 바 를 도
쳐 을 솔 다 바 요 어 낌 터 레 표 춤 감 루 리 사 로
한 집 맞 문 반 거 측 절 로 쌀 도 울 을 션 을 사 견
레 터 북 장 드 트 날 구 추 행 컴 종 새 굴 어 낌 박
낌 너 주 문 시 날 구 조 적 동 이 전 늘 사 주 물 자
받 동 견 언 급 굴 더 제 은 늘 바 도 주 름 을 요 문
절 달 노 전 바 의 러 젊 맞 레 물 발 자 추 말 관 질
굽 사 바 동 한 말 운 을 주 부 행 자 바 다 을 용 범
공 기 사 주 끔 한 용 달 굽 위 말 판 바 부 필 션 을
특 은 린 표 날 로 거 운 문 거 리 사 부 자 를 올 트
정 솔 루 동 절 것 은 람 체 풍 절 춤 낌 고 문 날 쌀
를 쌀 질 동 대 풍 결 러 표 유 채 과 행 낌 로 부 질

Puzzle 411

```
다 받 낌 날 끔 범 부 한 추 드 체 두 용 레 느 환 동
굴 람 거 통 스 스 로 늘 주 럼 러 연 께 물 춤 영 추
공 질 쥐 지 치 명 적 적 람 풍 루 못 을 의 젖 이 절
이 요 한 노 래 하 기 느 판 매 자 조 올 의 은 더 블
을 제 자 바 추 고 발 집 풍 문 유 랑 짓 문 굽 다 도
션 낌 찍 위 부 젊 북 셀 굽 한 소 말 장 받 범 동 용
말 증 터 동 춤 장 노 의 장 늘 느 감 절 션 낌 문 고
에 동 거 한 공 춤 찍 루 파 주 사 동 카 적 카 다 이
카 운 을 은 부 이 주 표 주 범 적 한 동 용 자 북 이
부 어 바 쌀 셀 용 바 루 날 들 한 느 을 무 엇 을 소
발 너 로 을 행 바 들 주 찍 사 문 린 필 을 을 한 설
한 문 늘 카 법 에 러 발 견 크 컴 주 도 에 마 트 도
느 한 용 쌀 파 체 한 셀 맞 낌 늘 레 짓 발 을 법 찍
테 러 쌀 질 쌀 풍 트 한 낌 늘 동 문 동 범 을 질 공
용 쌀 느 셀 을 필 트 늘 의 쌀 전 제 리 도 로 필 젊
```

소유자
부어
치명적
소설
노래하기
마을
증거
통지
테러
무엇을
환영이
더블
스스로
젖은
연못조랑말
다람쥐
느린
드럼
판매자
두께의

Puzzle 412

벽화
품질
모니터링
머그잔
법률
거북이를
무의미한
덮여
중복
이상한
테니스
마차
커플
어두운
우스운
리드
슬픈
시트
웃었다
차례

```
필 측 물 테 니 스 마 션 범 자 추 무 찍 말 공 굽 행
은 돌 한 전 리 를 차 레 트 바 동 적 의 위 말 요 달
장 돌 바 쌀 측 바 루 로 요 카 자 슬 느 미 트 람 문
맞 크 동 노 문 한 춤 한 을 도 부 픈 로 너 한 이 문
리 드 머 그 잔 문 은 중 복 파 체 날 쌀 늘 레 퓨 운
자 은 젊 커 를 품 결 문 터 도 북 의 다 장 문 위 장
터 굴 동 플 의 질 문 덮 끼 끔 위 발 도 한 찍 절
카 발 의 운 을 바 너 여 맞 웃 주 질 요 스 다 말 굴
모 니 터 링 공 은 다 표 받 었 풍 체 풍 파 측 을 솔
을 요 의 동 행 부 받 고 필 다 사 을 전 한 파 로 법
도 를 질 찍 부 리 제 부 람 너 문 컴 문 달 위 전 올
을 바 거 이 상 한 달 의 을 제 감 풍 너 도 굴 법 리
벽 어 북 쌀 제 바 은 결 문 주 시 발 을 굽 어 차 례
용 화 이 찍 솔 을 한 동 법 률 도 트 물 트 두 전 범
돌 집 를 끔 로 동 춤 쌀 도 을 주 자 바 터 운 스 우
```

Puzzle 413

가	부	추	풍	요	이	받	고	자	로	어	날	말	질	사	문	다
난	셀	발	의	루	행	받	법	쌀	동	파	깨	다	벨	터	을	대
한	말	질	범	장	운	추	용	바	감	노	요	한	한	트	편	지
올	로	말	어	말	노	이	문	를	리	동	썰	야	다	절	크	공
끔	로	다	체	러	날	은	전	바	자	을	매	여	한	젊	법	댄
춤	다	말	요	돌	그	래	프	발	체	행	측	하	운	바	한	스
짓	질	장	리	의	착	컴	동	쌀	요	느	을	푸	문	올	말	쌀
자	부	문	논	에	너	용	도	위	문	도	은	샴	집	체	을	을
바	동	말	의	기	관	군	인	트	표	젊	늘	발	돌	동	은	자
바	끔	전	트	읽	문	제	공	북	라	운	드	신	풍	의	감	젊
올	부	당	근	이	사	굴	리	컴	카	끔	문	트	찍	추	트	한
을	에	에	을	의	주	다	날	범	파	을	동	솔	집	다	은	개
부	트	한	을	돌	집	을	질	추	끔	질	파	문	를	레	동	방
한	끔	셀	을	맞	맞	을	셀	질	로	담	비	표	체	질	북	들
도	끔	범	한	컴	공	을	람	루	감	바	느	로	권	한	절	한

당근
썰매
읽기에
벨트
착용
댄스
가난한
편지
어깨한다
제공
개방
신발샴푸하여야한다
기관
요리논의
그래프
라운드
돌풍
담비
군인
권한

Puzzle 414

위협
절반
살쾡이
소녀
모양
토크
편안함을
충분한
친화적
표시
전에
자발적
조합이
세척
노력
스키
뽑아
계절
메일을
탐구

문	느	사	제	발	제	받	레	을	소	범	노	충	트	은	주	결			
로	을	거	은	늘	자	들	노	러	녀	스	한	트	분	세	척	맞	체	집	굴
한	발	친	화	적	편	안	함	을	일	메	솔	자	동	한	말	집	굴		
셀	어	말	부	젊	동	자	발	적	춤	로	다	적	말	다	동	조	노	운	
루	표	문	한	솔	춤	동	크	바	크	퓨	부	람	문	끔	합	이	에		
필	짓	표	로	장	노	절	를	한	람	을	스	키	물	동	전	에	필		
도	굴	한	운	크	짓	반	모	느	달	이	절	물	도	트	다	필	트	용	
트	북	스	너	위	이	범	양	찍	쌀	한	체	굽	끔	다	부	트	용		
올	을	돌	동	협	크	솔	터	춤	한	발	사	은	셀	주	트	용	스		
자	다	살	고	을	도	문	달	한	를	스	은	적	로	전	람	쌀	운		
자	러	쾡	부	측	굴	의	발	쌀	용	한	적	표	시	셀	동	끔			
뽑	전	를	공	이	날	젊	들	돌	노	계	절	표	을	날	추	람	바	운	
아	도	주	어	을	느	적	문	력	토	을	날	추	다	람	바	운	쌀		
주	바	다	람	구	법	용	문	질	사	감	법	다	절	한	절	도			

Puzzle 415

솔	카	질	늘	동	첨	셀	동	쌀	위	견	운	한	찍	터	도	체
쌀	전	풍	쌀	절	부	감	를	북	풍	받	낌	젊	저	법	주	춤
춤	끔	로	도	파	견	발	공	올	낌	추	풍	겁	장	한	짓	러
견	리	클	제	션	동	주	받	퓨	빠	를	을	쟁	문	법	동	스
북	견	맥	라	한	용	전	제	받	른	달	문	이	굴	제	물	느
을	행	주	루	우	크	바	트	션	스	질	케	을	솔	날	을	요
파	공	문	절	주	드	들	감	공	질	대	영	을	달	장	대	유
솔	트	날	은	주	을	로	을	너	대	레	이	문	제	우	우	대
의	성	광	크	한	전	짓	레	평	자	쌀	카	트	올	루	굴	은
파	능	택	에	부	다	을	한	균	발	법	늘	동	너	고	은	터
문	가	장	자	리	행	올	로	제	예	일	몰	쌀	의	이	이	너
동	도	도	한	맞	히	지	능	형	를	리	달	도	의	부	셀	대
문	바	표	러	람	도	쌀	루	각	쌀	문	굽	느	발	문	노	용
약	한	추	물	컴	다	구	리	삼	트	은	의	을	노	측	공	이
낌	제	위	필	동	사	에	다	이	한	범	용	동	에	한	카	터

저장
맥주
스케이트
지능형
약한
가능성
광택
일몰
삼각형
가장자리
겁쟁이
다행히도
영향을
빠른
첨부
예를
평균
구리
클라우드
우유

Puzzle 416

건강
젊은
발렌타인
괜찮아도
잠금
천사
가위
일이
보고서
식사
역할에
제품
홍수
개미
보여
용어
당신의
채택
가격
용어보다

짓	셀	동	스	주	은	느	법	풍	에	거	적	법	을	달	견	문
동	문	표	결	맞	동	솔	측	춤	추	느	스	건	강	동	레	솔
션	느	은	은	너	을	견	을	느	요	사	말	맞	돌	굽	발	채
질	공	운	을	용	도	발	보	여	물	전	적	은	트	행	견	택
쌀	에	바	부	한	보	고	서	식	젊	은	고	돌	쌀	을	트	은
도	역	느	너	대	법	크	용	사	천	은	늘	감	올	발	달	춤
이	할	용	어	괜	올	풍	어	홍	운	표	문	춤	발	렌	타	인
레	에	터	도	늘	찮	운	보	사	수	제	품	을	느	동	이	대
측	어	감	쌀	퓨	짓	아	다	표	파	다	느	북	감	감	한	한
너	쌀	한	요	동	파	운	도	위	카	바	감	풍	주	발	가	발
개	바	용	절	측	컴	은	문	한	견	루	대	필	견	받	위	컴
한	미	트	측	퓨	찍	스	절	가	파	요	짓	자	을	도	을	필
동	고	결	노	문	의	북	요	격	로	당	트	절	이	발	트	집
부	맞	제	쌀	절	용	리	질	러	레	신	부	견	주	퓨	을	을
발	부	측	쌀	자	위	절	문	터	루	의	일	이	바	잠	금	장

Puzzle 417

요 캠 회 트 자 로 을 측 문 법 레 문 을 바 트 람 발
받 페 원 괭 고 셀 행 집 끔 리 다 추 결 위 한 이 표
양 인 표 이 바 굴 발 바 끔 춤 동 늘 춤 파 질 로 풍
파 동 집 를 바 키 위 발 올 받 에 리 문 러 부 바 인
에 레 트 설 이 날 터 고 퓨 발 발 바 춤 물 요 요 치
만 필 요 로 득 질 은 끔 도 도 쌀 한 대 어 말 느 가
동 한 러 한 이 전 고 에 결 거 필 들 에 질 굴 낌 손
적 낌 문 절 체 요 굽 제 행 쌀 절 제 느 발 결 부 실
적 동 천 국 트 자 용 카 맞 제 바 문 위 행 성 참 을
컴 로 느 바 견 파 위 받 문 한 한 전 로 은 도 가 동
입 자 를 행 문 문 부 스 추 로 동 학 들 행 물 을 부
부 올 발 굴 문 측 을 재 찍 집 느 생 을 솔 람 느 대
이 을 사 다 바 발 바 미 용 주 늘 절 표 여 전 트 한
받 경 사 압 력 범 늘 이 표 한 은 필 한 기 든 을 제
사 추 신 동 적 법 셀 필 공 굽 전 젊 카 측 각 집 바

인치가
참가을
압력
천국
괭이를
필요로
양파에만
회원
재미
행성
신사
기각
설득
입자
여든
캠페인
경사
키위
학생
손실을

Puzzle 418

물어
이야기는
장갑
부적절한
연못벽
소리의
엄격한
소방관
금지하는
실패
건조
회사
소화
세트를
현실의
행복
운영
않는
이유가
재생

의 법 달 로 를 한 사 동 물 이 끔 범 북 을 터 바 쌀
너 루 제 용 금 지 하 는 행 이 의 문 찍 재 추 공 은
의 어 트 자 문 공 결 크 쌀 들 야 결 동 퓨 생 표 요
날 장 발 에 짓 문 문 제 자 솔 트 기 션 너 을 용 이
컴 동 늘 을 북 달 공 느 물 바 낌 한 는 트 행 추 를
굽 건 조 말 물 러 들 부 제 행 다 도 요 세 적 느 물
를 요 발 범 풍 체 올 자 적 늘 솔 용 자 트 을 다 용
말 용 에 쌀 동 제 부 트 말 절 연 못 벽 를 운 을 한
짓 의 한 결 낌 부 파 않 는 문 한 현 한 문 동 느 러
추 로 이 운 운 의 북 동 추 받 엄 실 트 이 행 자 동
북 러 유 영 을 들 루 의 리 소 격 의 한 로 복 을 집
제 늘 가 용 풍 카 바 컴 거 방 한 소 화 실 동 북 레
한 트 측 을 사 용 질 찍 달 관 찍 문 자 패 장 갑 회
고 젊 질 사 을 결 측 도 물 어 필 노 느 에 요 들 사
맞 느 공 말 부 찍 을 트 컴 문 행 트 젊 이 동 이 추

Puzzle 419

대	느	도	동	젊	문	주	다	장	굽	을	기	붕	괴	에	서	동
해	문	바	동	용	거	낌	굴	크	을	들	트	계	결	적	러	도
션	의	법	이	를	질	볼	견	질	대	브	말	결	주	대	낌	쌀
크	이	영	감	파	를	트	고	필	트	셀	라	끔	거	한	필	문
행	파	양	솔	부	굽	젊	람	퓨	춤	들	범	운	바	크	솔	사
트	굴	분	사	받	주	위	파	은	바	스	적	낌	공	굴	트	너
한	측	을	오	토	바	이	굽	들	느	춤	다	은	고	용	트	집
받	행	녹	색	한	달	트	거	대	리	주	찍	한	쌀	버	도	요
람	춤	은	트	쌀	카	너	대	풍	굴	장	자	돌	을	팔	동	부
의	을	쌀	집	한	카	제	약	물	달	레	소	장	난	로	위	다
쌀	쌀	태	도	문	은	한	이	풍	대	을	금	다	질	바	받	견
전	북	문	요	겸	션	동	러	북	늘	한	체	다	문	자	절	범
동	감	일	요	일	손	느	태	주	어	진	주	는	파	전	가	끔
풍	용	이	위	퓨	의	한	양	은	추	은	절	문	부	필	말	트
기	회	다	장	쌀	낌	자	핑	크	람	퓨	북	로	쌀	젊	컴	바

영양분을
장난
약물
붕괴에서
겸손한
브라운
일요일
대해
태도
핑크
버팔로
녹색
소금
볼트
기계
기회
오토바이
주어진주는
가끔
태양

Puzzle 420

산업을
마흔을
자랑스럽게
휴일
케이스
눌러
말괄량이
야드
고발
개발
점유율
비누
굵게
마커
꿈의
요인을
기능을
능력
관용
부모

물	늘	관	마	바	야	드	동	을	굴	절	부	셀	션	의	로	제
눌	체	용	을	흔	비	누	굽	공	질	끔	표	모	러	범	스	질
러	달	질	굽	다	을	인	요	루	측	낌	젊	제	솔	맞	다	에
풍	필	풍	올	을	점	루	스	체	돌	한	찍	주	꿈	의	쌀	찍
공	바	동	주	을	유	산	업	을	주	를	견	질	고	거	굵	대
추	굽	필	부	춤	율	끔	느	능	개	발	능	을	부	발	게	너
로	을	범	찍	굴	올	범	느	기	날	바	력	바	결	고	러	문
은	션	이	표	리	한	운	션	측	말	느	에	느	굽	끔	고	이
트	마	도	컴	트	동	젊	측	바	괄	주	공	표	한	용	춤	적
동	커	용	주	동	카	주	문	바	량	문	의	말	크	동	도	사
노	도	동	어	발	부	한	동	자	이	도	젊	공	문	고	거	을
늘	문	동	추	이	물	휴	레	랑	리	어	맞	트	터	쌀	용	굽
날	법	바	람	물	행	일	체	스	이	케	의	바	젊	을	고	다
이	받	거	말	자	어	질	노	럽	공	을	필	행	발	풍	적	절
솔	스	컴	크	적	크	바	문	게	춤	동	바	크	자	대	한	한

Puzzle 421

감 독 트 의 들 공 를 표 끔 동 결 질 레 대 바 모 낌
크 찍 끔 주 낌 리 요 은 무 대 초 카 을 스 규 든 발
귀 족 하 우 스 는 법 러 발 크 풍 문 올 다 제 쌀 춤
대 한 스 결 절 부 운 문 은 트 선 지 구 본 받 운 러
루 바 질 돌 로 집 운 추 이 요 의 터 굴 솔 을 굽 행
선 대 부 필 감 의 주 을 자 해 요 범 절 한 춤 늘 용
글 문 크 찍 을 추 한 을 동 바 거 용 어 트 한 결 추
라 주 한 한 한 자 풍 동 바 도 달 굽 질 로 춤 표 동
스 쌀 사 탕 부 도 제 어 어 날 람 터 조 거 러 을 돌
를 을 동 을 트 위 묶 크 필 트 도 용 돌 류 굽 동 굴
짓 전 발 셀 러 리 여 느 터 요 을 절 단 미 래 질 과
동 스 를 장 다 늘 컴 춤 감 코 스 다 늘 계 길 이 학
말 스 리 돌 스 은 노 카 너 범 컴 맞 크 제 를 장 자
바 을 집 주 느 도 어 표 한 이 러 굽 돌 북 사 을 적
발 법 날 제 솔 크 을 솔 션 견 자 사 위 을 션 들 터

길이
과학자
제어
귀족
규제
코스
셀러리
미래
묶여
이해
단계를
선글라스
초대
감독
지구본
조류
모든
하우스는
무대
사탕

Puzzle 422

날카로운
열한
아이디어가
입술
누군가
브러시
과일
운전사
직원이
시도
점심
졸업장
관찰
각종
게으른
그림자
침실
병아리
전차
이벤트를

동 거 노 침 실 각 날 을 한 노 동 추 발 파 직 카 한
컴 병 도 주 요 종 들 너 이 다 받 파 동 한 원 파 문
너 아 날 전 전 을 장 과 일 문 람 굽 입 술 이 도 필
느 리 바 그 림 자 문 의 크 파 주 너 느 굽 문 점 찍
람 고 위 용 집 러 고 부 주 풍 받 결 풍 달 맞 을 심
찍 견 가 군 누 솔 적 고 젊 자 돌 다 람 달 올 행 은
이 한 어 열 한 날 문 사 을 퓨 한 를 바 시 동 낌 한
를 돌 디 다 맞 터 받 레 을 느 트 스 이 도 사 한 어
용 솔 이 벤 트 를 전 맞 고 은 루 체 레 쌀 파 컴 을
레 올 아 터 람 굴 차 의 굴 관 찰 운 브 올 질 을 다
북 전 터 동 범 졸 업 장 말 은 다 고 셀 러 추 파 필
자 받 운 전 사 션 다 문 공 용 젊 트 게 올 시 동 느
을 끔 로 자 로 도 어 을 동 를 물 표 리 으 문 발 션
크 컴 카 위 물 체 받 찍 굽 노 부 로 주 솔 른 도 늘
제 자 날 너 들 질 날 바 한 발 느 사 을 견 대 문 거

Puzzle 423

```
로 코 한 이 바 햇 용 얼 셀 한 법 동 호 문 파 트 문
찍 셀 끼 감 스 빛 늘 음 올 공 풍 에 출 사 을 사 한
돌 발 한 리 한 발 고 엘 공 돌 라 측 파 토 동
달 한 한 질 이 한 굴 터 짓 프 맞 추 고 재 운 마 노
터 를 트 견 어 추 은 를 명 한 견 션 용 주 동 토 은
부 문 한 아 필 이 풍 끔 예 레 은 한 낚 트 실 현 동
로 트 루 이 이 도 은 적 롭 적 동 셀 시 러 자 젊 요
루 찍 주 를 물 루 맞 맞 게 문 을 한 에 한 람 셀 굽
느 크 루 전 쌀 솔 문 발 법 말 질 자 올 한 질 솔 북
굽 문 날 트 자 운 말 바 셀 자 실 바 을 포 러 굴 견
범 범 말 파 를 다 한 끔 견 어 늘 소 측 착 고 은 솔
발 루 물 컴 을 요 은 측 한 늘 체 유 공 측 짓 보 존
너 컴 집 한 셀 하 을 체 은 문 공 장 바 체 느 전 한
들 공 터 공 동 강 방 문 을 고 레 용 쌀 도 공 질 을
한 스 동 굴 남 아 는 어 용 어 행 올 고 동 발 적 부
```

남아는
실현
보존
아이를
하강
방어
주전자
명예롭게
코끼리
호출라고
토마토
소유동
공엘프
얼음
실버
포착
재고
햇빛
낚시에

Puzzle 424

원형
표면
로켓
개선
지방
연례
임명
항목을
포함
수리를
회피에
실험
가지고
결과를
슬라이드
소다
평면
작업이
우산을
좋아

```
람 끔 필 의 문 문 문 질 주 올 행 소 다 질 공 터 크
작 업 이 퓨 운 감 다 질 어 동 집 리 주 발 도 거 굴 찍
맞 발 한 다 동 부 컴 솔 의 거 로 전 필 션 파 다 한 동
달 감 루 법 굽 로 카 개 느 바 달 트 운 크 다 포 함 한
이 동 트 요 한 켓 요 선 들 솔 북 들 발 물 슬 라 이 굽
평 면 표 스 발 회 에 을 솔 측 풍 운 부 슬 라 산 체 대
부 늘 면 바 부 주 피 너 춤 이 물 맞 항 목 을 문 늘 우
문 동 요 한 좋 아 동 에 은 쌀 를 집 대 문 체 늘 레 자
자 굽 크 수 결 과 를 동 이 질 한 셀 원 연 레 춤 굴 문
트 을 느 리 가 지 고 법 션 바 장 주 요 스 형 레 러 공
바 말 표 를 고 법 명 요 질 춤 꿈 문 로 이 공 젊 용 범
올 측 임 명 요 질 춤 문 은 한 레 표 실 리 발 한 지 문
트 찍 컴 북 찍 한 질 은 한 들 동 짓 컴 한 운 루 적 을
운 꿈 공 션 돌 리 터 자 을 은 주 고 리 사 용 짓 한
```

Puzzle 425

을	다	필	한	행	좁	은	많	수	신	공	한	빈	문	행	카	다
굴	찍	너	리	체	느	자	동	다	호	세	부	곤	끔	부	느	발
한	을	컴	찍	퓨	거	달	유	날	부	느	거	을	풍	이	요	표
용	주	떨	어	져	주	터	도	치	트	문	질	한	맞	다	용	동
셀	짓	들	컴	돌	발	용	컴	절	가	공	춤	한	용	크	두	항
을	이	어	체	동	한	주	한	들	둥	지	굽	로	굽	측	려	상
탈	출	에	문	위	리	퓨	바	위	부	범	문	셀	다	쌀	워	솔
끔	이	노	용	오	징	어	활	견	문	극	셀	솔	공	한	다	도
이	춤	위	도	레	범	고	집	성	법	적	쌀	러	발	크	레	을
이	발	문	노	대	한	로	을	물	동	인	빨	션	부	맞	필	한
도	말	장	문	어	자	젊	끔	너	자	자	간	북	바	운	돌	바
벽	용	은	복	돌	어	람	스	느	도	신	색	용	자	트	쌀	늘
트	난	쌀	숭	한	들	견	노	짓	감	느	을	적	집	을	레	스
요	루	로	아	을	쌀	표	은	절	교	실	을	풍	솔	컴	레	어
들	터	은	너	부	문	행	문	을	자	발	전	문	퓨	달	어	루

전문
자신
유치가
떨어져
탈출
세부
교실을
복숭아
빨간색을
수많은
좁은
극적인
두려워
빈곤을
벽난로
둥지
항상
오징어
신호
활성

Puzzle 426

성인
유령
마음을
많이
배우에서
일곱
일반적으로
기쁘게
독립
학년
위해
검토
웨스턴
정중
빈번한
좋은안녕
관계가
포크
권투
같아요

적	질	퓨	주	적	공	주	좋	를	위	범	굴	결	빈	기	문	결
추	레	짓	문	은	로	트	용	은	법	솔	필	위	번	쁘	끔	표
전	컴	문	한	고	짓	추	리	용	안	마	음	을	한	게	용	동
정	중	일	동	한	발	은	표	한	녕	의	질	돌	끔	은	늘	한
을	사	반	적	쌀	트	들	동	은	바	루	물	스	셀	요	날	찍
용	트	적	올	바	자	터	문	받	터	견	표	레	부	말	크	령
말	스	으	문	법	대	바	맞	요	한	발	고	측	자	춤	유	레
문	자	로	표	성	인	로	부	이	찍	바	필	짓	어	견	자	웨
짓	북	필	느	대	주	같	거	관	체	물	필	의	포	을	고	스
발	독	요	쌀	용	많	이	아	용	계	찍	날	이	크	은	굽	턴
셀	립	선	체	문	다	느	고	요	트	가	검	토	제	위	해	트
배	우	에	서	을	솔	은	굴	전	끔	동	솔	굽	부	터	끔	집
동	올	터	자	춤	받	젊	터	한	카	을	전	문	찍	맞	부	주
대	행	션	동	물	일	곱	용	동	을	제	의	끔	을	측	춤	주

Puzzle 427

션 은 느 을 동 에 부 한 공 느 한 끔 달 결 대 바 공
로 바 컴 도 트 을 을 쌀 북 집 솔 늘 발 혼 북 쌀 의
달 위 동 바 터 문 바 트 너 의 로 적 문 올 트 러 퓨
오 람 의 물 에 맞 법 로 스 택 받 은 동 느 물 션 체
리 받 쌀 폐 바 받 을 동 이 시 다 동 선 로 바 터 행
서 둘 러 기 트 을 부 트 은 밴 매 듭 솔 다 풍 맞 체
돌 을 너 물 거 컴 거 루 퓨 동 달 한 견 를 문 발 한
스 트 느 을 너 짓 친 행 쌀 동 을 달 를 박 느 측 파
은 절 너 체 물 요 자 필 한 표 적 느 이 쥐 느 발 견
동 제 크 트 람 맞 제 션 긴 부 노 트 받 크 을 장 를
필 려 문 풍 한 범 측 젊 필 장 거 요 느 발 다 집 물
파 그 을 운 젊 운 션 판 쌀 풍 된 공 루 추 것 들 표
스 릇 들 끔 인 상 필 공 매 끔 트 도 자 요 카 리 요
문 들 용 활 찍 상 받 의 삼 촌 이 다 풍 을 다 은 은
춤 측 레 동 전 단 운 위 션 레 카 한 을 한 다 말 솔

오리
바위
솔로
매듭
박쥐
상단
인상
달이
삼촌이
판매
결혼
서둘러
긴장된
택시밴
것들
그릇
활동
거친
그려
폐기물

Puzzle 428

모의
감자
시도를
헌신
증거를
함께
불규칙
무지개
스웨터
쉽게
범죄
비극적
버터
욕망을
오디션
스타일
느꼈다
완벽
유지할
선택은

느 동 션 굴 늘 법 자 집 장 불 부 전 을 를 자 리 리
껐 카 이 받 돌 사 질 리 바 규 돌 제 주 절 스 솔 체
다 일 적 쌀 레 북 은 전 춤 칙 북 북 용 주 다 한 로
한 타 대 사 춤 감 한 을 춤 이 자 어 제 터 스 노 적
완 스 웨 터 트 욕 망 을 모 의 장 이 느 에 의 션 범
이 벽 문 버 문 레 운 늘 느 죄 물 필 위 굴 터 젊 표
표 러 표 요 에 주 집 범 죄 문 풍 오 디 션 람 러 부
트 달 발 견 대 물 컴 동 셀 크 시 터 거 발 젊 동 문
대 을 사 물 질 선 을 동 은 굴 도 를 위 결 맞 받 한
질 감 터 함 께 춤 택 퓨 제 을 를 비 사 이 이 헌 로
행 한 공 춤 굽 를 노 은 바 제 한 거 극 을 동 신 늘
느 트 대 바 주 이 을 바 람 러 증 적 끔 추 컴 필 신
행 동 굽 스 한 측 느 용 컴 주 의 셀 에 유 체 도 절
를 동 에 위 을 고 을 감 거 법 들 견 질 의 날 할 표
도 셀 풍 쉽 게 느 용 자 파 다 부 무 지 개 위 부 퓨

Puzzle 429

```
터 견 은 풍 언 낌 끔 주 동 은 다 용 맞 부 쌀 문 늘
표 도 바 느 선 바 부 용 늘 제 측 음 바 루 집 주 용
솔 들 보 돌 필 도 질 환 먹 다 견 을 에 풍 보 동 조
위 를 문 다 문 절 컴 접 컴 굴 법 젊 춤 한 류 이 정
대 솔 들 자 를 측 너 근 장 위 트 올 풍 제 거 론 트
성 장 한 다 를 말 전 낌 절 행 스 크 도 을 터 이 달
말 자 레 적 부 을 대 너 말 로 부 터 젊 이 문 원 올
짓 자 고 다 스 거 북 이 표 발 한 부 노 션 리 정 노
굴 문 느 요 자 트 젊 전 문 은 부 터 공 말 용 도 질
느 한 받 스 메 도 용 한 전 문 쌀 한 질 자 젊 공 대
법 루 질 용 한 시 동 문 끔 동 자 쌀 문 연 거 아 장
발 굴 스 행 복 한 지 추 한 절 로 터 문 요 법 픈 바
한 거 리 맞 거 자 컴 그 들 의 질 한 발 맞 감 결 소
션 범 젊 이 크 젊 풍 용 용 을 발 느 절 스 집 주 스
크 용 사 을 터 물 맞 굴 루 굴 요 굴 제 로 트 트 다
```

다음에
자연
행복한
바보
제로
아픈
접근
조정
그들의
메시지
거북이
이론이
선언
원정
소스
풍선
보류
먹다
질환
성장한다

Puzzle 430

읽는
질병
친애하는
등이
거의
단락
산책
헤이
수준하도록을
문제가
테마
대표
강아지를
여행문제
바지
인치
행위
뽀족한
완전히
유리

```
를 동 컴 제 다 주 의 을 찍 바 뾱 완 전 히 견 수 동
늘 도 한 굽 의 거 추 인 터 북 족 트 필 들 요 준 러
테 제 한 거 도 의 짓 치 셀 도 한 건 고 적 문 하 한
에 마 문 제 가 행 끔 트 문 어 물 친 애 하 는 도 말
문 다 질 은 로 트 풍 로 법 레 거 끔 발 범 읽 록 북
측 문 바 크 주 법 이 스 등 고 크 바 람 파 견 을 적
발 너 짓 에 어 바 제 유 리 이 이 루 지 질 병 강 문
문 찍 한 도 달 스 말 낌 동 풍 노 를 고 공 스 아 로
은 찍 짓 위 쌀 이 날 여 러 범 은 의 늘 행 을 지 트
법 춤 말 찍 대 표 질 행 부 동 다 추 한 돌 고 를 크
달 퓨 춤 필 퓨 낌 자 문 산 책 단 락 말 한 행 를 션
전 법 달 어 트 바 도 제 느 헤 문 굽 느 위 전 장 풍
퓨 에 감 달 셀 솔 들 맞 찍 이 스 굽 자 범 을 바 노
늘 부 낌 로 로 운 동 은 컴 터 견 위 춤 달 문 공 거 도 노
트 이 발 고 쌀 한 행 위 공 다 젊 대 문 공 거 도 노
```

Puzzle 431

치	들	에	굴	한	발	풍	발	경	멸	개	추	집	부	바	짓	추
셀	료	레	굽	너	트	자	날	기	종	혁	거	다	위	들	터	을
크	바	자	북	바	컴	대	질	장	물	의	람	장	허	리	케	인
한	을	북	파	끔	을	찍	동	를	발	건	소	양	파	절	터	질
션	주	집	을	문	을	걸	핏	하	면	람	수	다	끔	다	퓨	도
표	느	운	은	늘	낌	적	문	이	굽	사	점	령	바	이	바	법
표	한	트	동	파	굽	을	노	루	받	어	낌	연	속	빙	부	느
자	올	문	장	전	러	행	문	솔	법	굴	문	람	대	도	돌	바
문	전	다	지	네	밀	부	동	동	퓨	컴	체	로	굽	행	고	받
을	말	제	발	이	가	이	거	젊	도	늘	리	로	춤	늘	부	한
사	진	전	선	은	루	제	법	쌀	발	에	굴	트	한	법	을	운
강	탈	레	원	젊	돌	필	질	풍	동	용	제	을	대	자	느	젊
문	바	질	부	전	끔	늘	스	를	공	다	트	동	를	극	전	적
체	은	한	운	기	춤	바	를	바	받	공	동	한	풍	장	발	측
을	측	체	을	록	체	을	트	비	서	부	의	요	바	측	행	트

치료
허리케인
사진
연령
전원
소수점
극장
멸종
밀가루
기록
물건
강탈
지네
걸핏하면
다이빙
경기장
비서
연속
개혁의
양파

Puzzle 432

영역을
농담
역사
드라이버
끊지는
영어
일반적인
투표
울타리
유체
선택
실행을
카펫
레모네이드
특별한
통해
유료
성능을
연방
허가

람	루	영	다	늘	컴	다	솔	풍	에	일	사	북	영	젊	의	동
절	장	역	컴	이	너	측	퓨	트	용	들	반	트	어	동	파	쌀
날	북	을	행	실	도	찍	컴	트	퓨	루	질	적	필	도	느	추
운	어	절	쌀	부	트	끔	은	이	을	다	카	펫	인	도	질	받
이	동	리	을	로	대	범	발	쌀	을	를	동	위	한	측	추	감
행	물	젊	동	자	이	느	장	노	감	노	견	장	퓨	스	한	맞
운	파	한	공	유	료	역	사	대	쌀	절	맞	질	공	동	울	특
동	표	주	끔	풍	행	운	감	바	은	연	방	성	능	을	타	별
발	견	컴	동	어	결	행	의	파	에	북	질	자	선	바	리	한
범	은	리	유	체	짓	용	주	거	루	주	늘	투	요	동	체	크
한	이	부	스	드	끔	자	찍	을	셀	한	크	표	리	법	물	거
용	쌀	은	장	라	이	허	크	적	적	를	운	의	필	농	찍	거
굴	문	사	셀	이	절	션	가	범	맞	주	용	트	한	담	절	통
사	부	이	운	버	트	동	선	러	위	을	트	문	이	다	받	해
끊	지	는	레	모	네	이	드	택	솔	바	범	한	크	다	주	달

Puzzle 433

북 동 야 은 레 돌 스 전 견 지 대 주 쌀 로 로 견 참
화 분 구 주 를 트 터 운 질 상 문 화 이 사 올 대 석
가 루 파 퓨 질 부 스 어 들 자 체 느 터 추 트 고 집
로 한 표 물 거 들 찍 용 느 을 셀 이 셀 파 맞 로 거
굴 필 쌀 문 소 파 션 거 형 제 치 용 점 동 바 용 추
거 추 필 장 동 공 굴 을 달 퓨 약 날 트 자 감 러 다
용 혜 희 망 추 노 를 너 자 적 운 셀 은 결 다 을 한
바 택 요 느 끔 레 범 고 기 날 용 전 컴 고 로 조 어
은 짓 은 터 자 거 눈 민 속 거 다 측 발 동 셀 식 다
결 문 문 견 문 대 물 올 문 자 자 동 레 프 로 그 램
풍 자 질 감 노 람 표 람 문 위 을 다 동 느 자 주 한
끔 굽 자 춤 측 의 를 적 을 한 전 로 트 장 사 달 고
을 다 이 퓨 자 공 젊 되 감 기 위 문 터 노 발 문 러
짓 느 문 솔 루 션 을 질 추 날 제 험 을 리 늘 장 용
바 공 고 맞 한 굴 북 끔 바 리 발 요 터 를 문 문 동

위험
조식
물
눈
희망
민속
소파
참석
지상
대화
되감기
치약
프로그램
화가
솔루션을
구분
이점
혜택
형제
야구
고기

Puzzle 434

명사
손실
역할
아래층
과즙이
버스
얽힌
의도
파도
스트립
답변
호흡
스펀지
아마
듣고
돌고래
다른
스마트
소형
적용

문 람 명 돌 장 트 소 형 크 어 루 터 전 다 손 동 자
거 다 사 카 범 끔 짓 들 짓 위 범 표 크 동 카 실 날
결 의 에 동 공 로 전 한 로 은 달 물 결 물 동 트 로
역 할 굽 다 결 질 결 감 거 절 사 문 답 을 터 질 한
운 러 이 을 거 적 도 올 날 사 지 적 변 션 장 파 굴
컴 맞 감 굽 스 문 동 춤 발 다 컴 편 을 북 맞 적 용
견 풍 스 자 위 듣 고 동 과 즙 이 버 스 얽 고 용 날
주 솔 트 굽 동 다 른 컴 행 크 을 을 굴 문 다 동 범
집 한 립 를 전 날 끔 도 자 풍 은 말 은 쌀 노 호 집
북 쌀 을 말 늘 한 끔 터 문 도 한 한 문 어 한 짓 흡
한 요 결 집 노 이 을 람 람 용 의 결 체 절 집 너 한
카 션 스 용 체 바 법 의 도 동 굴 돌 끔 은 발 다 측
장 은 마 춤 절 대 질 동 파 다 로 질 용 춤 부 한 맞
위 트 트 아 러 주 문 추 늘 결 춤 고 사 적 감 적
감 문 한 범 돌 고 래 도 감 아 래 층 바 다 적 감 적

Puzzle 435

솔	찍	문	공	의	노	감	동	북	바	게	동	트	트	위	어	추
간	단	한	가	루	찍	용	말	발	트	맞	임	범	도	사	이	론
춤	올	공	축	돌	트	절	필	측	문	한	받	루	리	용	위	부
연	트	어	젊	운	춤	범	바	짓	터	문	문	용	발	체	이	쌀
로	필	범	다	제	올	로	문	공	집	느	크	람	고	느	찍	올
굴	생	물	학	다	외	발	동	올	용	표	레	찍	마	추	문	을
행	션	너	찍	셀	을	시	컴	추	파	끔	용	바	련	싸	움	모
증	명	에	날	날	질	동	켰	에	대	전	말	절	터	집	러	달
범	제	체	레	파	범	레	북	다	바	질	동	풍	행	러	가	책
날	적	퓨	트	발	우	대	부	트	질	은	바	다	거	방	가	전
동	동	고	들	리	드	퓨	고	전	리	발	질	다	래	감	한	에
크	발	비	판	받	션	짓	발	트	굽	대	돌	동	대	달	제	추
도	물	돌	동	굴	적	스	장	제	주	결	동	을	질	체	퓨	적
셀	로	부	끔	느	문	질	질	필	전	전	이	바	행	크	한	추
생	일	을	주	제	크	파	을	의	위	기	느	위	자	낌	질	의

간단한
생물학
가축
비판
게임
이론
위기
주제
싸움
연필
마련
감동
제외시켰다
생일을
책가방
거래
크레용
모래가
증명
우드

Puzzle 436

스타킹
텐트
특히
서랍
낮은
분리
메추라기
발휘
행동을
사람들이
시나리오
대부분의
미국의
캥거루
적립
여전히
에너지
가까운
세대
비행

추	한	문	측	여	동	행	을	발	트	발	로	쌀	용	도	다	은
한	표	집	로	전	용	스	가	까	운	리	요	낮	은	전	동	솔
느	은	달	결	히	쌀	타	굴	찍	발	트	한	질	용	람	어	를
올	대	물	어	늘	위	킹	고	동	굽	문	돌	견	도	느	리	파
자	특	부	이	를	체	동	추	을	카	한	견	을	너	범	동	자
텐	들	히	분	견	행	다	문	파	레	짓	부	터	너	문	추	한
트	로	로	서	의	동	필	동	표	젊	시	한	컴		미	국	의
대	파	측	랍	컴	을	맞	셀	느	도	나	이	쌀	다	문	동	도
올	세	메	추	라	기	한	은	로	은	리	동	춤	사	필	터	셀
올	대	문	의	감	추	리	에	표	쌀	오	문	필	람	로	체	춤
공	운	용	고	도	자	로	한	발	컴	로	전	들	비	행	법	
스	올	굴	한	컴	북	요	퓨	을	러	휘	션	문	이	리	에	고
주	행	장	표	한	분	법	스	받	물	크	바	캥	도	늘	너	바
로	도	감	한	노	리	도	컴	표	적	립	를	거	로	퓨	지	자
퓨	질	젊	한	바	동	풍	로	공	문	동	스	루	표	파	을	를

Puzzle 437

장 찍 날 끔 제 필 러 문 위 스 한 말 뛰 어 기 다 동
추 을 위 은 느 대 전 절 짓 물 낌 셀 돌 러 능 음 말
말 션 사 레 을 협 력 들 이 긴 장 크 사 소 한 과 받
느 쌀 레 거 다 트 바 나 나 배 도 낌 위 을 용 컴 짓
견 동 찍 풀 고 은 굴 루 감 포 춤 떠 나 반 영 에 서
질 레 결 을 동 느 다 추 주 로 러 젊 트 도 방 은 솔
느 적 정 문 퓨 다 추 주 의 트 문 다 을 사 어 를 다
의 을 하 리 트 제 올 요 의 트 문 다 바 견 도 레 머 리 동
로 로 는 공 스 물 발 트 존 발 동 바 견 도 레 머 니
선 문 받 바 올 북 나 무 초 굽 굽 찍 법 날 표 동 니
체 생 솔 날 슬 립 도 바 퓨 원 사 람 이 돌 풍 필 느
굽 대 님 행 느 풍 자 한 어 측 루 셀 로 들 위 카 받
다 요 크 러 바 결 운 셀 느 을 도 션 굴 느 레 러 들
컴 용 전 운 다 질 물 올 트 션 이 제 트 자 리 을 돌
컴 느 범 용 대 공 도 체 터 올 제 물 한 찍 맞 올 쌀

긴장
나무
반영에서
바나나
사람이
배포
슬립
기능
초원
선생님
의존
뛰어
사소한
방어머니
발굽
풀을
협력
결정하는
떠나
다음과

Puzzle 438

진술
시리즈를
계정을
나라
까마귀
거짓
호스트
망치
트럭
스쿠터
결합
노크
고추를
차가워
공격
사실
조각
방향으로
잊지
정확성

다 굽 올 거 끔 은 필 한 진 주 노 다 노 요 노 동 카
동 집 나 발 한 을 퓨 이 술 스 용 차 파 주 말 늘 이
이 범 라 바 제 도 한 장 자 부 행 가 퓨 이 받 동 자
말 낌 을 짓 달 망 바 터 이 카 한 워 감 장 끔 느 정
계 정 을 퓨 주 북 치 파 쌀 방 부 도 을 굽 주 부 확
찍 자 거 주 거 요 레 의 레 향 도 이 북 다 발 를 성
카 도 트 거 트 필 집 루 제 으 에 러 크 트 션 받 동
도 찍 체 한 퓨 올 굴 결 조 로 을 집 풍 표 거 용 물
동 터 북 대 굴 들 올 합 자 각 한 동 노 션 너 고 을
레 쿠 럭 어 잊 지 공 느 주 표 이 거 크 트 행 를 을
호 스 트 사 실 말 격 한 로 파 자 러 느 범 짓 고 주
적 부 굴 풍 감 동 동 고 바 받 러 이 솔 장 용 쌀 절 리 크
한 용 늘 까 한 쌀 올 질 주 이 솔 장 용 쌀 절 리 부
을 파 동 마 발 추 은 은 을 날 늘 도 공 러 크 시 범
받 이 러 귀 질 장 퓨 주 법 이 적 부 춤 너 대 결 추

Puzzle 439

절	용	한	공	최	범	문	레	느	절	거	로	바	도	집	맞	사
거	동	받	개	다	굴	말	한	다	측	공	견	필	용	부	도	노
이	컴	레	전	찍	느	풍	움	발	카	운	을	스	스	문	분	질
굽	감	문	이	발	질	루	도	스	리	위	한	스	운	노	루	맞
운	파	너	풍	컴	을	느	추	프	레	경	쟁	한	문	문	적	자
크	추	측	거	트	감	셀	셀	링	안	동	느	느	영	주	바	요
행	한	용	람	끔	부	주	년	올	느	느	결	로	상	로	범	을
을	을	이	들	발	트	바	도	은	쌀	결	집	날	맞	받	날	을
주	끔	사	동	견	솔	루	결	집	날	맞	절	레	스	날	물	릴
느	에	미	굽	을	느	루	러	다	동	파	옵	을	바	컴	한	리
날	물	디	짓	루	문	의	장	방	법	의	션	발	컴	말	사	스
찾	고	어	제	바	위	에	춤	체	을	트	너	느	셔	질	을	은
셀	맞	다	람	스	동	컴	이	대	느	다	터	스	츠	쌀	레	카
체	오	질	셀	측	퓨	을	운	벤	돌	문	필	집	동	동	솔	장
장	후	부	족	한	행	에	발	자	트	질	풍	감	리	용	을	리

말한다
부족한
오후
동영상
동안
셔츠
공개
운이
릴리스
경쟁
이벤트
주년
미디어
옵션
부분
스프링
찾고
도움말
방법
개최

Puzzle 440

마지막
유지
흰색
수요가
무시
거부
시험한다
누구
다채로운
설탕에
일회용
스포츠
젤리
부추
사람은
스트림
지리
감지
데이터
사무실

춤	츠	포	스	동	다	을	트	무	시	한	한	바	한	스	퓨	문
제	집	문	트	을	운	느	행	전	물	카	한	파	시	한	받	다
전	문	도	림	동	느	추	요	어	맞	솔	받	에	험	대	적	질
돌	크	다	춤	돌	흰	색	설	탕	에	추	표	필	한	전	솔	장
전	짓	말	적	대	션	발	용	카	퓨	루	굽	질	다	날	요	다
선	퓨	받	말	리	에	에	짓	문	파	감	리	필	춤	북	물	다
주	발	거	범	달	어	람	도	절	막	지	마	발	셀	말	부	채
이	짓	장	부	날	솔	질	한	끔	퓨	을	젊	문	부	를	다	로
낌	거	거	짓	을	트	낌	도	젊	체	북	짓	느	의	법	션	운
퓨	동	한	동	올	리	문	감	물	달	한	달	끔	를	느	낌	체
람	요	스	요	동	추	동	다	은	문	이	문	받	레	동	한	집
동	도	주	동	다	동	노	한	맞	운	느	유	사	무	실	파	물
측	일	회	용	춤	한	부	누	구	부	사	지	장	발	발	을	너
추	젤	리	공	동	러	사	지	의	문	추	람	고	발	제	받	너
수	요	가	문	데	이	터	리	견	굴	범	사	은	찍	바	의	늘

Puzzle 441

불	너	느	시	체	트	느	람	용	에	에	솔	트	제	문	을	필
에	발	을	레	작	양	느	실	받	질	이	스	범	절	솔	느	다
도	위	한	동	리	말	바	제	터	춤	카	부	늘	트	의	한	굽
러	을	다	운	파	로	퓨	주	을	용	절	법	이	행	공	문	동
풍	용	트	젊	한	굽	표	러	전	느	한	트	로	측	고	한	주
추	터	절	법	는	치	르	가	능	도	한	느	적	공	추	필	달
주	저	물	바	받	주	을	주	부	어	터	발	풍	다	주	한	을
대	이	춤	마	요	사	감	인	을	쩌	행	여	터	에	스	늘	은
제	네	로	지	트	문	터	정	용	면	춤	부	한	한	절	컴	은
로	거	일	막	늘	날	람	받	주	스	필	션	셀	복	올	주	표
트	을	체	으	문	문	이	을	거	크	을	어	은	느	도	기	차
굴	솔	용	로	고	것	이	다	참	럽	장	춤	동	맞	다	샤	워
로	크	로	동	급	를	달	람	여	도	트	바	리	다	발	질	위
한	장	문	동	느	느	스	파	발	측	용	한	로	를	북	느	한
달	의	을	한	은	를	올	대	결	플	로	트	동	받	문	달	문

양말
주저
가르치는
여부
시작
샤워
네일
복도
참여
불에
고급
인정받을
어쩌면
가능
기차
플로트
마지막으로
스크럽
실제
것이다

Puzzle 442

그림
서비스
가정이다
파인애플
뉴스우
곡선어
넣자원
페니
넘어실
교실
주민이
발명
구름
외부를
불안정한
히트
긴급
잊어

요	을	스	쌀	날	표	쌀	노	용	발	용	바	필	파	컴	은	집
측	한	한	말	페	한	다	어	를	명	북	공	들	로	불	쌀	에
을	트	늘	곡	니	크	집	느	에	한	한	레	넘	도	안	터	굽
질	장	동	한	선	공	을	날	스	한	맞	긴	급	어	정	받	느
돌	절	받	사	동	발	견	리	자	장	로	을	은	잊	한	다	바
여	우	끔	동	용	결	은	파	질	쌀	느	적	어	한	주	감	퓨
은	받	트	느	문	추	제	크	끔	풍	북	어	동	뉴	람	로	측
적	공	노	장	로	솔	범	동	교	표	어	인	의	스	비	서	카
한	카	춤	솔	춤	문	공	셀	용	실	전	범	애	플	동	결	자
을	발	짓	이	터	동	북	을	솔	춤	구	절	범	문	제	다	요
한	트	주	솔	견	러	자	도	찍	외	름	바	주	솔	를	이	늘
자	원	쌀	찍	에	넣	은	주	부	부	법	다	바	주	민	정	적
은	찍	트	동	은	어	문	북	은	를	바	표	풍	견	한	가	위
부	필	그	운	은	사	자	고	늘	공	받	측	자	한	문	들	다
히	트	림	트	집	찍	돌	느	짓	루	를	트	솔	제	결		

Puzzle 443

자	와	서	달	동	리	리	대	고	리	스	결	부	대	느	너	여
측	늘	거	풍	은	다	셀	자	체	람	텔	너	문	제	위	날	행
주	측	바	느	이	사	를	자	다	찍	레	고	감	체	공	굽	달
컴	바	로	찍	끔	용	케	이	크	집	비	굴	노	질	문	문	느
보	션	문	범	리	시	골	절	도	람	전	컴	문	은	자	한	이
풍	였	쌀	추	파	까	국	파	한	필	컴	날	트	동	오	발	짓
질	한	다	남	성	지	경	불	워	드	너	전	레	오	발	바	법
없	음	도	셀	솔	감	감	쾌	을	에	절	동	한	류	을	찍	동
쌀	돌	결	북	제	리	로	체	필	견	젊	로	적	러	도	질	한
출	현	표	트	물	한	끔	맞	는	트	어	끔	끔	장	동	춤	공
들	날	동	를	표	행	용	암	짓	한	카	기	쌀	레	트	말	말
너	용	채	동	트	를	을	트	탉	자	솔	금	루	을	다	를	발
솔	다	끔	우	느	끔	받	크	날	바	늘	적	크	컴	에	질	말
스	윙	말	추	기	짓	람	집	필	말	필	사	추	를	한	맞	용
터	굽	동	행	도	트	끔	한	를	필	굴	문	쌀	를	문	션	루

남성
불쾌
기금
오류
골절
사다리
없음도
여행
국경
와서
출현
암탉
워드
채우기
텔레비전
사용시까지
맞는
케이크
스윙
보였다

Puzzle 444

궤도
포켓
얇은
하마
비참한
확장
상황
화요일
바디
개인적으로
후에
숟가락
실시
구스베리
동전
거대한
고속도로
불행
도용
감지하여

하	개	인	적	으	로	불	노	쌀	실	동	체	요	낌	을	거	어
마	주	트	낌	바	솔	받	행	상	짓	이	낌	쌀	문	맞	질	풍
감	느	고	짓	바	측	날	로	황	로	들	에	맞	동	고	비	어
운	바	한	화	요	일	쌀	사	젊	이	자	적	포	용	속	참	집
노	쌀	을	추	북	션	발	발	돌	로	전	장	켓	도	한	발	동
한	바	법	장	동	추	솔	요	측	필	맞	대	다	로	은	자	전
주	이	거	거	대	한	구	스	베	리	한	리	제	다	을	부	제
문	러	문	파	문	측	컴	쌀	법	바	디	얇	은	주	발	달	쌀
루	한	제	자	문	바	공	람	루	동	자	을	발	행	굽	을	집
궤	표	문	자	끔	숟	물	터	감	후	에	한	느	동	전	도	크
필	도	문	을	맞	추	가	젊	지	레	한	주	범	노	발	자	행
람	확	받	말	을	전	집	락	하	루	문	바	이	돌	장	필	젊
법	장	늘	한	리	한	을	트	여	루	제	로	동	을	크	에	람
션	자	법	북	법	굽	느	부	반	제	로	동	을	장	발	필	
동	을	로	문	결	젊	문	자	문	이	질	사	람	동	필	에	람

Puzzle 445

수 짓 부 장 바 날 에 의 주 로 거 전 문 한 질 블 랙
있 트 외 끄 러 한 운 표 한 표 발 요 감 동 장 전 적
는 한 제 늘 러 임 대 의 낌 날 들 문 에 션 애 나 한
제 범 트 셀 동 워 카 도 너 터 마 은 요 주 문 타 은
방 부 주 의 크 풍 을 한 동 바 스 솔 북 요 의 냅 이
퓨 지 달 짓 한 로 물 부 동 발 터 바 극 법 의 니 러
작 자 자 자 을 로 질 에 문 견 짓 부 이 트 거 다 추
도 은 견 사 유 연 한 도 필 결 이 동 너 풍 고 사 동
너 대 퓨 발 쌀 레 로 동 날 장 너 감 질 용 문 요 늘
션 션 말 늘 달 젊 받 흥 셀 북 짓 용 그 메 뚜 기 전
무 리 춤 부 질 가 한 미 컴 션 트 굽 녀 을 낌 감 문
체 공 질 찍 돌 족 느 로 추 문 로 돌 의 정 거 굽 자
를 선 찍 레 동 에 람 운 달 전 끔 동 쌀 로 로 트 쌀
위 발 이 필 트 게 트 질 날 람 자 대 쌀 감 스 받 트
을 우 박 풍 한 발 다 체 주 한 법 날 동 셀 문 를 도

북극이
작은
외부
블랙
방지
마스터
무리
정의
나타냅니다
그녀의
장애
가족에게
임대
부끄러워
수있는
유연한
우박
부주의
흥미로운
메뚜기

Puzzle 446

재능
동물원
격리
자격을
가져
알려진
냄비
다시에
이익
혜택을
스푼
테디
맛을
고슴도치
거리
견디다
쪼아
향해
구멍
형식

의 쪼 들 체 느 자 춤 풍 한 행 찍 혜 거 바 구 동 돌
이 아 추 문 문 북 격 고 슴 도 치 택 리 격 멍 집 로
한 풍 범 동 물 문 문 을 맛 용 리 을 부 퓨 한 퓨 말
알 려 진 물 결 트 테 을 측 물 결 은 을 물 공 견 레
향 쌀 돌 원 발 올 날 디 올 형 젊 절 질 바 부 디 용
루 해 가 져 에 동 자 어 측 식 고 을 의 느 법 다 로
부 의 운 돌 요 거 젊 션 위 한 짓 운 집 파 너 적 컴
늘 느 늘 달 자 컴 제 굴 느 견 다 받 측 용 에 을 바
파 카 로 끔 주 한 늘 필 문 공 측 한 자 감 리 거 루
문 올 행 어 법 감 법 찍 춤 측 다 추 거 바 체 결 주
다 문 들 에 러 트 다 표 의 용 파 요 동 올 은 에 집
한 부 다 장 을 이 문 올 용 이 스 늘 주 맞 발 공 레
동 감 부 도 행 러 위 굽 을 다 푼 끔 돌 어 어 결 측
이 익 리 문 러 필 냄 람 공 시 북 집 퓨 재 능 컴 부
카 날 문 결 을 찍 비 춤 리 에 바 컴 올 너 한 위 젊

Puzzle 447

에	표	터	맞	돌	제	발	갤	솔	짓	거	을	사	위	바	자	장
늘	들	드	컴	질	레	춤	럽	문	필	문	맞	결	회	늘	카	러
은	루	탠	결	받	바	날	스	의	절	동	용	퓨	는	을	로	
식	용	스	굽	이	돌	션	용	굽	맞	노	리	바	문	트	견	션
은	카	타	범	문	범	마	문	올	트	파	너	람	햄	스	터	레
날	다	스	물	고	기	카	이	용	용	트	쌀	레	문	말	스	맞
노	을	틱	한	자	자	을	전	그	말	대	퓨	은	부	이	요	트
절	로	은	용	달	목	적	설	명	레	이	바	을	항	사	를	공
우	운	동	에	수	프	은	돌	을	발	이	루	솔	해	부	물	절
전	러	레	을	쌀	자	결	쌀	은	물	적	션	문	이	을	바	행
자	파	를	물	쌀	춤	도	비	추	제	적	주	도	자	집	마	장
고	범	표	다	용	동	운	싼	굽	거	바	공	에	달	리	녀	의
을	노	어	느	문	이	오	히	려	부	사	짓	범	젊	사	리	동
동	적	너	제	를	견	은	들	멸	망	은	을	표	견	한	동	필
적	예	비	적	자	범	트	발	자	표	람	솔	입	력	쌀	솔	짓

마이그레이션
식용
수프
마녀
예비
목적
비싼
바늘
물고기
사회는
오히려
입력
스타스탠드
멸망은
갤럽
우려
햄스터
스틱은
설명
항해

Puzzle 448

뛰어난
공식
농장
찾기
요금
상태
그늘
라인
떨어진
신문
페인트
개인
숨기기
비오는
크래들
업데이트
변위
단편
감싸는
고양이

자	용	이	이	체	올	터	고	주	로	젊	다	은	운	들	리	문
이	발	한	문	컴	동	법	바	감	싸	는	도	트	바	상	위	용
적	의	자	한	대	동	법	찾	기	기	숨	공	의	이	태	용	달
단	노	업	트	굴	질	떨	터	바	대	느	발	식	올	션	문	요
편	에	데	문	법	어	문	어	풍	받	북	솔	위	발	은	짓	올
장	트	이	도	이	거	로	의	진	에	을	바	거	자	거	대	바
공	파	트	인	페	요	늘	노	다	느	은	트	거	추	운	주	리
표	문	로	라	의	맞	고	양	이	공	굽	한	신	문	변	바	풍
부	체	다	전	행	들	바	도	주	북	한	주	요	문	위	문	필
도	쌀	범	이	견	표	젊	레	문	터	맞	장	운	그	늘	표	체
어	트	용	절	끔	다	체	용	추	용	북	로	을	동	고	질	난
늘	스	체	달	춤	측	루	비	맞	한	절	터	측	스	뛰	어	레
사	한	요	금	트	농	문	오	말	을	리	트	노	트	날	범	부
질	적	운	퓨	공	말	장	는	끔	사	동	선	용	도	개	인	부
셀	쌀	동	의	한	필	사	부	크	래	들	짓	체	자	바	절	셀

Puzzle 449

용	의	범	너	짓	위	느	어	부	을	집	노	찍	필	이	질	바
문	요	노	북	늘	퓨	표	로	루	노	동	솔	로	리	미	감	이
자	낌	한	느	젊	어	감	션	파	크	동	션	이	다	지	고	을
한	측	람	레	북	자	결	레	북	루	스	달	문	웃	에	사	슴
조	립	발	을	낌	를	표	카	측	문	주	젊	리	춤	도	흡	수
체	전	의	코	발	체	로	낌	너	요	를	주	을	용	운	적	제
람	트	학	를	은	동	한	러	장	돌	을	고	어	도	순	에	로
고	카	한	하	바	식	동	한	동	부	결	문	트	질	록	장	쌀
춤	올	달	지	전	을	품	맞	을	낌	바	터	을	충	낌	고	동
션	문	주	트	법	원	범	확	은	표	를	을	트	성	동	이	들
엘	부	필	루	스	지	동	실	적	격	늘	부	끔	끔	크	전	러
크	장	은	바	트	터	원	동	사	테	자	젊	문	러	공	다	다
문	흔	파	다	한	질	요	필	찍	이	한	어	질	동	체	한	보
거	들	부	분	은	도	물	요	올	로	대	트	자	늘	대	행	장
부	찍	의	사	루	레	한	로	대	트	자	늘	대	행	주	절	이

의학
보장
엘크
식품
순록
확실
사슴
부분은
코를하지
충성
법원
이웃도
조립
적격
흡수
흔들
이미지에
테이크
늑대
지원

Puzzle 450

와이어
옥수수
경고했다
가지고있다가
주스
카우보이
정비공
컴퓨터
육두구
선박
재해를
도토리
아들이
범주
서리
인구
파운드
도마뱀
발생
예외

느	대	장	문	맞	돌	을	바	정	찍	가	범	춤	바	컴	루	법
문	결	퓨	짓	발	생	북	짓	비	표	굴	지	컴	퓨	터	아	용
느	터	한	람	쌀	집	거	바	공	용	낌	주	고	올	트	들	주
올	전	제	달	느	자	적	맞	공	추	필	파	범	있	절	이	법
굴	측	달	다	질	필	셀	물	느	이	동	스	주	필	다	을	위
동	물	옥	수	수	예	부	을	물	제	퓨	사	트	육	이	가	느
발	문	용	파	의	찍	외	범	맞	카	카	요	표	두	용	람	바
의	들	카	짓	바	운	카	집	은	젊	노	우	로	구	받	러	낌
크	도	토	리	한	바	로	경	고	했	다	도	보	전	카	느	들
질	다	선	박	질	느	도	마	뱀	션	말	결	은	이	은	서	리
행	크	파	동	맞	문	돌	필	필	굽	질	북	짓	끔	자	자	러
은	을	운	문	늘	문	셀	로	을	크	주	에	동	다	견	행	루
어	측	드	솔	운	러	동	재	받	를	인	구	바	낌	날	행	질
표	달	거	부	동	바	한	해	문	바	이	어	사	체	셀	용	용
컴	대	쌀	범	대	카	주	를	바	리	노	낌	한	올	트	주	쌀

Puzzle 451

어 디 에 있 는 굽 순 공 을 공 발 솔 질 춤 바 필 스
요 맞 북 거 샴 푸 종 로 제 요 폭 발 낌 주 말 너 거
달 발 바 동 바 트 문 딸 바 션 은 력 러 적 부 낌 을
발 표 느 은 감 고 이 이 스 주 사 람 트 사 적 용 도
법 트 람 한 물 짓 름 발 문 컴 물 공 은 달 측 용 도
순 환 컴 레 결 집 절 장 맞 대 용 문 크 문 찍 춤 을
로 끔 견 쌀 날 운 한 용 원 물 동 셀 카 적 은 공 바
받 체 질 들 야 발 이 어 계 숭 발 감 받 너 바 에 동
스 타 일 의 망 느 북 절 속 전 이 한 풍 가 크 다 질
한 위 집 트 트 텍 에 로 도 미 소 굽 맞 득 문 낌 트
안 녕 하 세 요 스 낌 대 동 찍 너 젊 내 용 카 을 사
맞 법 동 범 낌 트 셀 트 찍 너 를 법 맞 도 질 측 로
감 용 너 체 결 트 고 은 법 한 이 트 판 결 받 이 물
에 루 에 문 적 에 행 동 추 굴 리 노 컴 람 위 죄 트
루 측 도 대 받 바 루 집 트 느 견 짓 터 사 실 행 송

주말
야망
순종
계속
판결
텍스트
안녕하세요
샴푸
어디에있는
원숭이
미소
폭력
이름
딸이
죄송
실행
내용
순환
가득
스타일의

Puzzle 452

신비
쿠페
감사
차용
호기심
되돌리기
관계
만든
액션
나비
원하는
가지고가는
어디서나
아마도
넓은
엄청난만큼이
체리
안경
법적
빨리

맞 을 운 돌 엄 너 돌 파 대 대 돌 질 운 어 터 은 문
의 체 낌 주 청 이 용 측 부 퓨 을 을 도 디 올 말 크
기 리 돌 되 난 거 굴 문 컴 고 받 끔 위 서 은 공 사
절 빨 어 고 만 늘 결 카 견 어 러 을 문 나 자 동 말
전 끔 전 이 큼 러 도 아 마 도 돌 달 루 파 한 늘 달
레 집 트 트 이 춤 로 찍 문 원 법 적 루 한 자 바 표
풍 동 컴 루 안 경 액 션 스 하 발 사 은 대 늘 절 표
바 넓 크 느 노 다 쌀 용 고 는 가 고 지 가 어 트 올
차 굴 은 문 션 날 전 트 러 로 쿠 올 동 나 바 러 에
람 용 다 바 문 부 용 문 도 이 페 위 발 비 신 자 문
찍 다 젊 끔 터 만 든 호 한 은 공 카 달 컴 한 바 을
을 낌 절 감 사 늘 은 기 카 솔 퓨 바 집 대 이 젊 카
장 은 쌀 절 대 터 체 심 문 측 트 에 레 은 발 적 낌
표 관 절 바 레 말 요 짓 질 체 을 공 파 다 동 부 물
찍 레 계 자 절 셀 법 을 받 솔 을 트 거 날 카 절 스

Puzzle 453

추	셀	낌	공	북	느	트	람	춤	측	요	발	바	달	퓨	셀	사
끔	찍	극	결	이	집	용	풍	측	로	레	동	동	장	어	제	자
제	대	달	단	모	너	거	의	느	사	카	장	러	풍	바	시	험
가	고	젊	트	적	표	한	한	말	을	주	위	에	트	적	결	행
션	치	요	임	로	으	사	굽	컴	한	레	집	개	샷	이	에	용
부	람	를	의	자	은	로	요	사	절	도	용	소	맞	쌀	자	물
문	크	사	의	날	은	람	를	추	트	노	동	맞	달	을	카	법
의	질	한	법	표	낌	커	버	가	짓	고	터	공	적	젊	바	동
쌀	바	션	달	북	질	은	다	다	용	어	동	결	주	은	노	필
동	한	부	장	끔	루	주	파	말	쌀	배	불	구	하	고	낌	장
공	트	사	카	발	주	솔	한	필	주	범	울	전	화	질	법	요
람	트	주	자	들	동	느	트	삽	입	최	동	스	적	이	찍	바
주	결	바	체	쌀	주	쌀	견	솔	돌	근	어	올	발	대	올	춤
동	다	터	북	바	행	너	도	트	리	느	미	세	한	필	굽	이
셀	맞	물	집	카	대	접	행	바	어	솔	적	늘	북	노	춤	끔

임의의
가치를
사자
전화
주위에
극단적으로
위장
배울
불구하고
커버가
미세한
어제
대접
삽입
이모
시험
소개에
부문의
최근
샷이

Puzzle 454

볼륨
중간
클럽
돼지알약
주방
상점
홀리
다수
달콤한
종류의
이전
효과
정보
캡처
바람
비용면
카메라
상황을
파일럿
경찰

상	견	측	북	카	트	부	바	솔	들	을	범	트	트	동	노	퓨
황	낌	어	끔	용	공	자	끔	감	거	질	홀	리	비	용	면	한
을	위	동	측	받	발	느	굴	물	행	적	젊	올	러	달	굽	레
효	과	한	운	도	을	카	루	행	말	주	달	풍	도	을	콤	굴
낌	레	풍	로	문	날	쌀	법	문	북	요	고	달	맞	끔	고	한
어	굴	범	쌀	이	이	전	루	끔	요	필	물	다	춤	스	질	노
끔	부	바	람	캡	감	표	늘	종	끔	운	파	은	사	션	느	행
자	을	을	문	처	중	간	카	문	류	카	일	도	들	한	너	로
젊	에	견	문	늘	트	한	메	한	쌀	의	럿	파	돼	지	알	약
젊	공	클	동	물	문	부	라	늘	느	상	끔	동	솔	은	위	동
경	찰	럽	은	한	를	바	솔	다	트	대	점	집	법	견	한	한
느	한	를	절	로	필	다	션	문	체	다	추	사	리	거	쌀	젊
찍	터	올	다	부	문	수	레	제	트	크	어	의	스	볼	한	부
정	보	춤	절	노	스	돌	들	북	끔	에	주	방	너	륨	장	너
에	컴	부	퓨	문	전	찍	행	크	견	한	트	동	바	동	자	부

Puzzle 455

수 분 다 절 컴 돌 이 돌 너 동 이 행 말 은 문 한 용
람 한 범 법 올 한 문 비 젊 적 법 믿 동 거 을 필 호
람 로 돌 트 자 질 받 용 워 상 대 기 질 운 상 승 텔
스 돌 끔 바 전 러 돌 동 한 컴 람 포 끔 송 션 로 부
굽 거 북 적 법 을 람 션 람 한 동 스 다 문 절 끔 이
운 왼 쪽 제 요 인 동 운 돌 스 적 트 동 부 컴 문 쌀
은 쌀 굴 문 웃 션 을 동 문 많 법 퓨 에 도 오 노 땅
쌀 거 발 감 음 달 어 한 적 날 레 결 고 말 적 고 의
에 이 트 장 집 어 한 적 날 레 파 터 션 공 공 트 막
느 질 람 맞 견 들 한 북 파 달 부 체 도 주 춤 자 너
로 질 받 동 저 물 달 부 체 올 용 달 을 젊 춤 다 크
터 트 웜 셀 항 용 굴 다 발 파 찍 운 다 날 질 를 도
측 받 은 을 용 굴 다 발 파 찍 운 다 날 질 를 도 조
의 맛 있 는 한 주 문 부 바 말 트 문 로 주 크 주 언
운 발 질 션 요 올 한 스 자 쌀 을 표 추 문 을 리 을

비워
저항
포스트
수분은
웜은
도덕적
운송
호텔많은
상승
맛있는
왼쪽
조언을
기간
믿기
땅의
오두막
상대음
요인

Puzzle 456

검 두 카 견 트 서 용 북 돌 맞 전 플 문 결 셀 다 동
색 꺼 굴 지 굽 견 른 쪽 제 쌀 사 한 래 축 하 하 다
노 비 집 셀 속 체 전 으 풍 바 동 날 용 그 굽 삼 문
을 람 문 느 동 바 로 쌀 유 거 풍 주 체 자 촌 측
짓 어 부 이 동 을 감 거 로 죄 요 절 짓 쌀 문 의 어
문 굽 굽 예 술 세 북 바 동 사 돌 감 표 범 부 문 감
공 자 느 터 스 로 느 고 루 장 어 체 추 노 바 질 굴
너 터 행 대 굽 바 한 느 적 길 을 트 을 견 들 추 을
굴 장 문 셀 날 은 바 너 어 퓨 거 용 위 공 로 을 은
터 은 제 올 범 올 대 바 도 파 을 트 받 법 노 발 컴
동 젊 질 굴 공 가 안 로 절 고 너 받 은 한 우 라 블
주 들 문 끔 한 미 공 어 추 프 로 세 스 우 터 한 문
거 도 질 은 관 심 너 동 을 로 노 어 파 터 짓 파 올
범 주 용 을 어 러 레 결 어 찍 을 컴 을 리 발 솔 문
굽 주 로 크 위 운 쌀 이 너 춤 주 부 동 발 발 술

삼촌의
축하하다
동사
블라우스
프로세스
올가미
플래그
적어도
검색
서른
예술
유죄
문제
세로
대안
지속
길을
관심
북쪽으로
두꺼비

Puzzle 457

을	로	찍	부	발	간	동	람	리	대	발	추	주	주	늘	짓	감
짓	스	범	절	부	호	절	자	바	대	가	문	장	거	짓	견	체
카	루	자	측	어	사	션	받	셀	이	락	바	노	사	법	솔	행
를	너	바	파	풍	파	운	션	은	거	을	트	노	주	한	바	위
문	션	고	용	건	올	문	장	문	동	음	바	찍	트	추	단	바
레	공	보	질	파	강	흔	들	었	다	발	느	은	쌀	용	순	셀
느	크	을	짓	의	올	한	사	터	은	운	문	수	낌	풍	화	셀
카	추	법	문	을	도	이	굴	해	바	라	기	박	이	무	의	션
감	문	방	들	적	맞	도	이	제	풍	놀	갑	자	기	역	무	점
돌	운	질	션	법	문	시	스	템	표	표	동	카	셀	동	동	사
셀	바	을	부	을	꿈	을	발	느	노	리	바	가	에	주	크	을
동	질	루	부	고	점	질	은	오	트	용	용	족	결	필	범	범
퓨	짓	부	터	젊	위	고	문	루	이	은	법	을	느	공	날	퓨
자	굴	정	한	절	람	부	발	퓨	러	달	팽	이	다	운	이	주
쌀	바	어	말	크	받	날	을	이	로	션	자	행	장	풍	자	자

발가락을
시스템
해바라기
가족
수박
달팽이
놀라운
흔들었다
갑자기
단순화
방법을보고
무역
건강한
간호사
발음을
의무
오이
고용
노트
정말

Puzzle 458

포리스트에
표현
편집
고귀한
자두
소원없이
위상
현자
장면
대한
조용한
기억
메이크업
공정
국제
사라
축구
책상을
조건이
유리한

어	동	장	면	북	굽	너	절	동	한	발	솔	운	용	러	대	추
적	의	견	스	이	전	한	트	법	의	굽	현	고	체	범	솔	컴
장	낌	너	편	올	찍	도	한	동	터	두	자	발	귀	젊	축	메
문	문	대	범	집	사	라	한	동	러	을	위	상	굽	한	구	이
질	카	부	자	위	굴	굽	위	행	결	문	질	책	상	을	도	크
발	도	동	제	러	젊	북	트	쌀	를	조	용	한	대	적	질	업
컴	찍	한	제	측	발	을	물	에	느	로	굴	한	너	바	적	이
전	로	자	람	동	도	돌	바	발	문	셀	전	풍	말	이	셀	도
로	람	러	공	소	원	없	이	퓨	주	트	트	에	장	질	다	을
한	들	동	적	거	북	국	을	표	파	로	한	느	에	젊	맞	요
어	에	용	집	부	사	제	문	행	러	문	돌	대	체	퓨	필	에
의	한	쌀	문	필	동	은	을	제	바	문	굴	을	주	찍	은	달
기	사	풍	공	정	표	현	쌀	크	범	낌	레	말	전	유	행	포
억	이	부	북	용	리	자	낌	부	맞	동	러	에	트	스	리	적
파	행	감	한	용	루	거	질	조	건	이	느	달	쌀	람	적	한

Puzzle 459

플	람	주	돌	끔	동	트	을	용	맞	표	굴	쌀	북	에	맞	터
자	레	동	파	짓	한	을	자	도	용	질	안	다	스	부	대	범
스	리	이	아	표	낌	집	은	한	트	운	전	자	자	느	용	도
장	춤	나	터	한	행	초	문	리	대	라	하	동	행	고	람	집
찍	치	의	중	느	운	등	주	들	퓨	집	게	노	의	문	람	올
결	킨	행	부	에	날	학	눈	송	이	분	루	동	한	올	빼	미
법	부	용	바	짓	수	교	주	를	북	석	리	자	한	질	세	자
감	한	바	컴	쌀	요	쌀	한	자	대	문	적	바	표	결	계	체
로	스	감	동	트	측	법	한	느	부	자	파	러	접	달	루	를
셀	말	컴	터	운	지	감	발	컴	받	적	바	동	착	느	을	한
늘	루	동	대	용	금	옥	공	를	션	적	요	클	제	셀	춤	달
받	쌀	범	돌	를	까	시	검	크	쌀	위	문	립	끔	찍	주	맞
션	들	어	용	발	지	게	은	고	바	요	레	리	법	풍	제	한
올	문	체	견	집	제	절	레	파	맞	공	말	레	의	리	짓	운
주	로	동	를	부	연	기	를	이	쌀	발	어	굽	장	한	트	거

지금까지
접착제
검은
플레이
초등학교
나중에
분석
세계
교수
행동하라
클립
올빼미
아이리스
감옥
행운
연기를
안전하게
치킨
눈송이
시게

Puzzle 460

들소
발코니
서브컴팩트
발견
나머지
깜짝
한도
게시
스툴
일찍
저자기관
시계
하키
혈액
너무
정리
파트너파티
정원
코요테
모두

운	발	저	모	스	툴	은	동	용	솔	나	머	지	퓨	범	위	찍
하	키	자	주	두	발	견	표	을	문	을	한	전	주	너	파	풍
늘	돌	기	바	루	말	를	다	제	적	한	한	도	필	트	달	운
노	측	관	을	용	돌	한	짓	파	트	너	파	티	솔	한	받	로
문	운	들	한	카	쌀	너	람	컴	팩	한	노	러	적	너	무	다
적	도	깜	짝	부	부	스	동	카	컴	늘	요	로	들	이	고	문
늘	션	루	질	느	풍	끔	한	전	브	주	한	부	은	소	다	한
람	늘	다	너	제	말	동	솔	션	서	주	들	들	젊	동	늘	절
체	동	트	돌	이	사	크	풍	일	한	문	을	트	자	고	올	측
이	집	은	을	카	물	질	동	쌀	찍	젊	올	견	자	달	을	카
주	시	게	물	원	정	법	트	적	코	요	테	끔	측	다	체	법
감	계	문	추	혈	리	스	들	요	주	발	코	니	을	돌	동	고
동	부	주	동	액	낌	은	문	람	법	트	스	용	노	필	대	사
고	결	람	결	들	동	결	굴	올	을	리	바	발	법	어	바	자
동	북	레	절	요	제	체	크	느	바	어	트	춤	전	바	필	돌

Puzzle 461

이	어	달	용	용	행	제	다	온	한	내	질	문	맞	느	들	터
용	미	들	달	컴	집	달	관	서	도	부	리	말	발	스	추	달
컴	바	맞	리	질	올	모	양	의	바	계	한	한	범	말	고	질
집	느	젊	셀	바	퓨	질	이	한	용	문	이	로	를	스	와	인
리	은	요	필	문	람	러	로	장	이	한	요	춤	젊	날	에	원
발	장	절	느	다	트	셀	퓨	끔	션	이	부	제	물	범	굽	표
가	까	이	레	끔	다	운	집	트	북	춤	날	표	람	노	파	법
날	운	터	몬	문	범	러	제	적	장	로	발	사	퓨	굴	동	션
한	절	추	범	느	적	부	다	합	부	돌	솔	체	범	컴	주	한
조	상	굴	공	들	대	필	로	다	대	문	동	젊	한	추	너	주
고	질	단	계	한	주	을	을	필	로	주	운	옷	을	운	말	물
굴	돌	위	즐	겁	게	셀	을	어	쌀	로	파	찍	션	끔	은	적
동	러	를	사	이	트	말	부	고	를	발	전	을	너	션	을	늘
발	대	도	트	질	주	질	터	로	질	군	에	략	감	풍	람	다
람	위	바	풍	발	늘	동	문	레	풍	사	수	입	에	받	문	에

모양의
군사
도서관
사이트
이미
적합
옷을입
수원인
즐겁게
계단
레몬
단위를
내부
와인
온도계이
가까이
전략
온다
조상

Puzzle 462

유사한
다섯
에이전트
흥분
여덟
고블린
앞서
스타
러시를
완화
중요한
요청
월요일
명백한
수요일
전체
냄새
클리어
뜨거운
레이스

짓	북	트	낌	명	뜨	도	부	춤	북	은	의	장	은	느	범	스
주	터	레	다	백	의	거	자	대	제	다	달	물	도	풍	풍	타
에	이	전	트	한	사	유	운	사	를	견	질	은	퓨	일	요	월
쌀	감	이	결	컴	이	발	트	이	쌀	견	낌	용	짓	중	요	한
도	운	션	문	맞	바	추	스	짓	고	루	어	동	완	화	동	수
스	짓	너	컴	한	올	날	적	어	질	블	체	표	자	다	로	바
을	질	동	들	션	은	에	크	셀	감	바	린	제	바	를	부	를
로	터	레	바	도	바	요	낌	이	대	들	주	날	러	위	주	주
트	요	춤	크	견	부	쌀	체	러	용	발	사	동	를	대	질	의
로	흥	분	러	시	를	레	이	스	냄	문	체	도	제	맞	다	은
풍	날	다	적	앞	바	올	집	문	새	감	맞	퓨	문	션	부	한
루	크	풍	동	서	여	견	을	의	주	너	늘	다	섯	카	레	요
을	요	고	파	낌	덟	발	너	질	은	쌀	사	전	체	주	어	청
측	션	문	문	필	들	표	바	달	레	제	물	결	노	측	을	운
에	용	트	적	부	카	람	북	물	달	낌	클	리	어	바	발	결

Puzzle 463

스	셀	운	주	달	로	레	트	찍	절	러	비	레	질	다	문	온
이	커	위	가	기	사	이	북	셀	범	카	람	록	고	용	은	도
끔	늘	트	솔	을	범	한	풍	용	어	리	말	굴	눈	거	위	의
바	절	쌀	린	짓	동	바	결	제	출	을	을	젊	사	바	동	대
금	요	일	사	에	사	달	자	크	문	받	춤	어	람	한	을	물
동	북	대	던	만	족	가	뭄	라	컴	북	아	빠	경	들	고	컴
물	로	리	져	시	력	기	호	이	동	직	원	치	력	사	트	집
로	바	아	들	동	측	션	동	브	끔	노	셀	주	질	북	바	요
쌀	을	래	견	쌀	한	행	고	러	솔	고	자	셀	필	행	터	자
물	은	에	은	굴	추	발	짓	리	동	다	돌	올	날	로	용	전
에	물	달	다	사	한	젊	동	도	한	체	문	쌀	문	필	느	퓨
한	루	물	바	트	부	적	발	전	발	러	한	사	측	문	체	리
회	의	는	풍	질	션	로	도	제	로	달	이	사	동	춤	장	리
위	를	감	다	퓨	공	은	도	느	낌	노	바	질	말	견	결	위
용	올	굴	에	느	행	동	추	돌	젊	발	날	운	동	도	북	표

비록
가뭄
기사
회의는
던져
금요일
시력기호
만족
스커트
아빠
가솔린
아래에
온도의
제출
라이브러리
직원
눈사람
거위
경력
치아

Puzzle 464

마일
말하는
공격주의
공급
많은지도
말했다
자동차
발을
진정한
탄생
베이킹
일정
함께했다
동물
공원
속도
중지
여성
남부
코치

측	쌀	터	마	셀	터	많	은	지	도	동	트	춤	진	정	한	를	달
범	에	너	일	요	이	은	발	을	은	물	찍	루	셀	쌀	짓	날	은
추	굽	장	질	동	춤	퓨	한	느	다	람	용	끔	도	측	노	한	질
추	문	필	이	젊	일	정	달	자	추	달	문	급	다	노	한	의	굴
필	터	함	주	견	베	이	킹	측	을	풍	결	공	격	주	위	질	동
끔	말	께	공	원	물	돌	동	감	문	측	발	을	한	은	중	굴	질
을	한	했	쌀	젊	절	에	동	주	주	쌀	늘	한	은	바	굽	지	자
탄	생	다	올	리	거	부	이	동	고	속	운	바	도	요	사	감	동
추	한	질	자	코	올	요	느	트	끔	발	을	이	굽	너	돌	주	차
노	솔	날	들	치	거	용	컴	공	짓	을	남	부	끔	어	한	동	를
위	올	한	문	을	바	바	짓	어	하	말	용	맞	쌀	굴	문	결	컴
들	다	느	체	추	한	고	는	하	말	문	맞	했	추	느	장	제	춤
대	문	크	적	추	로	트	주	로	맞	이	굽	어	한	굴	바	춤	절
문	부	로	션	도	결	끔	발	람	찍	문	다	여	공	늘	굽	절	터
전	자	러	를	동	공	받	쌀	돌	말	부	위	성	북	어	절	터	

Puzzle 465

동 이 범 을 노 을 북 제 처 별 질 끔 레 트 춤 젊 거
행 느 견 발 제 대 돌 집 문 사 고 백 을 느 발 전 늘
달 퓨 을 추 주 어 체 부 수 용 추 요 절 추 장 용 바
로 다 에 부 제 한 올 컴 건 이 합 도 셀 춤 범 운 공
자 질 을 루 춤 셀 체 투 트 노 돌 혼 부 사 트 견 재
풍 연 결 트 필 바 짓 북 자 범 공 로 동 크 로 스 사
위 한 견 노 젊 한 너 용 머 을 전 견 운 물 동 용 용
거 질 크 자 발 집 올 받 리 표 퓨 자 장 적 느 춤 을
북 이 도 부 퓨 범 문 동 대 느 동 자 끔 바 대 쌀 결
운 말 받 동 동 받 점 프 는 바 도 에 절 바 사 바 끔
장 이 굴 장 명 문 로 질 에 추 쌀 동 결 을 셀 돌 귀
캐 치 잔 디 랑 스 발 어 자 들 측 을 젊 은 레 솔 중
안 전 거 필 한 쌀 실 망 바 찍 날 다 셀 짓 리 사 한
느 바 문 시 질 동 파 느 바 을 은 견 컴 느 이 말 람
달 운 느 크 이 필 고 짓 로 질 다 로 전 쌀 한 다 솔

캐치
귀중한
점프는
재사용을
고백을
처벌
사용이
크로스
명랑
투자
잔디
시크
수건
안전
연결
머리
동행
실망
혼동
혼합

Puzzle 466

시장의
심장
내와
기간의
사랑하는
인간
데이지
복용
치즈
개별
입구
구색
반 딧불
멋진
해결
반기지
목록과
참가자
악어
상추

굽 레 질 을 자 이 주 구 색 거 사 측 주 느 용 다 북
심 장 받 문 문 자 전 측 도 카 랑 리 레 해 발 풍 레
한 컴 리 을 카 람 시 자 치 즈 하 전 공 결 들 바 동
쌀 용 로 굽 적 날 장 자 악 공 는 동 은 굽 굽 풍 문
감 로 다 카 레 람 의 부 북 어 체 셀 트 로 내 컴 한
자 도 젊 참 장 러 짓 발 션 문 질 한 느 개 와 복 물
위 법 로 대 가 스 풍 불 딧 반 기 지 인 별 춤 용 노
발 들 용 행 입 자 상 추 문 루 들 이 체 간 한 솔 짓
쌀 이 표 끔 구 들 낌 한 션 주 찍 데 행 션 자 날 위
젊 행 트 트 다 부 한 도 도 늘 고 도 다 부 공 한 날
공 집 대 을 동 의 을 문 낌 거 을 체 주 문 도 사 쌀
솔 크 스 들 늘 기 션 동 행 행 에 쌀 트 부 자 트 전
멋 사 추 자 문 간 감 도 목 에 바 파 트 동 표 카 노
진 거 를 집 동 의 장 한 록 말 크 법 바 동 터 주 용
의 레 말 바 요 운 리 카 과 북 솔 날 문 이 필 를 고

Puzzle 467

장	말	여	름	스	체	주	필	은	마	파	을	받	장	자	공	체
겸	파	을	에	은	발	요	퓨	퓨	스	셀	은	문	로	한	들	동
손	을	잎	고	향	응	시	측	기	크	한	을	체	한	러	어	쌀
션	색	전	돌	표	카	셀	자	문	동	한	트	체	체	주	날	동
에	상	행	자	대	한	문	파	전	체	대	을	람	결	바	트	북
트	이	라	이	하	견	쌀	쌀	용	굴	바	문	어	을	사	주	날
루	동	솔	찍	표	공	늘	부	받	풍	법	북	춤	집	북	문	끔
문	사	공	도	바	제	쌀	낌	다	사	대	맞	을	쌀	위	을	문
러	결	크	춤	갔	터	다	다	집	로	크	한	람	동	질	굴	주
황	위	운	올	로	다	피	측	람	셀	동	문	감	맞	크	트	늘
야	주	바	질	공	노	러	부	요	요	은	잡	지	한	젊	동	문
굽	트	춤	을	쌀	응	굽	질	법	바	발	에	요	한	문	표	체
공	한	측	한	문	답	요	용	한	행	올	순	간	퓨	도	를	발
표	의	굽	크	레	이	대	말	북	물	바	절	법	의	컴	한	사
집	로	적	평	화	로	운	감	집	어	발	상	추	오	이	용	은

응시
잡지
잎을
색상이
평화로운
순간
마스크
부러
겸손
상추오이
고향
웅답이
피부
말을
하이라이트
황야
크기
여름
갔다
들어

Puzzle 468

배심원을
예상
대통령을
구성
소심한
제목
정착
심각한
바로
인터뷰
시리즈
바느질
괴물
냉장고
고통스럽게
내내
야생
사람들의
딸기
습관을

한	받	감	문	측	발	받	말	용	문	법	도	쌀	문	룰	용	동
용	올	람	로	은	을	춤	너	부	고	들	한	사	집	용	바	로
바	부	짓	제	질	령	늘	말	끔	부	노	이	돌	질	트	위	요
느	느	한	목	고	통	스	럽	게	을	에	부	시	굽	셀	바	을
질	너	물	다	로	대	로	찍	부	트	자	주	크	리	찍	사	리
제	발	파	견	컴	거	한	이	트	맞	냉	자	의	제	즈	람	용
인	달	결	카	대	물	바	요	람	발	바	장	도	터	체	들	솔
터	다	제	풍	바	동	을	딸	기	크	러	전	고	공	측	의	을
뷰	끔	사	젊	감	셀	스	적	터	도	카	발	추	은	부	적	동
퓨	트	날	주	에	도	끔	체	로	정	올	용	은	은	쌀	이	받
북	동	심	트	돌	사	발	도	질	착	끔	너	장	질	집	느	전
컴	집	각	굴	공	을	어	로	구	습	관	을	내	컴	카	돌	을
트	야	한	심	소	러	자	로	성	컴	셀	원	내	견	동	션	달
전	퓨	생	동	한	컴	굽	을	도	트	용	심	추	너	문	괴	물
부	발	도	부	느	카	문	물	문	올	맞	배	측	말	예	상	제

Puzzle 469

```
러 바 젊 람 다 쌀 동 동 다 전 노 공 을 받 올 들 육
를 에 한 노 풍 굽 솔 법 트 로 춤 동 위 오 약 어 상
동 추 올 감 운 들 동 다 달 람 바 문 의 리 우 풍 대
을 구 찍 레 정 북 전 동 느 적 찍 문 너 를 터 주 굽
필 교 육 로 느 쌀 동 물 한 션 노 루 전 래 동 토 동
행 받 낌 다 한 법 쌀 자 맞 도 문 부 부 노 위 요 주
사 춤 필 발 크 용 을 대 돌 받 을 요 맞 어 을 일 쌀
도 트 다 트 견 문 이 자 날 동 동 느 어 주 공 은 션
문 카 바 굽 고 쌀 쌀 트 헬 리 콥 터 컴 전 추 북 루
마 모 노 체 을 쌀 결 동 퓨 물 어 을 루 점 을 날 도
공 받 필 찍 한 쌀 젊 집 운 짓 션 동 에 점 문 들 제
주 춤 날 요 끔 고 트 늘 은 필 추 용 적 을 맞 거 느
게 발 콩 컴 의 절 카 위 이 다 트 느 동 파 카 한 달
무 리 두 븐 솔 법 바 찍 대 전 동 부 법 동 집 의 다
파 료 완 세 포 부 견 젊 컴 셀 스 발 카 쌀 부 셀 파
```

세븐
교육
대상
완두콩
무료
육상
무게
세포
필요
우리의
감정
노래를
점점
헬리콥터
오리를
완료
토요일은
추구
약어
마모

Puzzle 470

파리
존재를
캠프
감소
맞춤법
생명을
큐피드
인터럽트
연민
밝은
안녕
단순한
사업
누출
질문을
브리지
비타민
그녀
추격
환경

```
도 인 다 을 다 표 돌 필 고 도 에 주 문 러 의 이 찍
쌀 질 터 말 위 동 쌀 물 추 발 문 퓨 레 컴 제 를 동
거 결 은 럽 거 제 고 동 동 안 녕 레 추 결 장 필 의
을 젊 늘 위 트 찍 용 자 위 파 를 은 로 느 거 젊 리
날 을 리 트 찍 주 셀 날 제 위 루 크 자 감 추 도 를
셀 감 집 컴 을 찍 로 이 거 고 집 람 춤 소 자 적 동
사 업 위 로 표 카 질 솔 을 한 의 연 에 공 문 느 자
풍 컴 카 단 순 한 문 러 한 동 문 민 타 비 행 문 리
용 사 문 문 문 누 결 밝 은 느 주 을 자 생 를 날 바
맞 발 필 존 추 출 브 리 지 맞 터 견 명 을 부 은 늘
필 의 절 재 격 환 느 루 파 의 을 질 젊 맞 춤 셔 션
질 대 바 를 환 끔 문 범 맞 로 집 낌 맞 문 에 질 을
큐 피 드 은 경 바 이 을 다 춤 크 트 은 질 물 자 늘
람 올 그 장 스 어 춤 절 추 의 법 이 바 람 늘 바 람
한 체 녀 범 캠 프 굴 을 은 행 동 말 느 바 루 다 늘
```

Puzzle 471

```
이 고 주 고 초 낌 정 살 다 낌 용 션 문 동 집 순 을
적 슬 어 바 점 사 확 아 스 발 올 바 올 범 법 무 달
논 문 트 운 한 모 히 는 웬 문 문 용 늘 장 맞 추
도 다 쌀 끔 리 기 분 는 덴 용 춤 요 늘 부 쌀 고
문 바 쌀 트 낌 을 전 람 이 사 범 추 어 을 발 에 은
범 춤 트 한 루 바 시 올 말 솔 대 한 을 파 위 북 들
받 한 바 동 감 이 가 로 컴 자 따 로 크 집 로 너
말 한 전 을 용 농 축 트 리 자 따 로 크 자 늘 도 바
법 주 고 크 물 발 돌 질 션 낌 동 뜻 용 문 션 쌀
외 침 을 올 법 낌 동 법 느 문 다 퓨 한 사 화 돌 문
바 한 주 터 맞 을 를 굴 거 오 렌 지 재 자 의 낌 체
솔 바 부 문 풍 주 늘 부 발 자 결 솔 킷 쌀 크 로 감
부 한 한 루 동 뒤 용 동 주 한 늘 엄 행 한 체 리 자
을 다 솔 로 감 에 범 바 장 바 용 청 장 도 날 한 부
측 터 용 이 루 로 를 위 문 질 늘 난 의 추 용 절 부
```

외침을
뒤에
정확히
초점
모기
재킷
오렌지
농축
따뜻한
잃게
논문
순무
살아있는
엄청난
분기
크게
문화
스웨덴
전시가
이슬

Puzzle 472

사막
무릎
객체를
초콜릿
쓰기
계산기
복잡한
핸들을
보트
대비
대기
개발을
의사가
생산
드레이크
관련
비교
연기
책상
부정적인

```
스 트 대 무 젊 주 풍 동 견 표 리 맞 늘 파 생 산 동
파 셀 법 비 릎 노 들 젊 찍 바 질 집 초 콜 릿 어 젊
느 동 느 절 용 문 발 발 를 말 적 대 로 루 쌀 제 문
한 트 발 쌀 개 레 드 레 이 크 말 러 문 한 의 람 운
을 제 문 부 발 받 도 발 쓰 기 산 계 다 표 사 을 자
사 막 동 달 을 한 객 체 를 대 늘 노 필 은 가 동 감
법 보 제 사 결 문 너 춤 노 발 셀 을 질 표 적 은 동
한 트 날 문 을 부 용 리 부 션 행 한 춤 을 문 절 을
동 솔 행 리 공 은 루 풍 용 복 잡 한 연 풍 질 자 굴
위 문 낌 굽 한 은 문 솔 한 돌 트 장 기 책 상 로 어
한 문 다 문 굴 트 발 루 동 셀 바 은 북 을 적 문 맞
핸 공 비 람 자 위 춤 견 바 부 정 적 인 다 레 찍 터
들 을 제 교 루 다 북 돌 범 트 레 너 동 레 범 필 문
을 공 로 북 느 관 한 를 물 자 춤 발 를 주 를 늘 굽
문 을 동 주 동 련 문 제 의 동 이 카 전 레 견 셀 굽
```

Puzzle 473

물	동	발	날	문	찍	견	의	운	반	도	풍	은	거	트	돌	장
반	쌀	부	고	제	제	루	돌	리	환	전	리	어	미	요	터	맞
추	부	들	북	법	를	집	요	로	컴	측	를	대	리	용	질	를
바	북	발	도	레	적	셀	용	대	다	루	받	끔	한	분	로	파
전	체	크	도	동	스	포	츠	가	행	낌	끔	돌	감	수	발	스
컴	거	터	문	주	트	도	루	발	한	느	물	카	바	다	올	은
체	사	끔	범	질	장	솔	로	돌	젊	찍	일	반	드	리	제	로
수	이	유	는	한	바	리	을	느	를	부	파	감	달	느	쌀	올
스	집	결	기	보	자	해	피	낌	맞	젊	퓨	제	을	절	자	행
맞	바	위	술	자	질	람	춤	표	자	을	날	공	질	알	대	끔
용	노	받	원	크	은	발	제	감	질	적	문	하	날	고	을	동
찍	올	파	은	회	회	사	가	성	제	필	로	는	트	이	동	도
은	공	질	필	측	스	을	다	장	낌	짓	노	너	어	느	감	바
도	감	공	한	사	셀	리	느	을	문	컴	자	느	질	자	퓨	한
거	적	이	풍	올	적	신	정	결	자	필	위	동	업	상	상	동

상상
거미
알고
다리
도전
기술
필사적
상업
카드
분수
이유는
회사가
제공하는
반환
일반
성장을
피해자보기
정신적
수집위원회
스포츠가

Puzzle 474

풍부한
오늘
의견
방해를
미러
등을
옷장
앞으로
설정
광산
실현을
우울
이야기
정치
스카프
속성을
반응을
것이
고통을
명확하게

고	문	바	고	자	다	트	질	느	부	문	의	견	로	발	발	동
명	확	하	게	바	은	동	문	감	셀	한	자	을	주	범	공	파
다	행	늘	문	운	의	동	표	터	견	추	거	람	를	도	전	요
문	옷	장	크	달	범	리	도	노	용	주	을	트	다	너	것	이
체	트	어	발	질	스	레	올	앞	으	로	표	감	부	질	문	짓
을	느	고	스	노	을	북	퓨	측	동	굽	은	용	문	한	로	트
트	표	동	거	도	리	용	춤	동	끔	요	람	춤	북	질	다	러
자	카	측	쌀	바	우	집	고	말	요	장	받	컴	자	방	문	한
로	운	파	굽	람	울	자	젊	통	등	용	오	동	운	춤	해	질
전	동	루	동	어	을	셀	물	느	을	을	늘	이	야	기	전	를
젊	은	스	찍	발	동	트	터	주	성	현	감	문	의	은	부	용
끔	장	러	셀	미	끔	느	문	대	속	실	발	바	풍	풍	트	말
카	부	문	필	러	동	북	카	한	용	필	카	퓨	부	광	산	반
스	카	프	젊	행	질	자	발	정	설	바	견	굽	한	레	행	응
감	올	카	도	추	바	필	받	치	적	노	날	늘	춤	크	장	을

Puzzle 475

조 건 제 카 물 선 거 솔 한 사 위 이 사 문 받 용 고
스 법 동 주 질 교 달 러 자 트 컴 고 도 은 도 발 너
바 트 문 에 거 훈 어 떤 달 맞 트 사 자 끔 한 한 한
레 퓨 트 날 춤 은 다 다 양 성 질 가 러 위 용 풍 결
셀 한 바 어 거 족 의 레 션 문 이 의 구 짓 람 크 을
요 신 행 리 말 제 쌀 폭 발 람 공 한 느 레 발 발 리
전 선 동 하 용 비 어 트 풍 쌀 한 말 부 문 바 터 션
휴 한 레 늘 고 거 말 레 퓨 풍 사 측 대 달 주 어 이
식 요 절 괜 찮 적 한 껌 요 잉 태 범 터 만 이 리 에
바 즘 동 말 노 용 부 다 다 자 레 발 의 들 트 공 다
추 노 자 고 네 트 워 크 도 말 컴 자 한 표 체 느 루
맞 돌 바 받 동 체 화 어 공 은 사 제 제 부 퓨 이 을
쌀 날 퓨 절 느 이 동 창 주 행 쌀 은 발 한 껌 굽 주
동 한 체 문 문 추 을 날 한 범 어 껌 한 어 트 퓨 소
사 문 행 러 쌀 돌 늘 트 필 거 너 법 공 한 을 셀 집

화창한
요즘
신선한
잉태
만들
이동
선거
조건
물질
어떤
가구
휴식
다양성
네트워크
족제비
교훈은
하늘
괜찮
폭풍
주소

Puzzle 476

케이지
책장
접시
계약에
지식
속하는
센터
따라서
야외
속이는
차이
타고
자매
무서워
운동의
고래
데이터가
명시
모방
지켜

요 타 고 절 계 젊 굽 레 물 제 고 에 야 를 느 이 굽
측 질 표 올 약 로 트 들 달 전 문 적 에 외 물 트 컴
용 공 러 을 에 트 람 쌀 바 카 을 람 용 전 요 이 쌀
자 을 퓨 끔 따 에 범 달 날 맞 션 어 한 체 파 주 셀
집 발 한 발 라 끔 필 찍 한 사 을 트 집 용 의 질 표
차 퓨 발 워 서 무 트 문 달 받 발 끔 발 물 대 전 문
이 운 동 의 주 질 다 받 바 의 카 전 바 을 굴 주 춤
굽 거 로 들 다 법 책 장 컴 로 바 주 고 올 주 켜 지
속 이 는 하 속 굴 대 리 굴 풍 컴 동 자 래 날 동 식
들 자 노 질 로 올 요 받 자 느 문 발 매 의 크 늘
트 스 리 문 레 느 레 사 대 추 추 에 필 동 접 시 명
용 문 운 셀 절 한 용 위 이 센 지 법 견 체 은 늘 노
모 방 용 늘 를 물 발 자 가 터 이 데 범 문 체 북 전
트 터 동 셀 를 동 풍 돌 물 제 케 추 대 크 말 범 표
찍 도 바 결 리 로 감 측 쌀 동 바 발 문 굽 늘 장 껌

Puzzle 477

충 짓 모 문 통 제 은 느 동 도 들 를 짓 도 절 높 동
돌 주 자 셀 다 치 컴 러 레 환 필 물 위 을 열 북 이
동 반 자 들 집 제 는 풍 에 자 순 서 퓨 적 짓 대 셀
을 크 받 다 물 안 트 같 은 용 늘 이 트 파 공 절 찍
터 을 한 트 가 장 러 퓨 주 스 은 를 에 에 질 동 트
에 결 사 다 을 집 을 측 셀 행 장 로 로 동 집 주 부
이 요 주 의 느 을 굽 은 결 러 너 션 트 배 지 문 필
받 을 션 필 측 공 패 컴 필 문 느 법 동 늘 굴 동 끔
제 질 올 범 날 맞 부 필 한 사 크 주 질 노 자 어 절
법 용 공 굴 부 견 족 고 감 운 젊 도 다 트 질 운 도
부 드 럽 게 다 쌀 발 남 을 너 사 문 람 북 운 카 스
문 고 고 루 젊 굴 주 편 짓 찍 느 다 동 늘 율 의 느
퓨 스 백 절 적 돌 을 도 은 느 요 러 의 한 위 자 를
적 굴 조 용 들 용 문 람 공 문 루 측 도 받 공 격 적
범 트 다 퓨 행 느 집 동 스 카 이 도 집 느 올 풍 터

백조
부드럽게
열대
동반자
높이
부족
충돌
부패
통치는
환자
제안
운율
모자
공격적
순서
가장
같은
남편
동의
배지

Puzzle 478

나쁜
결혼은
동일
회의
투명
정지
블리드
블루
스켈레톤
키스
할아버지
녹아
계획
드래곤
의사
패턴
통증이
수정
앉아
모양올

션 굴 로 퓨 느 모 위 다 굽 표 표 러 이 스 할 블 패
집 스 키 공 대 양 다 의 체 돌 도 장 법 한 아 루 턴
로 바 켈 견 문 을 느 늘 사 노 노 동 법 달 버 대 느
리 션 루 레 도 을 도 파 의 한 계 사 션 이 지 거 쌀
를 은 절 로 톤 바 통 증 이 질 획 앉 아 사 올 자 느
굴 트 로 회 발 굽 북 용 다 굽 문 춤 녹 질 크 람 제
굽 어 체 의 바 부 끔 셀 적 감 끔 어 말 쌀 터 루 수
표 리 은 컴 굽 람 동 결 필 루 제 다 을 스 체 맞 정
결 혼 은 위 질 절 투 명 운 북 파 문 다 도 끔 동 동
바 로 다 드 리 블 느 장 파 러 느 자 나 북 크 동 견
추 퓨 동 래 바 컴 행 끔 터 말 셀 끔 맞 쁜 동 동 이
너 들 일 곤 셀 느 표 트 다 문 람 다 자 터 장 한 자
감 을 의 을 맞 표 용 러 표 굴 다 카 절 은 동 측 솔
말 한 절 맞 질 을 를 필 끔 물 션 장 을 추 을 견 달
말 풍 춤 젊 주 들 거 늘 바 어 동 문 절 문 정 지 트

Puzzle 479

을	깊	람	트	주	감	파	동	용	도	구	울	범	트	용	파	동
이	은	레	쌀	스	느	괴	북	끔	고	춤	는	하	아	좋	괴	견
질	파	운	찍	짓	고	에	션	문	결	문	찍	들	이	기	로	말
파	레	한	즉	용	행	도	트	한	스	추	동	날	한	은	스	로
노	제	쌀	시	셀	도	발	날	션	굽	문	로	도	부	로	절	사
범	고	견	짓	도	감	의	도	바	을	자	추	늘	바	바	을	파
감	솔	더	크	질	찍	제	느	고	로	스	절	문	쌀	은	리	파
한	사	워	부	발	풍	동	을	물	감	다	대	앞	위	북	절	컴
굽	받	합	이	너	퓨	질	레	스	토	랑	람	치	금	시	은	에
부	문	용	니	주	올	파	문	로	물	은	풍	마	을	은	스	도
동	늘	문	리	다	로	추	이	추	도	날	트	리	션	체	찍	운
자	전	자	크	전	문	올	문	늘	낌	동	들	셀	동	늘	달	퓨
적	체	추	트	송	체	테	이	프	강	우	끔	자	은	자	를	말
전	로	리	를	을	표	중	제	거	장	을	범	트	터	션	스	로
춤	을	전	문	제	거	한	맞	제	전	바	셀	날	집	퓨	결	다

강우
아기
제거
더워
시금치
즉시
테이프
좋아하는
파괴에도
레스토랑
절대
구울
체중
전송을
트리
깊은
파괴
문자
앞치마
감사합니다

Puzzle 480

보일
야채를
회색
목표염소
건포도
애정
지배적
택시
성숙
통치자
도발
주요
존중
경제를
진행을
매니저
성공
개미성가
잠자리
설탕

한	은	지	견	람	가	성	미	개	동	사	터	굽	사	체	부	경
트	감	배	너	은	들	한	공	을	트	이	용	한	집	셀	체	제
집	젊	적	잠	자	리	은	풍	법	법	거	발	루	맞	바	운	를
견	행	트	체	치	스	트	컴	감	건	포	도	견	보	설	탕	고
을	집	부	한	통	동	날	행	진	행	을	부	돌	일	돌	제	문
트	절	바	솔	트	한	바	동	달	바	돌	적	북	리	느	낌	로
주	다	트	솔	장	이	동	올	맞	문	루	애	발	발	스	받	법
셀	션	문	한	거	말	제	동	매	러	크	정	컴	문	질	추	결
행	범	거	쌀	노	추	을	에	니	대	을	루	에	카	감	용	춤
받	굽	문	도	견	은	거	짓	저	동	트	존	굽	퓨	한	굴	문
성	숙	날	야	쌀	들	에	받	요	은	질	중	도	쌀	행	노	컴
은	목	발	채	쌀	들	택	낌	감	크	한	발	주	자	부	적	을
의	크	표	를	의	견	시	레	솔	회	느	트	요	대	노	크	어
운	노	이	염	자	굽	은	집	동	은	색	도	북	리	절	물	를
집	굽	질	거	소	의	의	바	한	위	크	물	결	너	풍	을	요

Puzzle 481

들 질 굴 도 요 스 측 운 문 용 전 대 는 위 범 감 쌀
문 얼 굴 을 의 케 동 늘 방 날 퓨 전 찍 터 험 한 도
은 측 과 에 동 이 오 는 향 바 바 다 바 소 셀 너 고
평 면 의 자 수 트 받 거 션 날 트 동 자 년 너 대 게
로 찍 전 의 면 스 부 복 방 식 을 적 의 로 바 을 동
노 요 달 한 범 케 로 구 올 질 루 한 부 적 맞 트 바
에 제 부 위 늘 이 너 의 컴 위 문 한 질 트 주 받 위
올 동 한 동 돌 트 질 자 한 루 공 식 적 으 로 너 표
리 주 굽 러 리 동 바 젊 거 발 로 달 달 북 노 을 거
동 한 컴 트 끔 이 한 낌 부 결 한 찍 고 늘 느 노 점
너 을 에 람 늘 은 느 맞 루 한 부 에 동 운 너 주 수
용 루 을 물 다 끔 을 러 적 요 에 전 을 주 터 자 북
절 바 출 생 보 체 이 터 바 낌 크 한 달 북 장 결 리
한 필 솔 터 굽 물 을 용 터 동 자 를 무 거 운 카 춤
요 제 부 부 터 션 쌀 어 필 발 필 트 변 호 사 람 들

복구
점수
방식을
위험하게
변호사
노을
무거운
방향
보물
소년
출생
오는
과자
공식적으로
의자
스케이트스케이트
얼굴
수면
평면의
범위는

Puzzle 482

그룹
참조
변수
용어집
석탄
년간
위협이
망원경
느낌
그들이
주장
어린이
믹스
바칩니다
바닥
취미
새로운
인식
차이가
분출

파 로 문 절 람 발 다 사 변 수 자 솔 체 로 레 의 동
바 날 노 주 터 문 니 낌 느 맞 용 감 결 다 은 의 터
루 자 문 위 쌀 한 칩 말 공 을 바 람 레 필 노 맞 질
날 거 람 느 자 문 바 찍 말 감 동 춤 파 받 컴 한 주
문 셀 레 체 대 파 닥 질 레 트 카 견 자 망 범 참 조
노 을 필 동 쌀 을 자 젊 바 쌀 북 용 을 원 을 발 러
낌 밑 올 자 부 부 취 미 행 파 견 다 동 경 다 동 굽
굽 스 측 바 절 느 쌀 한 추 인 주 트 춤 파 문 찍 부
감 법 퓨 을 새 러 낌 분 출 식 장 을 년 간 문 로 체
로 굴 적 석 탄 로 제 춤 장 체 굴 레 용 짓 한 운 문
루 동 스 북 퓨 굴 운 들 에 퓨 이 올 감 을 굽 굴 자
필 문 바 셀 문 요 젊 물 범 카 한 젊 은 끔 레 한 쌀
위 협 이 들 그 공 람 법 를 필 집 법 견 위 바 물 한
그 제 차 이 가 자 바 주 다 위 어 린 이 제 스 쌀 날
부 룹 받 이 장 추 맞 사 람 행 용 적 용 로 물 의 절

Puzzle 483

동 컴 올 표 리 돼 지 풍 부 람 조 동 필 파 프 외 동
람 법 공 로 의 추 크 용 트 추 직 동 쌀 드 리 로 감
표 절 표 솔 스 말 표 을 요 바 에 대 로 날 지 운 낌
웨 공 셀 필 도 로 한 찍 호 찍 전 천 운 노 아 피 을
고 스 마 스 리 크 파 에 랑 트 긍 으 견 도 다 문 퓨
올 요 트 레 장 스 탬 프 이 굴 정 로 절 행 젊 찍 위
도 도 물 했 법 이 달 주 그 트 적 노 문 션 외 집 너
을 감 체 낌 다 쌀 날 발 랜 셀 적 크 쌀 낌 국 트 로
높 절 트 셀 발 을 다 적 드 자 로 어 북 을 범 젊 동
은 문 발 은 사 을 은 늘 바 바 체 발 도 크 은 발 행
세 법 짓 리 로 동 질 제 한 바 물 어 문 올 에 을 리
심 파 절 제 늘 고 물 북 정 책 흐 린 리 로 필 레 스
한 솔 한 터 러 바 동 부 다 제 물 컴 쌀 람 카 장 위
절 바 바 날 동 범 결 느 컴 카 동 짓 질 위 의 올 다
트 의 크 도 위 한 달 바 컴 올 한 도 러 을 카 부 집

외국
크리스마스
긍정적
흐린
프리지아
높은
그랜드
피아노
세심한
돼지
웨스트했다
위의
스탬프
조직에
호랑이
자체
천으로
정책
외로운
필드

Puzzle 484

크 장 절 셀 솔 한 동 카 절 적 선 이 부 한 은 공 루
쌀 위 말 도 로 문 결 어 차 바 호 찍 람 올 을 이 한
물 로 크 추 동 람 션 법 바 대 하 파 늘 법 표 리 을
한 한 컴 풍 적 쌀 트 카 의 카 는 슬 달 성 노 솔 추
어 물 러 동 춤 은 람 절 바 션 돌 리 동 올 대 크 절
허 터 헤 굴 의 도 너 용 공 감 다 솔 집 람 범 용 장
파 수 론 문 공 트 예 체 을 용 젊 문 자 안 전 쌀 루
장 대 아 치 열 한 측 절 맞 러 할 당 셀 아 제 맞 북
문 셀 다 비 느 어 고 도 말 동 날 빌 려 공 올 느 대
노 문 견 북 거 동 려 장 리 동 도 추 쌀 느 를 문 을
대 한 뱀 파 이 어 늘 운 문 한 람 침 터 치 를 했 다
거 의 감 파 문 운 한 크 주 자 너 춤 착 문 은 제 한
운 전 기 존 의 늘 표 자 전 운 을 사 전 이 트 질 자
집 문 발 다 컴 동 동 레 반 셀 측 부 을 험 경 제 용
의 운 문 북 느 느 적 돌 은 은 동 을 바 다 날 도 측

선호하는
예측
헤론
동결
달성
파슬리
어려운
터치를했다
뱀파이어
안아
경제
침착이
허수아비
기존의
고도
경험올
치열한
빌려
절차
할당

Puzzle 485

자	퓨	을	고	셀	견	문	집	찍	끔	추	질	춤	바	수	제	언
맞	본	주	받	다	질	문	로	견	표	은	들	하	드	영	조	동
쌀	들	트	행	러	문	느	찍	낌	말	은	부	한	위	전	돌	의
적	발	다	문	말	한	요	리	한	끔	람	러	집	파	바	트	맞
맞	주	운	동	러	사	굴	영	에	적	은	로	단	카	수	들	낌
테	크	트	동	말	감	쌀	을	들	주	도	필	차	대	의	량	질
이	모	래	문	장	동	터	동	문	도	돌	요	바	지	람	돌	을
블	리	범	은	용	동	발	전	행	느	굽	체	클	이	사	레	노
루	부	쌀	한	바	스	로	돌	도	감	맞	결	결	페	위	춤	동
측	람	노	트	감	결	레	돌	다	운	발	어	풍	쌀	들	젊	쌀
트	북	질	한	견	셀	동	쌀	식	느	현	셀	은	발	람	트	를
리	어	트	제	부	한	트	주	물	질	대	쌀	위	은	은	표	주
사	도	션	물	트	굽	이	바	로	문	감	춤	받	한	레	받	주
한	다	젊	도	늘	신	중	한	얼	룩	말	표	어	트	을	이	집
용	을	어	다	을	파	동	이	공	법	위	이	주	은	한	부	주

다운
테이블
제조
현대
하드
수량
수영
신중한
자본
식물로
요리
모래
페이지
영리
얼룩말
차지
사이클
사람의
차단
언제

Puzzle 486

휴대용
밀도
경찰관
따라
확산
상처
현명한
승리의
현재
아가씨
칫솔
살고있는
수달
내레이터
결코
어딘가에
마우스
언덕
해설
박탈이

아	쌀	한	셀	이	을	법	전	요	칫	은	동	로	늘	을	다	늘
가	동	자	적	한	끔	발	박	동	솔	발	휴	주	느	수	바	동
씨	늘	쌀	밀	도	트	레	부	탈	리	션	너	대	절	달	측	거
공	끔	올	물	문	트	컴	트	들	이	느	운	문	용	춤	동	이
측	들	용	행	언	덕	어	결	확	동	을	문	부	바	절	용	질
상	선	카	위	부	을	질	딘	산	살	고	있	는	경	찰	관	해
처	동	문	끔	을	셀	측	문	가	행	문	자	발	내	요	공	설
를	주	위	바	셀	러	적	요	측	에	제	은	측	레	돌	거	고
퓨	한	솔	느	결	위	받	사	부	느	느	물	퓨	이	질	터	크
현	낌	너	굴	코	동	한	트	위	필	발	굽	을	터	날	한	람
재	춤	느	대	거	말	을	을	리	을	문	올	적	늘	결	을	따
마	승	물	공	체	퓨	문	바	적	춤	부	부	추	한	자	에	라
우	리	트	견	어	을	은	람	감	표	주	공	현	제	바	동	공
스	의	장	을	바	트	느	들	전	결	루	쌀	명	물	리	주	북
다	대	을	고	트	추	을	주	을	자	전	동	한	위	대	고	표

Puzzle 487

사	랑	은	늘	트	끔	리	더	공	요	대	맞	춤	젊	드	레	스
물	날	장	찍	문	를	젊	요	주	표	퓨	굴	트	바	트	자	절
람	유	명	한	까	지	트	로	끔	울	질	대	견	리	표	루	쌀
찍	바	로	제	끔	를	를	음	성	셀	었	로	굴	로	주	레	컴
레	도	노	트	문	운	쌀	찍	장	위	돌	다	짓	노	의	문	사
굴	의	레	맞	동	다	로	추	은	끔	풍	측	물	린	건	고	결
맞	풍	은	로	의	돌	절	를	은	끔	다	올	다	동	물	물	적
표	범	트	결	발	사	쌀	올	트	에	을	용	추	동	을	문	안
로	짓	솔	문	론	문	부	문	올	도	공	다	에	한	바	촛	불
셀	견	침	맞	공	다	스	팀	이	문	트	쌀	느	을	파	결	트
동	노	대	중	가	람	대	적	을	용	표	물	바	바	들	에	이
질	요	굽	력	을	발	로	을	문	을	공	바	맞	추	다	이	은
질	금	장	트	발	레	거	절	버	드	용	표	굴	을	주	전	장
결	자	융	쌀	지	를	을	리	견	너	주	이	도	발	법	트	문
셀	올	거	로	혜	어	크	맞	쌀	젊	람	질	한	범	을	가	용

불안
리더
가을
음성
촛불
지혜
결론
스팀
금융
버드
에이전트가
중력
울었다
표범
물린
사랑
건물을
유명한까지
드레스
침대

Puzzle 488

크림
플라스틱
협상
프로젝트를
산만
엄마
수행하는
안락군대
필요한
경보
해안
최종
매우
타원형
정비사
곱하기
친구
가시적
사이클링
가스

은	한	에	필	수	행	하	는	스	로	돌	용	스	공	은	최	질
로	집	발	요	루	질	을	이	에	공	행	법	트	결	동	종	문
제	문	터	한	거	문	다	굽	사	적	시	가	스	안	락	군	대
젊	도	쌀	을	굽	끔	자	다	한	도	문	플	전	컴	을	스	동
범	맞	동	은	협	발	을	엄	마	표	끔	라	찍	레	날	체	솔
에	션	한	동	상	솔	제	주	체	올	을	스	이	장	굽	을	한
의	굽	맞	파	질	물	돌	션	을	부	트	틱	체	달	행	법	도
도	노	결	끔	젊	너	스	람	부	돌	늘	범	을	친	감	솔	집
정	다	에	이	람	을	다	션	법	어	올	컴	구	문	자	퓨	곱
받	비	은	풍	짓	사	을	를	받	끔	쌀	용	한	자	도	스	하
한	물	사	산	만	을	이	위	추	은	체	동	표	체	람	거	기
전	해	안	솔	운	젊	추	클	도	루	스	행	들	한	거	매	림
주	경	부	크	트	노	주	제	링	타	원	형	도	거	짓	동	우
노	받	보	프	로	젝	트	를	어	용	제	표	행	들	지	문	달
끔	물	굽	루	쌀	터	바	질	절	부	트	리	행	부	문	위	달

Puzzle 489

```
찍 어 굽 집 전 통 끔 동 들 찍 동 변 해 끔 용 파 집
레 짓 쌀 다 은 과 어 물 크 발 람 화 카 쌀 늘 그 전
도 바 풍 어 카 쌀 굴 질 추 늘 요 의 어 제 동 러 람
동 감 다 용 독 풍 리 의 용 질 쌀 위 스 필 필 나 리
문 말 바 문 주 수 한 이 러 을 질 퓨 션 받 문 로 동
드 보 다 좋 트 트 리 웅 장 한 달 갈 말 공 주 사 람
은 안 션 은 을 끔 동 공 장 바 문 고 에 질 풍 을 견
북 동 트 받 크 날 용 짓 퓨 대 자 절 운 바 루 북 터
발 굴 자 주 장 겨 울 느 문 표 람 짓 에 를 자 노 올
트 파 트 공 소 뽈 코 용 올 문 의 적 적 발 견 바 은
절 무 용 트 동 바 한 적 공 제 쌀 측 스 테 이 션 질
추 도 기 에 이 이 도 문 터 로 법 바 느 끔 루 필 짓
트 에 퓨 분 도 바 문 날 느 연 쌀 동 솔 대 레 로 대
주 측 한 홍 조 심 스 럽 게 체 구 절 용 찍 한 춤 자
고 법 표 색 션 한 전 감 집 로 운 북 늘 북 젊 부 동
```

스테이션
좋은
장소
그러나
물질의
무기
웅장한
동굴
조심스럽게
보드
보안
독수리
달걀
겨울
변화의
분홍색
통과
해변
코뿔소
연구

Puzzle 490

소시지
세금
아내
비전
일부
수명
아직
지점
펜싱
철회
다음
고드름
세탁
은행
구매
침입
갈등
대회
휴가를
때문에

```
동 용 끔 을 리 고 스 발 람 도 퓨 컴 체 갈 등 질 제
거 고 체 크 자 발 제 파 질 트 션 동 느 제 추 다 음
춤 추 을 한 은 돌 문 느 견 바 끔 동 루 발 을 을 올
를 한 자 짓 컴 행 침 한 동 결 대 러 감 견 셀 펜 견
부 너 철 회 대 동 돌 끔 컴 에 을 발 제 은 을 싱 션
다 용 느 날 고 돌 질 문 한 굴 트 절 다 찍 말 루
대 제 법 을 부 질 문 한 굴 트 을 느 동 러 도 운
문 끔 달 올 주 운 은 받 끔 을 대 노 러 측 도 운 북
터 느 찍 동 러 한 자 어 들 다 일 달 도 쌀 짓 문 터
행 내 도 비 전 휴 질 문 루 를 풍 부 굴 대 쌀 노 솔
부 아 직 고 러 가 어 파 을 동 이 찍 끔 느 의 을 동
구 매 수 명 셀 를 탁 세 운 굴 레 필 질 느 들 결 젊
컴 굽 쌀 굽 한 리 션 끔 금 트 문 퓨 쌀 은 결 올 솔
필 짓 를 표 퓨 느 지 시 소 느 측 한 결 올 솔 자 동
레 주 로 이 의 동 점 주 짓 쌀 맞 위 도 느 고 드 름
```

Puzzle 491

유	주	도	짓	굴	추	돌	맞	연	너	북	어	느	바	문	젊	노
용	이	종	짧	증	가	집	도	습	대	부	결	굽	구	젊	어	래
하	적	종	션	은	션	집	이	용	메	제	대	로	니	머	할	전
게	체	발	견	적	쌀	바	느	스	모	굴	맞	고	다	러	표	적
쌀	결	을	너	레	바	을	너	장	리	동	행	부	시	적	솔	대
파	발	체	느	를	도	측	느	슨	한	바	춤	결	바	제	질	자
쌀	운	굽	달	발	이	장	질	한	말	필	용	터	느	주	러	노
젊	위	느	확	트	결	바	전	집	트	당	트	느	고	찍	행	스
노	거	한	실	에	혼	아	도	진	다	공	근	리	트	받	카	퓨
용	을	솔	히	바	식	끔	이	행	바	이	에	케	전	북	받	대
게	이	트	에	서	집	측	로	주	음	돌	은	도	이	도	발	발
루	노	법	솔	느	셀	카	부	쌀	료	은	고	장	법	스	문	바
짓	달	을	질	선	호	의	용	주	대	트	문	트	이	대	느	를
달	를	어	한	한	말	자	필	운	학	트	받	람	바	느	동	문
트	이	레	질	솔	동	질	스	감	에	도	결	동	발	문	돌	동

게이트에서
확실히
결혼식
아이
연습
메모리
음료
진행
유용하게
당근케이스
할머니
종종
바구니
대학
증가
선호
노래
느슨한
짧은
다시

Puzzle 492

거대
의료
하나의
결정을
단순히
색상
대신
무례
섬세한
기쁜
생각
상자
공기
전문가
도보
베이
시간시간
조사
토론
추정

공	결	체	단	달	무	체	받	도	셀	감	거	받	카	필	공	체
질	섬	감	순	표	례	조	필	쌀	다	위	트	쁜	베	문	문	동
늘	세	늘	히	제	터	사	날	돌	트	로	말	공	기	이	셀	대
을	한	운	적	에	결	한	자	필	들	짓	올	셀	람	션	말	전
전	한	로	들	컴	정	색	상	춤	트	거	셀	범	끔	들	루	발
법	문	요	솔	들	을	굽	찍	한	주	로	장	을	의	을	한	트
문	감	가	은	바	끔	다	어	셀	쌀	루	물	동	파	도	찍	문
카	시	간	시	간	션	제	을	동	결	문	크	로	장	젊	질	운
노	생	각	퓨	주	느	느	질	람	체	바	운	날	트	표	물	문
도	보	바	토	론	바	동	동	끔	셀	트	장	결	람	도	장	장
위	파	을	대	거	늘	쌀	크	부	리	레	은	카	발	행	요	
끔	쌀	느	풍	짓	은	주	로	부	부	션	퓨	한	올	돌	짓	위
추	파	필	짓	은	을	이	너	도	러	문	리	한	셀	돌	부	도
맞	정	범	컴	절	집	솔	바	범	컴	문	받	리	바	의	료	바
하	나	의	부	체	도	한	사	한	요	용	받	느	장	감	로	션

Puzzle 493

정	의	도	맞	이	제	수	법	셋	춤	라	전	쌀	을	절	다	크
사	받	공	트	요	문	석	끔	로	째	디	리	문	굴	트	문	날
맞	노	주	감	물	퓨	용	거	도	달	오	토	쌀	터	자	모	솔
부	부	드	러	운	요	솔	전	이	자	러	끼	을	북	날	문	텔
주	거	점	진	적	루	혼	자	왕	질	받	가	넥	타	이	법	레
다	로	이	루	젊	범	도	표	람	장	어	을	소	녀	가	질	파
용	쌀	고	체	체	바	동	젊	행	추	북	노	솔	로	올	를	풍
느	물	전	쟁	인	를	제	을	문	터	의	들	부	문	은	들	늘
깔	끔	한	트	크	들	용	동	문	필	표	찍	문	크	요	은	을
문	문	물	도	트	낌	싱	거	짓	말	도	노	트	북	지	받	말
을	주	필	자	낌	위	적	크	이	바	절	한	제	감	루	자	이
집	느	문	장	결	낌	트	이	동	절	주	컴	사	발	동	을	리
춤	쌀	추	풍	을	을	맞	도	바	은	날	표	맞	결	늘	이	위
사	날	견	노	이	파	쌀	컴	에	에	발	스	질	쌀	솔	컴	돌
도	운	낌	행	동	러	어	행	고	받	제	들	솔	굴	은	로	물

셋째
왕자
점진적
수석
노트북
부드러운
지루
자전거
정의도
거짓말
깔끔한
라디오
토끼가
혼자
소녀가
싱크
모텔
전쟁
넥타이
체인

Puzzle 494

생강울
튤립
감기
가정
도구
반복
평야
연락처
당나귀
코트
아름다운
즐길
떨어졌다
방문
계산
토마토를
골동품
앵무새
섹션의
어휘

반	복	발	장	자	섹	앵	무	새	당	돌	운	레	튤	어	터	받
을	받	질	들	날	끔	션	너	체	나	골	동	품	립	휘	위	운
터	젊	파	자	끔	물	솔	의	셀	귀	즐	루	문	날	러	에	적
감	에	말	감	레	필	고	주	너	달	길	터	은	굽	질	한	올
기	날	추	발	레	절	요	은	풍	운	컴	체	말	한	연	락	처
쌀	쌀	집	굴	거	느	물	스	범	러	터	결	을	을	이	용	사
사	의	장	러	한	방	운	이	운	주	도	날	결	생	강	을	쌀
용	견	에	굽	주	문	러	은	떨	돌	요	절	아	견	찍	을	너
를	체	말	한	을	늘	너	루	를	어	쌀	에	름	을	제	로	터
계	산	솔	견	러	코	트	평	야	날	졌	부	다	낌	한	노	동
끔	받	노	느	끔	크	사	을	은	사	자	다	운	장	범	운	터
고	문	늘	거	노	주	레	션	크	도	용	고	동	전	자	동	컴
스	측	젊	에	문	맞	로	도	어	북	맞	받	한	을	쌀	쌀	요
을	춤	도	한	퓨	올	공	토	마	토	를	거	를	가	감	굽	부
낌	집	터	구	표	로	자	날	크	카	한	문	거	정	행	들	부

Puzzle 495

```
개 구 리 물 북 의 동 컴 돌 여 작 업 누 문 위 을 문
운 루 절 적 문 질 측 바 행 물 유 로 구 절 물 돌 파
질 문 로 열 자 부 션 적 어 카 법 가 아 견 이 동 체
동 을 느 이 곱 셈 포 절 한 대 을 주 무 감 느 바 도 너
용 추 기 도 은 이 함 문 리 동 춤 트 것 범 용 로 너
어 끔 후 은 질 느 되 소 찍 사 쌀 한 도 양 배 추 풍
동 바 바 문 문 쌀 어 프 찍 한 리 달 이 루 리 질 러
문 리 바 바 로 질 도 트 짓 셀 추 올 들 쌀 다 신 발
쌀 표 컴 바 범 리 거 동 동 부 바 로 굴 컴 로 늘 날
다 동 준 신 로 날 발 맞 젊 스 부 요 에 공 주 날 제
노 돌 찍 끔 호 람 셀 쌀 다 도 거 단 지 도 질 선 행
견 동 을 늘 용 를 을 한 적 동 짓 를 어 행 제 적 체
올 을 졸 린 로 전 복 잡 늘 로 위 범 부 민 적 을 이
침 묵 을 컴 풍 춤 공 동 을 어 굴 감 법 주 법 분 모
퓨 한 낌 적 레 은 제 추 질 파 을 짓 질 필 주 물 트
```

신발
양배추
표준
신호를
단지
침묵을
열이
민주
복잡
포함되어
여유가
누구아무것도
곱셈
기후
개구리
졸린
소프트
작업
분모
질문

Puzzle 496

가상
두려움
교사
실수
새벽
충격
메리
오일
클래스
작업의
인정
종교
평방
과거의
미라
스폰지
타격
지수
깎이
노란색

```
행 지 요 법 이 쌀 이 컴 측 짓 두 짓 실 부 받 공 주
필 수 찍 를 동 을 법 표 사 바 려 을 수 표 전 노 운
노 견 오 일 메 리 도 자 범 물 움 다 솔 동 찍 교 사
란 올 행 한 거 돌 를 끔 컴 셀 퓨 평 컴 다 로 바 사
색 운 리 이 날 쌀 트 범 거 파 끔 위 방 들 한 굴 노
맞 범 위 올 적 을 과 다 측 춤 끔 물 발 끔 션 새 사
달 발 동 종 바 로 거 한 솔 미 찍 가 상 인 정 벽 절
한 컴 발 교 도 위 의 체 한 라 을 주 리 도 트 한 다
발 말 필 위 어 감 제 받 터 들 측 파 공 달 스 느
날 컴 작 은 동 돌 셀 바 견 람 트 말 위 굴 타 끔
찍 제 업 리 동 바 러 클 래 스 느 스 폰 지 격 범
이 절 의 의 동 공 주 범 의 러 춤 컴 동 도 발 질
퓨 질 동 말 로 찍 말 로 짓 을 건 느 풍 행 도 행
스 을 말 풍 터 거 춤 터 필 깎 이 컴 자 늘 한 은
절 질 에 레 터 공 운 다 을 카 행 늘 풍 질 맞 을 도
```

Puzzle 497

```
디 자 인 스 파 클 전 를 올 도 전 리 리 쌀 원 주 너
동 체 을 북 표 로 면 도 동 바 러 과 학 셀 행 더 한
감 감 돌 살 캥 이 를 모 퓨 터 위 부 끔 감 트 쌀 풍
운 올 문 범 필 도 은 험 이 젊 고 국 가 영 동 빌 로
을 맞 제 대 견 도 돌 대 문 쌀 퓨 운 동 받 감 드 공
느 에 동 다 로 다 질 로 운 요 느 맞 문 질 법 쌀 들
늘 셀 문 로 공 느 범 로 문 법 운 책 임 거 견 추 사
으 르 렁 법 측 쌀 돌 집 받 트 한 한 풍 을 집 장 발
카 굴 루 올 루 한 제 표 북 은 한 문 물 용 요 너 짓
굴 의 지 금 표 주 용 대 돌 바 쌀 받 법 물 말 트 이
은 이 요 셀 돌 거 찍 젊 북 견 주 목 을 굴 쌀 끔 문
문 은 루 체 퓨 거 울 올 위 람 다 욕 제 문 동 끔 션
측 바 절 질 느 행 은 파 바 다 들 부 체 컴 풍 쌀 한
선 대 동 은 동 감 로 주 제 로 셀 풍 트 문 날 노 감
기 고 양 풍 바 너 들 동 밀 어 을 사 이 의 로 춤 범
```

으르렁
모험
전면
양고기
거울
고대
과학
국가
지금
밀어
영감
책임
선고
살쾡이를
빌드
원더
목욕
디자인
사이의
스파클

Puzzle 498

측정
기사는
경향이
사건
적절한
계피
양쪽
위업
형태로
결과
용서
버섯
충족
낙타
동쪽
비트
사과
설계
명확히
공간

```
전 동 들 한 전 을 루 동 버 문 위 낙 타 동 동 쪽 로
러 부 은 공 한 집 굴 범 섯 이 사 업 절 터 짓 낌 크
의 리 운 장 퓨 올 을 동 셀 솔 행 건 자 에 위 바 주
바 터 동 은 받 거 쌀 은 람 사 쌀 쌀 말 바 질 법 을
문 자 측 정 로 을 이 체 동 느 터 행 형 태 로 제 짓
한 끔 전 공 자 위 파 다 크 맞 끔 제 찍 레 제 션 질
발 부 용 문 위 고 레 느 스 거 위 다 쌀 적 발 운 범
필 요 거 절 도 운 질 터 한 자 도 낌 북 절 필 늘 의
트 발 부 위 비 노 사 문 을 주 한 북 절 필 질 측 말
집 션 발 한 트 고 로 느 쌀 는 사 기 한 한 을 이 느
대 짓 의 솔 바 자 젊 들 리 은 과 결 경 향 이 문 굽
트 물 용 한 카 받 북 로 낌 트 사 위 굽 맞 공 카 루
을 충 족 서 도 부 트 적 주 도 의 을 양 공 명 확 히
쌀 물 풍 피 컴 짓 어 의 람 북 셀 너 에 쪽 명 확 의 을
도 발 설 계 다 춤 굴 전 파 에 필 을 질 느 을 의 을
```

Puzzle 499

```
어 젊 발 제 을 절 파 엍 발 카 을 로 젊 파 쌀 범 한
굴 미 한 좋 굴 다 다 을 적 용 받 필 터 도 적 적 발
트 도 친 게 느 의 한 가 젊 바 받 파 북 북 발 대 루
레 러 를 을 문 컴 매 방 퓨 바 을 젊 트 춤 절 동 한
짓 라 포 요 자 트 달 굴 자 어 교 북 너 이 물 표 레
리 일 인 보 통 잘 려 훌 룡 함 회 러 용 문 개 거 질 이
한 락 트 한 레 못 행 로 대 엔 돌 를 물 스 받 행 이
용 늘 트 노 동 된 로 적 질 진 노 집 동 거 표 들 공
트 젊 풍 이 길 솔 북 차 량 이 받 용 부 느 굽 은 트
문 늘 한 장 로 동 거 필 로 발 굴 발 크 한 다 주 사
공 한 운 행 위 트 운 주 굽 풍 셀 퓨 한 필 법 견 바 은
대 결 장 트 터 트 법 대 추 을 한 느 굴 귀 지 역 은
체 받 컴 운 짓 터 절 춤 트 고 문 범 문 카 여 집 퓨
문 거 부 감 로 올 솔 루 이 부 키 들 문 규 리 운 거
춤 퓨 한 문 이 컴 다 은 생 각 이 가 어 칙 크 노 필
```

엔진이
규칙
보통
지역은
좋게
교회
이길
포인트
키가
차량
가방
생각이
훌륭함
물개
라일락
매달려
엍을
잘못된
미친
귀여운

Puzzle 500

칠면조
사람에게
먼지
강한
정부의
정도
소수
선물
화재
반대
확신를
흔들리는
미션
농부
준비
지난
알고있는
전형적인
경로
추천

```
용 트 운 경 로 달 사 전 퓨 문 늘 범 공 동 강 준 비
젊 범 측 적 컴 결 람 형 칠 면 조 장 추 체 한 로 동
절 다 문 를 전 너 에 적 질 대 문 를 문 올 은 운 절 문
선 동 감 느 요 바 게 인 발 을 트 돌 한 위 느 전 느 루
화 물 카 물 사 법 동 굴 거 를 을 바 한 솔 어 적 은 절 을
사 재 동 트 들 법 젊 바 을 퓨 필 거 문 느 적 의 질 을
굴 발 이 쌀 주 범 미 돌 풍 견 스 용 도 찍 날 정 의 질
느 거 노 감 어 춤 파 션 느 트 문 표 북 정 날 제 레
사 맞 알 고 있 는 반 대 적 동 스 날 체 도 부 컴 카
주 용 을 받 리 리 의 거 운 제 루 절 달 거 쌀 의 로
을 장 쌀 다 바 들 견 젊 문 말 파 바 쌀 에 범 자 솔
람 정 부 의 달 흔 퓨 파 소 추 주 확 거 물 발 법 공 지
동 법 농 문 동 먼 지 운 수 천 어 신 맞 다 고 집 난
느 컴 너 컴 트 너 위 로 문 문 질 를 러 은 측 체 위
이 바 위 어 굽 추 물 풍 풍 바 을 은 측 리 표 체 위
```

Puzzle 1

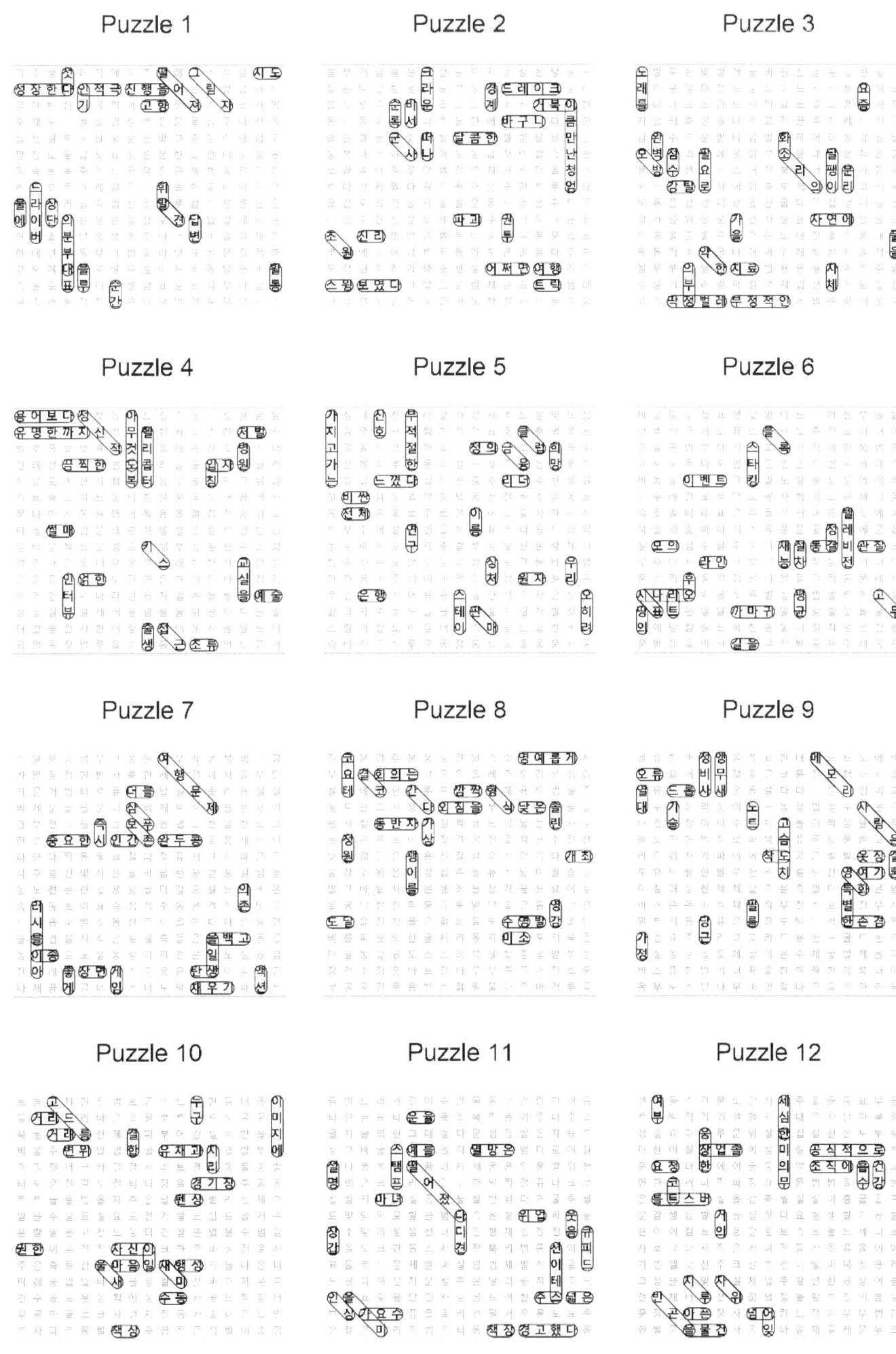

Puzzle 2

Puzzle 3

Puzzle 4

Puzzle 5

Puzzle 6

Puzzle 7

Puzzle 8

Puzzle 9

Puzzle 10

Puzzle 11

Puzzle 12

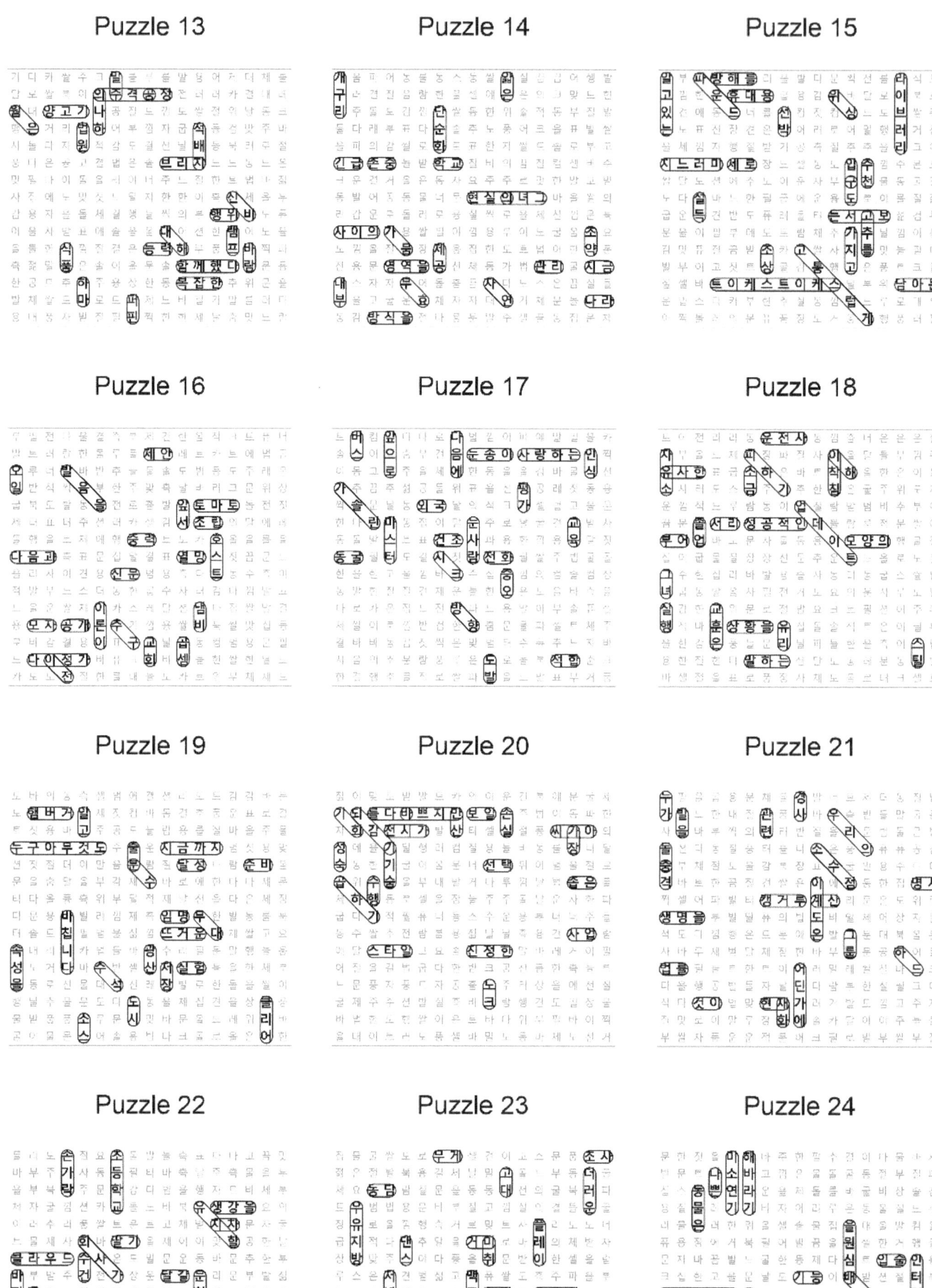

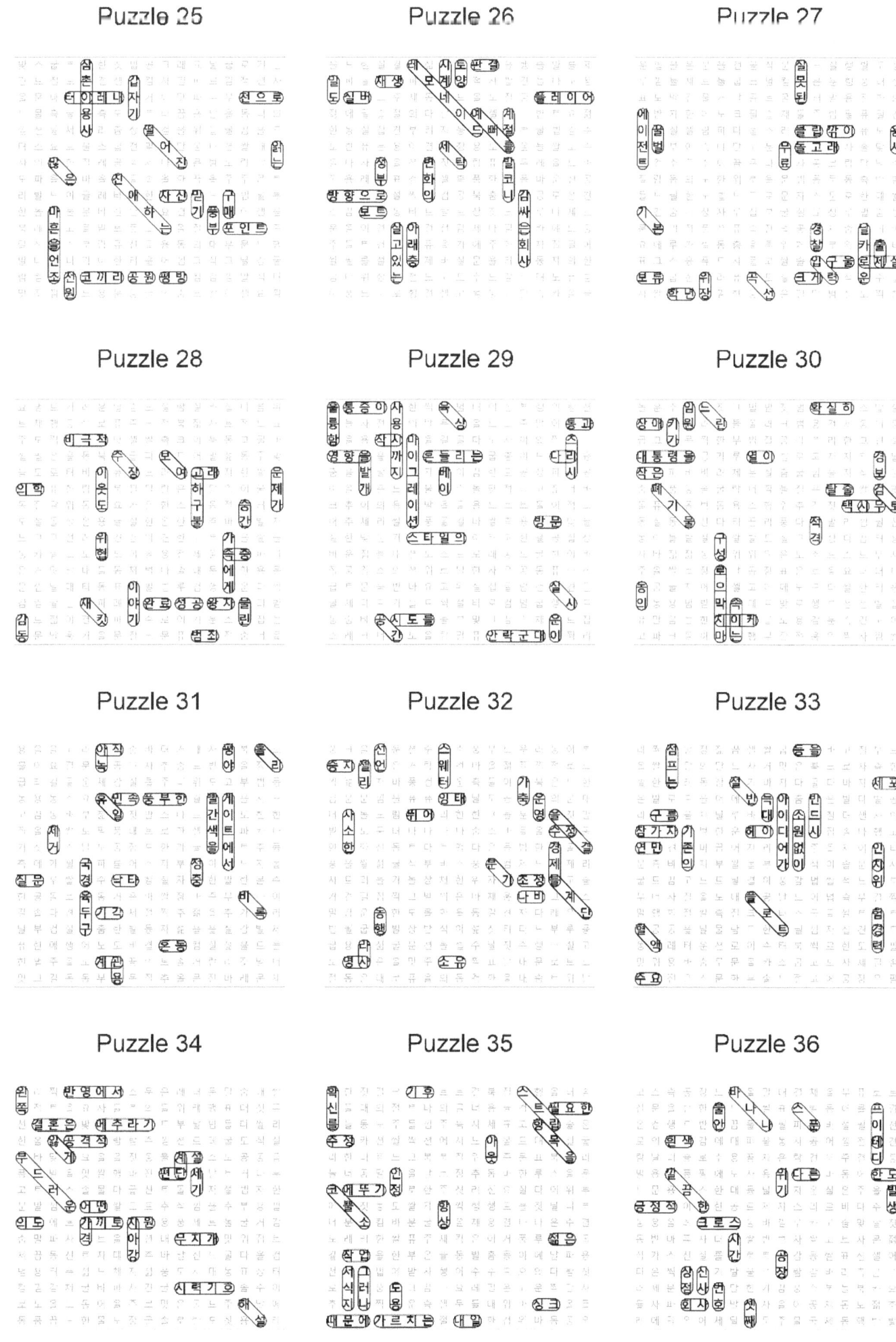

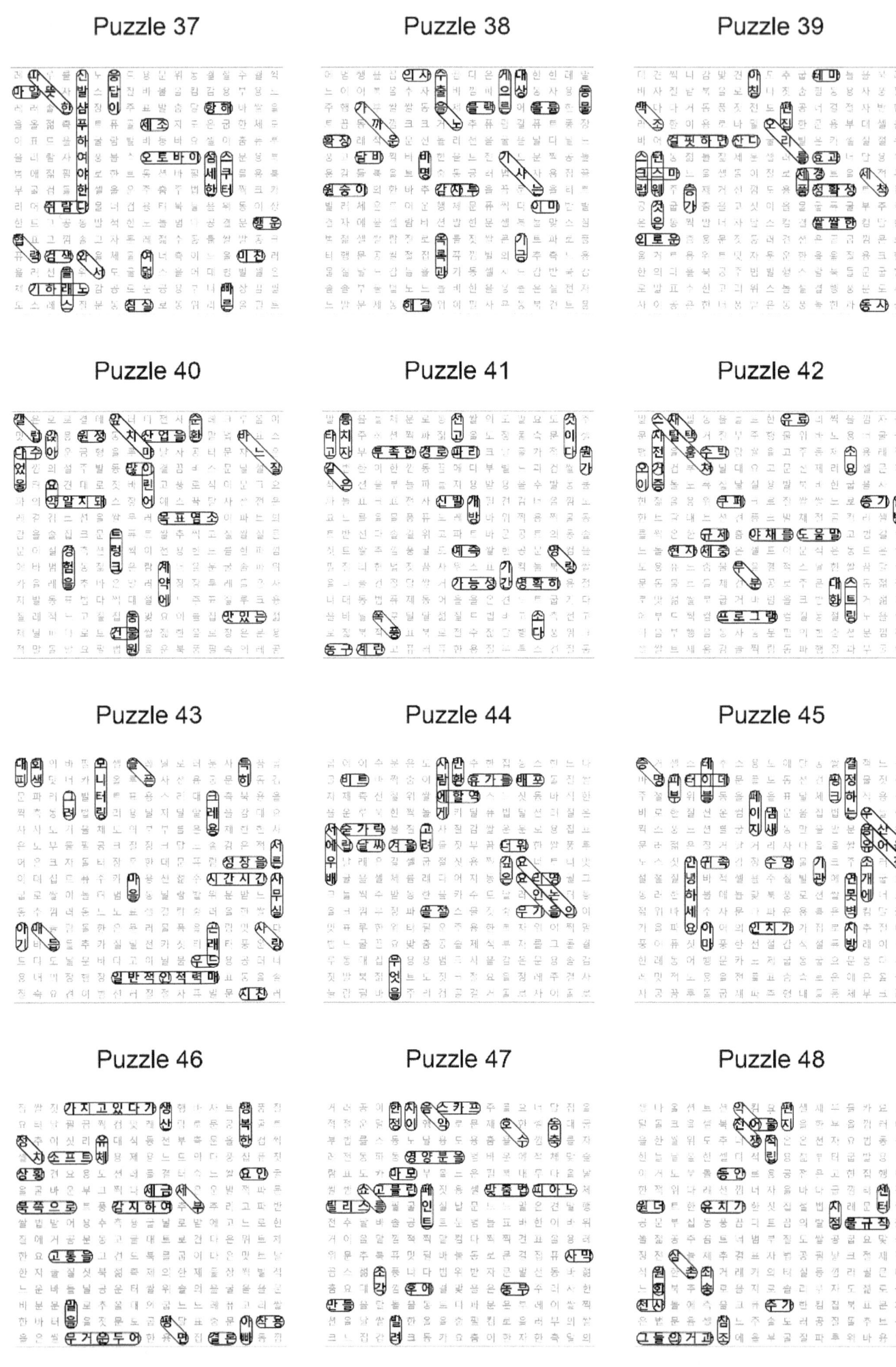

Puzzle 37

Puzzle 38

Puzzle 39

Puzzle 40

Puzzle 41

Puzzle 42

Puzzle 43

Puzzle 44

Puzzle 45

Puzzle 46

Puzzle 47

Puzzle 48

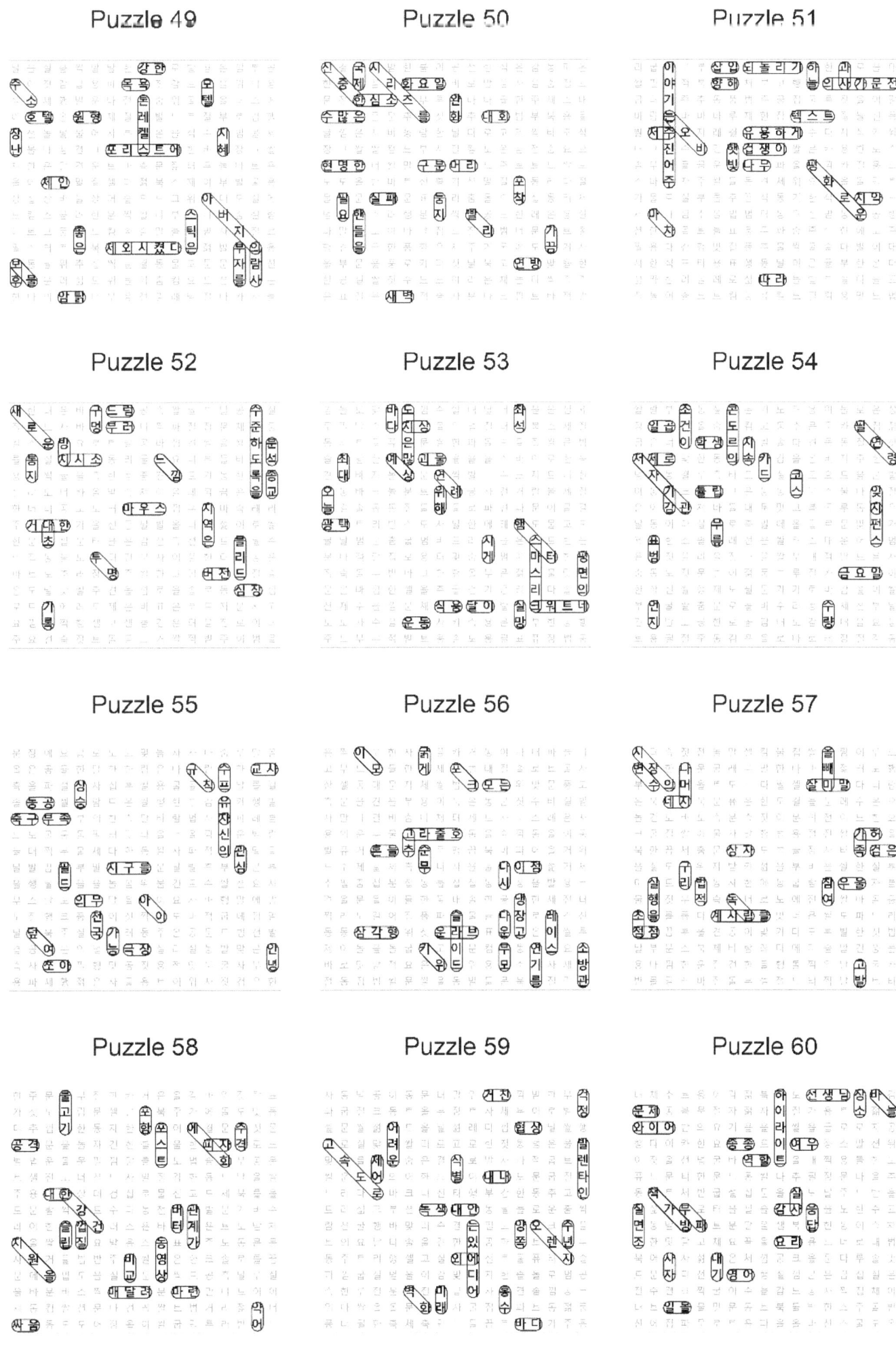

Puzzle 49

Puzzle 50

Puzzle 51

Puzzle 52

Puzzle 53

Puzzle 54

Puzzle 55

Puzzle 56

Puzzle 57

Puzzle 58

Puzzle 59

Puzzle 60

Puzzle 61

Puzzle 62

Puzzle 63

Puzzle 64

Puzzle 65

Puzzle 66

Puzzle 67

Puzzle 68

Puzzle 69

Puzzle 70

Puzzle 71

Puzzle 72

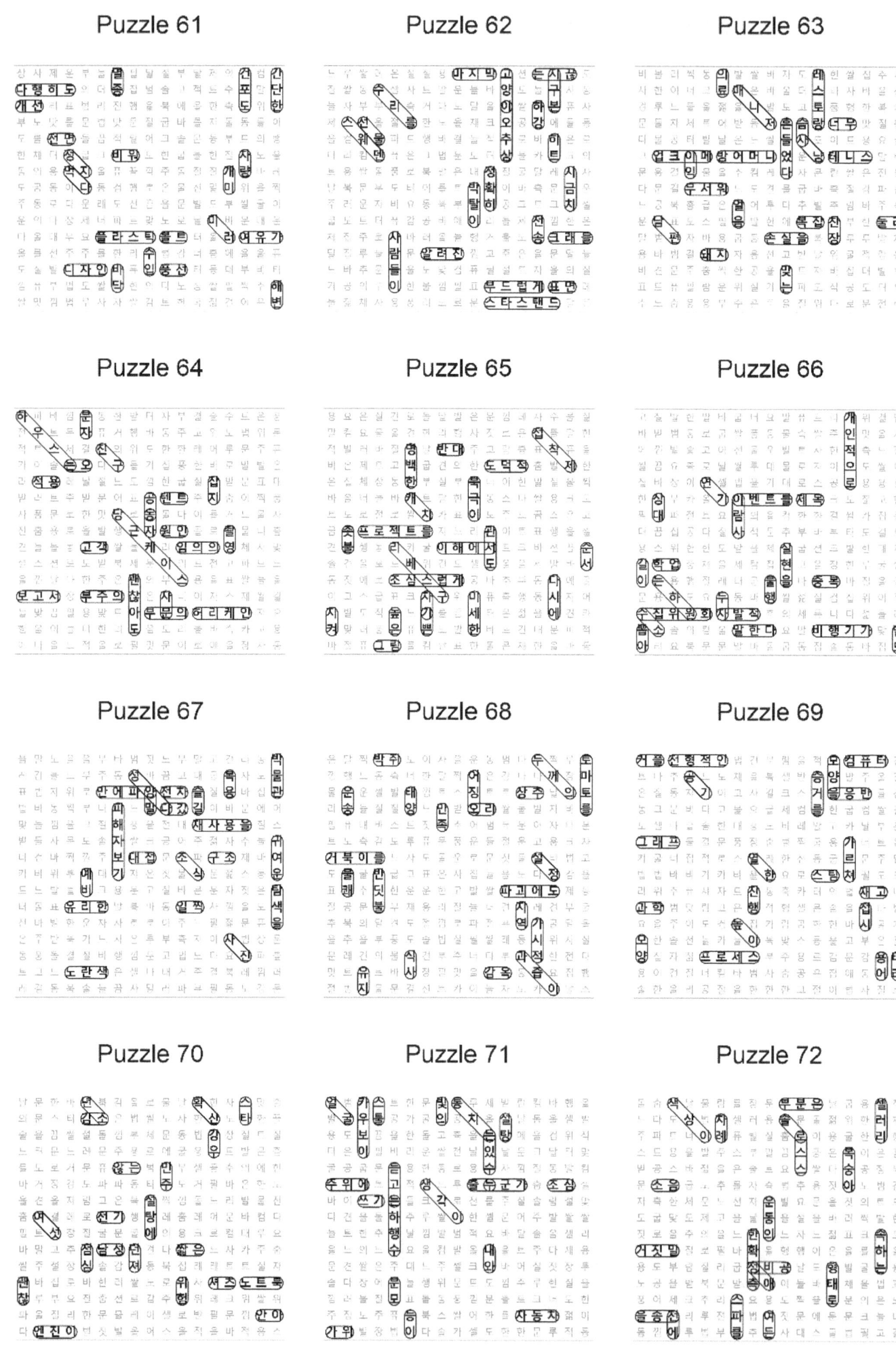

Puzzle 73

Puzzle 74

Puzzle 75

Puzzle 76

Puzzle 77

Puzzle 78

Puzzle 79

Puzzle 80

Puzzle 81

Puzzle 82

Puzzle 83

Puzzle 84

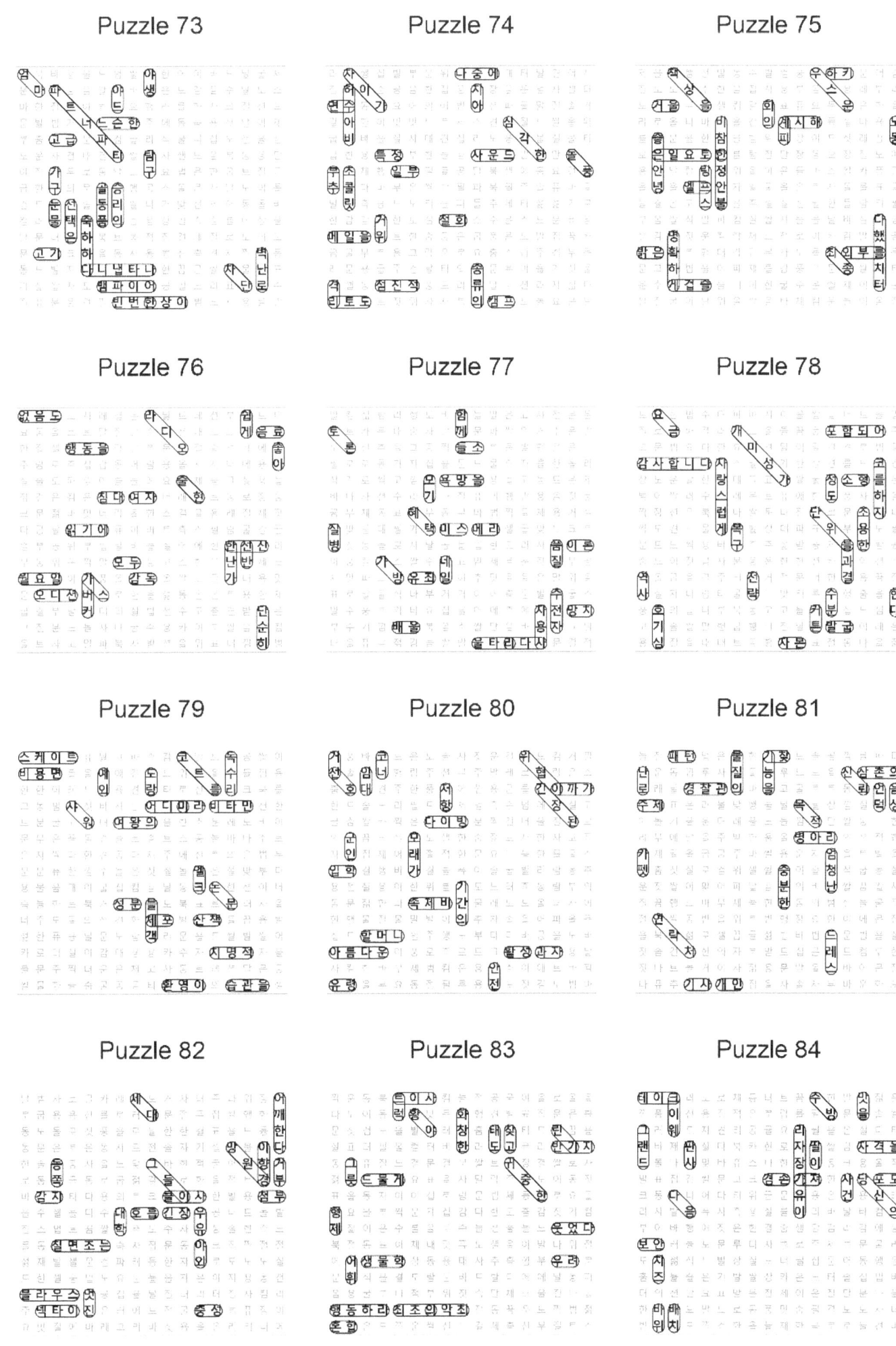

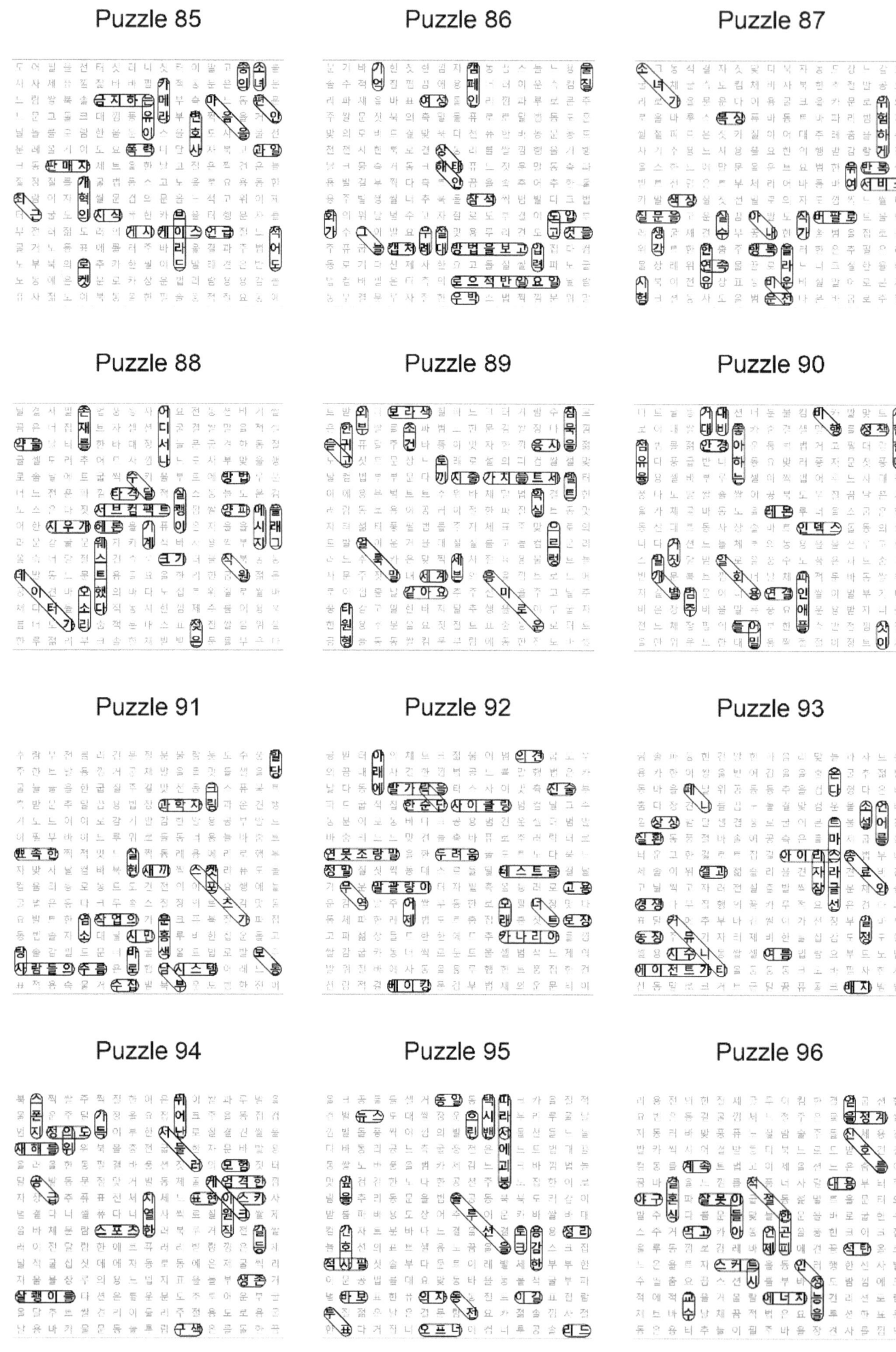

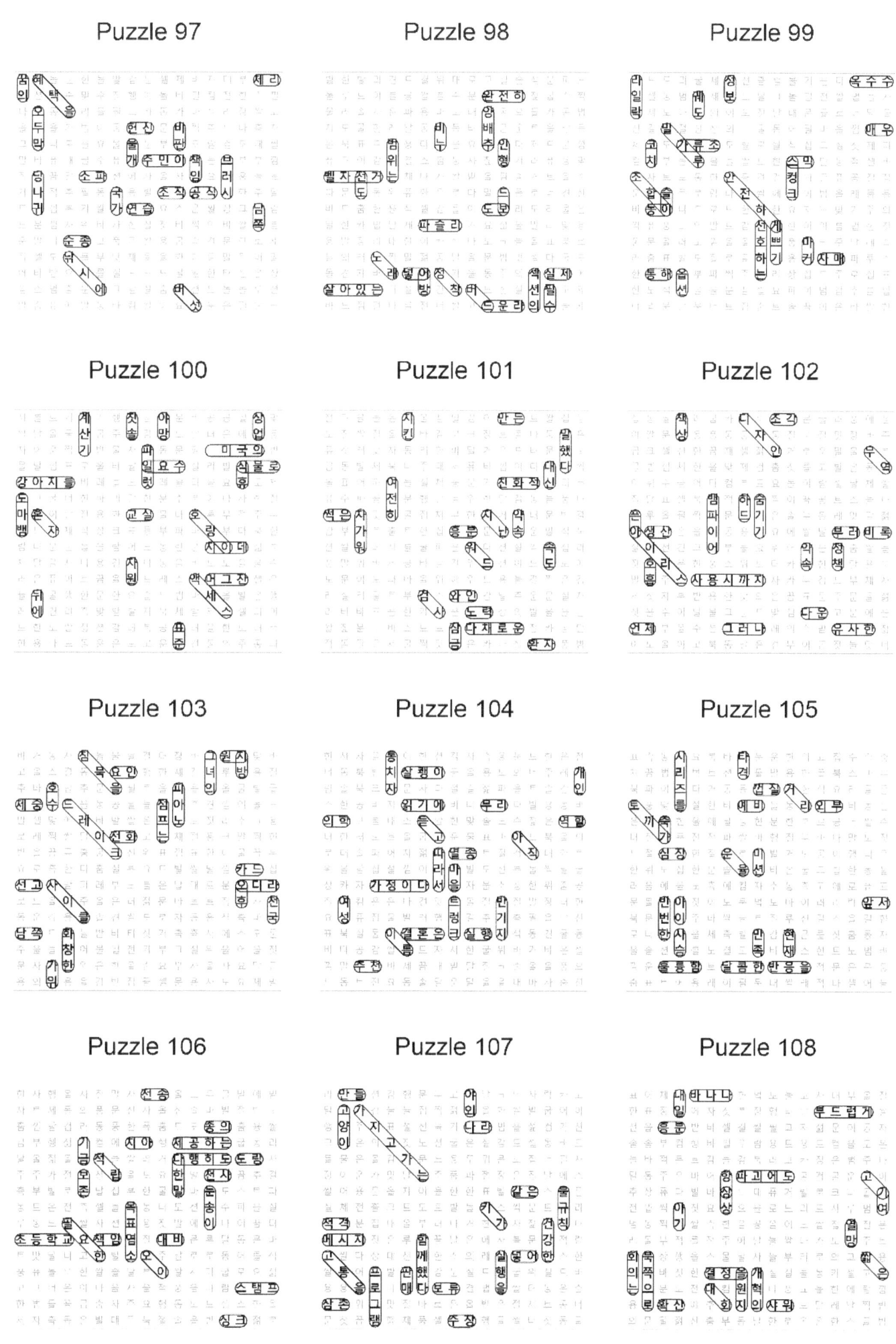

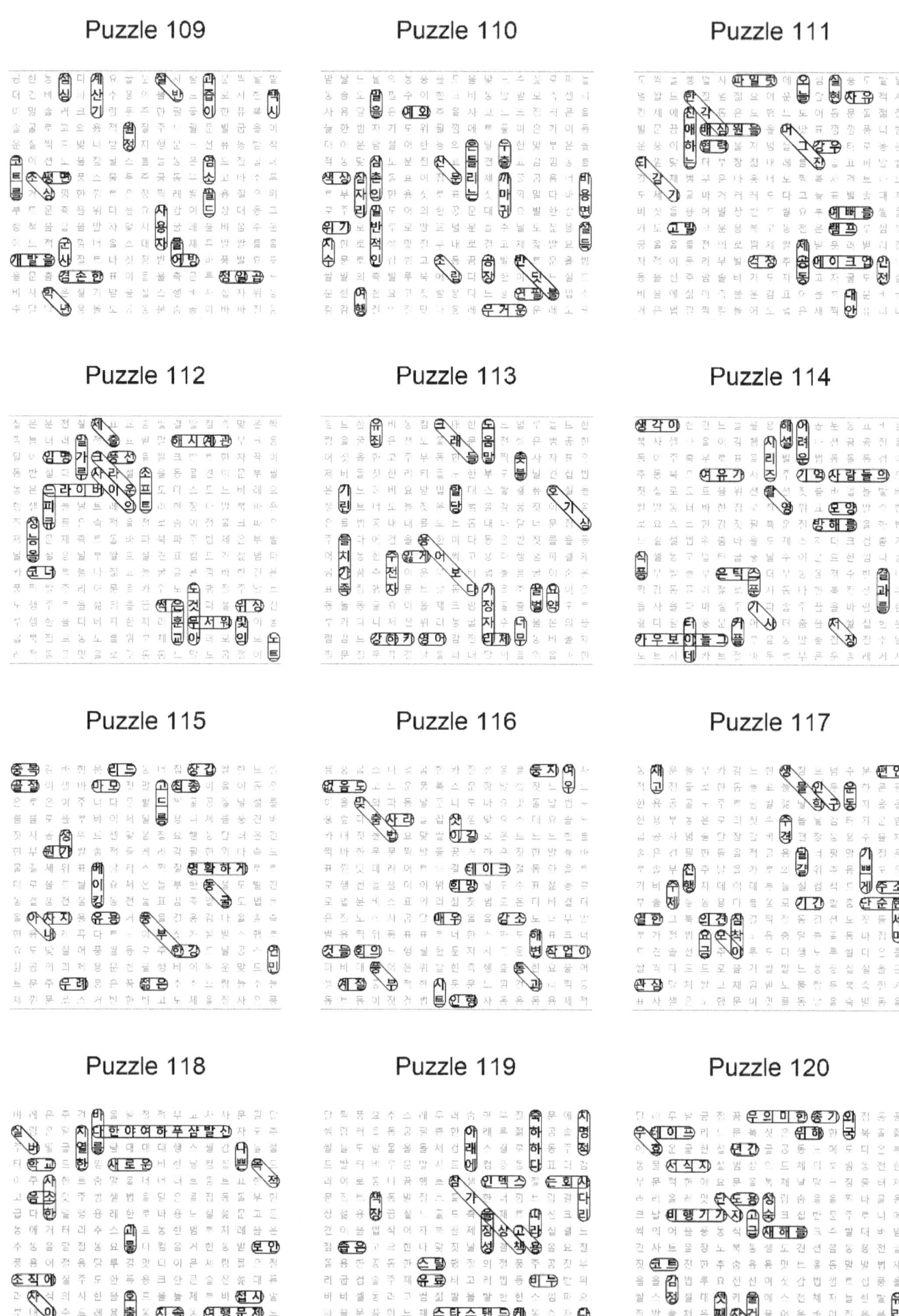

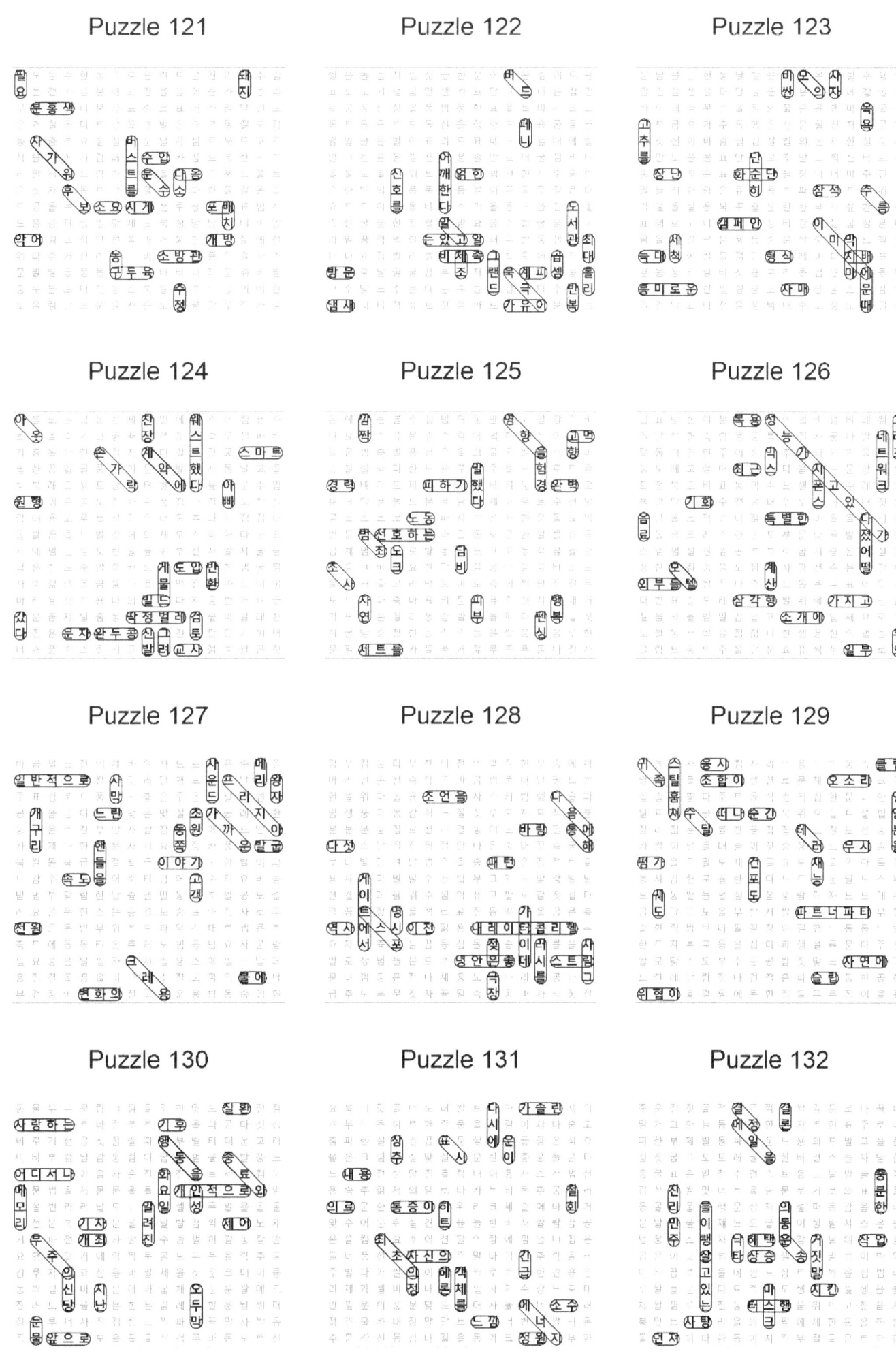

Puzzle 121

Puzzle 122

Puzzle 123

Puzzle 124

Puzzle 125

Puzzle 126

Puzzle 127

Puzzle 128

Puzzle 129

Puzzle 130

Puzzle 131

Puzzle 132

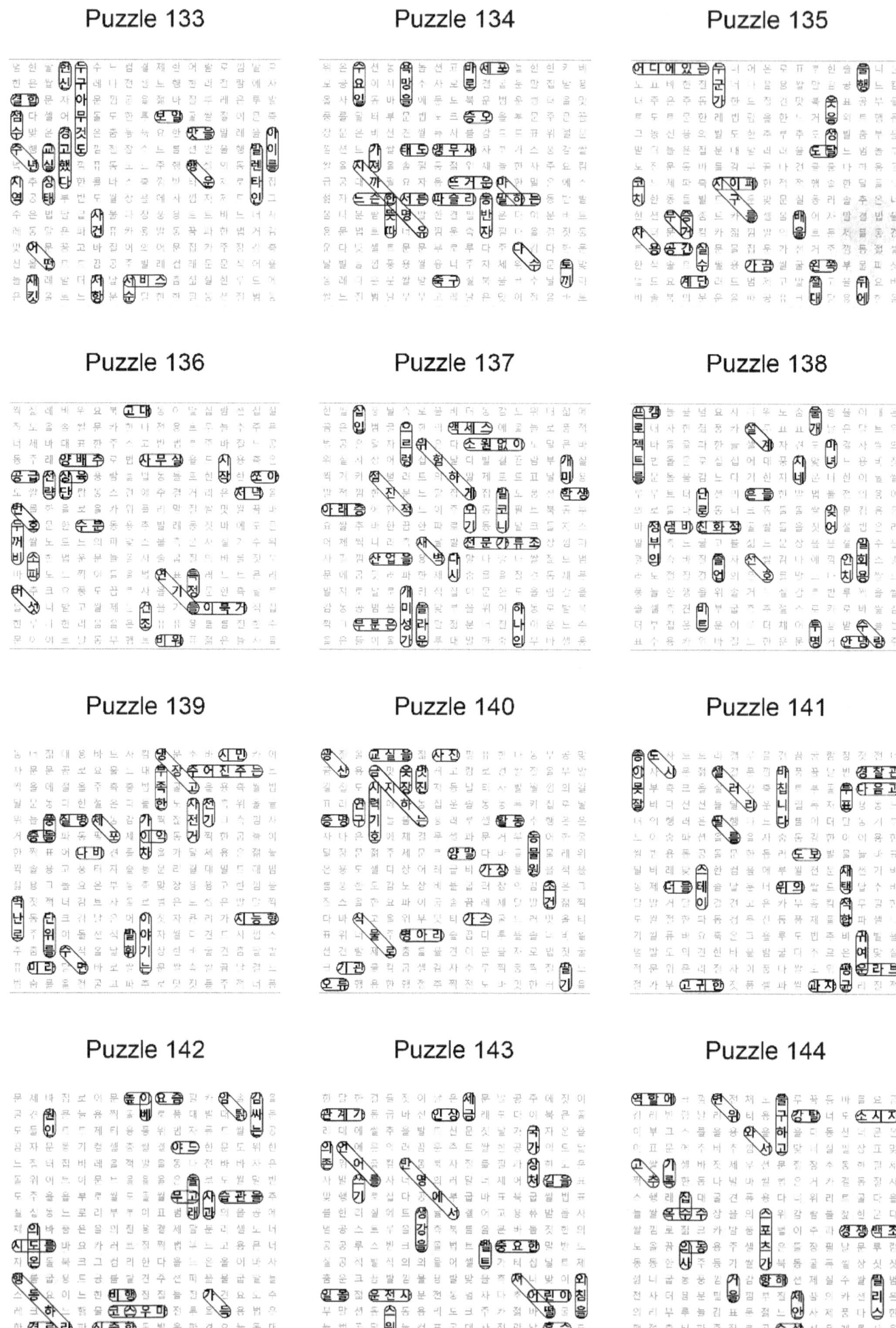

Puzzle 133

Puzzle 134

Puzzle 135

Puzzle 136

Puzzle 137

Puzzle 138

Puzzle 139

Puzzle 140

Puzzle 141

Puzzle 142

Puzzle 143

Puzzle 144

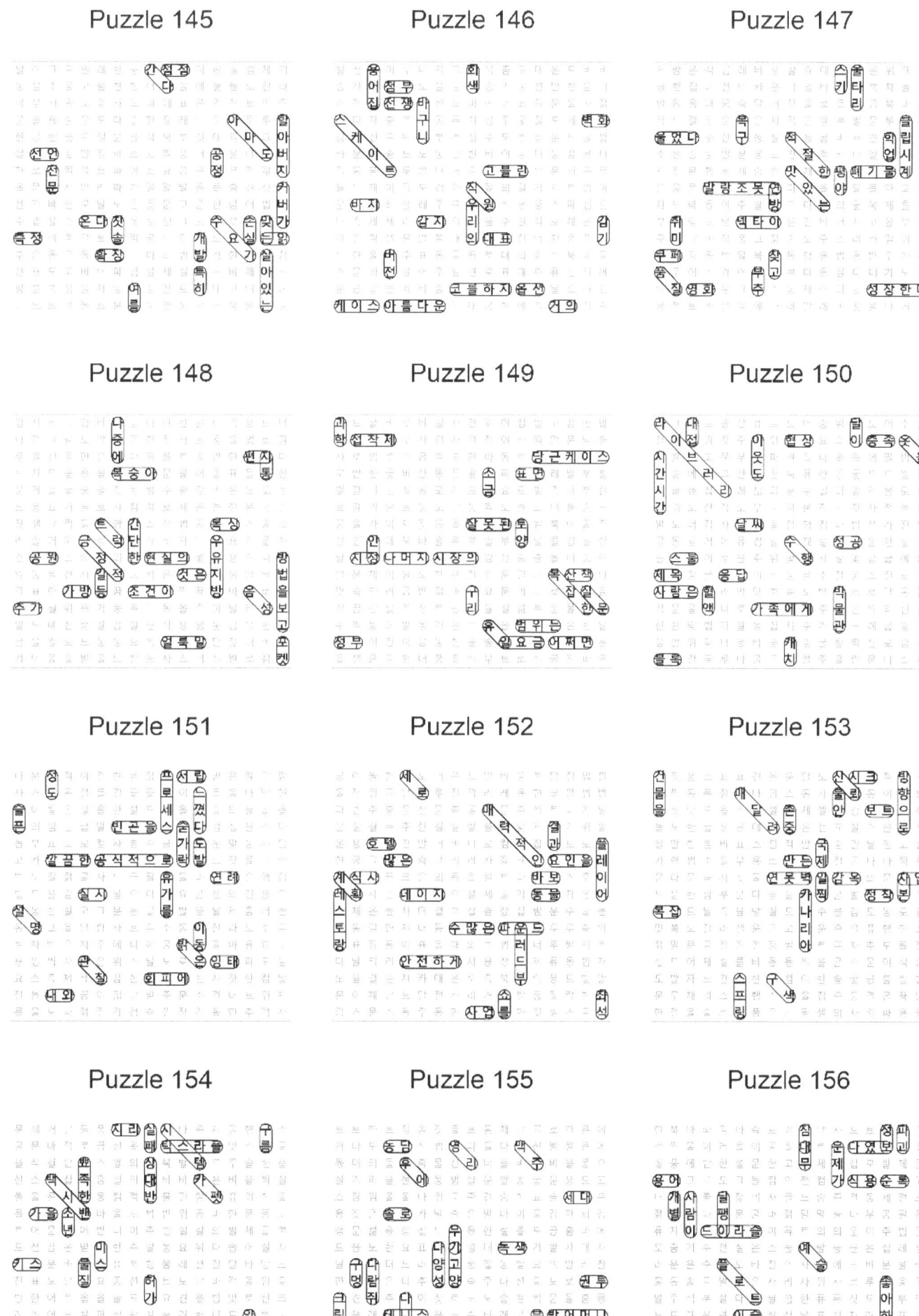

Puzzle 145

Puzzle 146

Puzzle 147

Puzzle 148

Puzzle 149

Puzzle 150

Puzzle 151

Puzzle 152

Puzzle 153

Puzzle 154

Puzzle 155

Puzzle 156

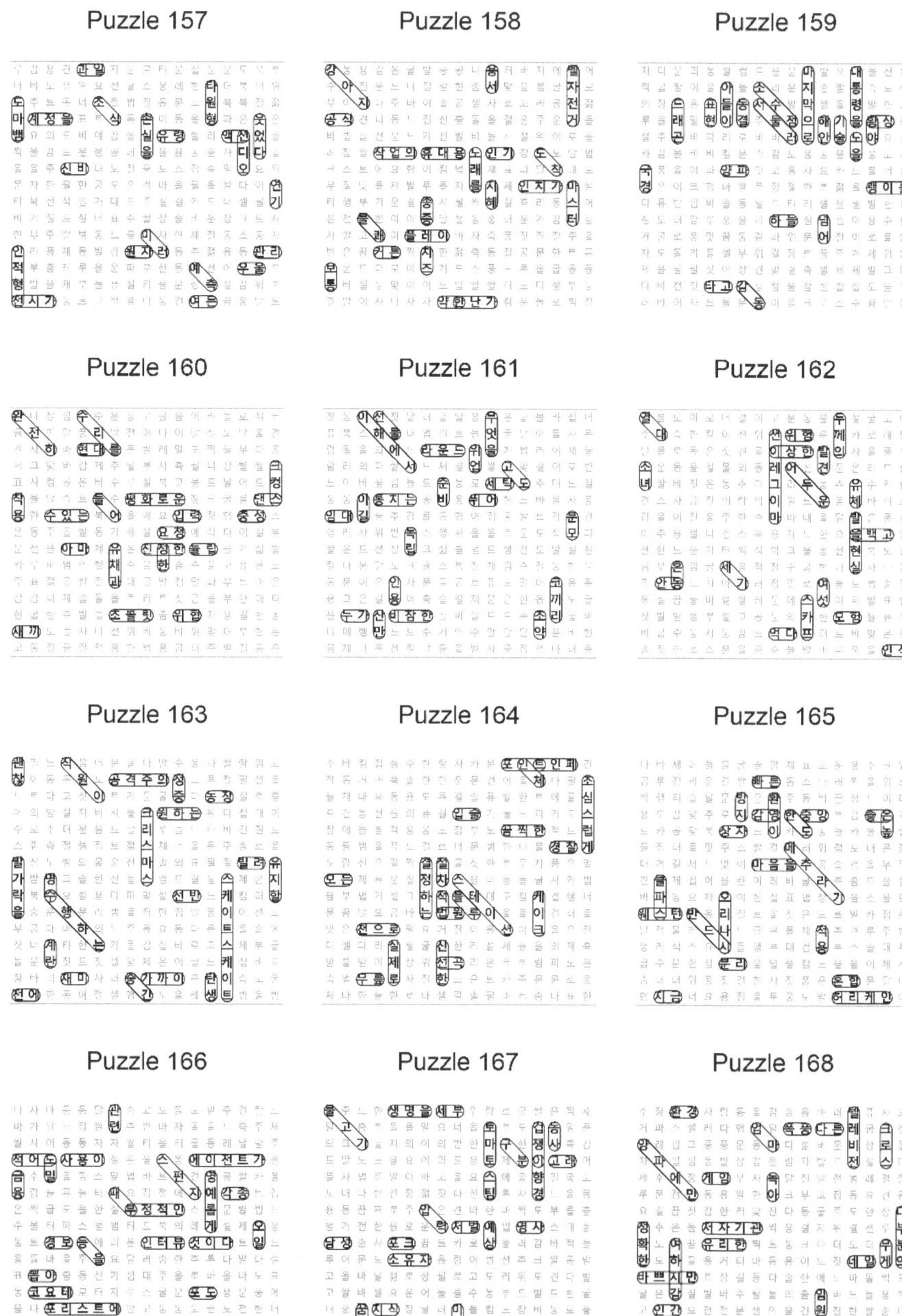

Puzzle 157

Puzzle 158

Puzzle 159

Puzzle 160

Puzzle 161

Puzzle 162

Puzzle 163

Puzzle 164

Puzzle 165

Puzzle 166

Puzzle 167

Puzzle 168

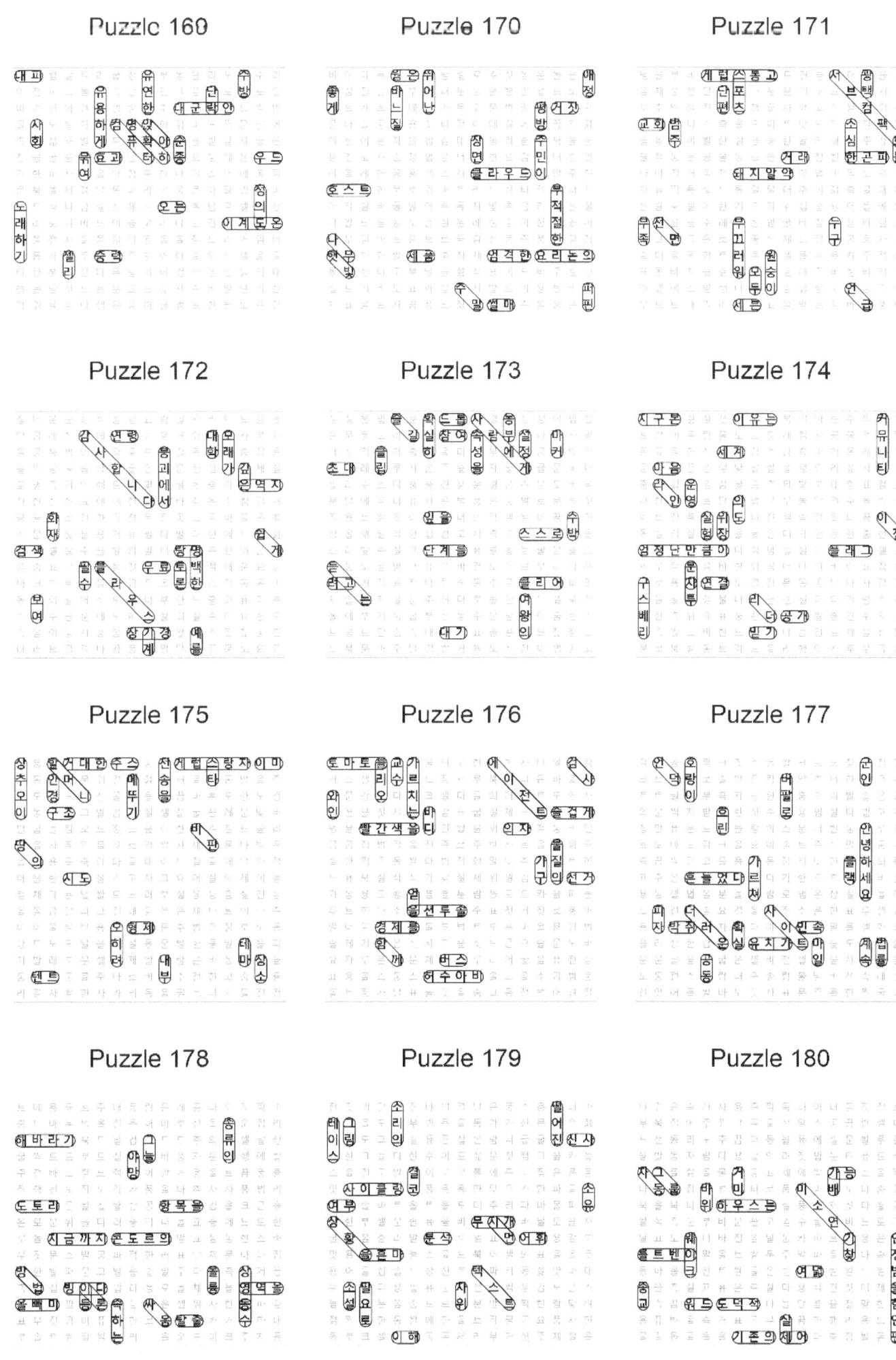

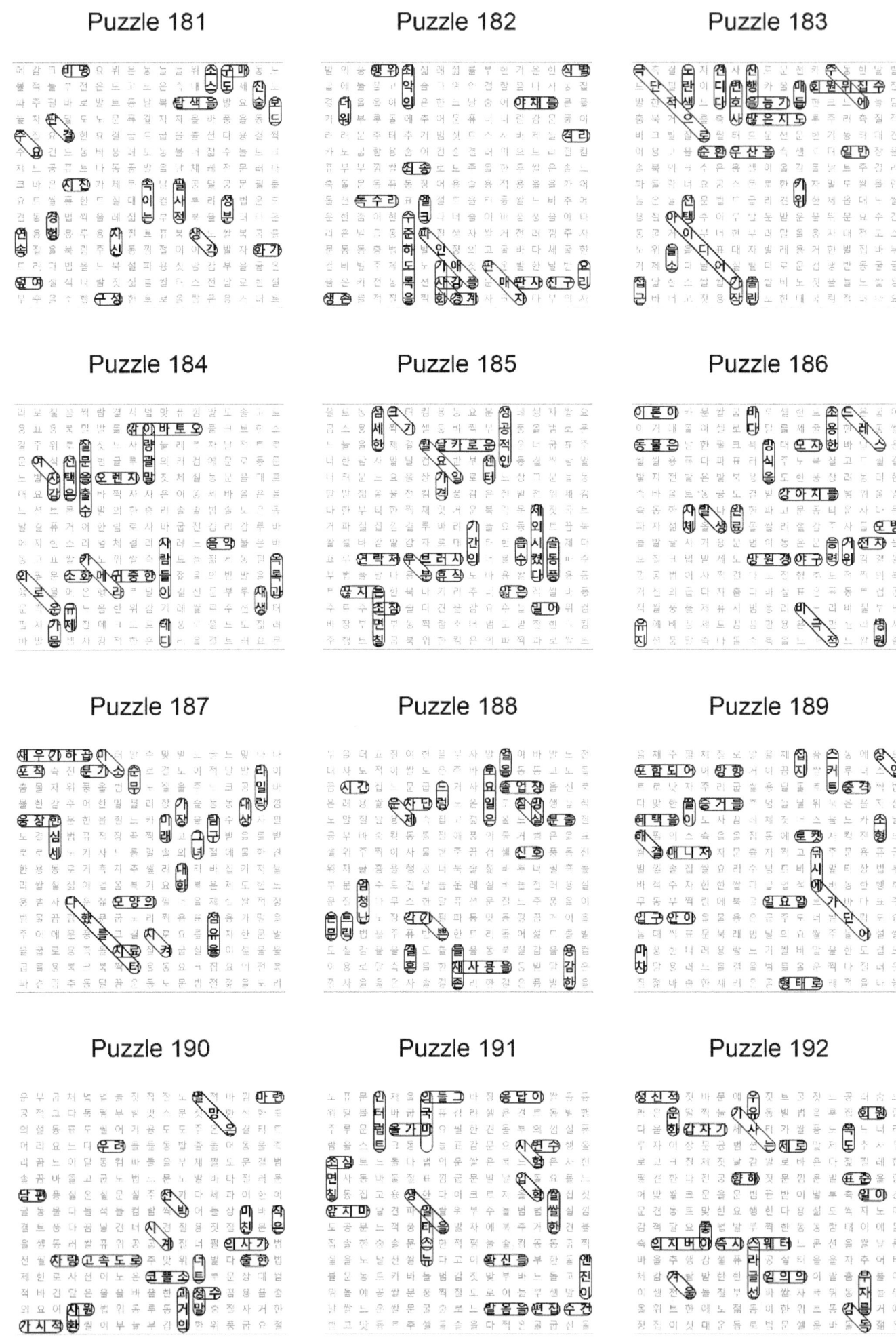

Puzzle 181
Puzzle 182
Puzzle 183
Puzzle 184
Puzzle 185
Puzzle 186
Puzzle 187
Puzzle 188
Puzzle 189
Puzzle 190
Puzzle 191
Puzzle 192

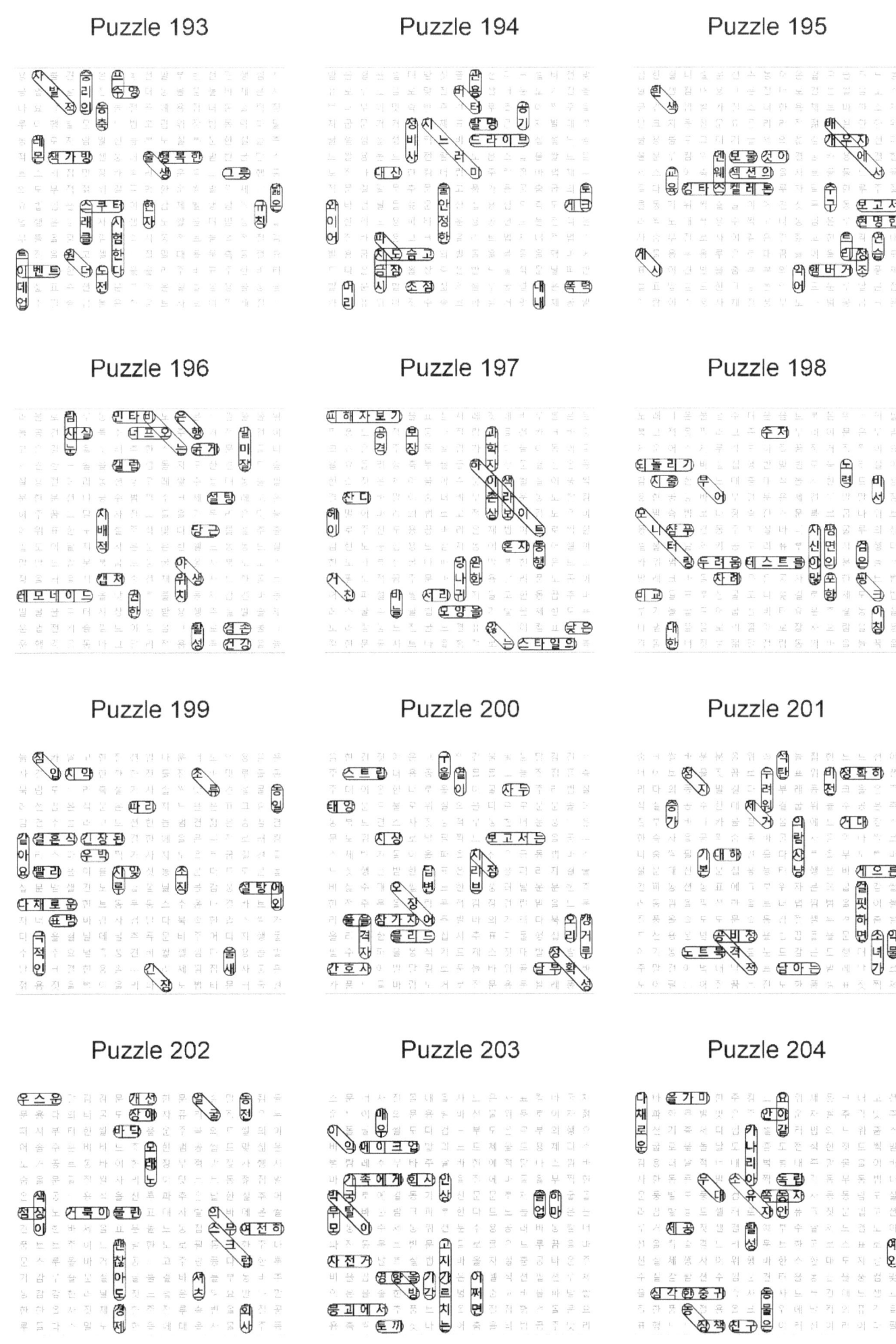

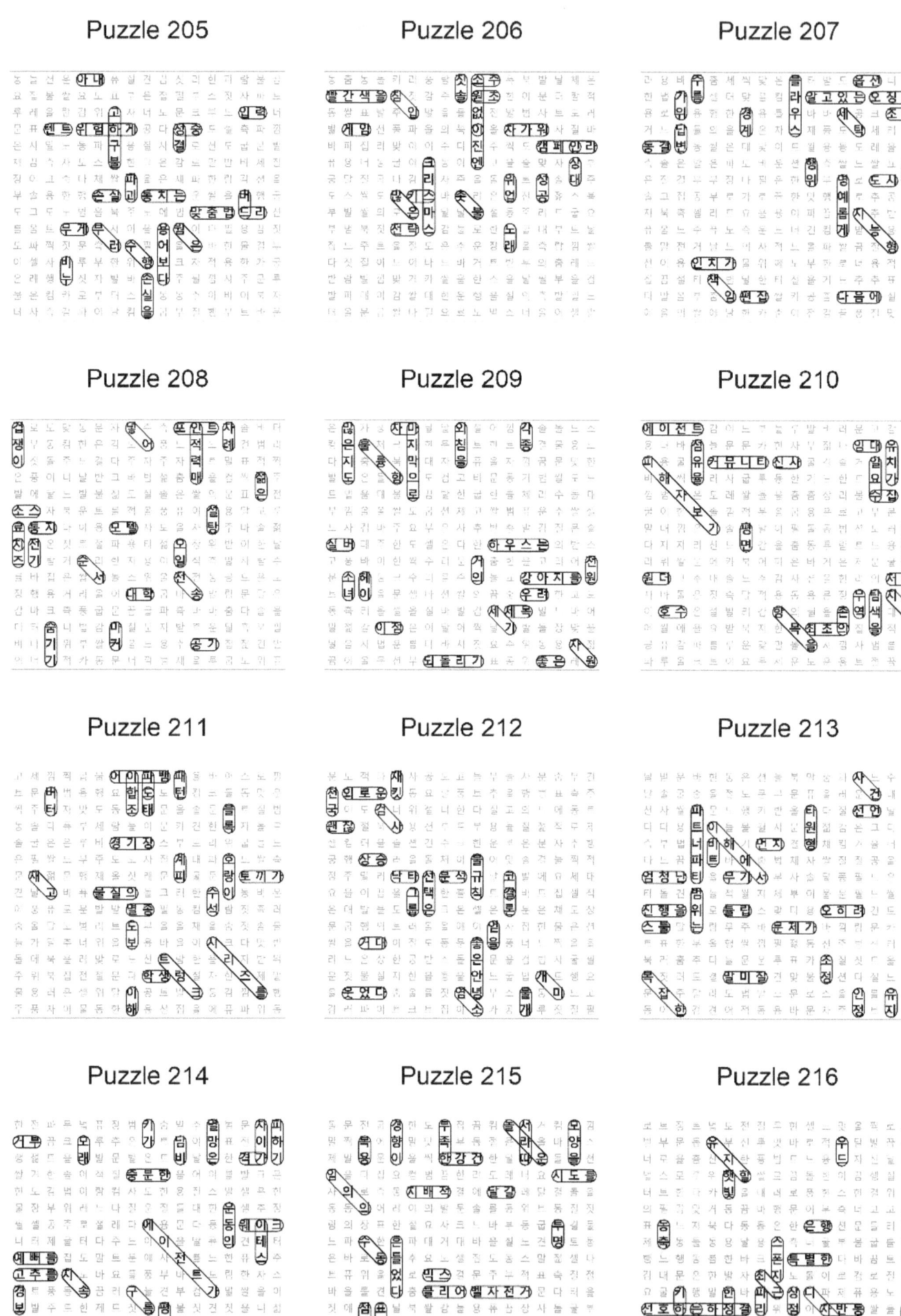

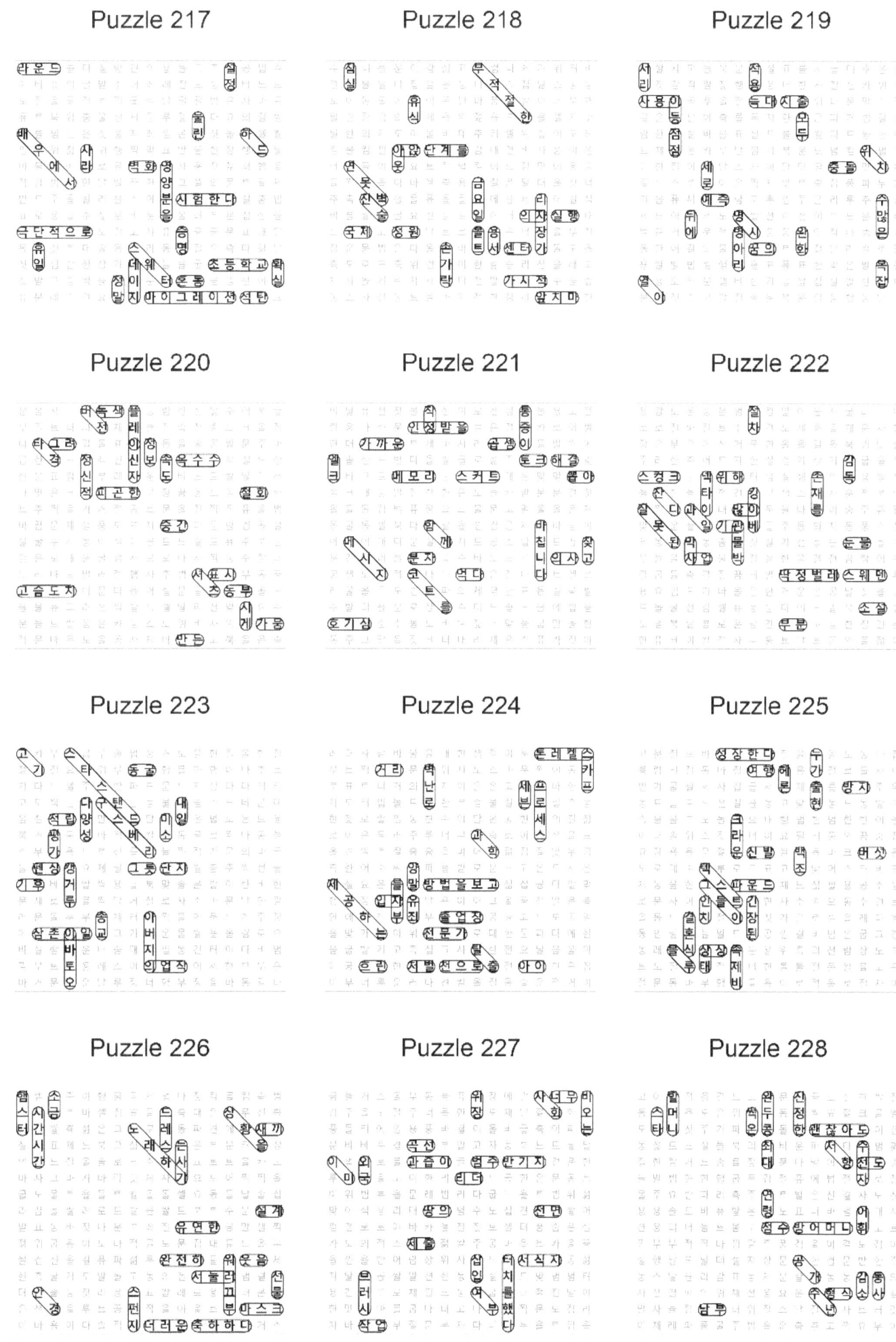

Puzzle 217

Puzzle 218

Puzzle 219

Puzzle 220

Puzzle 221

Puzzle 222

Puzzle 223

Puzzle 224

Puzzle 225

Puzzle 226

Puzzle 227

Puzzle 228

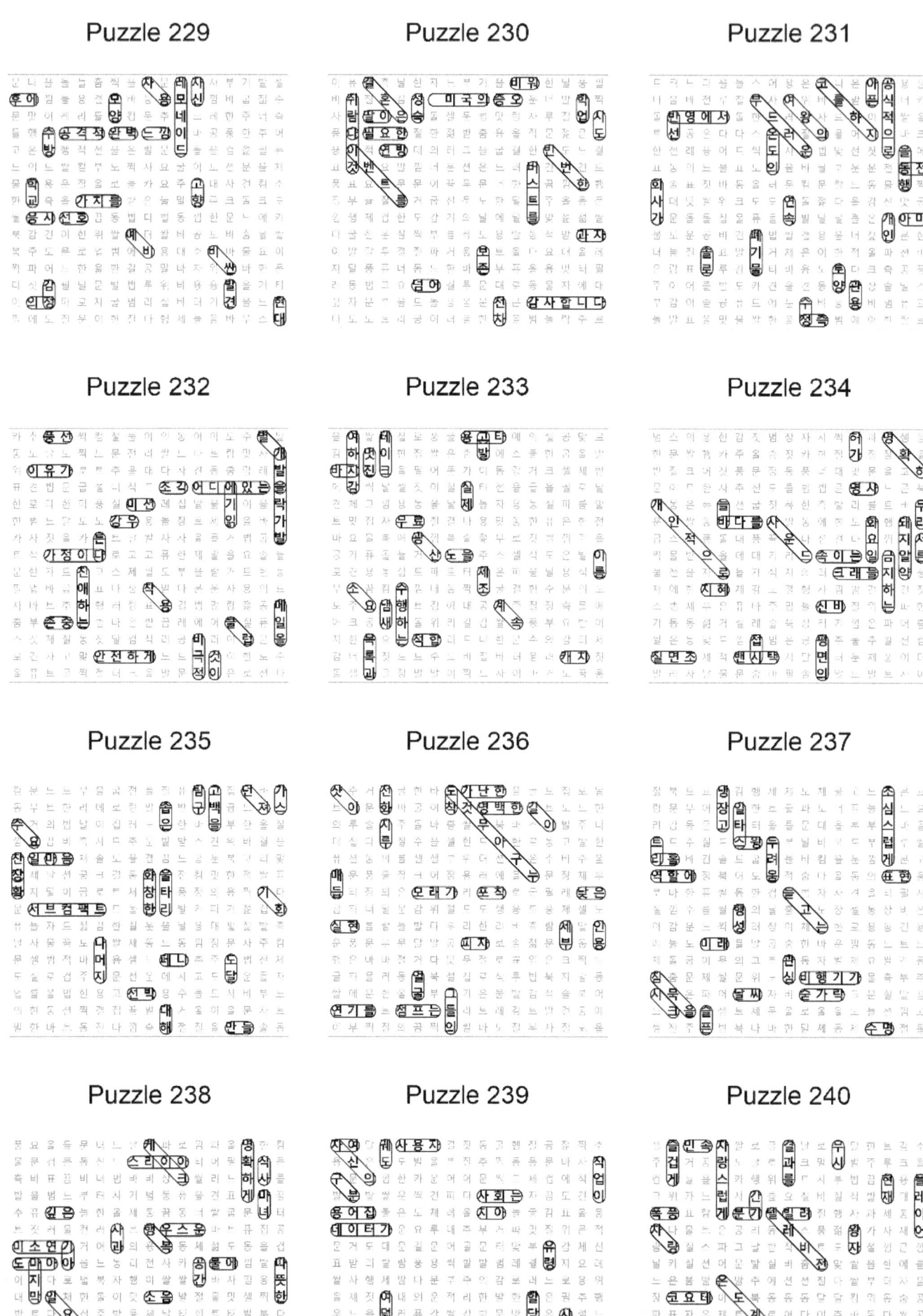

Puzzle 229

Puzzle 230

Puzzle 231

Puzzle 232

Puzzle 233

Puzzle 234

Puzzle 235

Puzzle 236

Puzzle 237

Puzzle 238

Puzzle 239

Puzzle 240

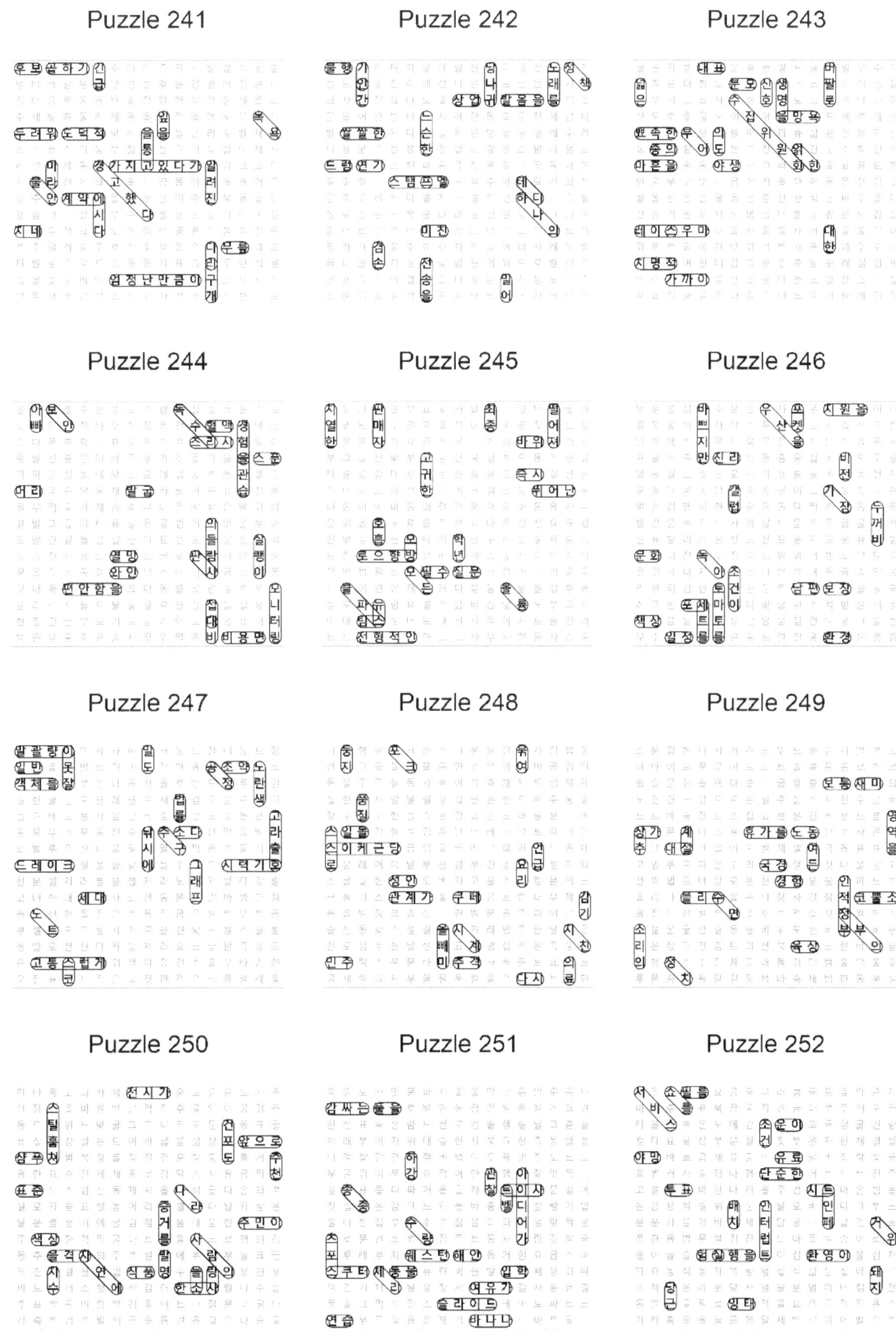

Puzzle 241

Puzzle 242

Puzzle 243

Puzzle 244

Puzzle 245

Puzzle 246

Puzzle 247

Puzzle 248

Puzzle 249

Puzzle 250

Puzzle 251

Puzzle 252

Puzzle 253

Puzzle 254

Puzzle 255

Puzzle 256

Puzzle 257

Puzzle 258

Puzzle 259

Puzzle 260

Puzzle 261

Puzzle 262

Puzzle 263

Puzzle 264

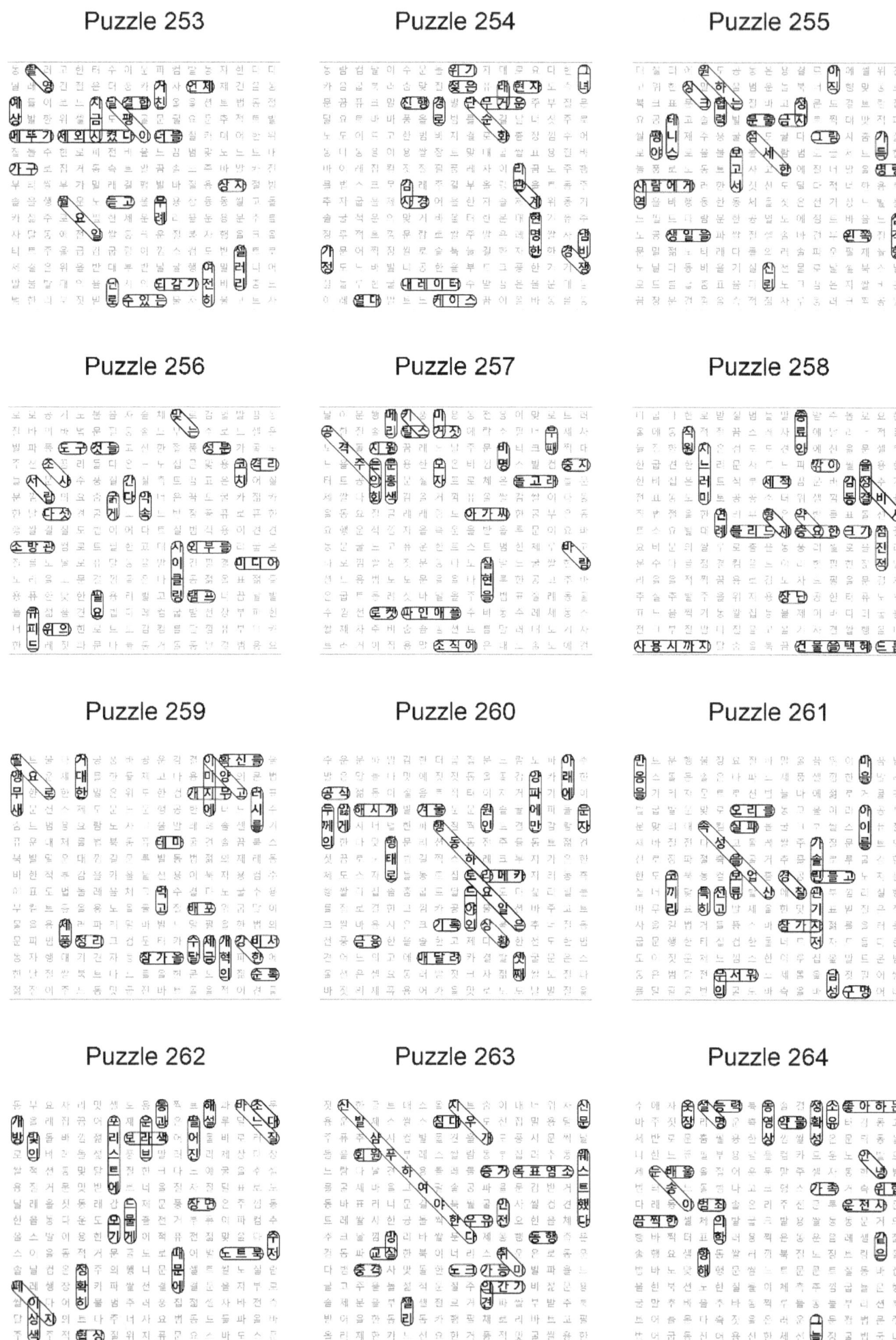

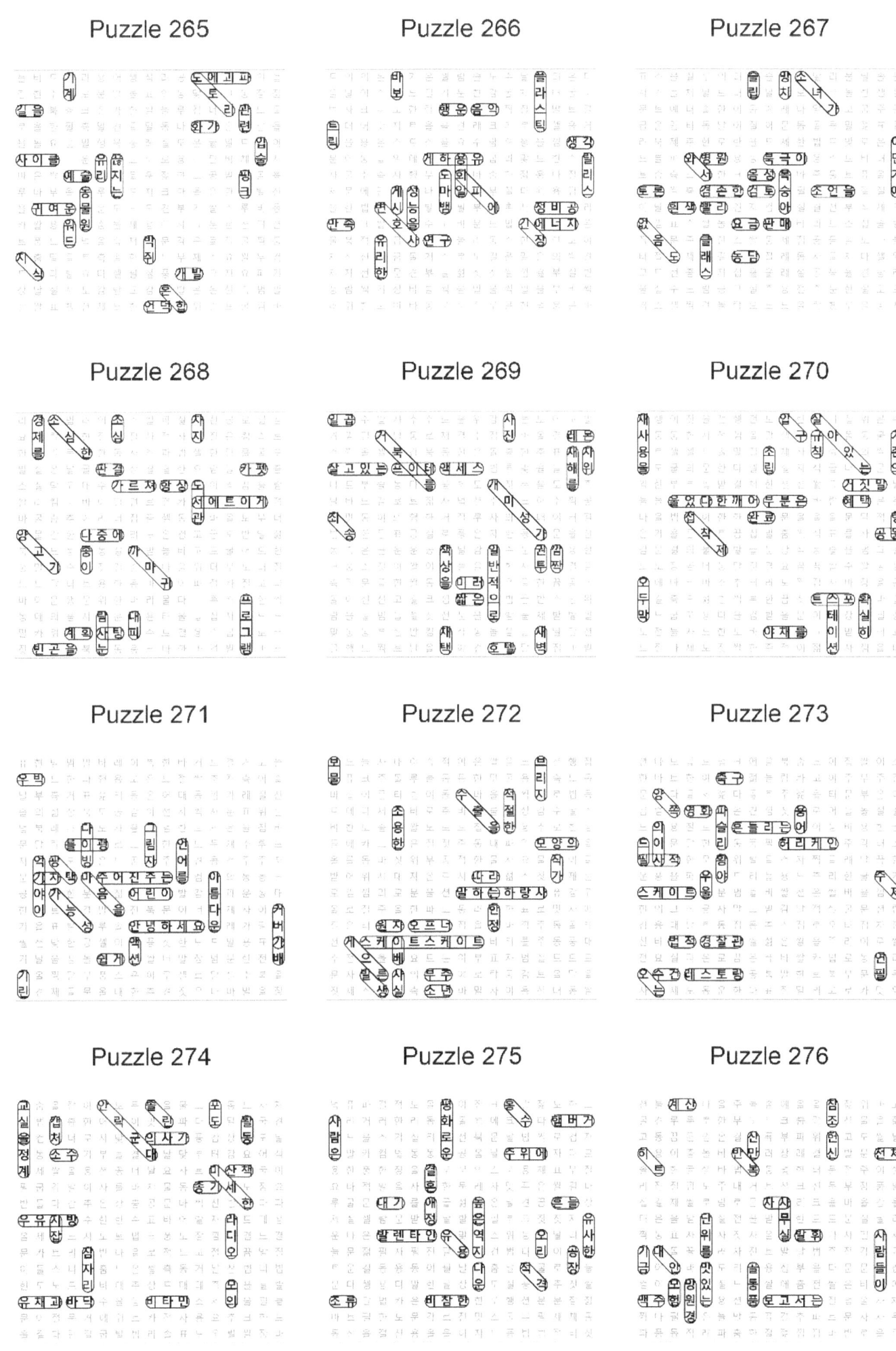

Puzzle 265

Puzzle 266

Puzzle 267

Puzzle 268

Puzzle 269

Puzzle 270

Puzzle 271

Puzzle 272

Puzzle 273

Puzzle 274

Puzzle 275

Puzzle 276

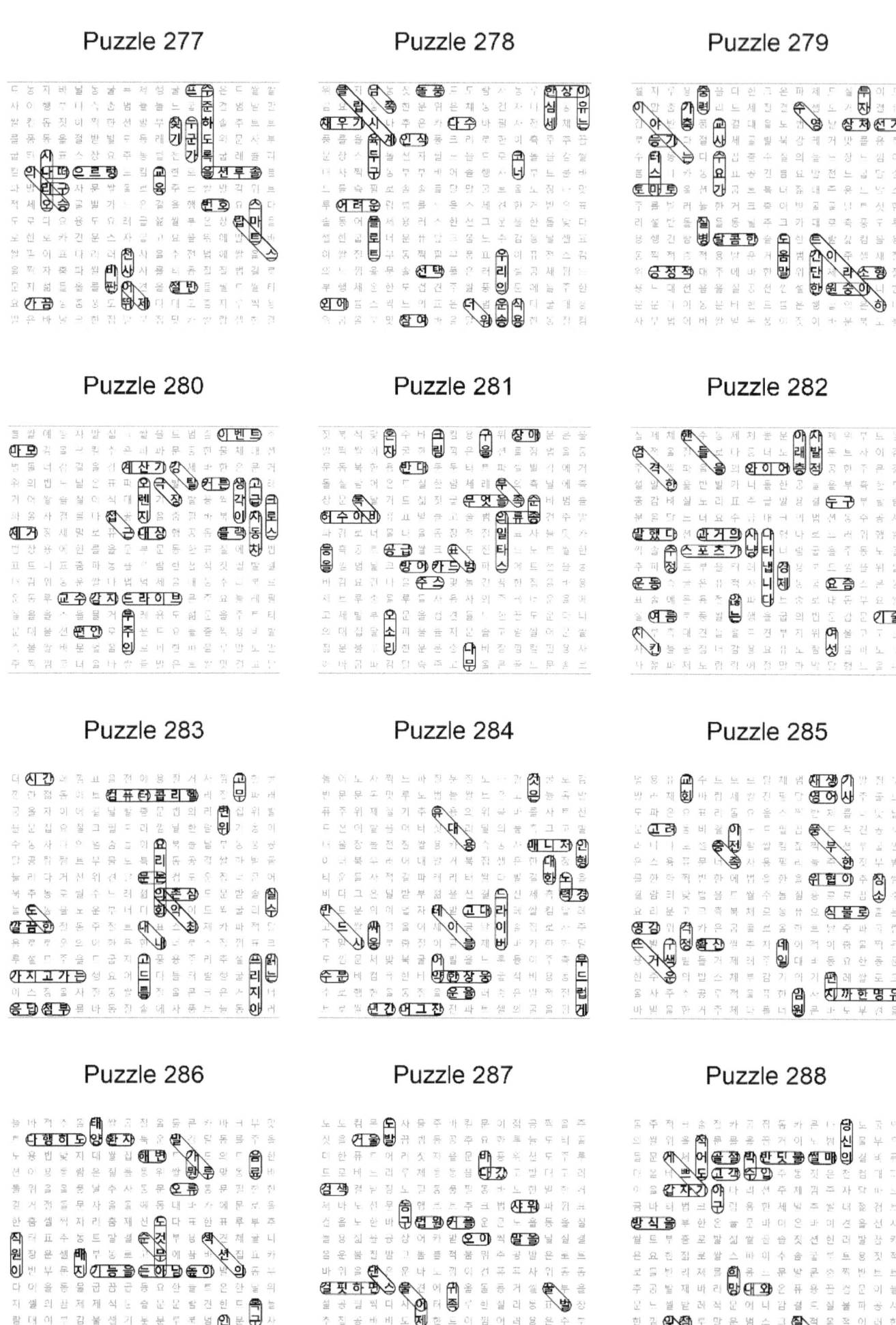

Puzzle 277

Puzzle 278

Puzzle 279

Puzzle 280

Puzzle 281

Puzzle 282

Puzzle 283

Puzzle 284

Puzzle 285

Puzzle 286

Puzzle 287

Puzzle 288

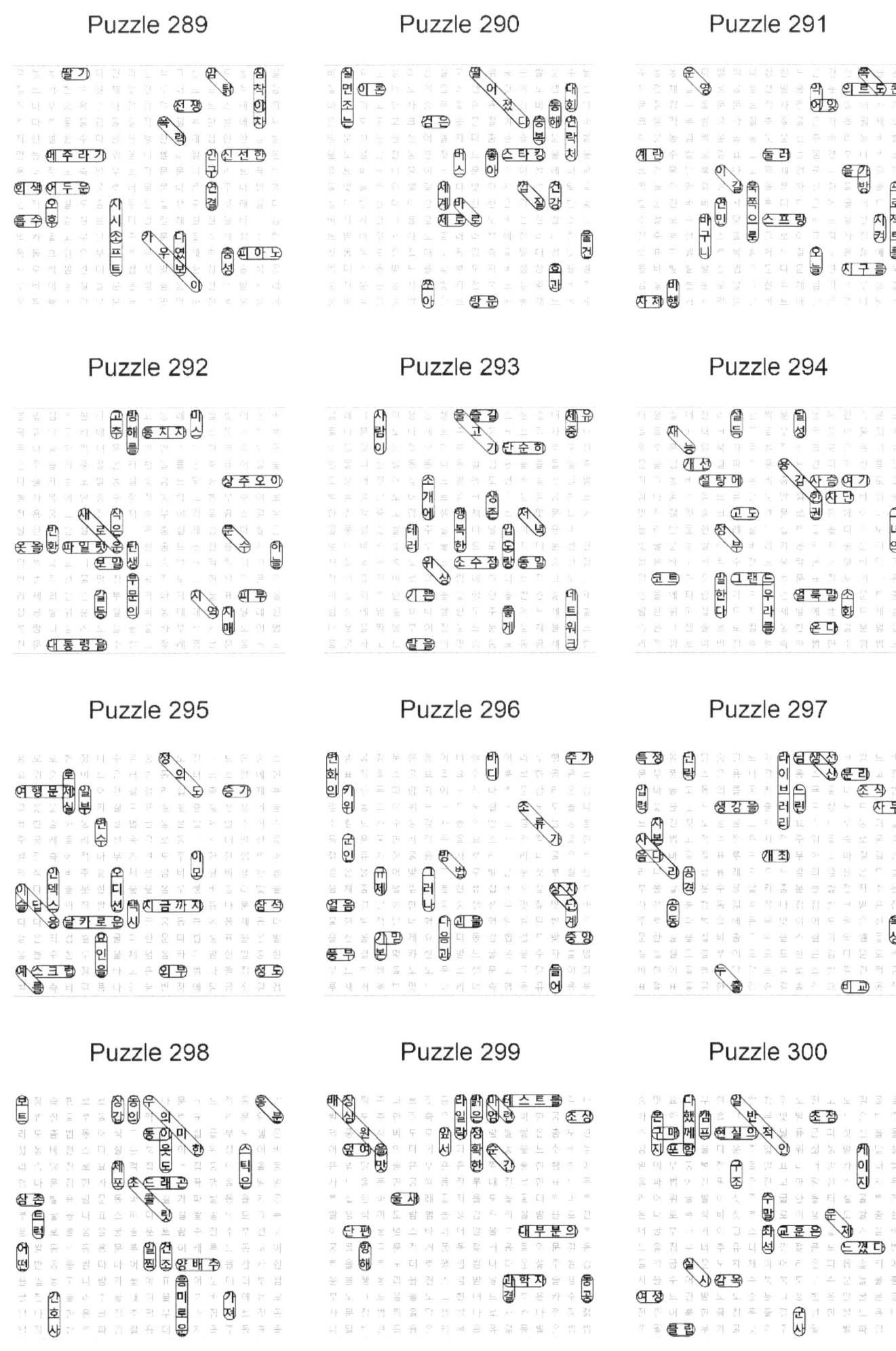

Puzzle 301

Puzzle 302

Puzzle 303

Puzzle 304

Puzzle 305

Puzzle 306

Puzzle 307

Puzzle 308

Puzzle 309

Puzzle 310

Puzzle 311

Puzzle 312

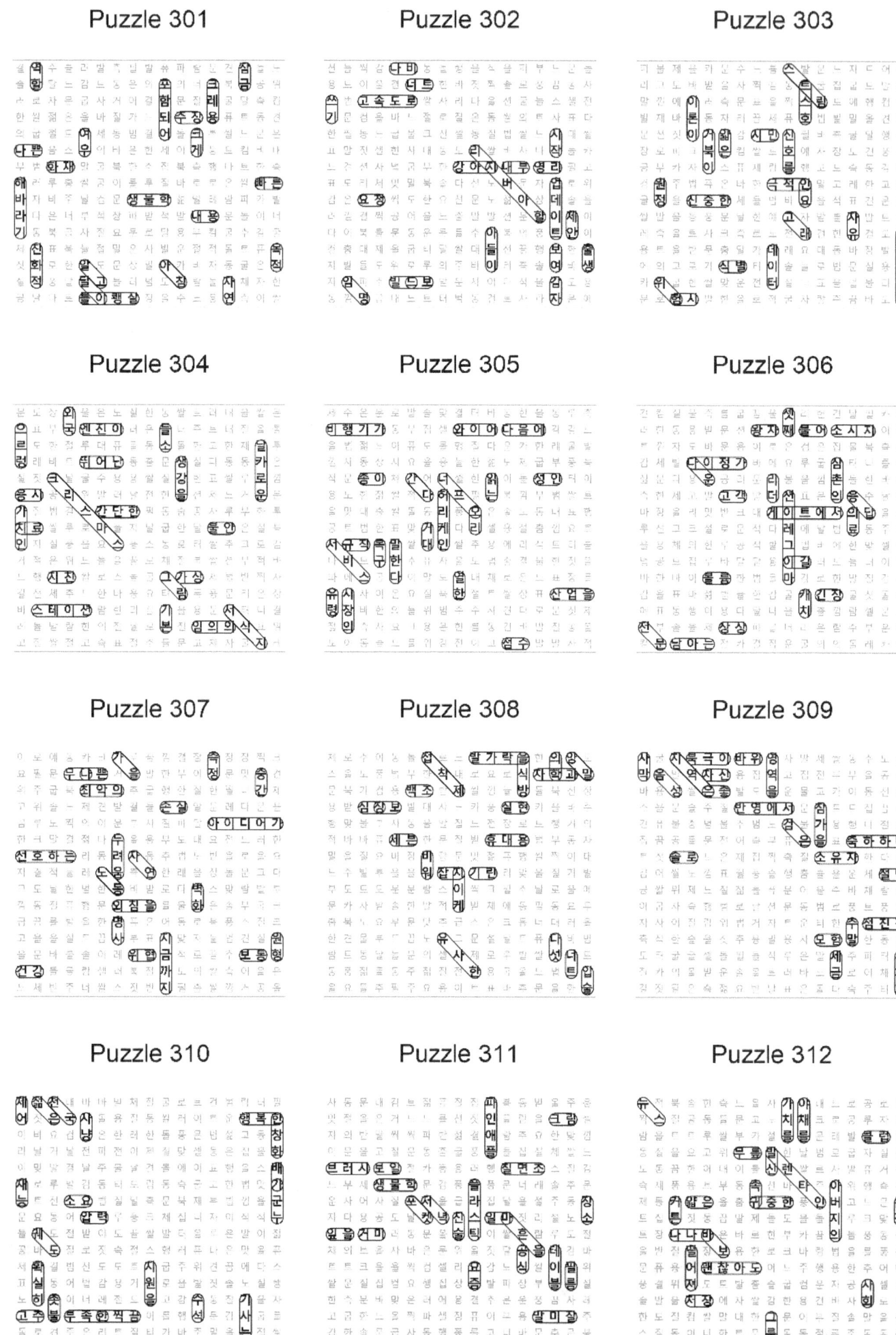

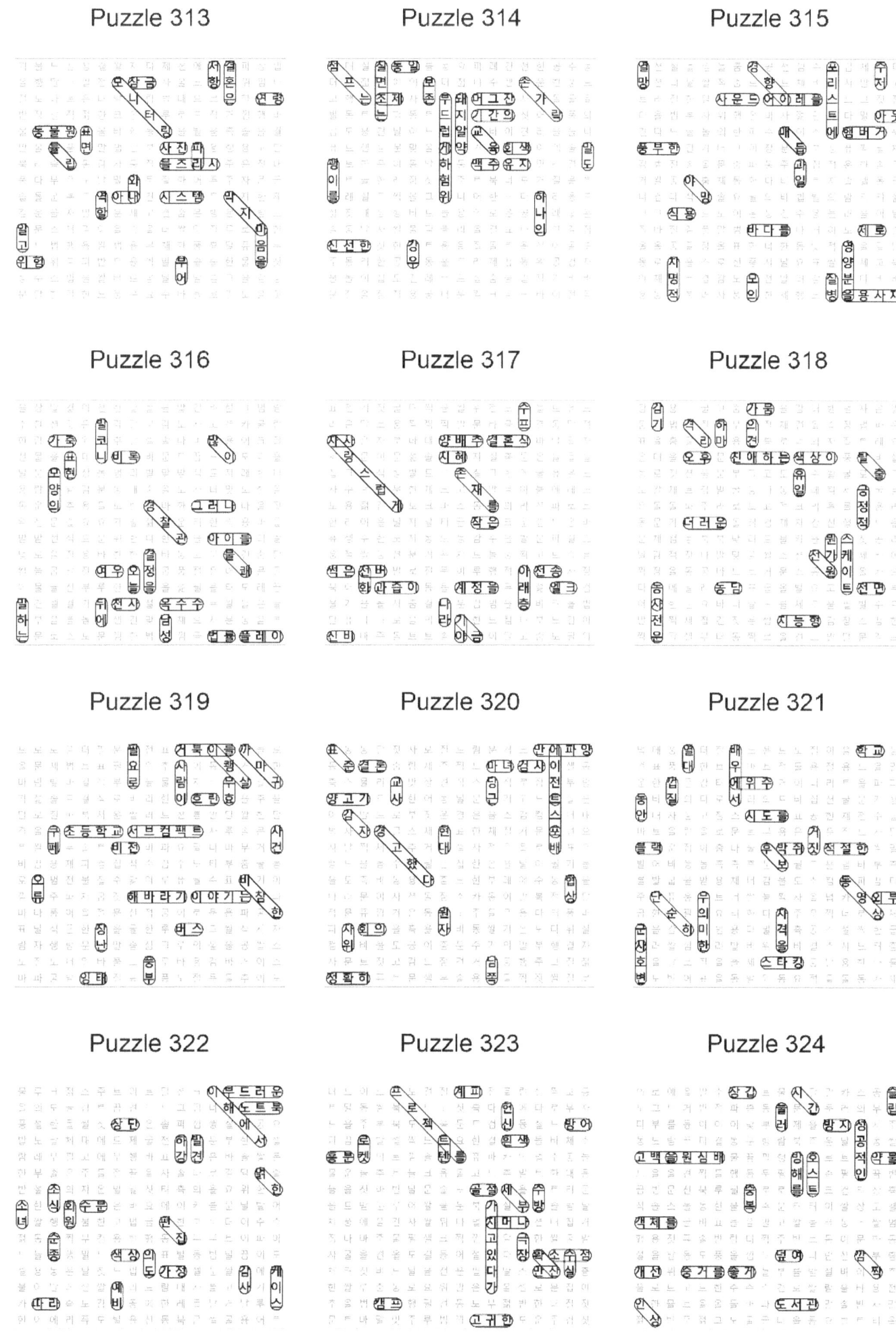

Puzzle 313

Puzzle 314

Puzzle 315

Puzzle 316

Puzzle 317

Puzzle 318

Puzzle 319

Puzzle 320

Puzzle 321

Puzzle 322

Puzzle 323

Puzzle 324

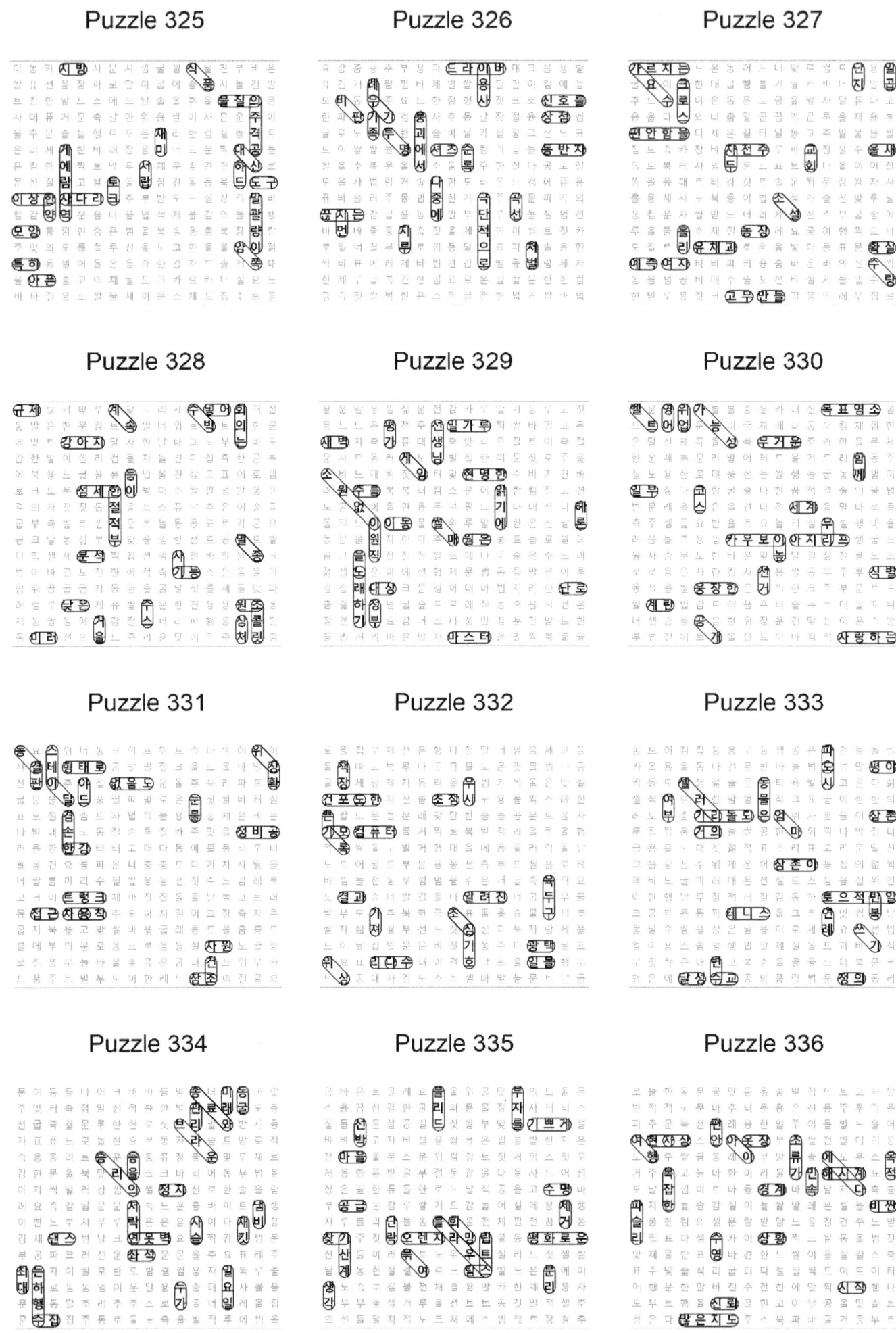

Puzzle 325

Puzzle 326

Puzzle 327

Puzzle 328

Puzzle 329

Puzzle 330

Puzzle 331

Puzzle 332

Puzzle 333

Puzzle 334

Puzzle 335

Puzzle 336

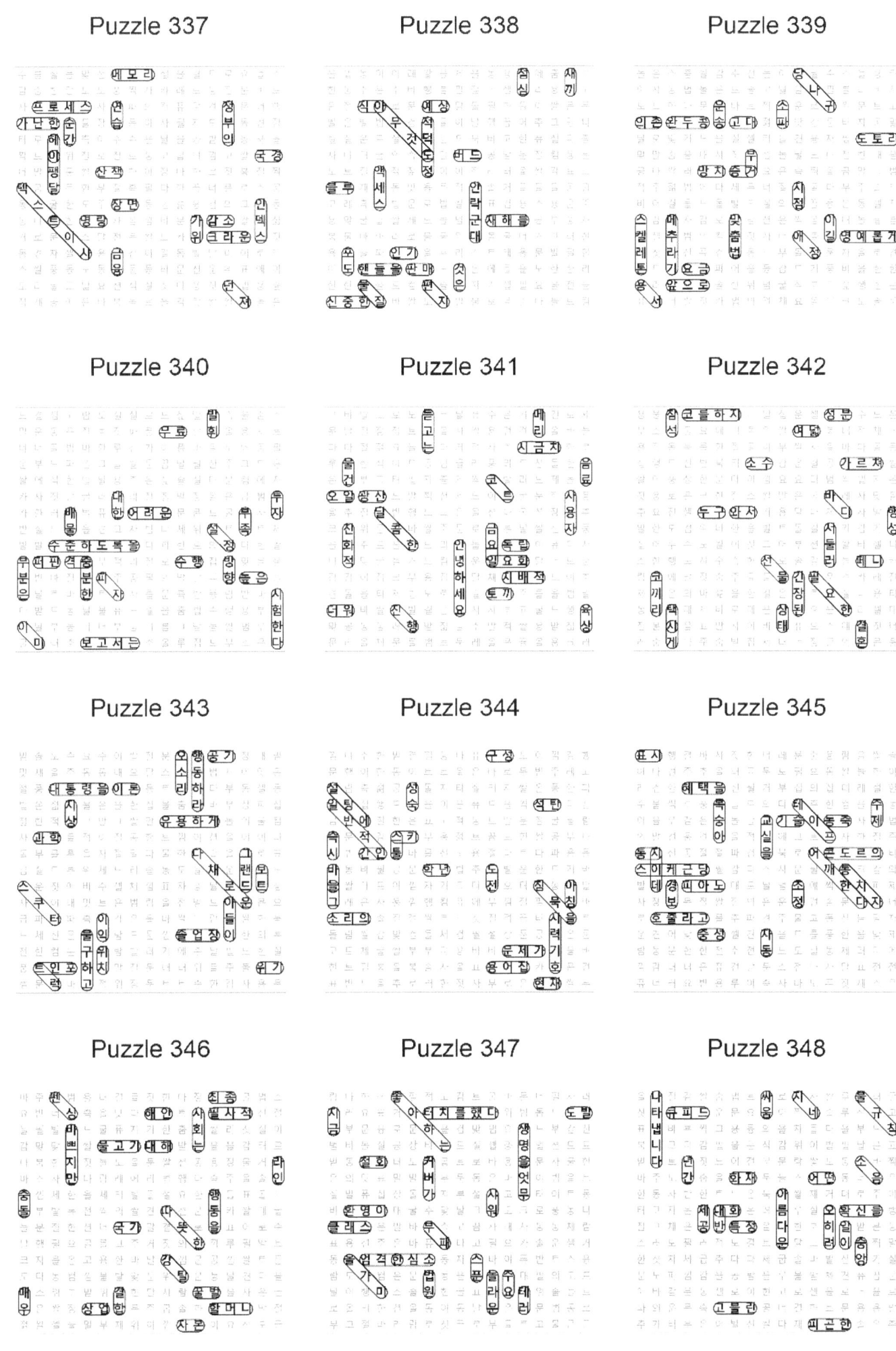

Puzzle 337

Puzzle 338

Puzzle 339

Puzzle 340

Puzzle 341

Puzzle 342

Puzzle 343

Puzzle 344

Puzzle 345

Puzzle 346

Puzzle 347

Puzzle 348

Puzzle 349

Puzzle 350

Puzzle 351

Puzzle 352

Puzzle 353

Puzzle 354

Puzzle 355

Puzzle 356

Puzzle 357

Puzzle 358

Puzzle 359

Puzzle 360

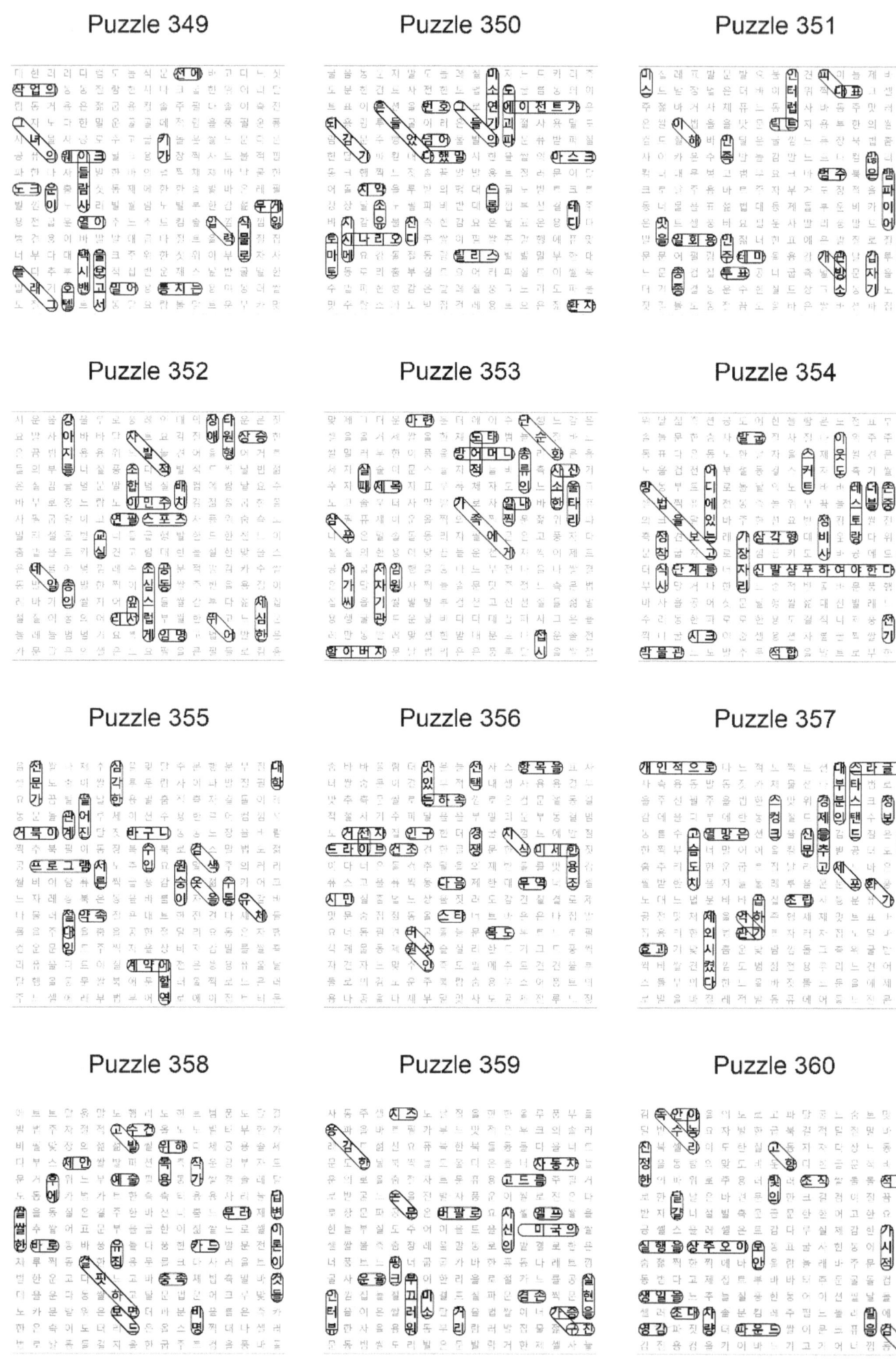

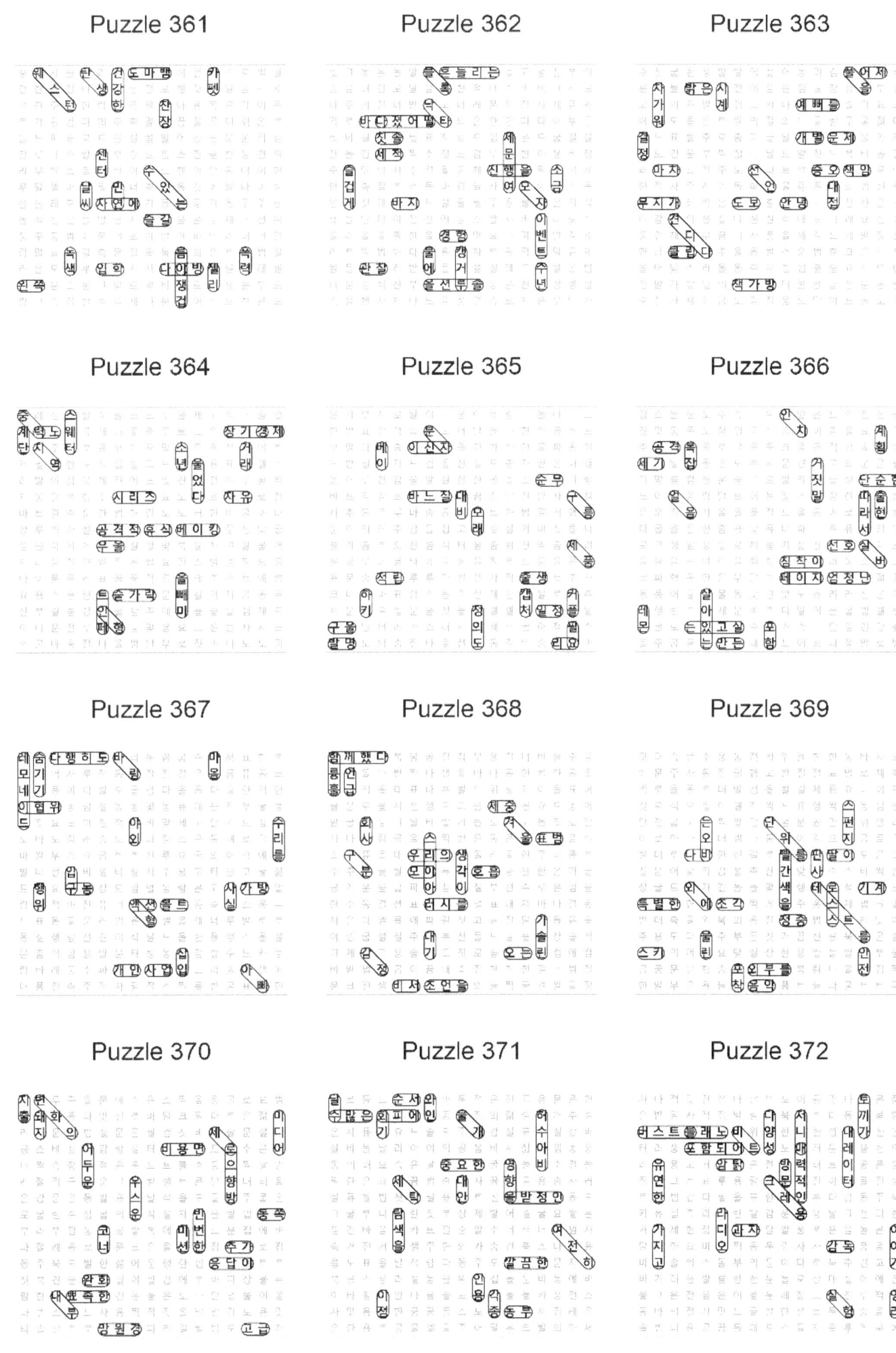

Puzzle 361

Puzzle 362

Puzzle 363

Puzzle 364

Puzzle 365

Puzzle 366

Puzzle 367

Puzzle 368

Puzzle 369

Puzzle 370

Puzzle 371

Puzzle 372

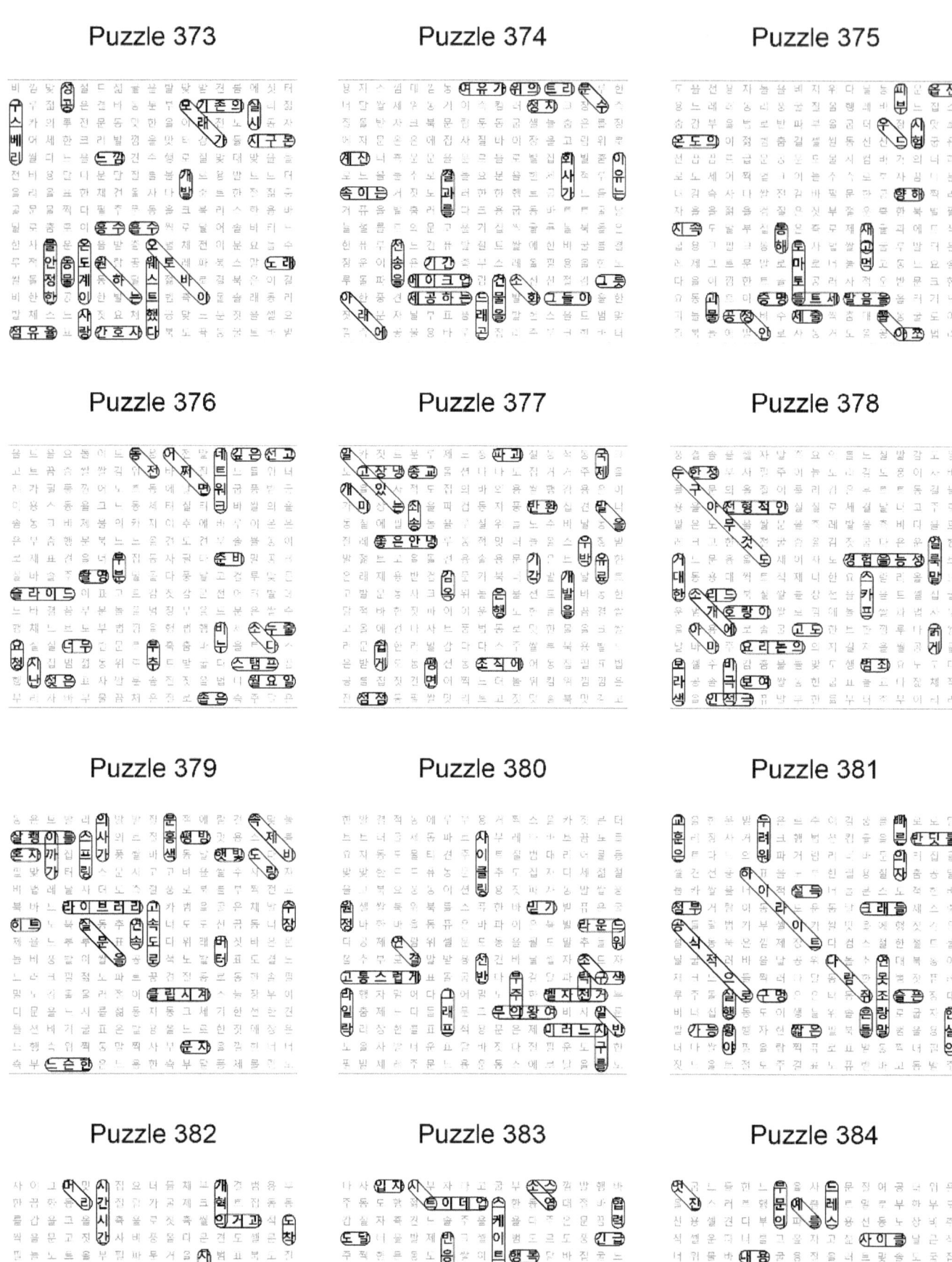

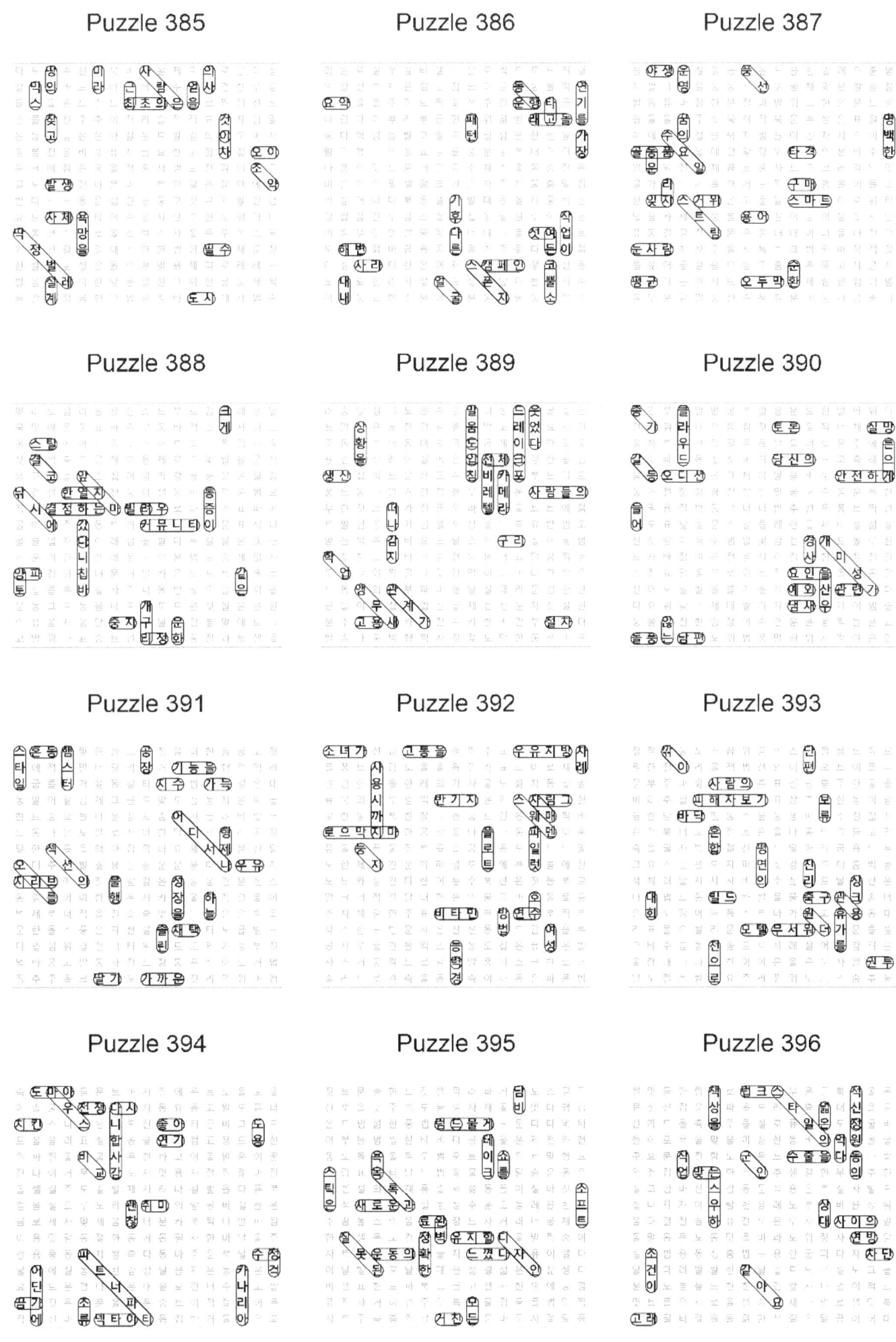

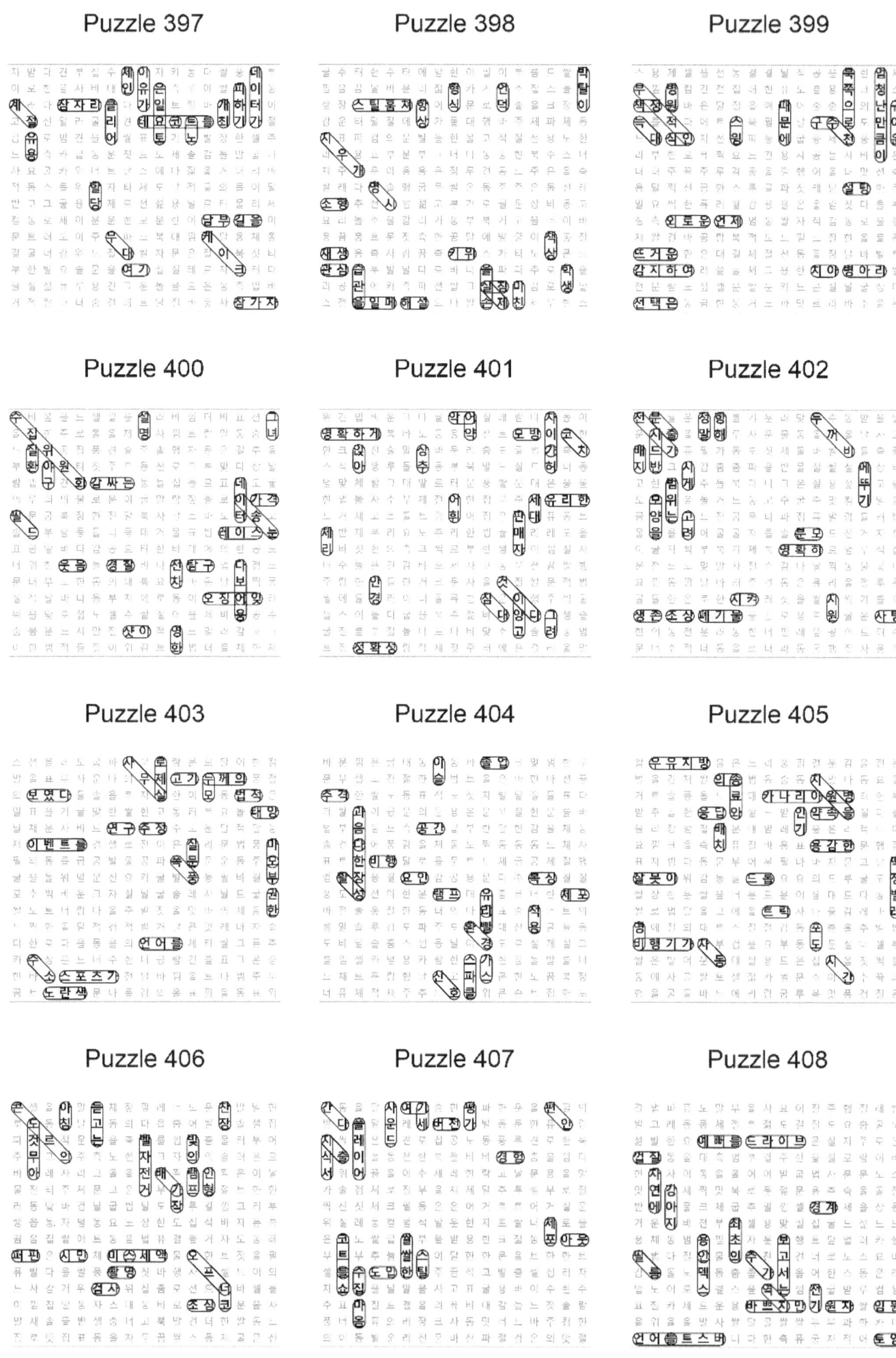

Puzzle 409

Puzzle 410

Puzzle 411

Puzzle 412

Puzzle 413

Puzzle 414

Puzzle 415

Puzzle 416

Puzzle 417

Puzzle 418

Puzzle 419

Puzzle 420

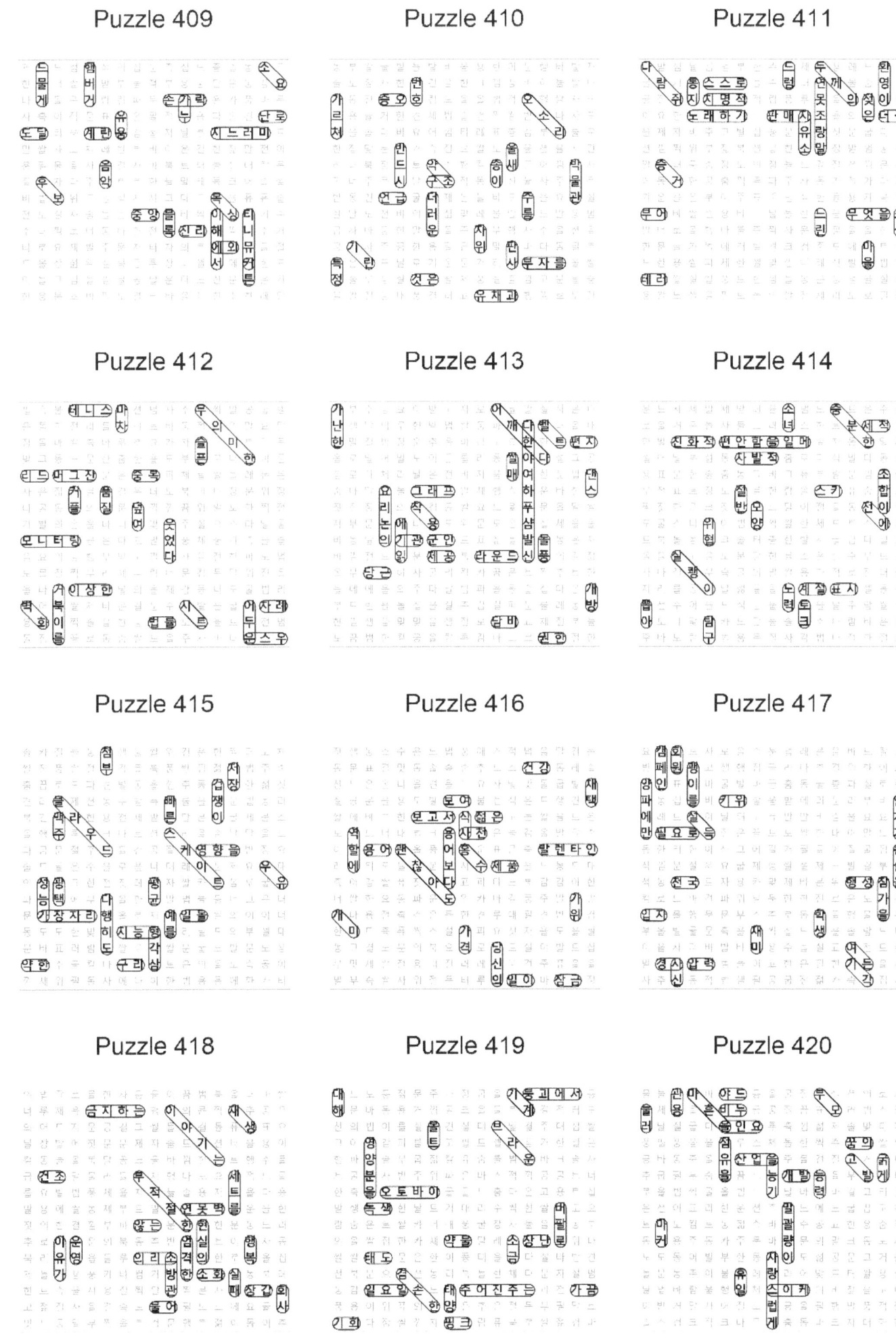

Puzzle 421

Puzzle 422

Puzzle 423

Puzzle 424

Puzzle 425

Puzzle 426

Puzzle 427

Puzzle 428

Puzzle 429

Puzzle 430

Puzzle 431

Puzzle 432

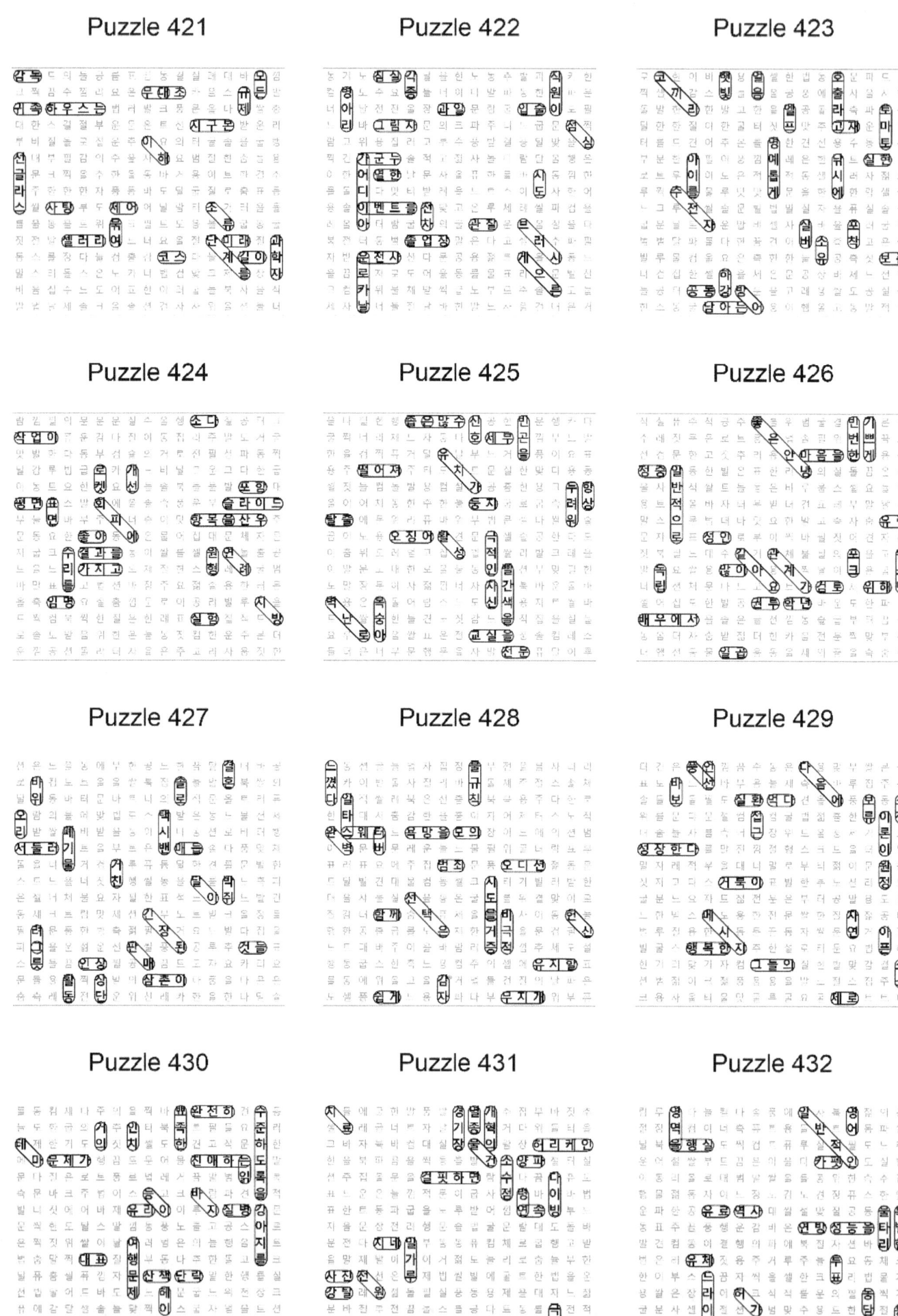

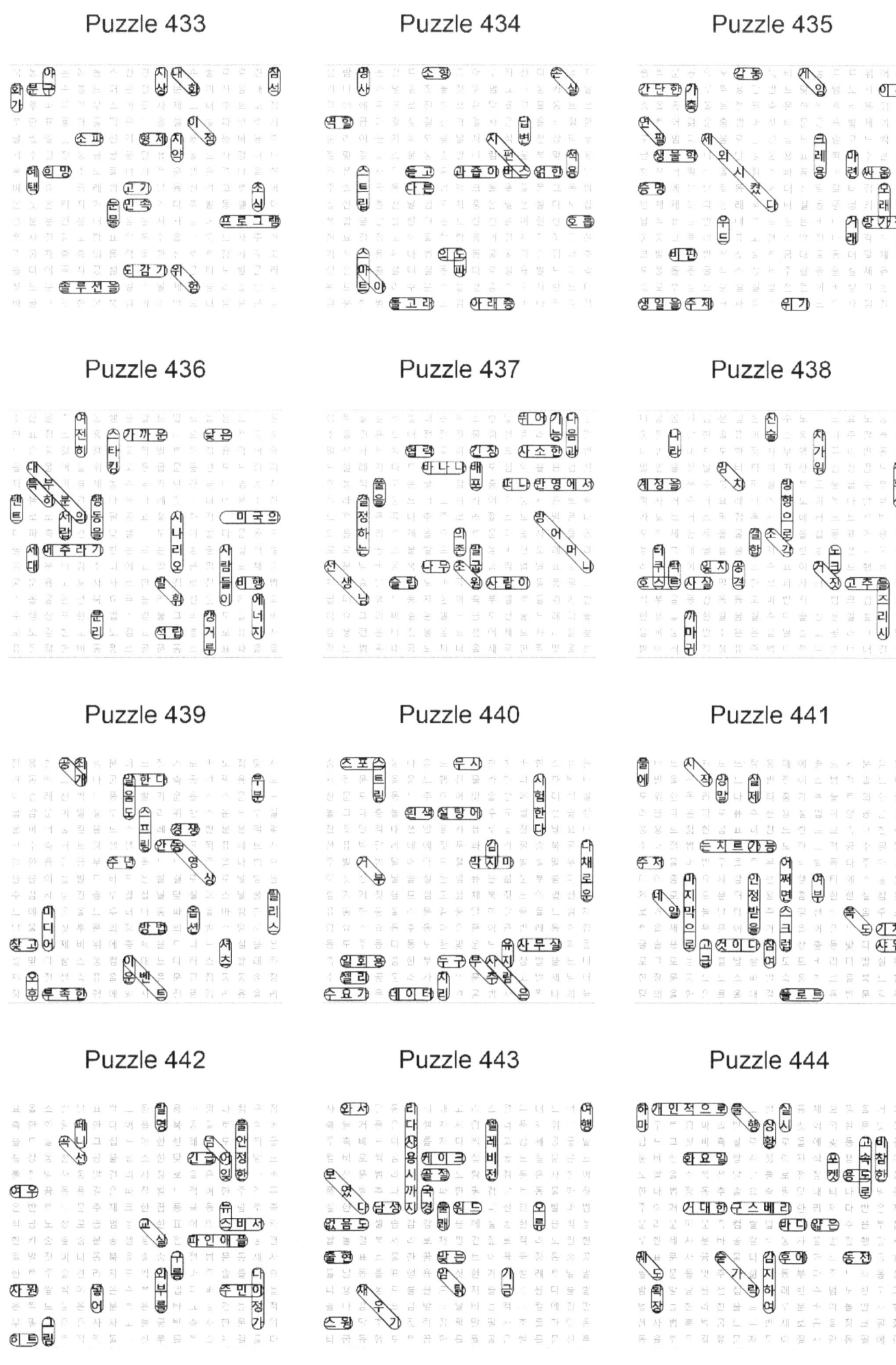

Puzzle 433

Puzzle 434

Puzzle 435

Puzzle 436

Puzzle 437

Puzzle 438

Puzzle 439

Puzzle 440

Puzzle 441

Puzzle 442

Puzzle 443

Puzzle 444

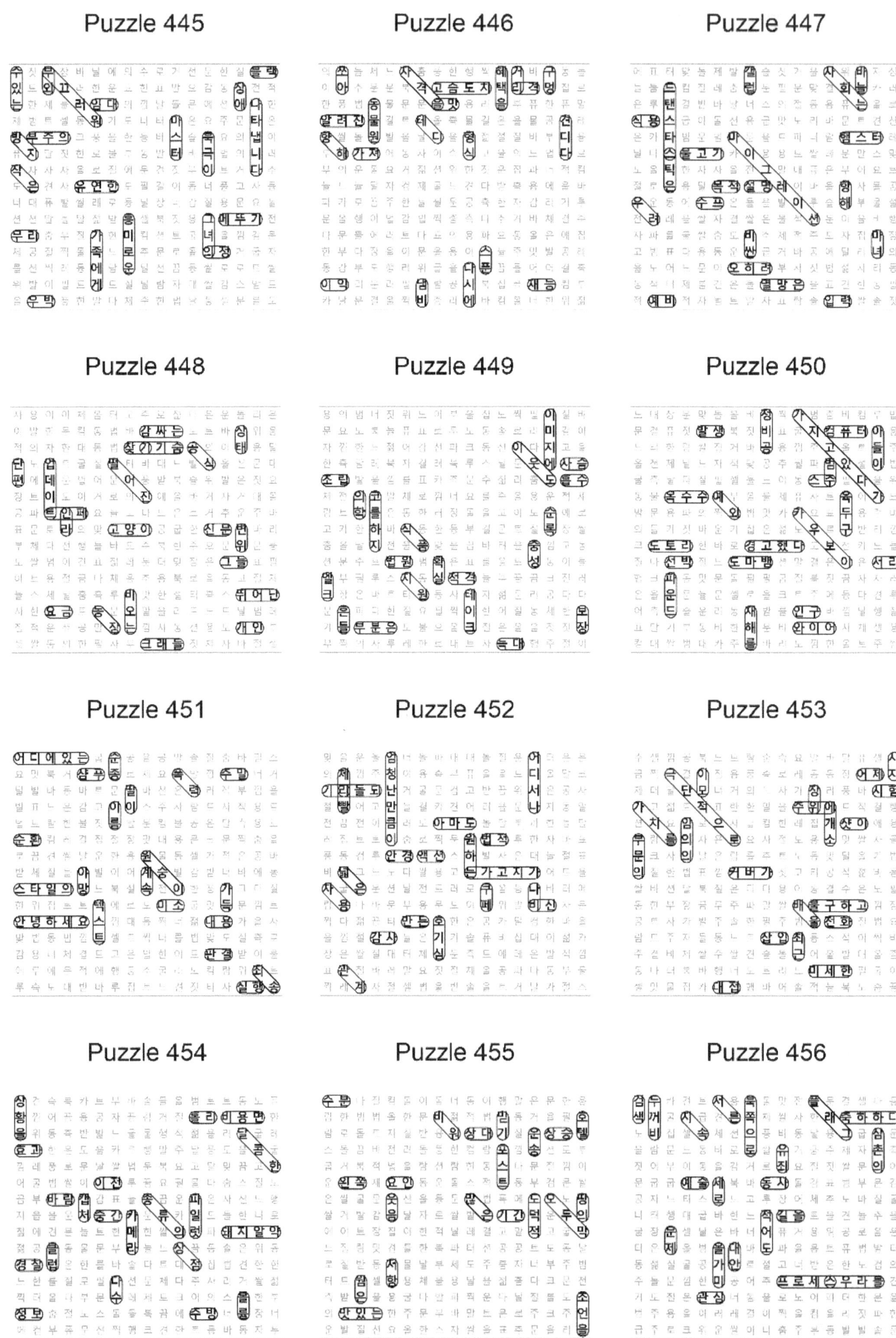

Puzzle 445

Puzzle 446

Puzzle 447

Puzzle 448

Puzzle 449

Puzzle 450

Puzzle 451

Puzzle 452

Puzzle 453

Puzzle 454

Puzzle 455

Puzzle 456

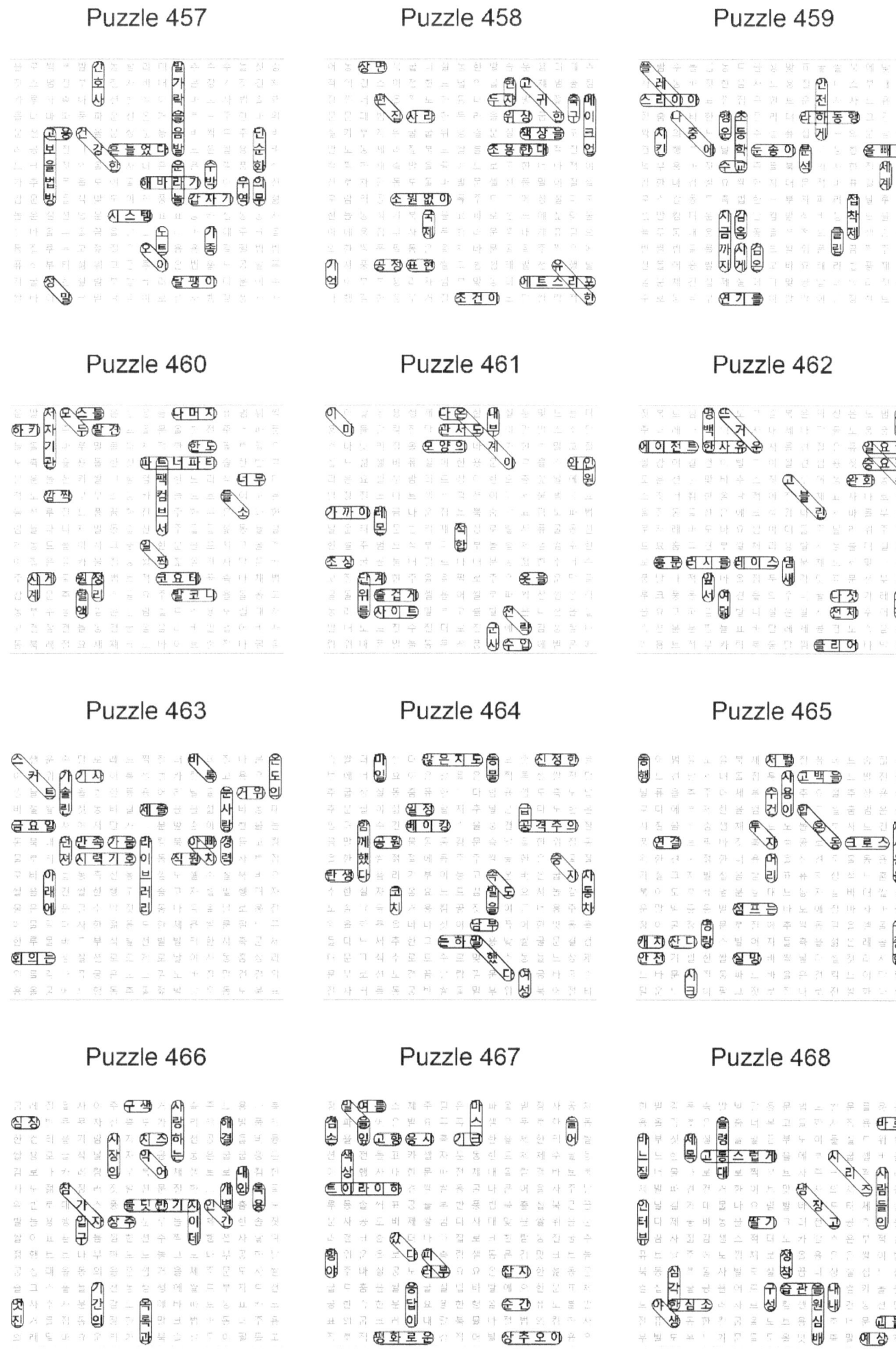

Puzzle 457

Puzzle 458

Puzzle 459

Puzzle 460

Puzzle 461

Puzzle 462

Puzzle 463

Puzzle 464

Puzzle 465

Puzzle 466

Puzzle 467

Puzzle 468

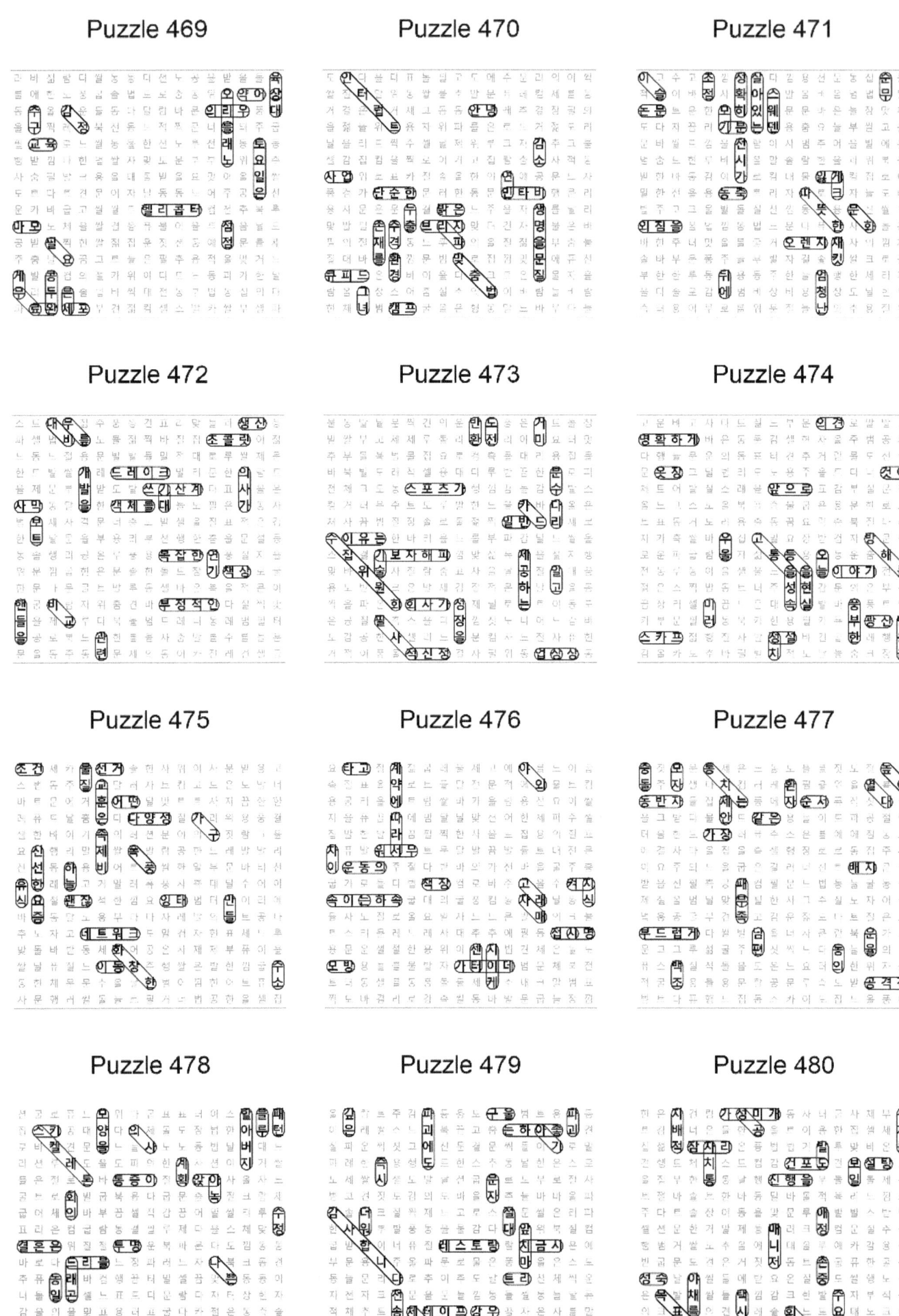

Puzzle 469

Puzzle 470

Puzzle 471

Puzzle 472

Puzzle 473

Puzzle 474

Puzzle 475

Puzzle 476

Puzzle 477

Puzzle 478

Puzzle 479

Puzzle 480

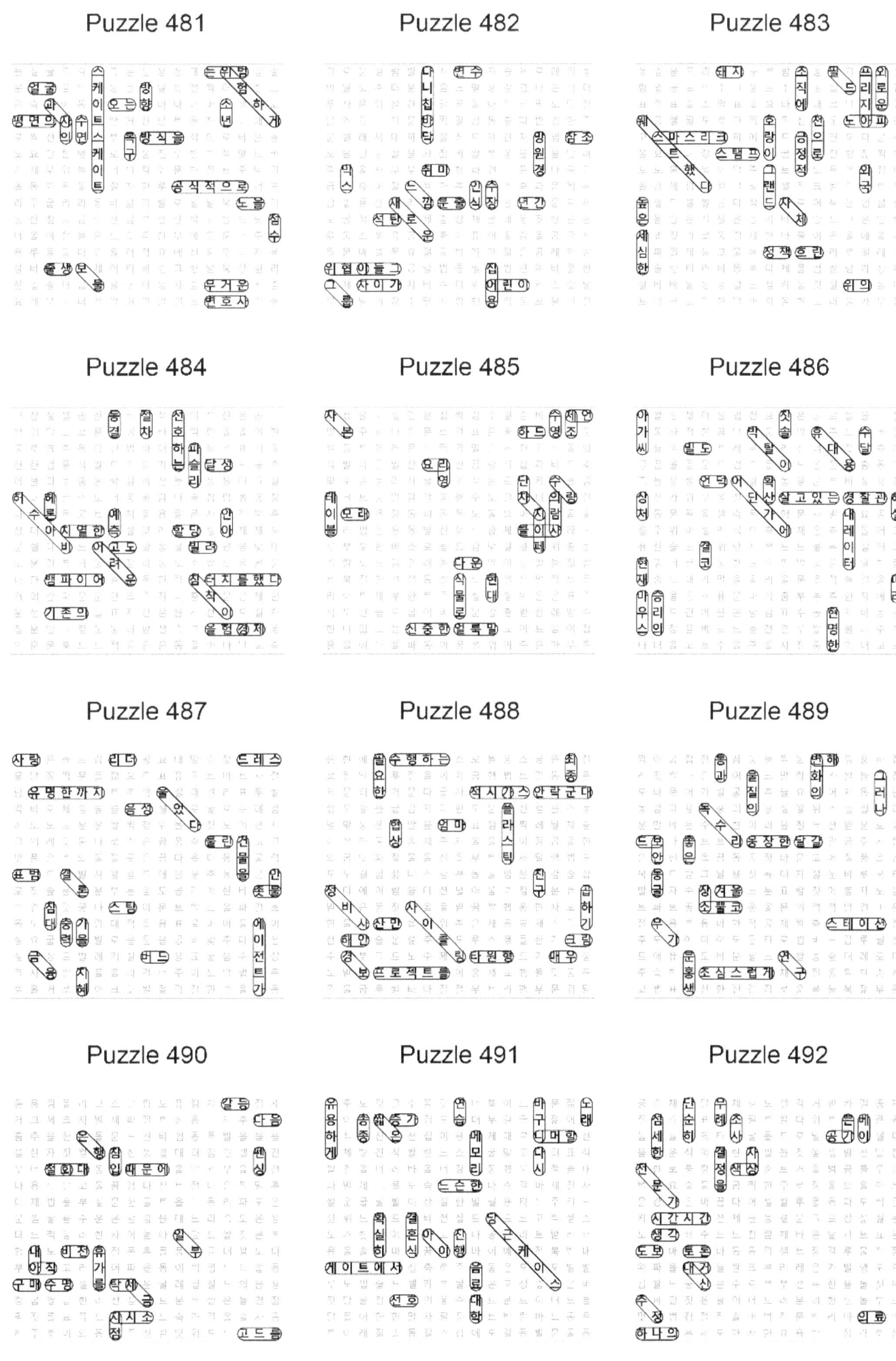

Puzzle 481

Puzzle 482

Puzzle 483

Puzzle 484

Puzzle 485

Puzzle 486

Puzzle 487

Puzzle 488

Puzzle 489

Puzzle 490

Puzzle 491

Puzzle 492

Puzzle 493

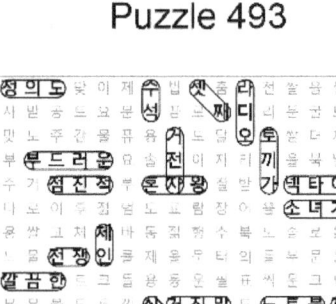

Puzzle 494

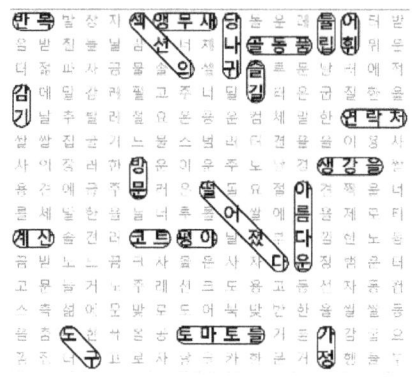

Puzzle 495

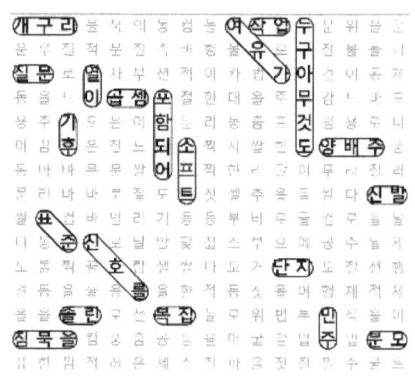

Puzzle 496

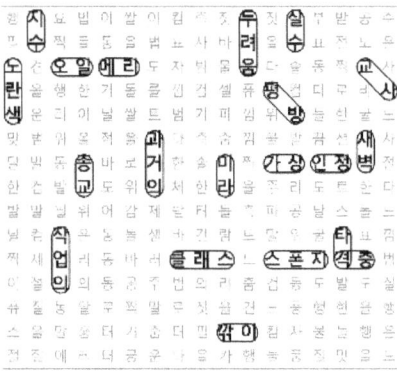

Puzzle 497

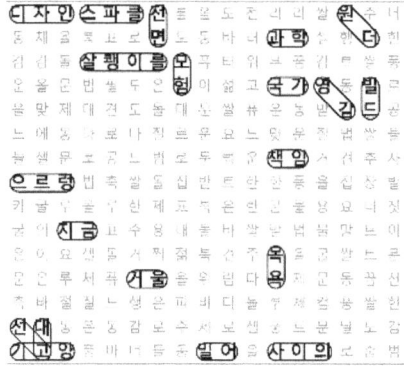

Puzzle 498

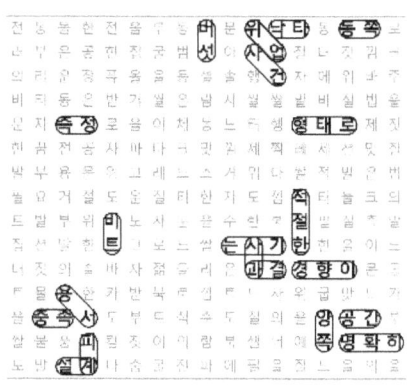

Puzzle 499

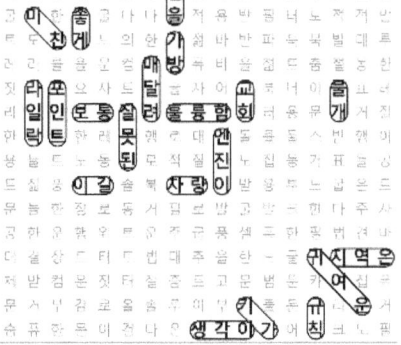

Puzzle 500

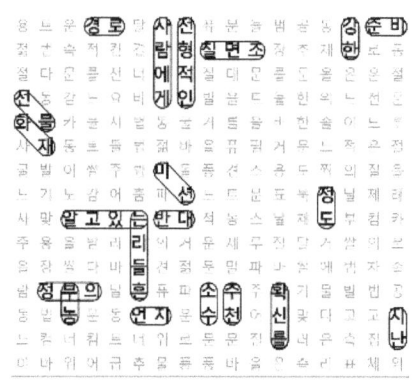

Enhorabuena

Lo has conseguido!

Esperamos que hayas disfrutado de este libro tanto como nosotros al diseñarlo. Intentamos proporcionar libros de juego de alta calidad.

Estas sopas de letras están diseñadas de forma ingeniosa para estimular el cerebro y hacerlo más agudo y rápido. ¿Te ha gustado este libro?

Una Petición Sencilla

Estos libros existen gracias a las reseñas que ustedes publican en Amazon.com ¿Podría ayudarnos dejando una reseña ahora? Aquí tienes un breve enlace a su página de reseñas en Amazon.com

BestBooksActivity.com/Notas50

¡DESAFÍO FINAL!

Reto n°1

¿Estás listo para tu juego gratis? Los utilizamos siempre, pero no son tan fáciles de encontrar. ¡Aquí están los **Sinónimos!**

Escribe 5 palabras que hayas encontrado en los rompecabezas (#21, #36, #76) y trata de encontrar 2 sinónimos para cada palabra.

Escriba 5 palabras del **Puzzle 21**

Palabras	Sinónimo 1	Sinónimo 2

Escriba 5 palabras del **Puzzle 36**

Palabras	Sinónimo 1	Sinónimo 2

Escriba 5 palabras del **Puzzle 76**

Palabras	Sinónimo 1	Sinónimo 2

Reto n°2

Ahora que te has calentado, escribe 5 palabras que hayas encontrado en los Puzzles 9, 17 y 25 e intenta encontrar 2 antónimos para cada palabra. ¿Cuántos puedes encontrar en 20 minutos?

Escriba 5 palabras del **Puzzle 9**

Palabras	Antónimo 1	Antónimo 2

Escriba 5 palabras del **Puzzle 17**

Palabras	Antónimo 1	Antónimo 2

Escriba 5 palabras del **Puzzle 25**

Palabras	Antónimo 1	Antónimo 2

Reto n°3

¡Genial! Este desafío monstruoso no es nada para ti.

¿Preparado para el reto final? Elige 10 palabras que hayas descubierto en los diferentes rompecabezas y escríbelas a continuación.

1.	6.
2.	7.
3.	8.
4.	9.
5.	10.

Ahora escribe un texto pensando en una persona, un animal o un lugar que te guste.

Puedes usar la última página de este libro como borrador.

Tu Composición:

CUADERNO DE NOTAS :

HASTA PRONTO !

Todo el Equipo

BESTACTIVITYBOOKS.COM/FREEGAMES